韦伯的
新教伦理

由来、根据和背景

[美] 哈特穆特·莱曼　[美] 京特·罗特 - 编

阎克文 - 译

WEBER'S
PROTESTANT
ETHIC

Origins, Evidence, Contexts

中信出版集团 | 北京

图书在版编目（CIP）数据

韦伯的新教伦理：由来、根据和背景 /(美)哈特
穆特·莱曼，(美)京特·罗特编；阎克文译. -- 北京：
中信出版社，2020.12
书名原文：Weber's Protestant Ethic: Origins,
Evidence, Contexts
ISBN 978-7-5217-1974-1

Ⅰ.①韦… Ⅱ.①哈… ②京… ③阎… Ⅲ.①韦伯
（Weber, Max 1864-1920）—新教—思想评论 Ⅳ.
① B516.59 ② B976.3

中国版本图书馆 CIP 数据核字（2020）第 109175 号

韦伯的新教伦理：由来、根据和背景

编　　者：［美］哈特穆特·莱曼　［美］京特·罗特
译　　者：阎克文
出版发行：中信出版集团股份有限公司
　　　　　（北京市朝阳区惠新东街甲 4 号富盛大厦 2 座　邮编　100029）
承 印 者：河北鹏润印刷有限公司

开　　本：720mm×970mm　1/16　　印　张：27.5　　字　数：450 千字
版　　次：2020 年 12 月第 1 版　　印　次：2020 年 12 月第 1 次印刷
京权图字：01-2019-5542
书　　号：ISBN 978-7-5217-1974-1
定　　价：88.00 元

目　录

译者说明

　　实际上，关于新教伦理与资本主义精神的关系，自 17 世纪以后便逐渐形成了欧洲学界的一个边缘性论域。但是对此进行的系统论述，则使《新教伦理与资本主义精神》成为马克斯·韦伯的原创性命题。作为应用现代社会科学方法论的经典范本，其至今还难以超越。1990 年 5 月，华盛顿的德国历史研究所召集大西洋两岸韦伯研究领域的知名学者举行了一次研讨会，就这一命题进行了广泛深入的讨论，并在会后整理出版了这个文集，它比较全面地反映了 20 世纪以来欧美学界对韦伯新教伦理命题的由来、根据和背景所进行的研究与争论进展情况。

　　最近 30 年间，这个韦伯命题在中国学界也登临并稳居显赫地位，应是顺理成章的。按照兰德尔·科林斯的说法，"《新教伦理与资本主义精神》是韦伯文字最出类拔萃而内容最平易近人的作品，这就是它能够普及的一个原因。另一个原因则在于它有不同层次的重要性。它既能强烈感染刚入门的社会学专业学生，也能有力地吸引善于洞察最精微的理论和超理论问题的行家里手。"不过客观地看，我们这里的主流认知模式，与韦伯本人的论说路径一直存在较大出入，对文本的解读普遍失于简单化，导致对这个命题本身的无论肯定性还是批判性评价，以及随后的扩展研究，大都浅尝辄止，甚至不着边际。遗憾的是，情况至今还是大体如此。从这个角度来说，且不论韦伯的原著了，就是这个研究韦伯原著的论文集，恐怕也还远远没有过时。

　　承蒙前辈沈昌文先生信托，笔者于 2000 年译出了本书，由辽宁教育出版社出版，迄今已有 20 年。非常感谢中信出版社，编辑诸贤认为，此书仍有再版价值，祈能有助于中文读者细思明辨。

　　借此机会，笔者自知有义务重新校订原先的译稿，发现根本不应出现，但当初由于纯粹的知识匮乏导致的理解和翻译错误竟达几十处之多，其以可能的谬种流传，深感无地自容，遂尽心尽力除讹匡疑，并竭诚向旧译本的读者深致歉意。

阎克文谨识

2020 年 9 月

前　言

在德国与美国的史学界和思想界，在人文学科与社会科学中，某些学术著作曾经——有的至今仍然——具有特殊的影响，值得那些关心在旧大陆和新大陆之间发生的观念转移的人们注意。雅各布·布克哈特的《意大利文艺复兴时期的文化》就是这样一部具有横跨大西洋意义的著作；其他还有欧文·帕诺夫斯基的《圣像画法研究》和《早期的尼德兰绘画》，厄恩斯特·坎托罗维茨的《赞美皇室》和《国王的二体》，以及埃里克·埃里克松的《青年路德》。然而，没有任何著作能像马克斯·韦伯初版于1904—1905年的名著《新教伦理与资本主义精神》这样，至今仍是大西洋两岸热烈讨论的对象，至今仍然吸引并将继续吸引众多不同专业学者的注意。

过去几十年间，人们在三个不同的方面对这部著作展开了研究。从事17世纪历史研究，特别是研究加尔文主义根深蒂固的国家历史的史学家，利用韦伯的命题以阐明禁欲主义的新教是否确实——以及如果是，又是如何——开启并推动了资本主义的发展。同时，1920年出版的增订本，被认为是韦伯思想发展的一个里程碑，似乎表明他病愈之后重新恢复了学术能力且达到了一个新的水平，而疾病曾迫使他在世纪之交放弃了海德堡大学的教席。此外，对于韦伯的传记作者来说，他的论文足以作为他运用观念类型书写历史的理论标志。最后，宗教社会学家利用韦伯的命题论述禁欲主义新教和资本主义精神的关系，为构思普遍适用的发展规律而获取证据，使之能够用于加强发展中国家的劳动伦理，从而加强资本主义。

虽然这三方面的人士都利用同一个文本作为出发点，但在过去几十年间，他们诠释文本的方式以及他们得出的某些结论，却是各唱各的调，大相径庭。而且，与欧洲的韦伯研究者相比，美洲的学者1920年以来形成了截然不同的韦伯学术研究传统，因而他的论文在他们讨论其意义和重要性时发挥了截然不同的作用。考虑到这一点，似乎应当邀集那些最近几年特别专注于《新教伦理与资本主义精神》的韦伯学者来展示一下互相冲突的诠释，探寻获致共同基础的可能性。由哥伦比亚大学的京特·罗特和我本人作为召集人，邀请了一些历史学家、社会学家和宗教史学家，1990年5月3日至5日雅集华盛顿的德国历史研究所，非常热烈、认真和富有启发性地交流了看法，并且时有争论。学者们希望把他们的讨论心得融入自己的文章，于是就有了这个经过修订并附以必要注释的文集。

这次学术活动有几项成果值得强调指出。大多数发言者都认为，韦伯的洞察力和他所认为的《新教伦理与资本主义精神》的影响所具有的历史意义，以及他所使用的术语，在很大程度上是由他那个时代的学术水平所决定的。在这个意义上说，韦伯的命题显然已经过时，在他身后又经过了两代人的时间，如今它只有相对的重要性。同时，许多与会者也指出，韦伯在某些方面清晰有力地表述了他的命题，刺激了对资本主义兴起过程中最为引人注目的研究，并将继续发挥这样的作用，而且，在他身后，没有人就这方面的研究产生过能和他相匹敌的影响。尽管历史学家和社会学家在解读韦伯的这一文本时可能会得出不同的结论，但这次会议却有助于表明这部著作经久不衰的重要意义。

向那些在各个阶段对这项尝试给予支持的人致以谢忱，乃是最为令人愉快的义务。如果没有京特·罗特的帮助，没有他的专业指导，我们就不可能取得成功。弗里茨·泰森基金会毫不犹豫地向我们提供了慷慨的财政资助。尽管研究所在会议之前不久才迁入新址，但是全体同人辛勤劳动，努力提供了一个既能专心工作又能适当消遣的舒适环境。向会议赐稿的人士迅速周到地准备了他们用于发表的文章。肯尼斯·莱福德博士付出了大量辛勤劳动，帮助我们校订了本书。京特·罗特和我相信，本书体现了所有给予我们支持的人士所做出的贡献，我们对他们深为感激，并以本书向他们表示谢忱。

哈特穆特·莱曼

1991 年 4 月于华盛顿

绪 论

京特·罗特

| 1 |

1871 年俾斯麦创建德意志帝国的时候，美国还不是世界强国，但这两个国家都是人口急剧增长而宗教上却是异质的、蓬勃兴起的新教帝国。在帝国主义时代，三个新教帝国——第三个是大不列颠——必然会相互对抗，而法国与俄国虽然仍在进行着军事或非军事形式的冲突，但是联盟已经有了历史性的开端。1898 年的美西战争，一个蒸蒸日上的新教国家击败了一个日薄西山的天主教国家。此后，德意志帝国不仅发起了一场针对大不列颠的海上军备竞赛，而且发动了一场针对美国的文化攻势，旨在遏制占据优势的盎格鲁-撒克逊的影响。一时间，德国向美国的移民逐渐停止，而德国教授的学术旅行却蔚然成风，交换教授职位的做法得到确立——许多幻想也得到了滋养。1904 年在圣路易斯召开的世界大会就是这种努力的顶点，马克斯·韦伯与玛丽安娜·韦伯、厄恩斯特·特勒尔奇以及德国学术界的其他许多人士都参加了大会。汉斯·罗尔曼在本书中讲述了这次经历的部分内容[1]。当时的人们恐怕难以相信，一个像华盛顿德国历史研究所那样的机构，直到 1987 年才得以建立。随着两次世界大战中的对抗使得两国间的关系历经沧桑，这种思想互动不可避免地变成了一团乱麻。由于大多数德国学者在"以文化对文明（Kultur contra Zivilisation）"的旗帜下投入斗争，第

一次世界大战严重损害了德国文化的国际声望。第二次世界大战则彻底摧毁了马克斯·韦伯那一代人为德国的全球文化使命而提出的主张。

看上去矛盾的是，正是由于纳粹在 20 世纪 30 至 40 年代把许许多多的学者、科学家和作家驱赶到美国，这才保留下来一点德国的影响。韦伯在美国、随后在英国被接受，就是这一矛盾现象的证明。然而，韦伯思想和几代读者中的许多不同关切与动机，使得这部著作有了国际范围的重大意义。这真是令人感到意外。一位坚定的德国民族主义者，念念不忘他的祖国能够崛起为世界强国，他的著作何以能在他去世那么长时间之后如此风靡盎格鲁-撒克逊世界？当然，就最一般的意义而论，答案涉及第二次世界大战之后美国与国际事务的纠葛，以及美国社会科学同样起劲地转向这样那样的现代性理论形态。但是，为什么初版于 1904—1905 年间、其命题在 1920 年又予以重申、第一次世界大战之前的那些年间仅有的德国人的历史研究——《新教伦理与资本主义精神》，至今仍在英语世界散发着活力并引起争论？（自那时以来，如今只有寥寥无几的美国专业人士在解读德国历史学家。）显然，韦伯对 20 世纪社会科学的广泛影响，有助于这一命题的历久常新。而且，从一开始，这项研究就被认为是反对历史唯物主义、强调与物质因素相对立的理想的重要性——如果不是自主性的话——的有力论据。在几十年的冷战期间，它无疑给美国提供了这种效用，但它在美国长期享有盛名还有其他一些原因。

一个重要的意识形态原因与韦伯对英国和美国的看法有关。在他那个时代过于亢奋的民族主义气氛中，韦伯却是最新一批自由主义亲英派人士之一。他欣赏清教和教派遗产、民主制度，以及英美在国际政治中的作用。在这种情况下，他很快就在英美人士中找到了知音，因为他认为新教、政治自由和世界强国之间有着必然的联系。韦伯非常赞同英国自由党保守派历史学家为"清教革命"及其自由主义之果塑造的崇高的自我形象。他为了突出对德意志帝国的文化与政治批判，而着意夸大了加尔文主义和清教的世界历史作用。在 20 世纪 20 年代，年轻的美国公理会教友、交换来德的留学生塔尔科特·帕森斯，在海德堡偶然读到了《新教伦理与资本主义精神》。书中所论清教和资本主义的联系使他大为倾倒，于是他译出了这部著作[2]。留学期间，帕森斯所解读的韦伯思想成了他关于规范化制度整合的结构-功能分析学说的主要成分。由于他已经开始把职业视为官僚资本主义得以运行的决定性因素，那么韦伯所阐明的目标——分析"新教禁欲主义这一现代职业文明（Berufskultur，一种现代经济的'唯灵论'成因）的功能"——便非常适合他业已成熟的范式。假如韦伯没有写出《新教伦理与资本主义精神》，青年帕森斯就不可能那么热切地关注他后来的著作。同样，假如美国的社会学，尤其是帕森斯学说没有那样的声望，韦伯也不可能在德国重放光彩。（青年沃尔夫冈·蒙森 1959 年著名的博士论文《马克斯·韦伯与德国政治，1890—1920》本有可能埋葬韦伯而不是使他复活。）实际上，原初的辉格党释义，是在韦伯为了进行争论而加以改动之后，由帕森斯和其他人重新引进了英美世界，并进一步增强了美国人对于新教和自由主义民主之间内在联系的正统认识[3]。在我看来，输出和重新引进新教的孤芳自赏——且不论是否扬扬自得——是说明美国人之所以接受韦伯命题的一个重要因素。如果这一命题对于德国人来说是创造了一种反面的神话——德意志帝国的"先天不足"，但它却给美国的神话增添了光彩。用威廉·麦克尼尔的术语来说，它是一个有力的"神话-历史"实例[4]。因此，韦伯的理论连接了他那一代人的另外两个十足的神话：弗雷德里克·杰克逊·特纳 1893 年提出的边疆命题和查尔斯·比尔德 1913 年对宪法的经济解释。按照定义来看，神话-历史总是产生丰富的论战性意识形态激情和政治对峙。激励人们出于信奉和批判立场而进行深入研究的，始终是棘手的而不仅是挑战性的历史命题。

重温重要学者及其著作以评估我们的认识并寻找新的视角，这是合乎常规的。有时候，尽管做出了很大努力，一部渐被遗忘的著作仍会渐渐隐入忘乡。例如，由于出现了完满的或批判性的著作；有时候，它会由于是写给另一代人的而得以重放光彩。在这两种情况下，"重温"都会表明在时间和视角上的某种差距。从某种意义上说，韦伯的命题无须重温，因为它拒绝被遗忘，尽管许多人经常怒不可遏地想要彻底结束它的生命。在少数学者看来，它已经变成了适得其反的东西，它的历久不衰显得令人厌恶。确实，作为一个具体的历史命题而不是一种综合性的社会学理论，在今天看来它已经相当陈旧了，因为按照韦伯的设想，一部学术著作的生命力最多能够持续半个世纪。然而，时间的推移必然使得我们越来越不可能直接把握这部著作。事实证明，我们所关心的政治、社会与文化问题——正是由于这些问题才出现了韦伯的定见——已经发生了更为广泛的背景变化。事实上，关于对 17 世纪的最新解释能否被接受的问题，也有同样的情况。

过去 10 年间，人们对韦伯思想的背景和来源的兴趣有增无减。在德国，这种趋势与重新审视德国的过去，尤其是重新审视资产阶级和自由主义的作用有关，虽然关于德国的"特殊道路"（Sonderweg）与"史学家论战"（Historikerstreit）的争论因为德国的统一这一不争的事实而黯然失色，但是这种争论必然会改变历史言说的标准。在美国和英国，"观念的背景"（剑桥大学出版社的丛书也以此为名）得到了进一步的关注。尤其是社会学理论，一直在为历史解读的相对价值进行热烈辩护，反对以现代主义方法利用经典作家。

因此，多年来，有些德国作者一直在研究韦伯著作的哲学渊源。在某种程度上这与20世纪70年代以来德国社会科学的衰落及现代主义和行动主义的关切有关，也与对其在保守主义时期作为论题和一门专业的历史还原有关。此外，有些德国政治学家和文人学者还热衷于把韦伯从美国带回故乡，特别是千方百计使他远离美国社会科学，使他摆脱美国化的德国形象。主要是在法国和美国，后结构主义和解构主义势力一直在抨击西方的"元叙事"，而它的一个重要组成部分就是韦伯的理性化理论，尤其是新教世俗禁欲主义的理论。本书的编辑宗旨并不拘泥于这两种倾向——韦伯的"回归"和"后现代化"，尽管赐稿者个人可能会认为自己更接近于这种或那种倾向。本书内容限于思想史和文化史范围。所有作者都在这一广阔的领域之内进行讨论，尽管表面上历史学家和社会学家平分秋色，但却有着条理井然的联系。来自美国与欧洲的赐稿者各占半数，其中有几位移民学者。本书的第一个意图是讨论韦伯命题的由来与背景，为此而选用的多是德国人的论述；第二个意图是讨论韦伯命题何以在某些时期行之有效且历久不衰，在另一些时期却毫无价值，为此而选用的多是美国人的论述。

| 2 |

《新教伦理与资本主义精神》涉及韦伯生平的三个方面。首先，韦伯是在天主教和新教结束了长达几十年的激烈冲突时成年的，那时对于路德主义和改良主义（加尔文主义）的强行统一仍然保留着某些不幸的记忆。其

次，在成长时期，韦伯见证了政治和经济自由主义的失败得到遏制，以及威权主义在国家和工业中取得的成就。第三，他是由于并最终参与方法论论战（Methodenstreit）而成熟的，那是一场自然科学和人文科学、实证主义和解释学、理论和历史之间旷日持久的斗争，一场被纵横交错的争论路线复杂化了的斗争。

着重探究韦伯命题的由来和背景的论文，从不同的角度展示了这三个方面的情况。前四位作者分别论述了同一个基本主题：宗教冲突对于韦伯、对于历史学和社会科学的重要意义。除了天主教会、新教君主制和自由主义资产阶级之间的冲突之外，文化斗争（Kulturkampf）也影响着现代社会和现代学术。格拉夫指出，韦伯乃是神学造诣最为渊深的经济史学家。他论证了韦伯思想的主要神学来源——马蒂亚斯·施奈肯伯格——对路德主义和加尔文主义生硬合并的重要性，并且详细考察了新教教会和国家统一前后发生的神学争论的政治背景。由于厄恩斯特·特勒尔奇的影响——格拉夫认为这种影响要比韦伯本人和其他许多人所承认的大得多——韦伯与当时最重要的路德教神学家阿尔布莱希特·里敕尔成了对头。里敕尔和韦伯都在同国教中的正统保守势力进行斗争，不过前者在过时的天主教与各种形式的禁欲主义新教之间看到了一种历史连续性，而在后者看来，路德教更接近于天主教。对于里敕尔来说，一种民族-自由主义的新教文化（Kulturprotestantismus）是帝国真正的意识形态支柱；对于韦伯来说，没有禁欲主义传统是一个严重的政治缺陷，因为路德教已经产生了一种权威依附的心态。由于把当时的神学背景视为重要参照点，格拉夫得出结论认为，韦伯的分析所具有的历史效力已经变成了一个相对次要的问题。

然而，韦伯的研究背后不仅有着新教内部的争论，还有一部天主教和新教双方互抱成见与偏见的漫长历史。明希运用通俗宗教文献乃至运用旅行见闻，对韦伯的命题进行了一番追根溯源的研究。他同意格拉夫的看法，认为这些教派对于经济伦理的传统主义理解在很长一个时期中并无重大差异，而韦伯对这一点的认识并不充分。当然，教会地产的世俗化和关闭修道院有着巨大影响，对于当时的人们来说，废除圣徒崇拜和圣徒节，使得新教似乎成了更经济的宗教，而天主教却少有经济价值。然而，现代国家早期对宗教少数——包括天主教少数——的宽容有其商业化的考虑，天主教徒和新教徒都认为启蒙运动贬低了宗教差异那种公认的文化价值。19世纪最初的30多年可以被看作是相对的宗教和解时期，天主教和犹太教显贵不时分享宗教改革的盛宴。拿破仑时期，教会地盘的土崩瓦解，使得数十年间德国天主教文化的制度支持遭到了极大削弱。19世纪30年代以后，一个新的冲突时期开始了，旧时的好战语言又卷土重来。志在必得的新教民族主义支配着德国，天主教徒越来越被视为异己而遭到排斥和贬抑，在韦伯写出《新教伦理与资本主义精神》之前的10年间，反天主教的鼓噪达到了顶点。因此，在明希眼中，韦伯看上去最多也就是一位站在矮子肩上的巨人，这矮子就是反天主教成见与偏见者们。

随着这场"文化斗争"在19世纪90年代的正式平息，天主教徒提出了获得平等待遇的强烈要求，尤其是在文官职位方面，但是自由主义者及犹太人认为，他们的要求往往并不足以被看作是对任命权的普世论关注，而是出于一种特殊恩宠论的考虑。尼普尔戴指出，"道德统计学"在这里获得了重要地位，不仅成为一种新的研究方法，而且还是一种新的政治论说方法。由于结果证明天主教徒在自由职业和大学中也得不到充分代表，即使像格奥尔格·冯·赫特林那样的天主教代言人——他在1917年成为首相——也在帮助宣扬天主教徒受教育不足的观念。然而，一般来说，统计学研究者很少把宗教信仰作为说明教派差异的一个因素。因此，民族主义的兴起改变了以往的争论所使用的词语，并且使得——举例来说——法国历史学家低估了宗教改革在现代世界形成过程中的作用。在世俗环境中，宗教越来越被看作是一种无理性的现象，然而，韦伯所强调的是它的因果关系的重要性。尼普尔戴得出结论认为，韦伯的研究应被看作是对德国经济与社会史的贡献，同时也是关于现代性性质的总体讨论的组成部分。

韦伯的论述实际上是从德国天主教与新教的社会差异而推及现代职业文化的命运，但他的政治与文化批判，是要把盎格鲁-撒克逊的过去当作一面镜子来反映德国的现实。在 19 世纪的大部分时间里，许多德国自由主义者都把英国看作欧洲大陆的楷模。我本人的文稿试图表明，韦伯恰好站在了这一传统的终点，他是通过家庭的纽带与这一传统联系在一起的。但是，自从德意志帝国成为军事和工业大国以来，大不列颠在韦伯的世界政治（Weltpolitik）格局中就不仅是欧洲大陆和帝国的楷模，还是主要对手。在这项研究中，韦伯利用他的巴伐利亚家族史展示了资本主义精神，但奇怪的是，他对自己广泛的英国亲族关系却只字不提。他的母亲出身于一个富有的胡格诺教派家族，他们像熟悉法兰克福和米兰一样熟悉曼彻斯特和伦敦，更多地体现了经济冒险主义而不是他的资本主义精神，更不用说新教伦理了。韦伯的亲属都是些四海为家的欧洲人，并没有感染上伴随韦伯终生的那种强烈的民族主义情感。他本人在政治上的矛盾态度，大概源于亲英情感与德国民族主义的暧昧融合。

意味深长的是，韦伯的民族认同观——利伯森的论题——与当时广为流行的语言、人种和种族学说形成了强烈的反差。《新教伦理与资本主义精神》没有把民族认同作为一个解释要素，并且强调了宗教信仰自由以及信仰者进行语言革新的能力。在另一些场合，韦伯则强调了共同的政治命运对于形成民族主义意识的作用。所以，韦伯并不是从本体论角度，而是从纯历史的角度确立他的民族认同观。因此，尽管他始终极为怀疑种族学说，但却认为人种论是很有裨益的。的确，他使用的是他那个时代的社会达尔文主义语言，但他从伦理上一视同仁地看待所有个人这一先入之见，使他对科学一元论——优生学就是其中的一部分——充满了敌意。这就需要对韦伯与尼采的关系加以澄清。

特雷伯从可取的相似之处而不是从因果联系的角度探讨了尼采和韦伯、前者的"自由精神修会"与后者的清教教派理想类型之间的关系。特雷伯说明了两人对于禁欲主义人格的形成有着多么相同的强烈兴趣，而他们对于科学和政治的理解又是多么截然不同。尼采在仍然保留着西多会某些旧时传统的著名的舒尔普福塔新教隐修院体验到了禁欲主义的教育功用，他又重新回到了浪漫主义时代的友谊崇拜。鉴于基督教信仰的危机，朋友之间的禁欲主义自我教育，其目标就在于从各种时代偶像那里获得彻底的思想解放，遵循最先进的自然科学概念，建立严格的经验主义道德科学。特雷伯详细说明了自由精神修会的规划——19世纪70年代初期曾在巴塞尔尝试过，但在后来几年中多半都成了幻想和理想——以及众男人和一个女人洛·冯·萨洛梅的作用，他们的名字至今还小有名气。此外，他还回顾了几乎已被忘却的、曾经吸引过尼采及其朋友的前辈学者与科学家的贡献。这等于是通过再现那些朋友们的"修会藏书"（包括从巴塞尔大学借来的图书）而整理那个时代的"思想清单"。他们认为，对语言的比较研究已经成为一门严格的科学，有助于建立"未来伦理学"。然而，韦伯则彻底摈弃了把地质学或化学的逻辑套用于道德重建的一元论科学观，用理想类型取代了规律，并转向历史因果论这一新教伦理的源头。尽管韦伯的禁欲主义人格理想类型与尼采的道德理想有着可取的相似之处，但他不是在朋友圈子或者新的苦行与教派实验中，而是在民族共同体的层面上寻求实践方法。从这个意义上说，他始终更接近于特赖奇克的爱国宗教。

戈德曼借助于福柯的自我"实践"，分析了韦伯的自制与他制概念在面对理性化与官僚化时的关系。旧时的资产阶级教育（Bildung）理想对韦伯来说已不再可行。只有禁欲主义的专业化才能拯救个人的自主性，并且能够创造性地应付制度僵化的危险。戈德曼指出了福柯的一种误解：韦伯关心的并非理性的禁欲主义代价，而是"有权能的自我"可以支配理性化本身的种种方式。正如清教徒自身打碎了传统的桎梏一样，现代俗人也能够控制并引导理性化。但是在德意志帝国，自我禁欲主义的社会化可能性，已经遭到有利于官僚制心态（bureaucratic mentality）占据支配地位的整个经济、文化与社会发展力量的侵蚀。然而，戈德曼的结论认为，与韦伯的政治改革纲领密切相关的是，他不能想象一种自主性自我怎么会在结构上不同于清教徒的自我，不能想象把他的禁欲主义理想和现代大众民主的现实加以调和。

既然世俗禁欲主义强有力地吸引着韦伯，他自然会不仅反对墨守成规的"法律和秩序"类型（Ordungsmenschen，"秩序人"），而且会更加深恶痛绝地反对性解放的"新伦理"，因为那是新浪漫主义、无政府主义、优生学以及享乐主义成分的混合物。每一种成分对他来说都是根本不能接受的，其混合物则是令人厌恶的。在他看来，以"无序"为本激烈批判家庭、资本主义社会和威权主义国家的男男女女，和那些同现代性的激励规则与制度规则抗争的"秩序人"一样有心无力。里希特布劳指出，韦伯对禁欲主义的关注，同齐美尔与弗洛伊德等人把压抑和本能的牺牲视为文化成就和经济交流的条件密切相关。但是韦伯终于未能一以贯之，他本人的内心冲突也反映了新的时代潮流所带来的某些普遍的紧张状况。此外，他本人的疾病也可以从歇斯底里和神经衰弱这样的时代病角度予以解释。对个人和集体堕落的恐惧日益加重。马克斯·韦伯与玛丽安娜·韦伯在积极捍卫一种从道德上支持一夫一妻制的禁欲主义理想的同时，却不得不面对周围环境中新兴的性冲动和自由性爱的要求。在对清教徒反对感官文化、崇尚实证科学的描述中，韦伯的研究展示了他的个人精神气质，但在随后的岁月中，他在各自独立并相互冲突的价值领域逐步发展了他的理论，明确承认了色欲和审美价值观的自主性（Eigenwert，固有价值）。这使韦伯意识到从审美与快乐角度解释现代主义，两者之间有着鸿沟，并继续坚持对制度现代性的禁欲主义要求。因此，里希特布劳似非而是地把韦伯划入了那个时代"反现代主义的现代主义者"行列。

除了价值观与制度范畴本身固有的规律性（Eigengesetzlichkeit）概念之外，韦伯还使用可取的相似性概念以证明新教伦理与资本主义精神这样的异质现象有着必然联系。然而，与他的许多确切定义截然不同，他从未明确定义过可取的相似性，因而从未让它带有它在歌德小说中所获得的内涵。这一术语源自炼丹术和"分解术"（Scheidekunst，化学的旧称），意思是用"巫术"的方法重新结合"相互吸引"的元素。里希特布劳提醒我们，韦伯恢复了维尔纳·松巴特在阐明资本主义精神的觉醒时不予理会的思维方式用语。在一段紧张的淘金、寻宝和炼丹经历之后，某些人终于发现，只有通过正常的经济活动才能积累财富。

莱曼探讨了松巴特与韦伯的矛盾关系。作为"局外人"，他们是亲密的同道、编辑《社会科学文库》的同事；在终于卓有成效地形成了这个学术议题的过程中，他们又是竞争对手。毫无疑问，松巴特的大作《现代资本主义》（1902）是对韦伯的刺激和挑战。松巴特认为，诸如加尔文宗信徒和贵格会教徒等新教群体的经济影响已是众所周知，无须进行具体的历史论证。不过，有感于耶利内克对法定人权之宗教来源的研究，韦伯决意详细考察一下某些宗教信仰与宗教焦虑所带来的出乎意料的经济结果。

麦金农关于韦伯命题之贴切性与影响力的文章，在某种程度上是对1988年评论的回应，麦金农在这里重申了那时的观点，而且还把韦伯命题的历久不衰归于三代评论家。按照麦金农的说法，这些评论家并未认识到韦伯对神学的误读，特别是他对证据危机——因其在世俗行为方面产生的非预期后果——的误解，而且他们在韦伯挥洒自如地阐明了他的因果多元论之时，却把一元论和唯心论记在了他的名下。总的来说，这些评论家——从拉什法尔的早期评论，经松巴特与布伦塔诺，到罗伯逊、托尼、特雷弗-罗珀以及更为晚近的作者——只是在不断重复他们的错误。麦金农的基本观点是，加尔文主义并未给予世俗职业（secular callings）①以宗教合法性，因为奠定《威斯敏斯特信纲》基础的誓约神学消解了加尔文的得救预定论，并且实质上仍然发挥着精神作用。如果没有教义上的证据危机，韦伯的得救焦虑说与心理补偿说顷刻就会瓦解。实际上，韦伯在四面受敌的情况下做出的成功批判，并没有受制于他的神学前提。

事实上，韦伯往往由于宣称神学权威是他的主要参照群体而使他同时

---

① 指信徒在世俗社会中从事的职业，并将此职业视为宗教使命。——译者注

代的经济学家和历史学家显得不求甚解。韦伯在他的反批评中表露了极大的满足——某些神学家对他的命题表示关注。"我的希望是——而且我正在等待着——得到来自神学界富有成效和启发性的批评，而不是像拉什法尔那样浅薄而笨拙的辩论家的批评。"[5]实际上，如果要对韦伯的命题进行有效批评，那就需要仔细研究17世纪的原始资料。这是札雷特与冯·格雷耶兹所要谈到的问题。札雷特对于方法论问题也给予了特别的注意。鉴于麦金农强调加尔文和清教徒的神学一致性，札雷特首先提出了这样的综论：意识形态专家是在运用他们信条当中最终不可调和的决定论及唯意志论成分的调和物，有选择地回应来自各个方面的挑战——一个背景选择的问题。就历史学家和社会学家来说，这种做法增加了注释性选择的风险。因此，这要看加尔文是否响应贝拉基主义或者反律法主义的观点。同样，誓约神学家在某些方面突出唯意志论，但强调这要视恩宠而定，反对激进的世俗进取心。札雷特认为，加尔文学说只是一种温和的唯意志论，而清教徒的誓约神学在很大程度上却是一种决定论，事实上这使加尔文学说变得比加尔文本人更为加尔文主义。借助于新发现的原始证据和更为广泛的间接资料，札雷特得出结论认为，清教主义实际上是一种焦虑-诱导信念，并且可以支持韦伯命题的要点，包括对恩宠的证据和世俗职业精神化的终身追求。

格雷耶兹结合札雷特的观点，认为传记、日记、书信以及类似文件在神学文本的研究中是必不可少的。韦伯与特勒尔奇往往依赖大量宗教文献来推论俗人。根据比较晚近的社会史研究，格雷耶兹主张要进行自下而上的观察，而不仅是自上而下的观察。大范围地解读自传和日记使他看到，绝大多数接受宗教启示的作者，根本就不关心得救预定论或誓约，他们关心的是一个平易近人、允诺普遍恩宠的上帝的特别天命。由于当时的死亡率极高，清教徒和非清教徒同样意识到了生命的岌岌可危，由此而鼓励了世俗禁欲主义的发展，这未必同得救预定论教义有关。到 17 世纪下半叶，这种教义走向了没落，不同的只是宗教精英们为它增加了系统化的内省特征。宗教簿记普遍发展为一种追求条理化生活方式和系统利用时间的手段。私人资料也在证明，天命不仅环绕着个人命运，而且环绕着集体的命运以及从战争到地震的自然事件。与韦伯对幻灭的后果的看法不同，天命使得上帝更易于接近——尽管不是那么可靠，但这并未冲淡禁欲主义。事实上，个人和集体的净化作为一种持续不断的行为，显然已经变得要比一门心思考虑（个人自身）皈依的事件和时机更为重要。因此，天命观有时似乎能够抵消越来越显眼地出现在信徒面前的程式化世界观。

札雷特与格雷耶兹能够利用的原始资料要比韦伯广泛得多，他们在此基础上阐明了韦伯命题的恰当性。和他们截然不同，奥克斯认为这里可能有一个方法论的悖谬。他提醒人们注意这一事实：韦伯在《新教伦理与资本主义精神》之后接着写出了《新教教派与资本主义精神》，在那里，作为说明性前提的得救预定论被教派的组织和戒律所取代。奥克斯认为，韦伯观点的生命力未必依赖于——按照麦金农的说法——正确解读神学资料，而是依赖于识别宗教观念"消费者"的精神气质。看似悖谬的是，尽管——甚或因为——韦伯可能误读了神学教义，但在新教伦理与资本主义精神的关系问题上，他可能是正确的。奥克斯应用韦伯本人对于目的与结果的这种矛盾关系的看法，认为《新教伦理与资本主义精神》"足以作为它所分析的现象类型的实例"。出人意料的是，一位作者如何理解他的立论前提，可能与该立论的效力所依据的条件截然不同。

而且，在社会学家看来，韦伯的命题能否在历史上站得住脚，相对于它所具有的普遍意义来说只是个次要问题。珀吉从巴林顿·穆尔那里得出一种看法:《新教伦理与资本主义精神》究竟是一个重大成就还是一条死胡同,这仍然没有定论。他认为,进行这样的选择判断过于极端,因为有一些内在和外在的原因使人很难找到解决办法。关于内在原因,一个看似简单的命题,结果却难以证明,因为被它联系在一起的各种成分有着异质性。至于外在原因,要想证明经济史的事实与宗教内涵的结构之间有着韦伯及其同时代人所假定的必然的因果关系,这实在会令人望而却步。如果《新教伦理与资本主义精神》看上去能以某种示范性方式对行为和结构的互相依赖做出一般性的观察,社会理论家就完全可以避开这种复杂性。

然而,对于现代性问题,珀吉并不满足于从历史特性的层面生发出更高层次的社会学理论说明。由于《新教伦理与资本主义精神》近来已被说成是韦伯的道德教育学总目,珀吉对戈德曼所描绘的那种韦伯式道德精英表示了个人异议。不过,根据美国民主学说的观点,戈德曼的评价是审慎的,而珀吉——近似于明希——则把自己独特的、富有人情味的世俗天主教文化(Kulturkatholizismus)同韦伯的新教道德主义和英雄行为对立起来。

韦伯在诉诸神学专门知识作为适当的论说依据时,他当然知道,绝大多数神学家对于他所捎带上的经济学问题毫无兴趣。实际上,正如本尼迪克特指出的,欧洲大陆加尔文主义的历史学家大都拒绝韦伯的命题,这在很大程度上是由于他们自身的神学关切。的确,教派对立已经逐渐过时,但这并没有改变在看待——往往是完全错误地看待——韦伯学说时的相对冷漠与敌意。本尼迪克特通盘考察了加尔文主义的历史后发现,韦伯的研究引人注目地没有受到它的影响。其原因不仅在于神学的成见,而且在于研究过程中体现出来的民族情感——如果不是民族主义情感的话。此外,我们对世俗禁欲主义的认识有了实质性的变化，结果赋予了新教和特伦托主教会议后的天主教比韦伯所认识到的更大的行为相似性，这就削弱了韦伯学说的重要意义。因此，关于宗教少数派的地位及少数派宗教群体网络的重要性的老生常谈，在今天看来更加雄辩有力。最后，本尼迪克特说明了韦伯何以在英美获得了更高的礼遇，何以根据大西洋两岸的清教遗产而影响了英国社会史研究的趋势，并赋予美国以迷人的魅力。

人们很容易就能证明新教伦理和 17 世纪中叶新英格兰清教徒与贵格会教徒勤勉敬业之间的广泛联系。然而，亨利塔指出，宗教个人主义和集体主义处于一种紧张状况，商人与投资者的利益由于和农民与工匠的利益相对立而出现了社会经济分化。在约翰·温思洛普的共同体伦理较安妮·哈钦森的神秘主义伦理占了上风之后，威权主义的加尔文主义和（自由恩宠）教派便分道扬镳了。共同体伦理保护债务人而反对债权人，并强调"公平价格"，而且是在一个赋予"可见的圣徒"以经济特权的社会等级制度中。在这种局面下，勃勃进取的商人便遇到了严重的障碍，经过两三代人之后，内外因素的结合才缓和了它对商业城市宗教与社会的控制。然而，直到革命时期，乡村依然保持着落后的共同体伦理。乡村清教徒和教派的宗教虔诚，要比资本主义精神之促进现代化更加有力地促进着（韦伯所说的）传统主义的生活方式。在商人们变得更加开明和自由化的时候，乡村却更易于接受大觉醒。这就消解了韦伯命题所视为当然的那种亲和力。不过，到18 世纪上半叶，人口的压力使社会需要更加密集和条理化的劳动，理性的法律制度的发展——使用共同体标准的陪审团被根据债务证书做出的司法裁定所取代——促进了资本主义的进一步发展。被大肆夸耀的"法治而非人治"的美国制度怀着一种报复心态开辟了资本主义时代。

尽管韦伯毫不妥协地坚持他的命题，但他并没有更深入地考察英国新教的良心学，或者比较一下新教对其他欧洲国家的影响来继续他的研究。施密特-格林策希望修正一下威廉·亨尼斯与本杰明·纳尔逊的观点，前者认为韦伯直到晚年也没有改变自己的基本立场，后者认为《新教伦理与资本主义精神》只是庞大的比较社会学研究的尝试性开端。施密特-格林策指出了韦伯与注重比较研究方法的宗教史学派（Religionsgeschichtliche Schule）的密切关系，以及他对理性主义的历史社会学不断高涨的兴趣。由于从世界历史的高度对世界观和社会结构的关系进行了比较研究，韦伯得以对各种历史发展规律——不管直线论还是循环论——以及关于民族或种族特性的简单化阐述不断进行具体的批判。施密特-格林策的结论是，《经济与社会》的系统化要求也体现在《世界诸宗教的经济伦理》的研究中。这两部著作为《新教伦理与资本主义精神》提供了一个世界历史的背景，这并没改变命题的实质内容，而是给了它更为丰富的意义。[6]

| 3 |

本书略去了两个或许值得论及的重要问题：韦伯对体现了资本主义精神的本杰明·富兰克林的评价，以及《新教伦理与资本主义精神》与格奥尔格·耶利内克《人权与公民权宣言》（1895）的关系。关于对富兰克林的专论，回顾一下1916年卢卓·布伦塔诺的评论和1936年韦伯的表侄爱德华·鲍姆加滕（1898—1982）在德国出版的《本杰明·富兰克林：美国革命的导师》，对读者或许是很有帮助的[7]。

在韦伯——尽管只是"临时性地"——阐述资本主义精神的著名段落

中（33~35），为了提供一个"典型的纯粹性"范例，他引用了本杰明·富兰克林《给一个年轻商人的忠告》（1748）和《给愿意发财致富的人们的必要提示》（1756）。他在1920年的增订本中强调说，富兰克林所阐述的"不仅仅是从商的精明"，而且是"一种精神气质。这正是我们所感兴趣的"。布伦塔诺在韦伯的定义中看出了一个实用性准则（petitio principii）：如果赚钱不是为了享受、声望、权力甚至为赚钱而赚钱，剩下的就不过是"一个虚伪的道德格言"。[8] 布伦塔诺认为，韦伯"听任费迪南德·屈恩伯格对美国文化恶意描绘的摆布，以至相当拙劣地误解了富兰克林"[9]。屈恩伯格在他的畅销小说《厌恶美国的人》（1855，1889）中援引了同样的一席话，并且把富兰克林表面上的贪婪哲学概括为："从牛身上刮油，从人身上刮钱"——暗指富兰克林的父亲是个油脂零售商。针对这个美式格言，他换上了一个"德国词"："我们是从人身上刮精神，而不是钱！"[10] 韦伯的亲英态度和他反对从德国人的角度理解美国人的口头禅，其特征就在于，屈恩伯格看到金钱的地方，韦伯看到了精神：富兰克林体现了一种精神气质，而不是没有精神的唯物主义。[11] 但是，韦伯在富兰克林的通俗作品中看到新精神的地方——这种精神"在古代和中世纪则会被视为最卑劣的贪得无厌而遭到排斥"（《新教伦理与资本主义精神》，56）——布伦塔诺则把清教伦理视为小资产阶级各个阶层传统主义伦理的延伸，而富兰克林本人的立场则类似于亚里士多德的尼可马亥伦理。富兰克林曾提到他父亲的忠告——所罗门的警句："你看见办事殷勤的人吗？他必站在君王的面前。"（《旧约全书·箴言》，22.29）韦伯认为这是为赚钱这项职业所做的辩护，而在布伦塔诺看来却是手艺人的习惯性自负。他争辩说，无论属于哪个教派，为人父母者都会向自己的孩子灌输追求成就的意识，要他们勤奋工作以获取体面的地位。[12]

　　爱德华·鲍姆加滕也以所罗门的警句为例强调指出，在这个"非常精彩的关口，韦伯几乎完全忽略了富兰克林金钱伦理的政治目标"[13]。如果更深入地了解一下背景情况，他就可以看出，对于富兰克林来说，金钱与勤奋本身并不是目的，而是追求幸福的手段。鲍姆加滕 1924—1929 年是在美国度过的，这使他认识到，韦伯不仅没有用心解读富兰克林，而且没有充分理解他的风格与嘲讽意味。韦伯很早就满怀热情要熟练掌握英语，但他没有布伦塔诺的优势，后者从少年时期就在英国生活。韦伯对于把握 18 乃至 17 世纪的作家当然不乏自信，但他对于某些语言上的微妙之处、历史掌故以及某些文献背景则肯定一无所知。

　　韦伯在反驳布伦塔诺时已经强调说，布伦塔诺的批判是正确的，问题实际上在于"把一种无理性的生活方式加以理性化"（《新教伦理与资本主义精神》，194）。鲍姆加滕认为，由于韦伯对加尔文主义理性自律的理解是相对于一个不可思议的无理性上帝而言，于是便得出了一个误人视听的附属假设：作为一个世俗化的清教徒，富兰克林很有可能赞同一种无理性的职业伦理。鲍姆加滕在（从未出版的）第三卷中试图证明，由于乔纳森·爱德华兹的关系，韦伯提出的（就根本敌视对幸福的追求这个意义而言）无理性（irrational）的理性主义概念，即使在美国那种虔诚的清教主义环境中也不可能站得住脚。[14]对于韦伯所说富兰克林体现的资本主义精神具有"近乎经典的纯粹性"（《新教伦理与资本主义精神》，48），鲍姆加滕还有另一个反对的理由：富兰克林的社会理想就是那种自主自立的农夫，他从不会"在掘地时超过犁耙的深度"，这意味着他决不会成为一个勘探者和投机商。

　　除了语言障碍之外，韦伯与富兰克林还另有隔阂。他无法领会富兰克林式的幽默感和恶作剧。鲍姆加滕解释说，韦伯从未开过玩笑，富兰克林告诫那位年轻商人，"谁要是糟蹋了一个克朗，那就是毁了所有它本可生出的钱，很可能是几十英镑"（《新教伦理与资本主义精神》，49），而韦伯却相信"这种训诫的伦理性质不可能被人误解，这才是最重要的。对他来说，理财时不加小心就等于扼杀资本萌芽，因此这是一个伦理缺陷"（《新教伦理与资本主义精神》，196）。看来韦伯全然不知当时美国读者的理解：这个风趣的说法使他们想起了富兰克林一年前（1747）发表的著名的"波利·贝克演讲"。[15] 在这篇虚构的演讲中，一位因生下一个私生子而经受了 15 次审问的少妇，指控第一个诱奸了她的人——法官之一——为了继续当单身汉而扼杀了几十个潜在的胎儿。鲍姆加滕知道他的表叔是个"幽默大家"，因此，使他感到格外震动的是，"各民族之间居然不能相互理解彼此的幽默与风趣"[16]。这一舛谬也影响了德国的广大读者。由于误解了富兰克林的幽默，韦伯"用心构思了一种富兰克林禁欲主义经济学的精神气质的宏论，直到今天（1936 年），经济学、神学、文学、哲学等等所有领域仍在不断重复这一构思，人们看上去都是博学多闻，却明显地惰于查阅原始资料"[17]。因此——鲍姆加滕补充说——在历经 30 年的学术争论中，没有人认为应当把韦伯的禁欲主义富兰克林同富兰克林本人的禁欲主义进行一番比较。[18]

为了回应一种可能的反驳——富兰克林为他的商人提供了一个能够量化的极端性忠告，鲍姆加滕指出，富兰克林的幽默作为一种手段是严肃的：他是一位控制距离感和拐弯抹角的大师。在比较了路德教的虔诚和盎格鲁-撒克逊的加尔文主义与清教主义——前者视人为上帝的宠儿，后者视人为上帝的工具——之后，韦伯首先认同了体现在后者中的严厉的禁欲主义，而不是考虑这种手段能否真正有助于安宁与快乐。最后，虽然韦伯试图反驳德国人的这一偏见——盎格鲁-撒克逊式的美德实在虚伪，但他并未充分理解富兰克林表面中庸的意图以及这种意图与他的幽默的关系。鲍姆加滕认为，韦伯看出了这种功利主义背后的禁欲主义，但却未能把握住富兰克林思想的精髓。假如韦伯更加严谨地推敲某些段落，他可能就会明白，富兰克林说的是"如果某人需要邻居的帮助以实现某个有益的计划，而某人本人充当了该计划的提议者之后却有可能被认为并不比邻居们高明多少，这是不合适的"[19]。想必韦伯也会理解，表面中庸并非骗术或者见风使舵，而是能使一个人和他的公民同胞进行有效合作的实用美德。因此，鲍姆加滕把美国人富有幽默感的谦逊传统——演说家们至今仍须身体力行—— 一直上溯到富兰克林的人道工具主义精神。

尽管韦伯是因为受到屈恩伯格的刺激而误读了富兰克林的某些文字，但他写作《新教伦理与资本主义精神》也受到了格奥尔格·耶利内克《人权与公民权宣言》的影响。在初版中，他不仅断言耶利内克的论文"从根本上说明了良心自由的起源以及政治意义的历史"，而且他"对清教主义的重新研究，应当直接归功于这篇论文的激励"[20]。在这里，韦伯的关切显出了比 1920 年修订本更为清晰的政治背景。他就宗教宽容的主要历史代表做了一个长篇注释，因为在一次国会演讲中，天主教中央党领导人之一阿道夫·格罗贝尔"再次宣称马里兰的宗教宽容在历史上就高于罗得岛。然而，出于机会主义考虑的宽容与作为一项宗教原则的宽容是完全不同的两回事。……正是由于宗教宽容，这才有了现代的自由主义观念：对任何被当作偶像崇拜的人的权威的宗教否定。……这在贵格会教徒和所有采取较宽松形式的禁欲主义教派中表现得尤为突出，这种出于明确宗教动机的、对任何法定权威的敌视，在各清教国家的历史上都是自由主义的决定性心理基础。无论人们想要赋予启蒙运动多么重要的历史意义，它的自由理想也并非基于这种明确的动机，它只是保证了动机的持续性。顺便说一句，只有这种动机才给予了格拉德斯通的政治以建设性特征"[21]。

韦伯深为耶利内克提出的两个总体性观点所折服。第一个是说，"从法律上承认那些不可剥夺的、与生俱来的、神圣的个人权利，这种观念并非来自政治，而是来自宗教。它一直被认为是法国大革命的成就，但实际上是宗教改革及其斗争的果实。它的第一位使徒并不是拉法耶特，而是罗杰·威廉斯"。第二个观点认为，"确凿无疑的是"，"1789年的原则实际上就是1776年的原则"。[22]耶利内克指出，法国大革命和1848年德国革命的失败，在很大程度上就是因为这一事实：权利要求的提出没有得到必不可少的制度支持，而在美国，良心自由产生于宗教斗争，这使罗杰·威廉斯坚决要求把良心自由包含在罗得岛的特许状和契据中，这一做法逐渐为其他殖民地所仿效。耶利内克与法国学者埃米尔·布特米进行了对话之后说道，他并不认为宗教自由的要求是所有人权的来源，但是它们之取得合法地位则应追溯到这一要求。毫不奇怪，由于德意志帝国同法国的对立，以及德国文化越来越敌视启蒙运动的遗产，耶利内克与韦伯部分顺应、部分反抗这种趋势，转而把人权的起源追溯到恪守宗教教规的17世纪和英美世界。这不仅迎合了自由主义的亲英派，而且还是让保守派更容易承认那些基本权利的理由。鉴于里敕尔反对任何基督教自然权利观，韦伯在对他进行批评时补充说，"我们终究应当感激这种自然权利观，它带来了即使当今最极端的反动家伙也会认为是最起码的个人自由的一切"。（《新教伦理与资本主义精神》，245）

大约在鲍姆加藤指出韦伯对富兰克林的阐释乃是固执己见的同时，少数有资格评判这一问题的德国历史学家之一奥托·福斯勒写道，耶利内克的论点尽管立足不稳，但在德国仍然占有优势。福斯勒的评论既是针对罗杰·威廉斯的极端唯灵论和二元论——这使威廉斯不宜被视为"人权使徒"——也是针对弗吉尼亚的权利法案史——这使福斯勒断定，耶利内克的论点"既不能解释人权观念的起源，也不能解释它何以获得明确的合法地位"[23]。鲍姆加滕与福斯勒的评论在半个多世纪之后仍会使人耳目一新。就耶利内克的论点而言，我们目前对殖民地历史的认识水平，可以说集中体现在了里斯·艾萨克1982年的研究成果《1740—1790年弗吉尼亚的变革》[24]中。艾萨克的研究以大量重要证据为基础，展示了圣公会贵族、分离主义的浸礼会信徒及其他教派、启蒙运动的现世主义者——例如詹姆斯·麦迪逊和托马斯·杰斐逊——之间冲突与合作的复杂方式。杰斐逊制定的宗教信仰自由法案在1786年获得通过，该法案"在大西洋世界绝无先例，它宣布了教会与国家的无条件分离"[25]，这是各教派成员和自然神论者"邪恶同盟"的产物，因为贵族们试图通过放弃对国教的支持以控制来自下层社会的潜在政治威胁。各教派成员看到了摆脱国教的机会，并拒绝在一个通过反抗传统主义权威的革命而崛起的新生国家里为国教承担纳税重负。但是韦伯却认定，从逻辑上说，各个教派肯定是出于信念而要求良心自由的。根据对证据的理解，我的看法是，弗吉尼亚各教派与贵族们一样，在很大程度上也是出于机会主义考虑。把宽容视为意识形态原则的是那些理性主义的共和主义者。

　　韦伯强调，纯书卷气的学说不可能改变世界——这至少在某种程度上反映了他本人的无力感，他同意耶利内克的看法，即"单靠文献绝不会产生任何东西，除非能在历史与社会环境中找到适于它发挥作用的地方。人们在发现一种观念的书面来源时，绝不会立刻就能发现有关它的实践意义的记录"[26]。韦伯的《新教伦理与资本主义精神》就是要力图证明宗教信仰和行为的实践意义，而且他曾坦言：耶利内克关于"人权形成过程中的宗教痕迹的证据……给了我至关重要的激励……去研究某些领域中人们不可能一眼就看到的宗教影响"[27]。这项对实践意义的研究，证明他们从人文科学（Geisteswissenschaft）转向社会科学（Sozialwissenschaft）的共同志趣是有道理的。[28] 不过，在具体的尝试中，他们使用的历史证据过于生硬，因而迫使后来的几代人不断变化侧重点以重新审视这部著作。

第一部分

背景

01 | 德国的神学渊源和新教的教会政治

弗雷德里希·威廉·格拉夫

在 1907 年围绕《新教伦理与资本主义精神》发生的争论中，马克斯·韦伯解释说，要想"客观而富有成效地评论"他对新教禁欲主义和资本主义精神之间遗传性联系的研究，"在这个纠缠着无尽的因果关系的领域，只有熟谙原始资料才有可能做得到"[1]。"虽然在某些人看来似乎是一种过时的态度，但我仍然期待着来自神学领域理应是最有资格的批评。"[2] 在此后的岁月中，韦伯曾反复强调，对他来说，就《新教伦理与资本主义精神》进行争论的最重要的参与者是宗教问题"专家"，即神学家。只有从他们那里才能指望得到"富有成效和启发性的批评"。[3]

如何解释韦伯对纯学理的神学这种明显的敬重呢？首先，这里有着个人经历的原因。开始大学生活之后，韦伯和一些新教神学家成了至交。他度过的第一个学期同表兄奥托·鲍姆加滕的生活与工作密不可分，那是一位新教神学家，比韦伯年长 6 岁。[4] 1894 年以后，鲍姆加滕作为实用神学教授在基尔教学，与身在海德堡的表弟，还有玛丽安娜·韦伯保持着十分密切的联系。通过鲍姆加滕的关系，韦伯结识了众多对教会不满的宗教自由主义者与新教神学家。1890 年以后，他和"受人喜爱的表兄"一起参与了"新教社会代表大会"的事务。他在"新教社会代表大会"的工作加深了他和自由主义新教的关系。1896 年韦伯从弗莱堡迁居海德堡，海德堡大学年轻教授中的一位神学家，厄恩斯特·特勒尔奇，成了韦伯最亲密的朋友。而且，韦伯与海德堡大学新教神学院的其他一些教授也成了至交，尤其是《旧约》学者阿德尔贝特·默克斯和《新约》学者阿道夫·戴斯曼。

韦伯自称对于宗教问题"没有共鸣"（"unmusikalisch"）。[5]然而，奥托·鲍姆加滕 1926 年时曾指出，他的表弟与传统的基督教信仰有着相当复杂的关系。即使韦伯并未达到"虔信无疑"的程度——这是宗教人士的关键特征，他也是"一个能对一切无理性的神秘来世体验做出最强烈反应的人。毫无疑问，可以说韦伯那种既不是反宗教的，也不是非基督徒的对宗教价值观的敏感和对宗教体验的情感投入，构成了他的学术及个人志业的实质内容"[6]。的确，要想回答韦伯个人的宗教态度这一问题，始终有一个困难之处，那就是他的极端不可知论与对当代德国新教主义的巨大实践兴趣和具体介入教会政治密切相关。事实上，进入 20 世纪之后，韦伯就不再积极参与"新教社会代表大会"的事务了。[7]不过，直到第一次世界大战，他仍然支持大学的自由主义新教神学家发起的教会政治活动。1894 年他曾签名呼吁对普鲁士教会的礼拜仪式和文化进行改革。1902 年，他与厄恩斯特·特勒尔奇联手，反对巴登政府在天主教中央党的压力下要采取措施撤销产生于"文化斗争"期间的反男性等级制禁令。1911 年，他签署了两份声明，反对在基督教出版物上抛头露面的普鲁士高级宗教法庭。根据这些声明，自由主义神学家们这才敢于大声反对普鲁士教会领导层迫使自由主义者、科隆牧师卡尔·雅托服从惩戒性程序的企图。[8]1906 年，韦伯在《基督教世界》发表了题为"教会与教派"的论文，他从 19 世纪 90 年代就已在那里发表文章。由神学家马丁·拉德主编的这份杂志，乃是自由主义"新教文化"最重要的神学喉舌。韦伯的文章最初有一个副标题——"教会与社会政治述略"。[9]这个副标题显示了该文不仅涉及宗教社会学，也是为了参与德国的宗教论战。

韦伯与自由主义新教思想环境的密切关系，对于阐释《新教伦理与资本主义精神》而言意味着什么呢？哈里·利伯森 1988 年出版的《1870—1923 年德国社会学中的命运与乌托邦》一书认为，《新教伦理与资本主义精神》不仅应被看作是历史研究或是对资本主义起源的文化分析，而且是对那个时代的反映，一个"（韦伯那时的）当代德国寓言"。[10]韦伯对于加尔文教和路德教之间差异的描述方式，其突出的特征就是对德国资产阶级在政治上摇摆不定所做的批判，以及他对威廉二世帝国的威权主义政治文化的绝望。他认为，从实质上说，路德教的精神应当为这种政治被动承担责任。对路德教进行有目的的、彻底的政治批判，是韦伯分析威廉二世帝国政治体制的"伪法治"和抨击民族自由党中产阶级政治低能的基础。[11]因此，我很乐意接受哈里·利伯森的见解，并试图证明某些自由主义新教理想是多么有力地反映在《新教伦理与资本主义精神》的历史性阐释中。为此目的，我将把我的注意力主要放在 1904—1905 年的初版文本上。韦伯在这里解释说，他的"初稿凡是论及纯教义领域的问题时，完全是依靠教会史和教义学的间接文献，在这方面（它）绝对不会自以为具有独创性"[12]。

韦伯在《新教伦理与资本主义精神》中使用的现代文献，40% 以上来自 19 世纪和 20 世纪初的德国神学家。韦伯还以令人难忘的学术造诣吸收了一些重要的教会历史学家的研究成果。甚至在有关路德教的职业伦理观和循道宗教义这样的专门文献方面，韦伯对于当代的研究也是了如指掌。[13]

韦伯不光着眼于神学领域的历史文献。他就宗教价值观念系统的潜在社会结果所提出的问题，明显是受到了当时德语世界关于教义史争论的影响。这场争论绝非纯学术的交锋，不是仅仅与历史学家有关并专门讨论历史。在论及新教与现代文化的关系时，德意志帝国从根本上说是否具有合法性的问题，始终是一个基本话题。这不仅显示了神学争论在 1914 年之前的知识阶层中所产生的突出影响，也表明了与新教对现代德国史的政治文化影响有关的神学争论的政治含义。当时那些主要的新教教义史学家和教会史学家的自我评价，就反映了这种政治含义。他们几乎无一例外地把自己的专业看作是一门"文化科学"，它不仅能够说明今日之由来，同时也要为政治、文化及某些文化价值观的发展确立规范性原则。[14] 因此，激励着教义史学家和教会史学家的，并不是对宗教观念或教义体系本身的关注，而是对宗教思想与文化模式的关系进行探索。

韦伯在《新教伦理与资本主义精神》中还谈到了"对于某些宗教观念在个人实践活动中产生的结果进行逻辑和心理调节的关系"[15]。韦伯是从宗教意识的概念着手的，因为它是当时新教神学的出发点，并由弗雷德里希·丹尼尔·厄恩斯特·施莱尔马赫做过经典性解说。宗教意识不仅对其他价值系统或兴趣范围产生作用，而且是一个典型的独立王国，"一个独立的思想领域"。只有站在这个基点上，人们才能看出它的潜在文化结果，以及它对个体的行为（Lebensführung）或某些社会群体行为的意义。19 世纪的德语国家新教神学家大都接受了一种心理学分类法，不仅为宗教的独立性，而且为宗教观念的诱导力留出了余地。韦伯同样接受了这种心理学定位。[16] 他主要是借助于教义史文献，在那里，新教神学与宗教信仰是按照某些心理学理想类型组织起来的。这样过分倚重神学讨论也表明，《新教伦理与资本主义精神》所体现的价值判断，尤其是教派意识形态，要比韦伯本人和当代诠释者所能意识到的更多。

| 1 |

尽管对《新教伦理与资本主义精神》的研究已经汗牛充栋，但我们仍然不太了解韦伯这部著作的学术与历史背景、他的动因以及他的立场得以形成的思想氛围。然而，众所周知的是，18世纪末叶以来，人们一直在讨论新教与现代资产阶级社会在欧洲各国兴起之间的关系。[17]这种讨论贯穿着一种自由主义的"文化斗争"心态，那是新教徒特别是加尔文宗信徒实现反天主教性质的经济现代化的祈望。人们更熟悉的是，韦伯对于实现经济现代化这一要求的宗教根源的研究，是受到了格奥尔格·耶利内克《人权与公民权宣言》的影响。[18]一些比较晚近的作者还指出，对于韦伯来说，与维尔纳·松巴特《资本主义的起源》一书的交锋，其意义要比他在解说《新教伦理与资本主义精神》时所承认的更为重要。[19]人们不太了解的是，厄恩斯特·特勒尔奇对于《新教伦理与资本主义精神》也产生了十分广泛的影响。在韦伯进行这项研究期间，特勒尔奇写出了一部类似主题的重要著作《新教基督徒与当代教派》（出版于1906年）。[20]1906年4月，特勒尔奇在斯图加特德国历史学家第九次代表大会上发表了题为"新教对于现代世界之形成的重要意义"的演讲，[21]但由于不为人知的原因，韦伯婉言谢绝了与会的邀请。特勒尔奇的演讲引起了德国史学界对于路德教在德国的历史作用这一问题的广泛争论。

在这场争论中，"特勒尔奇-韦伯命题"成了热门话题。由于特勒尔奇的斯图加特演讲以及他的《新教基督徒与当代教派》，批评家们始终认为，这两位海德堡学者是在相互交流中形成了他们对禁欲主义新教的看法的。韦伯在与基尔大学历史学家费利克斯·拉什法尔进行讨论时则断然表示："绝对没有进行过任何合作，甚至连隐性的合作也没有。[22]但在 1905 年 8 月，《新教伦理与资本主义精神》第二部分出版之后不到两个月，韦伯在写给历史学家格奥尔格·冯·贝罗的信中说："特勒尔奇的出色贡献可以说贯穿在我们令人兴奋的交流和我的论文的许多方面（大概比您知道的要多）——而且他是位神学专家。"[23]而特勒尔奇则反复强调他是独立于韦伯的，并且指出，甚至在《新教伦理与资本主义精神》问世之前，他已经形成了晚期新教文化史研究的基本构想。实际上，评价这两位朋友之间令人困惑的学术关系殊为不易，[24]他们就共同关心的问题所进行的交流，大概要比韦伯在关于《新教伦理与资本主义精神》的争论中乐于承认的更为密切。无论如何，韦伯对神学文献的裁选和他对某些神学作家的看法，突出显示了《新教伦理与资本主义精神》与厄恩斯特·特勒尔奇早期发表的著作有着同声相应的关系。

此外，韦伯明确考虑到了这位朋友即将付诸实施的出版计划，他解释说，自己可能会探讨某些选题，但"只是提示性的，因为我希望特勒尔奇能够重视这些问题，他已经思考这些问题多年（自然法等等），而且作为一个专家，他在这些方面自然比我更加得心应手，尽管我也是全神贯注"[25]。在论文结束时，韦伯援引了特勒尔奇 1903 年发表的论英格兰新教归正宗的文章，该文的主题和思路与《新教伦理与资本主义精神》几乎如出一辙。这位海德堡的神学家坚持认为，得救预定论的信条乃是归正宗宗教虔诚的核心。他还把得救预定论的信条视为一种强大的商业动力，既然"道德成就……显示了上帝的选召……那么最有生气的力量"就是"由得救预定论的信条"发出的启示。[26]尽管与韦伯有着相似之处，但也有一个不同的看法：在"加尔文教国家……占优势的是……一种发扬了得救预定论信条的、对于经济活动和资本的比较自由主义的态度。与路德教徒的宗法主义和经济保守主义相比，加尔文教徒赞同政治与经济功利主义的信条，这种功利主义符合基督教所要求的节制、行善与勤奋，在这方面，《福音书》也在引导人们实现物质上的富足。因此，加尔文教国家支持资本经济、贸易和工业，以及在基督教信仰节制下的功利主义，这对它们现实的经济发展……产生了重大影响。基督教功利主义和现代政治的发展一起，强有力地促进了经济的发展。凡是——通过得救预定论——对自己的尘世目标和来世得救确信无疑的人，都能运用他的天赋活力更加无拘无束地把获取财富作为一个自然而然的目标，不必害怕贪恋世俗的财富"[27]。特勒尔奇的这种观点与韦伯的观点完全背道而驰。他从得救的确定性直接推断出加尔文宗的禁欲主义促进了资本主义精神的成长。相比之下，韦伯则比较令人信服地强调指出，恩宠状态的不确定性乃是蒙召说的结果。特勒尔奇后来也同意了韦伯的观点，不过他同时还坚持认为，韦伯的"禁欲主义新教"观在 19 世纪的新教教义史上早已是"有案可查"。[28]

| 2 |

《新教伦理与资本主义精神》最重要的神学渊源来自伯尔尼神学家马蒂亚斯·施奈肯伯格的《路德宗与归正宗的教义之比较》，[29]这是爱德华·古德尔 1855 年编辑出版的他的导师的系列讲座遗稿。韦伯称赞该书是一部值得信赖的历史资料，因为施奈肯伯格在分析路德宗和加尔文宗的教义差异时"排除了一切价值判断"。[30]韦伯明确拒绝其他新教神学家对施奈肯伯

格提出的批评，认为那些批评本身毫无历史"客观性"，不过是表达了一些教义偏见。他和 19 世纪末叶最有影响的德语神学家、哥廷根大学系统神学理论与教义史教授阿尔布莱希特·里敕尔歧见极深。有许多证据令人不禁认为，是特勒尔奇的影响使得韦伯更加看重施奈肯伯格而不是里敕尔。另外，在施奈肯伯格对教会史的研究和韦伯本人的史学观念之间有着引人注目的"雷同"之处。施奈肯伯格专注于就某些宗教–心理学的理想类型运用历史素材。在展示加尔文宗和路德宗的差异时，施奈肯伯格试图"彻底说明这些差异就存在于这两个教派原初的教义结构中，以便就这些差异归纳出心理学规律并理解这些差异"[31]。可能是这种"归纳法机械论"——即按照某些心理学理想类型甄选历史素材——使得施奈肯伯格的教义史成了《新教伦理与资本主义精神》最重要的神学渊源。

施奈肯伯格有着符腾堡路德教的血统。他没有学术家传，其祖先是农民、商人及工厂主。他最初在图宾根修道院，然后是在柏林研究并讲授神学。作为重修生在图宾根修道院担任了一个职务并成为符腾堡教会的神职人员之后，他在 30 岁的时候被任命为归正宗的伯尔尼大学神学教授。[32] 于是，作为一个天生的路德教徒，他不得不"为了培养未来的加尔文教会牧师"而讲授教义学。[33] 这使他对瑞士归正宗新教教义和德国路德教教义的差异产生了强烈兴趣。阐述路德教和加尔文教的差异，实际上是他迫于生计，而他谋求的是新教各教派的统一，正如 19 世纪最初二三十年在几个德语新教地区实现了统一一样。这种统一遭到了路德宗神学家和信众的坚决抵制，他们拒绝消弭作为假冒启示的新教信条、官僚化的平等主义与遭到毁灭的路德教传统中的核心真理之间的教义差异。在 18 世纪末 19 世纪初，一种宗派性的"新路德主义"起而反对这种统一。它以新的方式强调路德教徒和加尔文教徒旧时的教义差异。这种"新路德主义"不仅要在神学教义范围内，而且要在宗教实践中证实一种特定的路德教同一性。尽管施奈肯伯格——即使作为伯尔尼大学的"比较教义学"教授——始终更加贴近路德教传统，[34]但他要和宗派性的路德教进行斗争，并为新的、更牢固的统一开辟道路。他的中心命题可以表述为：对统一的宗派性批评之所以得到了广泛赞同，是因为统一至今未能得到充分有效的神学证明，而领导统一的神学家——首先是施莱尔马赫——则低估了传统教义差异的重要性。人们只有认识到新教教义之间差异的深刻程度，才能为某种神学和解进行恰当的辩护。因此，施奈肯伯格的著作由于尽可能清晰地理解了这种反差，从而为教会的政治纲领提供了帮助，这恰恰是因为只有那样理解才能达到真正的统一。施奈肯伯格是抱着实用目的书写历史的，他对16、17世纪老加尔文教和老路德教的差异所做的分析，一看就是纯历史的分析，这在很大程度上是受到了在19世纪关于统一问题的争论中开始形成的新教各教派之间内争的影响。[35]施奈肯伯格对新教的教派差异形成了一种条理分明的看法。从对立的角度去比较加尔文教和路德教，这是用19世纪的眼光看问题。施奈肯伯格把自身的教派与政治关切注入了历史。由于跟从施奈肯伯格，韦伯接受了一种新教内部的教派与政治差异观，把对19世纪教义的定义模式简单化地应用于16、17世纪——在我们今天看来——复杂的历史现实。对现代初期德语地区教派问题的最新研究表明，在16世纪，教派之间并没有明显的分野。或者说，教派分立的环境最初就是产生于过长的教派认同形成期，换句话说，产生于日积月累的"宗派主义"。特别是在宗教实践和宗教信仰领域，天主教、路德教与加尔文教的差异，远不像韦伯根据19世纪的文献所认为的那么突出。

| 3 |

　　施奈肯伯格如何解释加尔文教和路德教之间的不同之处呢？他要在神学教义和宗教生活之间找出一种确切的联系。韦伯也认为教义和信仰有着亲和力。对于施奈肯伯格来说，加尔文教和路德教的差异绝不是纯教义的差异。借用施莱尔马赫的说法，它们产生于"宗教心态的差别，实际上是纯个人信仰领域中的深刻差异"。[36] 基督教最初并不是一种教义，而是一种生活方式。神学教义不过是对基督徒的生活或者敬神的自我意识的间接抽象。因此，施奈肯伯格在神学教义背后看到了一种反映宗教心态的"宗教心理学"。他要根据教义文本分辨宗教意识的基本状况。他关心的问题是教义如何反映宗教生活，反过来说，教义对于现实的宗教生活又有什么意义。因此，他尤其专注于那些与基督徒的自我直接有关的学说，特别是皈依、完善与得救的学说。[37] 从方法论角度来说，这意味着施奈肯伯格认为各教派间的教义差异说明了宗教生活方式的差异。除了依据大学神学家的教义著述之外，他对历史的描述还依赖于教派文献——各种教理问答、宗教指南、布道书及宗教小册子。[38] 当然，这里始终有个一成不变的教义学视角：对宗教实践的解释来自于神学教义。

　　宗教改革保障了敬神者反对教会制度的个人权利——这一论点是 19 世纪德国自由主义新教发布神学自白的基本模式。施奈肯伯格也主张，个人的宗教信仰主观性，即"直接的自我意识"乃是新教教义的核心。[39] 因此，人们应当重新审视新教各教派间的差异，把它们看作是自主性的不同说法："每一种情况似乎都涉及某种符合得救概念的与众不同的、独到的自我意识观。"[40] 在施莱尔马赫的唯心主义心理学基础上，施奈肯伯格从自主性观念中分出了三个要素：理解力、意志力和灵魂。他还把自我意识（Selbstbewusstsein）同自我的行为（Selbsttätigkeit）分而论之。这些心理学分类是以如下方式区别路德宗和加尔文宗的宗教性质的：加尔文宗的自我，基本上是在理解力和意志力方面充满自信，而路德宗的自我则是以这两种要素更牢固的一体化方式在灵魂的疆域中驰骋。用施莱尔马赫影响下的唯心主义自主性理论的语言来说，可以把结合在一起的路德精神与"灵魂的深邃"解读如下："路德宗教义"似乎是"从具有主导地位的自我意识的立场形成的基督教教义主体，加尔文宗教义则是从自发活动的立场形成的教义主体"。[41] 加尔文宗的"主动态较被动态占了上风"，[42] 而路德宗则是"静态意识"在发挥支配作用。考虑到宗教性自我的生活方式，施奈肯伯格按照主动与被动、创新与接受的模式将路德教和加尔文教做了判然两分。

施奈肯伯格的许多同时代人都很欣赏他以这种思想技巧进行条分缕析，尤其是分析特定神学教义的细微差别，并且勇于从教义差异中得出结论。即使是对高度抽象的神学概念，诸如耶稣基督的三大使命，他也要试图证明，路德教和加尔文教现存的深刻差异，乃是背道而驰的宗教心理的产物。因此，在关于物质的教义讲座中，至关重要的就是赋予了得救预定论一种核心地位。"宗教心态的变化从根本上说是与得救预定论作为教义的影响联系在一起的。"[43] 得救预定论绝不是站在专门与加尔文主义的方案针锋相对的立场去左右这个世界，而是对后者有着决定性的推动力和影响力。加尔文主义的双重选召论给恩宠状态带来了一种不确定性。这种得救的不确定性只能通过"活动证据"、通过合乎道德的活动而获得得救的确定性。[44]

然而，其他 19 世纪的新教神学家却向施奈肯伯格的这一命题发出了挑战。施奈肯伯格在伯尔尼大学的同事与朋友卡尔·伯恩哈德·洪德沙根以及众多其他加尔文主义教义学学者宣称，得救预定论概念和虔诚的加尔文主义信徒的道德行为之间没有内在的联系，因为得救预定论是一个高度抽象的神学教义。加尔文主义的选召论只是学者们的教义学观念，并不影响任何人的虔诚。韦伯很了解施奈肯伯格对得救预定论的宗教-心理学解释所遭到的批评，然而，他接受了这种解释并同意施奈肯伯格的论点——与路德教截然不同，归正宗的突出特征就是希望通过合乎道德的活动去体认恩宠。从这个角度来看，厄恩斯特·特勒尔奇的说法是正确的：韦伯对于禁欲主义新教的分析，其要旨早已为施奈肯伯格所阐明。[45]

《新教伦理与资本主义精神》的意义就在于突出了路德教和加尔文教的基本差异。尽管路德教提高了世俗活动的质量，但路德教徒的宗教信仰仍是传统型的。它是对既定权威的寂静主义的"自我顺从"。[46]所以，它无助于那种促进了现代资本主义从而直接推动了经济现代化的新教禁欲主义的出现。韦伯是按照主动/被动的心理学对比来描绘传统型路德教和现代化加尔文教形象的，这正是施奈肯伯格的本意。韦伯对循道宗的阐释尤为清楚地表明，尽管他广泛顾及了其他教义学史学家所提供的历史素材，但最具决定性影响的还是施奈肯伯格的分类法。韦伯与施奈肯伯格的观点明确呼应，指出了加尔文宗试图克服恩宠状态的不确定性时那种潜在的模棱两可。[47]施奈肯伯格强调说，归正宗的职业观并不是专门导向对神圣化的积极探求。循道宗[48]所显示的"为完善性而斗争的热忱"，也可能会堕落成"自命不凡的反律法主义或者某些性格类型——一种精神上的傲慢无礼"。[49]虽然韦伯提到了循道宗的"罪恶感不那么发达"，[50]但他明确赞同施奈肯伯格对循道宗的虔信所进行的神学批判，并用它来对路德教进行相应的批判。具有神学正当性的归正宗宗教虔诚的表现形式——首先是清教，其"为完善性而斗争"在文化上的决定意义变得更加清楚，那就是反对寂静主义的路德教，反对循道宗对归正宗的虔信所进行的神学歪曲。用当代人的眼光来看，韦伯接受施奈肯伯格的神学价值判断，无疑产生了令人困惑的后果。施奈肯伯格用以描述路德教徒和加尔文教徒的虔信之差异的宗教心理学关键词，从一开始就排除了前者具有现代性潜力的可能性。由于出发点已定，韦伯继续固守着一个僵硬的对比，这使他无法认识到路德教传统在现代中产阶级社会形成过程中所发挥的富有成效的潜在影响。他激烈反对里敕尔对路德教的阐释就充分说明了这一点。与施奈肯伯格恰恰相反，里敕尔主要是从职业忠诚的角度阐释路德教的宗教虔诚。按照里敕尔的说法，路德教的传统特征并不是寂静主义被动地顺从既定规则，而是道德上的行动主义和解除对道德活力的宗教束缚。按照施奈肯伯格的宗教–心理学理想类型，韦伯接受了一些特定的价值判断，因而无法理解里敕尔对路德的阐释所具有的潜在价值。

| 4 |

韦伯之无法理解路德教对现代经济的潜在贡献，尤其充分地表现在与19世纪末叶最有影响的德语新教神学家阿尔布莱希特·里敕尔就阐释路德教义而进行的争论中。韦伯向里敕尔的著述以及不同的里敕尔研究者形成的个人教义学史发出了强烈质疑。他的评价是基于里敕尔的重要著作《基督教关于称义与和解的教义》（最早于1870—1874年以三卷本出版）。韦伯使用的是经过部分修订、于1889年出版的第三版。韦伯还熟读了内容丰富的三卷本《虔信派历史》[51]这一当时的"标准书"[52]，以及这位哥廷根神

学家的论文集[53]。韦伯清楚地认识到了这个"伟大学者""非凡的思想敏锐性"，[54]并在许多历史细节上照搬了里敕尔的虔信派历史。

然而，韦伯最终还是提出了与里敕尔截然相反的看法，特别是在加尔文宗和路德宗的虔信差异问题上，以及他对禁欲主义新教的文化含义的评价上。夸张一点说，《新教伦理与资本主义精神》可以被看作是里敕尔关于路德教与德国现代社会之间关系的定义的反论。在《新教伦理与资本主义精神》的注释中，没有任何作者像里敕尔那样遭到那么频繁的或者争吵式的批评。[55]

这些批评的关键是在于这样的看法：里敕尔的历史见解"受到了与教会政治学有关的价值判断的损害"。[56]韦伯说，里敕尔对路德教的看法尤其如此："他从多种多样的宗教思想与情感中确定为'路德'教义的，即使是在路德本人看来，那也是根据里敕尔的价值判断——什么是路德教义中具有永恒价值的教义——而确定的：路德教义（在里敕尔看来）理应如此，但实际上并非如此。"[57]韦伯甚至更尖锐地批评了里敕尔对 16 世纪再洗礼派教徒以及 17、18 世纪虔信派改革运动的解释。里敕尔按照一种神学标准去评价虔信派与浸礼派，而这种标准从一开始就拒绝不抱偏见地看待历史现象，只是理想化地塑造路德的宗教改革形象。在韦伯看来，里敕尔是个门外汉，既不明白浸礼派的天启论信仰，也不理解虔信派的禁欲主义热诚。里敕尔对浸礼派运动的批评有着神学"资产阶级观点"的味道。[58]

里敕尔把他的历史研究看作是一个系统规划的基本组成部分。同时，他主要是以对新教的核心教义——称义和赎罪——进行历史表现的方式形成了自己的教义立场。因此，在他的著作中，历史与系统的界限不复存在。里敕尔勾勒了一幅新教历史的画面，其中散发着正统神学观念的强烈气息，同时也不乏政治关切。他既要支持一场由德国自由主义者，特别是由俾斯麦的普鲁士政府领导的反罗马天主教少数派的斗争——文化斗争（Kulturkampf），[59] 又要反对"无神论的"社会民主党。这种既反天主教又反社会民主党的双重态度，也在他的历史研究中留下了烙印。由于世界观的冲突，他的历史写作承担了宣扬合法性的功能，这就意味着要维护民族自由主义的新教对天主教和社会民主党的优势地位。

从 1870—1871 年反对天主教法国的战争中产生的新兴民族国家——帝国（Kaiserreich）——只有在新教价值观的基础上才能保持不坠。天主教和社会民主党有着国际主义倾向，它们所体现的文化价值观会削弱民族国家。而且，它们都代表着宗教改革以来已被取代了的基督教形态。天主教的本质是因循、落后的，它代表着中世纪的基督教形态，在那里，一个万能的教会试图操纵国家与文化并压制一切独立的公民生活。社会民主党同样鼓吹一种自宗教改革以来也已不可逆转地过时了的世界观。社会党人指望通过革命去建立一个新世界，这不过是以世俗化的新形式表现了 16 世纪的再洗礼派所鼓吹的无所不在的上帝王国这种乌托邦信仰。

相反，在里敕尔看来，新教才是文化进步的正道。宗教改革领袖们——首先是马丁·路德——为基督教的自由观开辟了一种新的含义。他们为《新约》的这一观点——蒙上帝全能意志的恩典，人在本质上作为罪人得到赦免未必会产生宗教或道德上的成就——提供了新的合理性。由于有罪，人就是不自由的，而且被束缚于动物状态和自然界。一旦得到赦免，人就会知道自己能够在精神上支配世俗生活。天主教教导人们摆脱尘世，它的伦理学对世俗生活充满敌意，而神秘主义、禁欲主义和敛心默祷却有着核心价值，就是说，求诸上帝等于逃避具体的尘世责任。相反，新教则把自由看作是对尘世的道德支配权。它使国家、科学、艺术、商业及日常的公民生活摆脱了教会的强权控制，并教导人们把尘世的劳动理解为一种崇拜形式。对于路德来说，体认虔信并不在于逃避尘世，而在于各自对"职业"的世俗崇拜。僧侣试图通过苦行和远离尘世去接近上帝，这并不是典型的基督徒。真正的基督徒会把他们在尘世的工作视为一种得到上帝鼓励的义务，并且会抱着宗教献身精神、以对职业的道德忠诚去履行这些义务。因此，对于里敕尔来说，新教确实是进步的宗教，因为他认为宗教尊严属于那些向着从未有过的高度文化水准发展的世俗制度。像这样把自由解释为对尘世的道德支配权——宗教改革的遗产——有助于证明以下主张言之成理：既然国家是新教的文化国家（Kulturstaat），民族自由主义的新教就必须成为在帝国占有主导地位的文化力量。

在里敕尔塑造的新教形象中，加尔文宗和路德宗的教派差异远不如新教共同的反天主教立场有价值。和施奈肯伯格一样，里敕尔也希望促进路德宗与加尔文宗的统一，强化新教徒的统一意识。在他的历史教义学的核心，存在着一个把加尔文教徒和路德教徒联合起来并超越一切形式上的教义差异的新教"本质"或"原则"。即使从表象上来看，所有的差异相对而言也都有利于对新教的共识。当然，对于个别信条，加尔文教徒和路德教徒之间有着重大分歧，不过，重要的是在虔信和宗教伦理这一核心问题上的根本一致，这一点是无与伦比的。至于赦罪和一种新的救赎意识，加尔文和茨温利都是本于路德。相比之下，教条主义的教育观的差异倒是次要的。在里敕尔看来，路德乃是一位真正的现代人，加尔文和茨温利就是接受了他的"职业伦理"。

里敕尔对路德宗的宗教虔诚的阐释，与韦伯对路德主义的看法截然相反。不错，和里敕尔一样，韦伯也承认路德的职业观具有重大的历史价值，并且把对尘世事业的高度关切视为全部新教教义最为重要的伦理贡献。他同样抱有新教批判天主教的成见，并和里敕尔一样赋予它们神学正当性。韦伯与里敕尔同样认为，天主教徒因循守旧、反对进步，文化程度"低劣"。但是，韦伯沿用了施奈肯伯格的主动/被动这一基本的心理学二分法，强调了天主教教义和路德主义实际上的连续性。路德主义以一种有缺陷的形态体现了新教虔诚，与传统主义的天主教徒行为方式，而不是与加尔文教徒的道德活动更合得来。相反，由于明确的反天主教立场，里敕尔感兴趣的是突出中世纪晚期的天主教教义和路德的宗教改革之间的裂痕。他从路德为世俗职业所做的辩护中得出结论认为，路德主义——应当理解为路德原创的新教教义——提供了一种可以释放出旺盛的道德活力的宗教虔诚。在里敕尔看来，它不是路德主义特有的寂静主义的、被动的自我顺从，而是一种对尘世的道德支配权，因而是对世俗文化具有宗教目的性的促进。

由于强烈关注路德主义的文化潜力，里敕尔既尖锐批判一切由神秘的内省决定虔信程度的新教运动，又对世俗生活采取否定态度。里敕尔的神学立场使得虔信派成了他的历史研究的一个焦点。这种历史叙述的用意就是对虔信派的宗教狂热进行根本性的神学批判。同时他也是谋求一种政治利益：作为一个民族自由主义者，里敕尔想要否认新教继承路德教正统和旧式政治保守主义精英的合法性。他要证明，执政的路德宗保守派已经背弃了宗教改革的精神，滋生了一种基本上是天主教的宗教感情。尤其是在19世纪初期的复兴运动中，里敕尔看到了虔信派与路德宗保守主义的连续性。

里敕尔怀疑17、18世纪的虔信派是在推动一个重新天主教化的过程。

虔信派教徒也确实自认为是路德宗教改革的合法继承人，并且要求新教教会按照宗教改革的精神进行革新。然而，在广泛接受神秘主义传统并重新重视禁欲主义的过程中，虔信派表现出了对宗教改革的世俗化宗教虔诚的曲解。秘密宗教集会和宗教小团体的确立——其中最敬神的同广大信众彻底断绝了关系——摧毁了所有信众对归正宗和一般神职人员的概念。敛心默祷、情感上的天堂之乐以及神秘主义的献身精神，导致了一种新的善举概念，导致了这样的幻觉：通过宗教业绩和禁欲主义就可以获得赦罪。倾向于宗教小团体、秘密宗教集会，实际上是在少数真正敬神者的共同体中与世隔绝，这些都违背了宗教改革的职业观。因此，虔信派实质上是向天主教的回归。对于归正宗虔信派来说尤其如此。里敕尔并不认为虔信派的改革运动带来了什么历史性进步——不如说只是一种持续不断的宗教狂热。因此，里敕尔与韦伯对路德主义的阐释完全背道而驰，这与他们在禁欲主义新教的文化意义问题上的尖锐对立有关。里敕尔认为天主教和禁欲主义新教之间有着连续性。相反，韦伯认为与天主教传统主义有着连续性关系的是路德主义。在韦伯看来，禁欲主义新教向天主教的宗教虔诚展示了唯一始终如一的新教反论。这种历史阐释的对立也表明了深刻的政治分歧。里敕尔希望通过路德主义的内部更新克服德国社会的整合危机。他宣称，一个以路德宗教改革的独创性原则为本的爱国的路德宗资产阶级，乃是推动文化进步的最重要的力量。相反，韦伯则把路德主义传统视为德国资产阶级政治解放的阻碍力量，它对传统主义和威权主义有着顽固不化的嗜好。在韦伯看来，实现政治现代化和社会进步就在于反对路德主义。

自特勒尔奇和韦伯时代以来，里敕尔在虔信派研究方面的历史叙述，其局限性早已不言而喻。他对虔信派宗教虔诚进行了大量批判，称其为向天主教的回归。把这样的教条主义概念用于复杂的历史现实是不公正的。就此而论，韦伯对里敕尔"宗教政治学价值判断"的批判是正确的。然而，这并不意味着韦伯本人不受自身价值判断的束缚向人们提供了纯客观的历史叙述。他对里敕尔的激烈反驳，暴露了他的新教观在很大程度上受到了某些价值判断的左右。事实上，在一个至关重要的方面，里敕尔的历史观要比韦伯的观点更符合历史现实。

里敕尔一再强调，对于所有基督徒的宗教虔诚来说，一种密切的共同体关系是必不可少的。只有通过信众的共同体这一媒介的作用，个人才有可能体认到恩宠的确定性。因此，他的历史观特别侧重于共同体和教会。这种对整个共同体的重视可以说明他为什么要激烈反对新教宗派和虔信派宗教小团体。

相反，施奈肯伯格在他的心理学分类和赋予宗教信仰主观性以核心地位的基础上，明确表示赎罪意识与任何共同体都没有关系。实际上，施奈肯伯格受到了加尔文宗教徒的社会伦理的强烈吸引。伯尔尼给他留下的深刻印象恰恰在于教会生活与政治生活的紧密结合，以及源于兄弟情谊的针对老人和病人的社会福利制度。但是施奈肯伯格却根据理性的论证结构，提出了一种宗教个人主义。他对路德宗与加尔文宗的宗教虔诚所做的区分，依据的正是它们如何确定个人与上帝的关系。在这里，共同体的地位远远低于敬神的个人。里敕尔所反对的正是施奈肯伯格这种对宗教个人主义的重视。韦伯认同施奈肯伯格也是因为他对个人主义的肯定，反对里敕尔则是因为里敕尔对共同体抱有偏爱。不过，施奈肯伯格与韦伯对个体敬神者的写照——独自慢慢接近得救预定论教义中那位隐秘的上帝——有没有历史的可信性？[60]在获致赎罪意识的过程中，共同体崇拜或个人与宗教共同体的密切联系以及敬神者之间的交往，难道就不发挥任何作用吗？新教各教派中的宗教生活难道没有表现出高强度的共同体压力吗？施奈肯伯格与韦伯设想的那种敬神者特有的自吹自擂的个人主义，难道不更像是 19 世纪的特殊产物吗？

这些问题在里敕尔的共产主义神学引起了韦伯时代那种争论的背景下，便有了特殊的分量。首先是宗教史学派的神学家——这里尤其应当提及厄恩斯特·特勒尔奇——使信众个人与信众共同体的关系成为他们对里敕尔进行批判的核心话题。他们是在为宗教个人主义争取权利。那么韦伯为敬神者描绘的形象仅仅是一个自由主义新教的概念，而这个概念甚至在他对传统式路德教会的教义抱着不可知论的疏远态度时也会形成吗？他对英雄般个人的高度关切界定了他的历史观的"宗教政治学价值判断"吗？

| 5 |

过去几年来，英语文献中关于《新教伦理与资本主义精神》的争论，主要集中在韦伯的历史判断是否正确这一问题上。许多作者指出，根据最新的研究结果来看，韦伯的不少结论是很成问题的。相反，有些韦伯的辩护士则崭露头角开始为韦伯的每一个历史推论进行辩护。

如果以粗线条的历史背景作为主要参照点，那么这种争论就很难看出成效。如果在阐释《新教伦理与资本主义精神》时把注意力集中在韦伯所使用的德语神学文献上，那么韦伯个人对历史的阐释是否正确的问题就会乏善可陈，而他的分析所包含的方法论问题则会变得突出起来。M.雷纳·莱普修斯提请人们注意，韦伯的社会学分析在很大程度上是依赖于吸收不同文化领域的专业知识；[61]这位文化社会学家始终"依赖专家们的文化资源，而且也一定能够以这样的方式重新阐述他们的成果，使它们为他的问题服务。在这一过程中，韦伯本人获得了这些领域的大量知识"。

《新教伦理与资本主义精神》表明，韦伯对神学讨论的关注远远超出了该世纪的任何社会学家。那么，人们在根本不关心这种专业讨论的情况下能够理解《新教伦理与资本主义精神》的意图吗？如果意识到韦伯的研究渗透了这种神学讨论，我们至少不会那么有声有色地争论韦伯的分析是否具有历史确当性。韦伯的主要类型所展示的解释力问题，可能要比争论某些特定的历史论断更有意义。严肃看待这种专业学科的背景，可以防止韦伯及其解释者受到非历史的批判。难道能够要求韦伯关于禁欲主义虔信派的神学与宗教虔诚的知识水准达到德语神学家这样的专家也达不到的程度吗？

02 | 韦伯之前的命题：追根溯源 [①]

保罗·明希

　　自 1904—1905 年马克斯·韦伯写出了他那充满魅力的文章[1]以来，新教伦理与资本主义精神的关系这一命题就始终没有过时。在出现了最初的评论和韦伯进行了答辩[2]之后，这场讨论就提供了一幅非常矛盾的画面，它贯穿在全部争论之中，如今又显示出了再度流行的迹象。[3]整个论说似乎是在原地兜圈子，尽管在所有的枝节问题上都有进展。

　　这种经久不衰的魅力首先出自这一事实：学科间的讨论从未真正充分发挥过作用。从一开始，信念坚定的韦伯派一方和坦率的韦伯批评家一方就处于互不相容的态势，前者主要来自社会学家，后者来自不同的历史学派。[4]这种令人惊讶的讨论表现出某些通常叫作"经院哲学"的徒劳无益的诡辩特征。斗争有时几乎就像是"信徒"和"异教徒"之间的大战。某些社会学家把自己的学科视为毫无历史背景的社会科学，对于现代初期的文化、社会与经济史显然一无所知，而韦伯及其同时代人并不是这样。在这些漠视历史的社会学家看来，像硬币一样，资本主义是加尔文主义不可分割的另一面。其中的某些人并不是根据历史上具有多样化表现的加尔文

---

① 由于篇幅的限制，本文只能初步论及一个被忽略的研究领域。我们的意图是提醒学者们注意一个在目前对韦伯的讨论中被遗漏的论说。这个论说的全部细节不可能被一一道尽，只能是提纲挈领。一项对德国的详细研究正在进行之中。我要感谢哈密德·阿齐斯（图宾根），尤其是我的同事莱纳·瓦尔兹（齐根）在这份手稿的翻译过程中给予的大量帮助。

主义，而只是根据韦伯的理想类型进行争论。从这种理想类型出发，他们认为加尔文主义不仅是经济进步，而且是政治与科学进步的源头——一个只需韦伯承担间接责任的结论。相反，许多历史学家或者部分或者全部否定了韦伯的命题，主要是因为他们认为，韦伯的理想类型方法极有可能作为普遍原则而成为社会学的偶像。[5]现代之初的德国历史学家接受了韦伯的方法论及其宪政史范畴的统制社会学，但却拒绝了他的宗教社会学。[6]

这种情形似乎令人困惑。一方面，若干学科追求的是高度复杂、几乎不可能大众化的论说。另一方面，我们可以看到一种对韦伯命题的幼稚的普遍认可：它根本不受学术论说的影响。这种普遍认可把资本主义和新教的关系误解为一种自然而然的因果关系。

现在，这场争论又承载了额外的政治意义。由于东欧"现实社会主义"国家的剧变，马克斯·韦伯的命题获得了社会科学范畴以外的新意。在美国，韦伯始终被看作反马克思主义的西方价值观的预言家。把韦伯册封为社会学大师和"社会学圣徒"（罗伯特·默顿语），恐怕会由于目前的政治格局而获得额外的使徒传的意义。这个过程甚至会得到德文韦伯著作全集的推动。这样一个过程可能会使接受韦伯极为细致的新教-资本主义命题所需要的敏感性受到抑制，而且使他的标新立异看上去比实际情况更像一种个人专利。

因此，回顾一下韦伯阐发其命题时所处的传统背景，还是很有益处的。如果仅仅考察该命题的时代根源，分析就会戛然而止。如果他的宗教社会学著作的编者们确实卓有成效地探明了韦伯的时代根源——即能够在他的著作及"自我文献"（"Ego documents"）中发现的那种影响和借鉴——他们可能仍是仅仅认出了这位巨人留下的那些清晰的足迹。我们根本无从知道是否存在着出于只有他自己才知道的原因而被掩盖起来的足迹。即使对于韦伯那个时代所产生的难以觉察的影响和根深蒂固的观念——这是他无法回避的——我们也是不甚了了。只要想更加深入地领会韦伯的命题，那就必须考察如今已经湮没无闻的传统。这些传统自16世纪宗教的教派化以来便提出了宗教与经济的关系学说。因此，本文的焦点就是韦伯之前的韦伯命题，即对关于宗教与经济、关于经济进步、关于16—19世纪的新教论说进行一番追溯。马克斯·韦伯绝不是站在这场讨论的起点上，他充其量就是根据新的原创性观念进一步深化了一个由来已久的论证过程。韦伯把宗教因素分离出来，导致了一些除非我们记住他的有限意图，否则就不会消散的苦恼，而他的这种意图仅仅是想揭示一种因果关系；后人添加的成分继承并澄清了其他人的影响与相互作用。而这些添加的成分却从没有被认识到。[7]

作为"站在巨人肩上"[8]的矮子，我想指出某些在韦伯之前早已形成，但后来湮没无闻的对宗教与经济之间关系的认识传统。对教派与经济的论说存在着广泛的分歧，其范围至今仍未得到澄清。几乎没有人想要把这场讨论的特征与韦伯的命题联系起来，以便再现《新教伦理与资本主义精神》的历史背景。[9]

从争论伊始，教会及神学界的思想家就参与了这场论说。在重商主义时代，经济学家从本国利益出发热情投入论说。因此，在启蒙运动时期，它和关于宗教社会功能的思想讨论联系了起来。在19世纪的德国，这种论说渐渐形成了德国人的成见：勤奋的新教徒，懒惰、唯教皇之命是从、政治上不可信赖的天主教徒。尽管这种论说的各种因素和论据盘根错节地纠缠在一起，但我还是试图梳理一下讨论的路线并分别加以叙述。首先，教会——也就是神学家——有他们的说法，然后是国家代表和经济学的说法。其次，我要追溯一下18世纪末叶以来在新的公共讨论背景下教派成见的演化。最后，我想概括一下现代之初有关宗教与经济的全部论说所取得的独特成就。

今天，我们已经知道，16世纪以来就已开始存在的基督教教派，代表着一种传统主义的经济伦理。关于赢利的容许度问题，关于职业信条或者对聚敛财富的批判，路德宗、归正宗及天主教的神学家几乎没有任何分歧，而且他们一致认为，一个人只是在非常有限的意义上能够独立行动。人文主义人类学设想了一种特殊的"人的尊严"，格外强调人的创造力拥有完全不同于大自然其余部分的自主权。[10] 相比之下，基督教神学家通常认为，人的力量只有很微弱的影响。人类的辛苦劳作只有蒙上帝恩典才有益处，这种观念同"劳动征服一切"（"Labor vincit omnia"）这一人文主义箴言完全格格不入。所有教派都相信，最终成事者永远是上帝而不是人类。[11] 基督教信仰几乎把一切都归因于上帝的恩典，如果把这个普遍真理彻底颠倒过来，也就可以想象，那些置身于公认的教派之外的人们，从逻辑上说肯定会得上帝的对头——魔鬼——之助而获得经济上的成功。人们指责说，对教派局外人的不宽容会使生意受损，于是两位尼德兰牧师用这样的问题做出了回击："难道现在定要由撒旦而不是上帝向我们提供利润吗？"[12]

尽管一个普通的基督徒会相信经济上的成败从根本上说要依靠超验的背景，但是教派的改革从一开始就产生了直接或间接的实际经济成果。新教神学家承认了教会财产的世俗化，并且反对以对福音的解释（consilia evangelica）、如今已被斥为徒劳无益的圣职受认仪式为根据。修道院的世俗化及废除僧侣的立誓不婚，是一些深刻影响了社会与经济生活的措施，尽管改革者们的论据是基于永恒的救赎而不是世俗的利益。削减某些宗教节日显示了特殊的意义，那是拒绝敬奉圣徒的结果，而且归正宗教会实施得最为成功。[13] 早在 1597 年，英国的清教牧师威廉·珀金斯就在《论人的职业或天职》一文中，不仅把修道士和托钵僧，而且还把天主教徒（"一般是教皇至上主义者"）归入无赖、乞丐和懒汉的行列，因为他们为 52 个指定给上帝的安息日又附加了 52 个圣徒日，因而"一年有四分之一以上的时间就在无所事事和游手好闲中"打发掉了。[14] 珀金斯直截了当地指出了反常的宗教实践所造成的经济损失。从此以后，教派的敌人不光是教义的对头，而且还是一群无所事事的弃儿，他们经历了一种彻底的社会羞辱。旧式教会的追随者由于喜好滥捐金钱给罗马而遭到谴责，被认定为毫无效率。"懒惰的修道士"之类的流言蜚语逐渐演变成了这样的消极成见：懒惰的天主教徒。"新教比天主教更经济，这一事实在 17 世纪就已家喻户晓。"[15]

作为教会改革的结果及对新教惯例做出的反应，罗马天主教会在随后的几个世纪中削减了大量宗教节日。它接受了经济成功有赖于一定的虔信实践这一观念。1642 年，教皇乌尔班八世把节庆数目限定为 34 个，包括地区或地方性的守护神节庆日。到 18 世纪启蒙运动时期，在天主教体系内部实行了更为严厉的紧缩，意在全面而强硬地限制传统的虔信形式。[16] 这种紧缩在罗马天主教会内部引起了激烈的争吵。终于，天主教国家废除了一系列传统节庆，有的缩短了时间，还有一些则予以合并。各国政府指导了这一进程，因为它增加了它们的财政收益。结果，路德教的节庆也进行了压缩。经济上的考虑支配了教派之争和政教权力之争。所有阵营的开明神学家都对传统虔信实践的迷信残余持批判态度，而这种实践无疑在天主教内部更为盛行。因此这些神学家不知不觉地就站在了国家的立场上，认为那些传统的宗教实践不正当地限制了得到理性化组织的现代经济进程，因而是在毫无意义地浪费时间。[17]由于启蒙运动学说的影响，所有阵营的神学家都以非常近似的态度界定了"世俗基督教"的社会角色，尽管他们在个别问题上还有教义分歧。平易近人、有条不紊、勤勤恳恳、知足常乐的公民，不声不响、持之以恒地做着自己的事情，在所有的教派看来，就是好基督徒的典范。

在这个基础上，19世纪早期的教派关系暂时保持了宽容、宽松的气氛，确实表现出了相互间的尊重。在许多地方，路德宗和归正宗教会形成了新教联盟，而天主教徒则常常戴着花饰和响铃去参加他们新教同胞基督徒的宗教改革节日。"这种积极的民间宽容把各派教会看作是竞争性的宗教联合体，也邀请非成员参加各自城镇的缔造者纪念日聚会。"[18]（约翰内斯·布克哈特）

但是，与这种表面的宽容如影相随的是，18世纪末期教派偏见开始形成，到19世纪甚至以更加复杂的方式愈益加深。[19]启蒙运动时期的作品为日耳曼帝国的天主教地区，尤其是教会领地描绘了一幅暗无天日的景象。[20]宗教改革时期的论战式成见再度复兴，其中的教派界限不可轻视。决定这种界限的主要是特定国家可见的启蒙程度。归正宗神学家约翰·路德维希·埃瓦尔德在1790年的作品中，以教育水平为标准，把欧洲各国划进了一个等级体系，其中英国、普鲁士、尼德兰分列第一、三、四位，托斯卡纳、西班牙、葡萄牙和教皇国等天主教国家则位居末流。法国在这里位居第二，说明在埃瓦尔德看来，教育显然要比教派重要得多——尽管决不放弃以教派划线的宗旨。[21]

究竟是哪一方首先重启了19世纪的教派争端，至今仍然有些异议。

新教历史学家把它归咎于 19 世纪 40 年代以后天主教——或者更确切地说——教皇至上主义的教会改革及其新的大众虔信形式。他们把 1864 年教皇庇护九世的通谕所附《谬说举要》看作是对现代世界的严重挑战。[22] 不过，罗马天主教会方面却谴责 19 世纪初期教会领地的大规模瓦解是由于德国天主教地区的文化劣势和教派环境的恶化。[23] 天主教学者至今仍然坚持这种说法。民族问题成了教派歧见的关键。1817 年路德《九十五条论纲》300 周年纪念时，马丁·路德被宣布为德国爱国者。[24] 在"文化斗争"期间，新教徒宣称"日耳曼"一词应当归功于路德这位"出类拔萃的日耳曼人"及其宗教改革。[25] 新教徒认为，体现了日耳曼民族性格的勤勉与责任感的明确特征非自己莫属，他们拒不承认天主教徒具有日耳曼人传统的自我形象，把天主教徒打入了民族的另册：天主教成了非日耳曼、教皇至上、缺乏教养和懒惰的同义语。[26] 因此，"文化斗争"抓住了产生于 18 世纪的类型学，但绝不仅仅是在几乎所有领域恢复了关于宗教改革的过分教派争吵，它还埋下了潜在的政治经济炸药。在 1883 年的宗教改革节庆日上，一个图林根的新教牧师要求集会群众高唱守卫莱茵"反对罗马"，[27] 这意味着直截了当地重新唤起反对教会征税制、阻止德国的财源流向罗马的早期改良主义情绪，这种情绪自始至终强烈反对控诉日耳曼民族。在这种咄咄逼人的气氛中，诸如福音联盟宣传小册子（1886 年以来）这样的论战便大行其道，而且与它的天主教对手同样偏执。路德维希·冯·哈默施泰因、弗兰兹·克萨维尔·布罗斯等耶稣会士及其新教对手保罗·恰克特、弗雷德里希·胡梅尔和其他许多人的诽谤性作品，反映了开明的宽容之心的丧失以及经济论证中的思想贫乏。[28]

在现代之初，各教派那种作茧自缚的经济伦理，在日新月异的自发状态和经济部门面前已经丧失了根据。神学家们最初还想——当然并不总是那么卓有成效地——迫使"世俗生活"服从他们的教义。启蒙运动以来，国家和经济全都摆脱了这种超验的关系，并且确定不移地自发倡导一种新的、在教派之间保持中立的论说。这一进程从根本上重新界定了宗教与经济的关系。基督教各教派的社会角色现在看来多半要服从国家的利益了。

中世纪末期，日耳曼帝国的各领主国家和城市曾试图用宗教约束手段解决经济问题。甚至在宗教改革之前，他们就开始整治日益严重的贫困问题以控制其最为有害的社会后果。世俗政权依靠大量法律约束手段试图取消对所有能够劳动的穷人的贫困救济。[29] 天主教和新教城市所采取的措施也大同小异。[30] 最后，新教城市从 16 世纪、天主教国家最晚从 18 世纪以后，把身强体壮的穷人全都送进了教养院和劳动救济所。[31] 新教诸侯急不可耐地占用教会财产，表明他们早就打算根据国家利益使用教会的经济资源。改革派诸侯和新教政权如出一辙地急着阻止金钱流入罗马，并使财富摆脱旧势力的控制。这种同声相应即使在发生了如何具体使用那些金钱的争吵时也仍然一如既往。对宗教少数派的宽容问题[32]成了正统宗教原则，尤其是要求地区性教派尊奉国教这一原则的试金石。[33] 是否应当从经济上有无益处的角度宽容教派异端，人们对此见仁见智。[34] 结果，各国政府纷纷按照自己的办法行事，而不管神学家们抱什么态度。早在 16 世纪初期，尼德兰的门诺派教徒就凭借特殊的水力工艺专长在魏克塞尔流域建立了新的家园，尽管看上去这需要天主教主教团的批准。绍姆堡的厄恩斯特二世伯爵不顾路德教神职人员的抗议，在阿尔托纳安置了归正宗教会成员、门诺派教徒、天主教徒和犹太教徒。随着哈瑙诸城市（1597）[35]、下易北河的格吕施塔特（1617）以及艾德河畔腓特烈施塔特（1621）的创建，17 世纪又兴起了几个宗教少数派成员的庇护所。佛兰德斯人与荷兰人凭借自己特殊的筑坝技术，甚至能在诺德斯特兰德岛上建立一个天主教牧师公寓。维尔茨堡君主兼主教菲利浦·冯·申博恩，同意基津根的路德教徒享有公开举行宗教活动的权利，首先就是出于经济上的原因。[36]有一系列国家（英国、尼德兰、瑞士；在日耳曼帝国，首先是勃兰登堡、萨克森、符腾堡及黑森-卡塞尔）受益于那些 1685 年逃离路易十四的法国胡格诺派教徒的手工艺、贸易和制造业知识。[37]他们的同时代人确信，这些新臣民增进了德国选帝侯和君主们的财富。[38]

16 世纪以后，地区教派的一体化原则一再被打破，这不仅有国家的原因，也有经济功利主义的原因。经济动机导致了所有宗教信仰的相互承认，具有超常经济活力名声的绝不限于归正宗基督徒。这在尼德兰是显而易见的，在那里，教派偏执与经济失利有关这一论点，被拥有经济实力的非归正宗集团用来反对地方归正宗政权。[39]正统加尔文牧师坚决反对出于经济原因的宗教宽容。通过宽容异教徒而获得的财富被认为是魔鬼的礼物。[40]我们知道，即使到 17 世纪下半叶，同一教派的信徒之间仍在进行着无望取胜的拼死搏斗。莱顿的加尔文教徒庇埃特·德·拉·库尔 1662 年曾为承认其他教派的居民和外来移民的宗教信仰自由进行辩护，旨在实现荷兰的经济进步，他的论文《荷兰的利益》激起了加尔文宗狂热分子的强烈反对。[41]

到 18 世纪，宗教宽容原则获得了全面胜利。[42]教派争论已经失去了刺激性。伯纳德·曼德维尔指出了一个极端情况。在他看来，女人对奢侈品的迷恋会比宗教更有力地推动经济进步。[43]像普鲁士的腓特烈二世那样开明的不可知论者，并不认为出于功利性经济考虑而承认——即使是非基督教教派的——信仰自由会带来什么麻烦。他在 1740 年时信口说道："只要信教的人们是些诚实正直的人，那么所有的宗教都是平等而有益的。即使土耳其人和异教徒来到我们这里定居，我们也会为他们建立清真寺和教堂。"[44]

就统治者而言，这种毫无顾忌地把教派异议置之脑后的专制考虑，是一种为了政治目的而利用宗教的新的国家与经济学说的组成部分。一般来说，虽然宗教的教义和仪式问题需要留给教会当局的神法（ius in sacra）来处理，但是君主们却会根据自己针对神法的司法（ius circa sacra）权利，把宗教实践的外在形式变成国家事务。[45]于是按照商业–金融体制的要求，国内的教派就要服从国家的宗教与教会政策以及监督管理。[46]如果能够使公民的、道德的与宗教的美德并行不悖，这些臣民的道德地位似乎就会得到最好的保障。[47]这时宗教就会得到首屈一指的地位，但它不再是维护国内秩序所必需的。[48]宗教的功能仅仅是作为缰绳（Leitriemen）[49]或牵引带（Gängelband）[50]，借助于它可以毫不费力地引导人民向善或者约束他们。只要基督教各教派履行了这种功能，专制国家一般就会一视同仁地把它们看作与国家利益有关的事务。这种结局在 17 世纪便已清晰可见。

在开明专制时代，这样的观点逐渐演化成一种封闭的理论：使地区性宗教共同体完全服从共同利益，乃是所有共和国的最终目标。约翰·海因里希·戈特罗布·冯·尤斯蒂最为清晰地表述了这种教会政策，认为宗教对于国家的福祉有着根本性的重要意义。但是尤斯蒂向统治者建议，教会的作用应当包括留心哪些宗教观点可能会引起动乱，密切注意神职人员的动向，最后则是让宗教的公共职能为国家所用。[51]为此，尤斯蒂进而把规范和限制宗教节日作为中心点。当局不应允许它们过多过滥，因为那会严重影响人民的勤劳和粮食产量。1761 年时尤斯蒂做过一个统计：一个 800 万 ~ 1000 万人口的国家，每过一个宗教节日就会造成 100 多万弗罗林的经济损失，如果再加上额外支出，总计会达到 200 万。[52]菲利浦·彼得·戈登在 1768 年也得出了近似的数字。[53]1772 年，一位匿名作者——可能是天主教徒约翰·亚当·弗莱西尔·冯·伊克施塔特——进一步统计了一个天主教地区为了众多的宗教节日而去做礼拜、朝圣或者从事其他敬神活动所耗费的金钱和时间，用以说明错误的敬神活动方式会造成多么巨大的经济损失。[54]在霍恩洛厄的路德宗牧师约翰·弗雷德里希·迈耶看来，富有的新教徒和贫穷的天主教徒的差别，完全是产生于宗教节日的数量差别。因为天主教每年有 120 个节日，而新教只有 60 个，因此后者就能从那多出的 60 个工作日中获益。[55]财政专家约翰·弗雷德里希·普法伊弗尔则在国际范围进行了比较：英国比法国少 50 个宗教节日，年收益达到 1200 万英镑，法国实际上是损失了3000 万英镑。虽然俄国只是取消了 40 个宗教节日，但它的年度国民生产总值却提高了 8000 万卢布。[56]

这样的计算方法在 18 世纪末叶非常流行。[57]它反映了人们想要通过对这个时代的理性研究，为教派与经济的多样化关系提供某种切合实际的解释。在启蒙运动的支持者看来，对眼前的现实进行定量研究，似乎最适合说明不同宗教实践获取经济成就的手段。然而，有些观察家对此并不满足；他们要从特定的精神能力的角度讨论这种关系。在尤斯蒂看来，一个国家经济状况恶劣，与那里的国民缺乏"天赋"和不够努力有关。尤斯蒂所说的"天赋"一词，指的是"渴望并能够通过技能、勤勉和努力而出人头地"。丧失了这种天赋的地方，一切都将处于呆滞和停顿状态。如果人们满足于现有的食物种类和食物加工方式，习故安常，他们很可能就会要多贫乏有多贫乏，要多粗劣有多粗劣。没有人还会用心发明新的制造工艺或者达到更高的技能水平。尤斯蒂断定，这就是西班牙、葡萄牙、波兰和少数其他北欧国家的情形，也正是阻碍大多数天主教德语国家实现繁荣昌盛的原因。[58]尤斯蒂对"天赋"和"努力"的定义完全包含在"勤勉"概念之中，这在当时的人们看来更易于理解，并被迅速接受。这个概念来自法语，经由菲利浦·彼得·戈登发表于 1768 年的获奖论文《论勤勉之策或论鼓励大众努力的方法》而广为人知。[59]当时最为重要的工具书《克罗尼茨》，把"勤勉"定义为创造性的努力，意思是指"根据现有的有利条件获取最大可能利益的技能"。[60]征诸这些当时的作品可以很清楚地看到，天主教国家的落后状态，常常被无一例外地归因于教派因素或者特别缺乏这种勤勉精神。[61]激励着"勤勉的"公民的这种创新精神，只是可以用来说明新教国家生产力处于领先地位的诸多因素之一。

在 18 世纪，关于经济与宗教之间关系的论说，还只是限于经济和神学的学术讨论范围。在那之前，教派差别几乎完全被看作是教义和仪式上的问题。把宗教宽容作为国家政策或经济繁荣问题进行讨论时，也仅仅是涉及教派之间可能的经济差别，但并未提出解决办法。从 17 世纪末叶以后，在重商主义学说的背景下，对经济问题的关注不断增强，经济因素开始在整个论说中发挥决定性影响。到 18 世纪就看到了民族与教派成见开始发展。它们认为新教在经济上发挥了积极的促进作用，而天主教则成了阻碍因素。欧洲人在扩张期间与外国及外部社会的接触，便形成了对于文化差别的这种看法。与此同时，史学研究则使人们对历史先例倍加关注，并把它们富有成效地用于自己的论说。许多个人的零碎信息最后汇合起来各自形成了固定的民族成见，以完全不同的方式定义"民族禀性"，[62]同时用以阐明自身的文化认同。在这种论说中，古代埃及人和斯巴达人，以及同时期的中国人，都成了值得仿效的楷模，即依法管理严密的劳动组织的楷模。而拉普兰人与北美印第安人，尤其是热带地区的居民，则一概成了反面例证。[63]直到今天也仍然没有谁去注意这一事实：与"高尚的野蛮人"的可爱形象一起，它消极的反面形象——懒惰的原住民——也被制造了出来。[64]

发展中的资产阶级认为劳动和生产对于人的生存乃是必不可少的，[65]也是根据正在形成的教派与民族成见界定自身的社会作用的。经济论证获得了日益突出的地位，而更重要的是，经济差别被越来越多地归因于教派的差别。到 18 世纪末，特别是各种旅行见闻录，开始对资产阶级的自我形象产生影响。[66]它们就像泄洪一样注入了整个现代之初的神学、经济学与政治学论说，并且开始融合很容易被吸收的成见。一部违背年代学范式、忠于王朝统治、旨在整合世俗与文化现象的新版历史，[67]为教派与经济问题创造了一个新的论坛。当时的旅行见闻几乎无不详尽地谈论这类话题。

这类作品的作者属于各不相同的教派。他们中的绝大多数人都受到了启蒙运动精神的激励，这无疑淡化了那种可以感知的宗教差异，并在教派与经济的关系问题上达成了广泛的共识。因此，人们不应当错误地认为，这些文献——它们详尽考察了各种地理、政治、经济、社会与文化环境所产生的各个国家及各种宗教之间的对比——已经包含了一种完备的偏见体系。在这类文献中，新教国家并非都站在经济进步的前列，天主教国家也未必都是屈居末流。

例如，新教徒、斯瓦比亚人威廉·路德维希·维克尔林就认为，天主教的上斯瓦比亚和新教的下斯瓦比亚之间的显著区别，就不是产生于政府形式或宗教形态，而是产生于更强有力的文化"视野"的影响。[68]1784 年，那位"东奔西跑的法国人"约翰·卡斯帕尔·里斯贝克也以有所保留的态度使用了这一教派论点。这并不妨碍他作为启蒙运动的头脑敏锐的天主教派

拥护者对巴伐利亚人进行辱骂和嘲弄，因为在他看来，这一地区之所以蒙
受了重大经济损失，原因就在于它的 200 座修道院内充斥着 5000 名僧侣。
他呼吁彻底清除修道院和僧侣。不过他认为，任何规律都有例外。里斯贝
克说，人们在颂扬新教徒的开明、勤勉和良好教养并指责天主教徒的愚蠢、
懒惰和散漫时，应当想一想路德宗的丹麦人，那样就会认识到宗教在人类
进步的过程中并没有什么显著作用。在他看来，丹麦人的迟钝、笨拙、懒
惰、散漫与固执，和巴伐利亚人及葡萄牙人不相上下。而在法国、在奥地
利的尼德兰人中间、在意大利，勤勉和开明则与天主教徒浓厚的迷信与
"苦行"气氛并行不悖。相比之下，德国的天主教徒却远不是那么勤勉。对
此，宗教只是次要的而不是主导的原因。那里的地方环境有着更为重大的
意义。在阿尔萨斯和下斯瓦比亚的新教徒身上能够看到比天主教徒更多的
"勤勉精神"，这一事实仅在一定程度上是出于宗教原因。教育水平、社会
条件及精神状况都是不容忽视的因素。里斯贝克的矛盾态度在他描绘科隆
与尼德兰之间的莱茵兰时表现得尤为明显。科隆在他眼中乃是德国最让人
厌恶的城市，在这个教派混杂的威斯特伐利亚与下莱茵地区，尽管到处都
能看到各种虚伪的宗教原则的影响，但宗教对于人们的民间生活几乎没有
什么作用。居民的勤奋，天然的肥沃土壤，一个出色的政府，使得教派差
异变得模糊不清——在里斯贝克看来这些才是该地区经济繁荣的原因。[69]

　　18 世纪末期最为重要的旅行见闻录——弗雷德里希·尼古拉在 1783—
1796 年间发表的长达 5000 页的《1781 年德国与尼德兰游记》[70]——似乎
放弃了这种细致入微的观察。尼古拉是作为一个新教徒、一个启蒙运动的
支持者，以及正在崛起的中产阶级的代表而写作。[71]这种倾向性使他认定，
教派在经济生活中有着几乎是独一无二的先行作用。显然，19 世纪的教派

成见正在这里形成。帝国的天主教成员因其不完善的宗教原则而受到这位作者的苛评。与德国天主教徒的游手好闲、漫不经心和贪图享乐形成对照的是，德国新教徒似乎是把日常的勤奋、中庸及创新精神视为宝贵财富。

这种新教观点在"文化斗争"期间经历了引人注目的复兴。但是如今它与伦理学、宗教、政治学、思想活动及社会运动诸领域中常见的民族偏见混在了一起。[72]新教[73]会给一个国家注入更高级的文化，就是说，注入更强的生命力并带来富有活力的进步。天主教国家则无此机缘。[74]总之，罗马天主教似乎就是"那些相对来说停滞不前的种族与民族的宗教"。[75]有一个因素足以使这种差别清晰可见。像自然、气候、种族等非宗教因素，"根本不足以说明某种进化所具有的独特的内在确定性"。"归根结底"，这是一个"教派及其成员的生活、精神以及历史"的问题，而这个历史指的"仅仅是该教派内部的精神生活发挥影响的历史"。[76]在提出这些论点10年之后，[77]马克斯·韦伯发表了关于新教与资本主义精神之间关系的研究。

16世纪以来关于宗教与经济之间关系的文献已是汗牛充栋。摈弃隐修生活，教会财产世俗化，以及新教徒对圣徒纪念日的改动，导致了与经济生活有关的最初的教派差异。出于实际的经济考虑而给予教派少数以立足之地，使得许多共同体接受了具有实用价值的宽容原则。我们不能由于这样的成果就认为这是新教徒的精神气质。17世纪末叶以来，在尘世显示的政治关切使得宗教基本上变成了服务于国家目的的工具。对教派实行重商主义政策使它们按照国家的需要进行了调整。开明专制学说则把经济效用的论点当作衡量现代化程度的唯一准绳。此外，从18世纪中期开始，关于宗教与经济的论说又和这样的争论扯在了一起：究竟哪个教派有益或有害于市民社会的兴起。

即使说宗教对这种时代话题有什么独到贡献，它也只是有可能阐释经济生产力的众多因素之一。不过人们对于它的作用和影响并未达成共识。某些人士——例如伯纳德·曼德维尔——便否认宗教有着经济上的重要意义，然而多数人都认为教派形态与经济状况有联系。当然，新教国家在生产力方面领先于天主教国家，并不总是被认为仅仅有赖于教派因素。如果强调那些明显可以计量的差别，比如新教国家的工作日更多，那么削弱教派论据的进一步解释性因素还有人类学、教育学、社会组织、政治结构、精神能力以及地方的、区域的或民族的特性。

启蒙运动以来已被忘却的教派争端，只是在"文化斗争"期间得以大量再现。这时它已成为在威廉二世社会中表明立场的最重要的论据，而且充满了民族主义味道，这种18世纪末期的基本观点是唯物主义的态度，它逐渐被一个唯心主义观点所取代：在"精神活动"中可以找到令人满意的解释。毫无疑问，马克斯·韦伯作为一个德国人、一个新教徒和一个有教养的中产阶级代表，置身于这个传统之中，最多也就是"一位站在矮子肩上的巨人"。

韦伯在开始写作《新教伦理与资本主义精神》时确信，他的同时代人都有一个常识，即宗教与社会有着密切联系。他们特别相信新教与天主教的差别对于社会结构和社会地位有着强烈影响；在一个由不同宗教构成的社会中，新教徒在较高社会阶层、较先进和较现代的社会成员——比如学者、公司领导、白领雇员甚至熟练工人——中所占的比例要多于天主教徒。举证的责任落在了否定这一假设的人们身上。

现代读者对于韦伯论文的这些篇幅通常会一带而过，而韦伯本人也并不认为他挑选了这个话题在任何方面都是原创性的。他引证了某些性质和质量都大为不同的文献——本迪克斯曾对这些素材做过检验——并且非常倚重他的学生马丁·奥芬巴赫关于巴登大公国、宗教归属和社会分层的博士论文；事实上韦伯就是以此作为其论文第一章的题目的。

我想撇开那些指出了清教徒的信仰、他们的习俗、禁欲主义和精神戒律之间关系的英国作者不谈，比如亨利·托马斯·巴克尔、马修·阿诺德以及各派经济学家，尤其是因为这些作者常常——像英国人喜欢做的那样——是对苏兰人发表看法。我想集中谈谈德国人的讨论，并提出四个要点。

德国人的讨论开始于政治学。韦伯并未提到这个实质问题，但是他的所有读者无不了解这一背景。占帝国人口 45% 的天主教徒对于所受到的歧视怨声载道。鉴于当时的政治、社会环境，这种抱怨主要是反对高级文官的教派结构。这在 19 世纪 80 年代以后已经成为公众和议会斗争中的大问题。按照那时的争论方式，人们必须要拿出统计数字，要去清点人头。在这种冲突中所需要的武器就是系统而客观的社会调查。在这个问题上，天主教徒的要求是规定名额。然而，这个要求却有可能导致他们潜在的反歧视同盟——自由主义者与犹太人——和他们分道扬镳。没有人认为天主教徒鼓吹这种对等要求是个具有普遍意义的民权运动，相反，它被看作是一个确保任命权和分赃制的宗派运动，是对理想化的文官中立和功绩原则的侵蚀。犹太人根本反对为此目的而规定名额和使用统计方法，因为这经常而且很容易被反犹主义者所利用。当时最有名的激进讽刺作家之一路德维希·托马曾写过一个滑稽剧，说是一个名叫萨拉·艾兴劳布的犹太寡妇为国家做贡献，要让孩子们所持的宗教信条应有尽有。这就导致了一场政治危机；主管牧师不得不劝说萨拉采用配额制：让 17 个孩子信天主教，2 个信新教，0.33 个信犹太教，直到那位主妇最后改了宗，危机才得以化解。这个故事展现了韦伯写作时的环境气氛。

当然，这时对天主教徒已经有了大规模的歧视和对他们忠诚的严重猜疑。普鲁士从历史上就是个新教国家，所有含而不露的内在机制全都有利于新教徒。即使在巴伐利亚，天主教徒尽管占人口 70% 以上，但仍为官僚机构表现出新教特征而大发牢骚。柏林政府通常都是否认有什么蓄意的歧视，并且争辩说政府机构的天主教候选人较少，而天主教徒则反驳说那正是歧视的严重后果之一。

然而，众所周知，统计学方法有它自身的逻辑和动力：人们不能不对那些综合性的统计数字加以条分缕析，以便和其他数字进行比较。我们可以来看看两个例子。在那个专制主义国家的精英阶层，天主教徒只占 16.9%，低于他们在总人口中所占的比例；新教徒则是 14.91%，大大高于那个比例。即使是犹太教徒的代表也超过了他们应占的份额，达到 1.86%。在比较开放的司法界（法官、公诉人及其他文职人员），这个数字分别是 12.59% 弱、2.28% 强和 4.86% 强。在并不存在国家歧视的开放的自由职业者——律师中，天主教徒占 11.78% 弱，犹太人占 16.8% 强。类似的结果还出现在另一个激烈反对歧视的领域——新教占优势的大学。1901 年，一位虔诚的天主教徒——也是一位化学教授——指出，非终身与终身任职的学院教师之比，新教徒是 100：86.9，天主教徒是 100：36.7，犹太教徒则是 100：358.8。带有强烈歧视性的专业（例如公法和人文学科）与很少或没有歧视性的专业（如医学）之间几乎没什么区别。结果如此悬殊，看来还有一些歧视以外的因素。这是些什么因素呢？

天主教徒自身发展了一种老练的自我批评。1896 年，报纸上出现了几篇经过广泛调查研究的报道，认为在中学和大学就学的天主教徒少得不成比例。天主教信徒的著名代言人赫特林伯爵（哲学家和帝国国会议员，1917 年成为帝国首相），多次在天主教徒的集会上谈到这个问题，他用的说法是天主教徒中的高等教育"赤字"。这种说法的背后则是信仰天主教的学者们日益加深的不安和忧虑，他们担心的是牧师、民间组织以及——总的来说——天主教大众（和民粹主义）文化的反知识分子倾向。1897 年，一位天主教"辩护"神学教授，赫尔曼·施奈尔，在一部畅销书《天主教：进步的原理》中提出了另一个著名的说法——天主教徒的"劣根性"，很快他就成了罗马对现代主义进行整体谴责的牺牲品。一种启示录式的幻觉开始流行：有教养的上等人新教徒和缺乏教养的下等人天主教徒组成了两种文化与两个阶层的社会。可以想见，这在喜欢自称"我们早就预见到了"的新教徒和自由主义者那里会得到满怀喜悦的共鸣，并招来传统主义的天主教徒的强烈谴责。天主教改革者不得不在进行自我批判、自我反省和祈求进步时更加小心谨慎。

1901 年，一次成功在望的努力——任命一位天主教徒历史学家马丁·施帕恩为斯特拉斯堡大学教授（该校正教授中的天主教徒还不到 5%）——在新教徒自由主义学者中引起了一场轩然大波。挑头的是坚定的激进民主主义者、年迈的特奥多尔·蒙森，马克斯·韦伯也参与其中。天主教徒反击了新教徒的偏见，这就使得宗教、学术、知识阶层及社会地位的相互关系成了最为突出的问题。

同时，这种党派和教派间的争论，在一定程度上也变成了一种学术争论。统计学家、新兴社会科学的知名带头人、研究生都对这个问题兴趣盎然，教派问题成了一个社会科学对象。马丁·奥芬巴赫的《教派与社会分层》（*Konfession und Soziale Schichtung*）一书仅仅是这种转变的一个范例。由于国家人事部门的问题比较敏感、比较神秘，因此学术争论便集中在天主教徒学生入学人数不成比例的问题上。因为这已是不争的事实，所以关键在于如何解释这一事实。在一个盛行社会达尔文主义和遗传学的世界上，立誓不婚就是一个相当时髦的解释。统计学家强调的是地理和社会经济原因——越是在乡村、小城镇以及下层社会和有着天主教背景的传统中产阶级那里，越是能够看到这一事实：天主教徒的平均纳税额只是新教徒的一半。社会文化的解释开始时主要是出自好奇心盛的新闻记者，而不是真正的学者，它很少对成就、理性、现代性，甚至某些反现代的抵抗产生兴趣。

然而，这种争论创造了它自身的动力。地理学和经济学的解释导致了如何解释这些差别的问题；常见的看法大都支持"历史的"解释——多数城镇在16世纪就成了新教徒的地盘，等等，但这在某种程度上是一种模糊记忆，它并没有解释清楚需要解释的东西。统计学的鉴定再次带来某种惊人的发现。如果比较一下教授拉丁语和希腊语的传统高级文科中学与通常给予中下阶层、乡村及小城镇儿童更多入学机会的新式中学的就学人数，人们就会发现，天主教徒在新式中学的比例远不如旧式学校的多。大学的情况大体如是。现代学科——技术、科学、经济学——对天主教徒学生的吸引力最小；研习科学的天主教徒学生还不到新教徒学生的一半。显然，宗教文化的因素在这里发挥了作用。然而，学者们在评价这些不同的变量时仍然相当谨慎。例如，表面上看，奥芬巴赫在讨论这种精神因素时，只有在没有办法时才倾向于把宗教因素解释为一种社会和历史变量，一个社会侧面，把天主教精神解释为特定社会环境的产物，它在比较城市化和现代化的环境中将会迅速消失。

在这一点上，我要附带说说在学生就学这一局部问题上我们今天所熟悉的情况。正如康拉德·雅劳施指出的，1900—1914年是入学人数暴涨期，因而吸纳了更大数量中下阶层出身的学生。正如奥芬巴赫所预言，天主教徒的比率不断上升，赤字将逐渐消失。然而，传统与新式中学及专业间的部分赤字和比例失调却依然如故。在这个方面，宗教因素仍在独立发挥作用。

应当谈谈这场讨论的最后一个，也是很不寻常的一个方面，那就是它从宗教角度解释世界历史及其政治与社会差异的倾向。这是旧式欧洲思想传统的组成部分，具体的表现包括17世纪时对荷兰人的惊人成就所做的解释——或者归因于加尔文主义，或者归因于宗教宽容——和 18 世纪时认为庞大的教会机构导致社会衰亡的论点。法国大革命以后，这种观念在欧洲自由主义者中间尤为盛行。反对革命的哲学家认为，新教乃是与传统和权威作对的革命的真正根源和温床。自由主义者则借题发挥：新教确实与进步和现代化有关，但新教并不是革命，它是不断地改良。天主教国家才是一些由专制、腐败和懒惰引爆了革命的国家。这种论点影响了 19 世纪初到 19 世纪 60 年代的全部历史-政治论说，人们往往根据宗教分类解释进步与倒退。

然而，在 19 世纪的最后几十年间，日益高涨的民族主义浪潮改变和冲淡了这种论说。例如基佐与米什莱那样的法国自由主义者，就不再把宗教改革称颂为现代性之源，而是到拉丁语——或许是法国文艺复兴——那里寻找现代性的源头。韦伯继承了旧式传统的一股遗风，它来自一位比利时的反教权主义天主教徒，埃米尔·拉弗莱，他在 1875 年出版了一部论述欧洲天主教与新教国家的著作，其中关于天主教国家的教育、文化、财富、自由甚至道德劣根性的成见应有尽有。该书德文译本的编辑、公法专业的瑞士籍德国教授、当时的温和自由派头面人物约翰·卡斯帕·布隆奇利，着意强调了这些观点并且补充说，德国工业的先驱——莱茵兰的企业家们几乎全都是新教徒，而整个人口的主要成分却是天主教徒。

在德国，这种论说方式在新教徒中间绵延不绝。神学家格哈德·乌尔霍恩在 1887 年造出了一个短语："有新教徒在，机器就有事做。"弗雷德里希·瑙曼非常喜欢引用这个口号。1898 年时，德国报纸往往就是根据天主教的衰落与新教的进步这种观点去评论美西战争。社会越是变得世俗化，这种宗教分类法似乎就越是被用作解释现实的手段。而自由主义的新教徒以及有着新教背景的自由主义信徒，对这种总体思考、自以为是和先入之见的混合物尤其着迷。学者们一般都是保持距离，态度冷淡，像韦伯那样的方法论严格主义者和无信仰者甚至更应该漠然置之。但是我们不应忘记，韦伯及其家族都是新教文化的产物，他呼吸着它的空气，被它的禁欲主义说教造就成人。

反过来说，我们可以看到，韦伯根本就没有提到过涂尔干对自杀的著名研究，而宗教因素在那项研究中发挥着突出的作用。也许当时他未能读到，但人们也可以从韦伯-涂尔干的奇怪疏离中猜出点什么。

让我们回到韦伯的论文。关键在于他是如何对待这些当时看来令人困惑的问题的。在论述了一般话题之后，他把奥芬巴赫的著作吸收为一个有代表性的学术方法，有时明确、有时含蓄地发展出某些批判性观点，并得出了自己的结论。第一，他反对一切把宗教因素简化为地理、社会或历史因素的做法，这种简化无法解释有待解释的事物。第二，他拒不接受作为历史原理体系或者跑到时间前头的那些包罗万象的综合式学说。第三，他排斥多维分析——不是因为他否认它的逻辑性和正当性，而是因为它的现状不能令人信服。第四，他不是对宗教因素进行一种单向度的分析，而是突出一种易于控制的综合分析并严格依靠经验观察。而且，他对这种分析的普遍意义做出了谨慎的限制。

按照他后来的方法论，我们可以（带有某种保留地）认为，他为一种关系、一种过程构造了一个理想类型，它包含了现存的各种品德与发展趋势，并把它们纳入了一个自然而然的逻辑体系——不是作为现实的映像，而是作为更好地认识现实的手段。最后，正如我们都知道的，他把自己的研究仅限于经济领域，事实上只限于唯一的一个问题——理性资本主义的兴起及其宗教前提，而不是原因。他不喜欢德国人、天主教徒和路德教徒，对盎格鲁-撒克逊和加尔文主义世界则心向往之。然而，与他做出的这些限制形成对照的是，他扩展了宗教的概念及其文化意义。他集中论述了生活行为的指导原则、支配行为模式的价值体系和它们的宗教基础及其社会意义，从而澄清了直到那时仍不十分清楚的道德或精神的概念。他本人作为一个不可知论者，厌恶对他那个时代进行比较琐碎的解释。他并不认为宗教是一种致使人类脱离理性与进步道路的无理性力量，它也不是现代（与科学）文化的残疾性先导。他厌恶所谓天主教只重来世而对今世漠不关心这样的陈词滥调。他试图在宗教信仰、生活方式和经济行为之间确立一种比较与众不同的辩证关系，而他那著名的世俗禁欲主义概念，就是用于这种辩证关系的主要手段。奥芬巴赫提到了一个常见而相当陈腐的自由主义观点：新教徒宁愿吃得好，而天主教徒喜欢睡得安稳。韦伯就睡得安稳会如何影响到吃得好的机会，阐述了一种与众不同的方略。他知道，追求美食之乐在天主教徒中间更加普遍，而假如他看到新教徒很快就成为——并且至今仍然是——安眠药的主要消费群体，可能会惊讶不已。

我把韦伯的论文同先前的广泛讨论联系起来的做法，对于我们理解韦伯有着重要的因果关系。如果综合考察一下 1900 年前后的那场争论，那么现代性这一更具普遍意义的问题，就应当被用作解读韦伯论文的一个方法。不仅是韦伯晚期的宗教社会学著作，而且还有关于宗教与社会的相互依赖、关于生活方式、关于理性化和除魅、关于普遍的历史进程和展望未来官僚体制铁笼子的著作，集中论述的大都不是经济学问题。关于新教的论文也应当放在这一背景下去解读。韦伯有时自称是经济史学家，而作为一位一丝不苟的学者，他试图把他的研究对象隔离开来，但从起点开始他就是一位多面手，他要追溯人类的历史，追溯包罗万象的现代性的进程，寻求理性化——在他那个时代被认为是无理性的宗教的产物——的辩证法。这在1903 年他的最初研究中就已是题中固有之义。

我要提出的最后一个问题，与历史专业的老生常谈有关。德国的宗教与社会是个什么情况？韦伯并未论及这个问题，尽管他谈到了正在进行的那场争论。关于加尔文主义对德国的影响，他的评论相当马虎。说到路德时，他认为路德的"天职"观非常传统，了无生气，不能作为一种选择，并且毫无加尔文主义那样的动力。他断定，新教与德国现代化的关系只有一种比较间接的性质。但是，他本人再也没有涉及这个话题，部分原因是他对系统化和普遍性的兴趣与日俱增，部分原因则是他作为不承担教学工作的学者没有博士研究生。他把德国的问题留给了他的同事和朋友厄恩斯特·特勒尔奇及其关于基督教会社会教育的经典著作。

然而，特勒尔奇的兴趣和设想却有所不同。他所全神贯注的主要是教会或教派的组织结构及其社会影响。作为一个热忱的自由主义者，他关心的并不是现代德国的路德主义，而是德国路德主义的保守主义遗产——缺少自发的、能够成为自由主义和民主制度基础的信众团体。作为一位造诣深厚的历史学家，他发展了他的著名观念：我们时代的真正奠基者乃是启蒙运动及其先驱——异端论者、唯灵论者、人道主义者，而新教主义、宗教改革以及反宗教改革，在很大程度上都属于中世纪。特勒尔奇的观点无法解释新教徒何以成为德国社会现代化过程的主要原动力和实干家，路德宗的新教何以有着现代化的潜能。20 世纪 20 年代的学术界已经变得相当意识形态化 [例如维尔纳·艾勒特的《路德主义的结构》(*Morphologie des Luthertums*)]。只是在近些年，少数美国与法国学者为了对德国乡村进行比较研究才拿起了韦伯的话题。宗教对人口统计学、出生率、儿童死亡率、社会分层与社会流动以及教育状况的影响，毫无疑问已经变得清清楚楚。瑞士社会心理学家阿·施密特兴根据 20 世纪 50 和 60 年代的全部民意测验指出，两种宗教文化对于当代不可知论者以及教徒精神气质的形成有着极大的重要性。他的理论可能很有助于对德国历史的深入研究。

04 | 准英国人韦伯：亲英情感与家族史
京特·罗特

　　拿破仑时代以后，对于许多德国自由主义者来说，英格兰便成了能够指引人们摆脱法国历史造成的混乱和德国历史遭受的挫折的"老大哥"。1871 年德国统一之后，钟情于自由主义的人士逐渐减少，直到迎来一个德国向不列颠帝国发出决定性挑战的阶段。马克斯·韦伯则是把英国看作欧洲大陆革新的榜样和世界政治楷模的少数人士之一。他对路德主义的遗产和德国的威权主义现实深恶痛绝，以至仿照英国历史，尤其是清教的理想化形象，把道德人格与世俗禁欲主义的概念阐发到了蔚为大观的程度。

　　尽管韦伯是他那一代人的民族主义情感的有力代言人，但是引起韦伯强烈共鸣的，却是英国的清教和自由主义传统。他发出的声音有时就恍如半个英国人。实际上，这里所涉及的远不仅是选择性亲和的问题。韦伯是四海为家的资产阶级的后裔，他的祖先和亲戚不仅是些法兰克福和比勒费尔德的生意人，也是曼彻斯特和伦敦的生意人。经过三代人左右，一些成员返回了德国，其他人仍然留在异邦。如果韦伯愿意，他可以自视为一个准英国人，并且漫无边际地梦想成为令人羡慕的老爷（herrenmenschen）之一而不管是不是清教徒。他和把兰开夏变成现代工业制度摇篮的"商业精英"也有某种亲缘关系，尽管这关系很疏远。如果最后勾勒一下这幅画像，他还可以把自己想象成为伯明翰或者曼彻斯特一个自由主义政党的领导人，一个约瑟夫·张伯伦或者一个威廉·爱德华·格拉德斯通。

下面话分两端。首先谈谈韦伯对英国的看法以及它和他的清教观与新教伦理的关系，然后讨论一下他的企业家亲戚是他的资本主义精神概念的反面例证。韦伯的概念看上去几乎是作为一种反面形象，展示了投机性资本主义和非禁欲主义生活方式的许多特征。

｜ 1 ｜ 韦伯眼中的英国

第一次世界大战中期，1917 年晚些时候美国参战之后，韦伯曾告诫他的同胞说："只有优等民族（herrenvolker）才有可能成为世界进程的舵手。"[1]当然，优等民族当中最杰出的就是英国，对此，韦伯不顾一切反英宣传，公开表示："尽管人口不多，但是管理着全世界最令人称心的地方的，不正是一个'守夜人国家'（一个曼彻斯特主义的最小国家）吗？用（'守夜人国家'）这种陈腐的说法宣泄奴才般的怨恨，真是庸俗不堪。"（《马克斯·韦伯全集》，I/15，472；《经济与社会》，1407）怀着某种绝望感，韦伯期盼德国能够获得"优等民族"的地位，从而与英国相匹敌。在他主张的德国"世界政治"背后，则是他对英国的一腔深情。

在《新教伦理与资本主义精神》中，韦伯坦率说出了英国历史对他产生的政治魅力："清教主义能够使它的信徒创建自由的制度，并进而成为世界强国。"（《新教伦理与资本主义精神》，261）他这是接受了当时辉格党人的说法，他们把清教主义视为自由主义的前驱，并且认为，追求自由就要同时进行政治与宗教斗争。韦伯的思想来源之一是大史学家萨缪尔·罗森·加德纳，后者曾普及了一个今天已不再流行的概念"清教革命"。[2]既然韦伯对清教主义抱有这样的认识，那么他对路德主义做出以下这种容易招人反感的区别也就可以理解了——在他 1906 年初就《新教伦理与资本主义精神》写给阿道夫·哈纳克的回信中，可以看到他那引人注目的评价："我们这个民族从未经历过无论什么形式的严格的禁欲主义熏陶，这一事实就是我对这个民族的一切（包括对我自己）深恶痛绝的根源。真是无可奈何，在宗教问题上，普通的美国教派成员也比我们乐善好施的基督徒强得多，就像路德的宗教人格比加尔文、福克斯等强得多一样。"（《马克斯·韦伯全集》，II/5，32f）。

韦伯认为，现代个人主义的主要源头之一就是《圣经》的训谕——应当更多地服从上帝，而不是人（见《新约全书·使徒行传》5：29），禁欲主义者的秘密集会以及各教派反对父权主义独裁权力的斗争就体现了这一点。[3]他由这种态度联想到了"美国人一向拒绝人身依附"，并且做了一番比较："清教民族以往对于恺撒主义有着很大的免疫力……英国人的态度则是从主观上不受他们伟大政治家的束缚"，而德国人自 1878 年以来便对俾斯麦顶礼膜拜，并且"天真地以为人人都会出于感恩戴德而表现出政治忠顺"（《新教伦理与资本主义精神》，224f）。在给凯泽林伯爵的一封信中，他把伸张这一宗教前提称作"西方文化得以发展的真正创造性因素"。[4]针对保守派的诋毁，韦伯在政治上支持人权，但是他和格奥尔格·耶利内克一样，是到英美的传统而不是法国的启蒙运动和法国大革命那里追根溯源。因此，在《新教伦理与资本主义精神》上下两篇的出版间隙中，即 1905 年 1 月他给哈纳克写信说："我们决不能忘记，应当把那些如今谁也不愿丧失的成就归功于教派，那就是我们今天视为理所当然的良心自由和最基本的人权。只有彻底的理想主义才能带来这些成就。"[5]玛丽安娜·韦伯响应了她的丈夫，她在1907年写道："正是良心自由孕育了所有的人权，因此它也是女权的摇篮。"[6]

然而，反对独裁权力的斗争所带来的不仅仅是《权利法案》和人权，还导致了一意孤行的流血杀戮。韦伯对于威廉二世及其威权主义臣民有着刻骨铭心的政治憎恶，以至对英法两国的弑君事件毫无忌讳地表示了赞赏。他告诉凯泽林伯爵："像我们德国人这样绝不敢把传统主义权力斩首示众的民族，永远不会获得能使盎格鲁-撒克逊与拉丁民族在世界上高踞我们之上（'在政治上'把我们一笔勾销）的那种自信，虽然我们凭借法纪的效力在战争和技术上赢得了种种'胜利'。"[7]

因此，韦伯肯定了一种独特的政治唯意志论和"彻底的理想主义"，以反对德国人在本质上和文化上的威权主义。他有一个关于政治和人的存在主义大难题——自我克制与世界霸权的关系。这反映在他对"具有钢铁般意志的清教商人"的赞美上：他们并没有被囚禁在现代资本主义的"铁笼"里。只有铁一般的决断力才能增强德国资产阶级的勇气。只有那样才有可能使帝国得到民主化的机会，才有可能使它的世界霸权要求合理化，才有可能谋得优势地位。（"钢铁与黑麦"——即工业家与农民——的联盟将使这种铁一般的决断力丧失机会。）韦伯目睹了德国超乎寻常地急速发展为一个工业化国家，使不列颠帝国面临越来越大的挑战。但是，面对德意志帝国的一个巨大缺陷——没有自制力（Unbeherrschtheit，其突出表现就是威廉二世那种冲动的个性和反复无常的行为），作为一个有着阶级意识的资产阶级成员，韦伯陷入了深刻的政治虚弱感所带来的痛苦之中。引导世界政治，关键在于给人以力量感的现实政治，但是，对于什么事情能在这个世界上行得通，德国朝野难以达成一致。可以说，德国的问题就是"底气不足"。

尽管德国的工业与军事力量与日俱增，但是韦伯对于德国的历史能量始终怀着矛盾的心情。如果看到了这一事实，那就无须惊讶他对英国的看法和早他两代的自由主义者并无根本的不同，何况他与那些老牌的自由主义者还有着密切的家族关系。[8] 在成长时期，韦伯和他的姨父赫尔曼·鲍姆加滕（1825—1893）——时为斯特拉斯堡大学研究宗教改革与反宗教改革的历史学家——建立了根深蒂固的思想联系。鲍姆加滕年轻时曾是格奥尔格·戈特弗里德·格维纽斯的学生与合作者，而格维纽斯则是格奥尔格·弗雷德里希·法伦斯坦——鲍姆加滕的岳父和韦伯的外祖父——的莫逆之交。甚至在 19 世纪 50 年代的反动时期，格维纽斯也敢于称颂英国的议会制度。尽管 1848 年革命遭到失败，但格维纽斯仍然预言民主政治乃大势所趋，为此他遭到了指控。应法伦斯坦的要求，鲍姆加滕为格维纽斯进行了辩护，匿名发表了第一部杰作：《格维纽斯及其政治信念》（1853）。

格维纽斯（1805—1871）是当时最博学的历史学家之一，他对历史发展规律坚信不疑：处于上升过程中的国家，思想与政治自由总会积微成著；而衰落中的国家则是反其道而行之，终将危及专制与独裁。中世纪的基督教内部就始终存在着古罗马精神与德意志精神、普世主义与个人主义的对抗。格维纽斯接过孟德斯鸠的说法，认为个人主义会自然而然地来到德意志民族中间。民主自由将会由于"德意志新教的个人主义"而成长壮大。他赞赏加尔文主义中的贵族成分，并且——与马克斯·韦伯不同——重视宿命论学说，但他也认为加尔文主义的动力促进了新教观念的民主化进步。格维纽斯在著名的《19 世纪历史导论》（1852）结束时做出了一番他认为凿凿有据的陈述，那也是公诉人看重的他的叛国罪罪证："我们时代的各种运动无不受到大众本能的驱使……大众正在接管政治……他们要求国家实现多数人而不是少数人或某个个人的福祉；他们提出的全部理由……加尔文主义政治理论家们早就反复预言过了：没有君主也仍有国家，但没有人民则没有国家。"[9]这一点与韦伯所论弑君的历史效益是相通的。

在格维纽斯那一代亲英派中，格氏向左走到了极端。虽然他的著作在 19 世纪 50 年代和 60 年代还能广为流行，但是他在德国统一的 1871 年去世之后，人们很快就把他忘在了脑后。不再有人公开希望阐述辉格党式的历史研究来预言自由的必然胜利，而最初曾热情仰慕英国传统的海因里希·冯·特赖奇克，[10]则变成了俾斯麦帝国的民族主义大预言家。19 世纪 70 年代，鲍姆加滕与他的前盟友特赖奇克断绝了来往，由于俾斯麦的反自由主义行动愈演愈烈，鲍姆加滕总是念念不忘与格维纽斯的旧时情谊，他成了满怀痛苦的旁观者，不断向年轻的马克斯·韦伯倾诉他的一腔悲愤。但是鲍姆加滕也给予了韦伯一些建设性的激励，这在后来便融入了《新教伦理与资本主义精神》之中。鲍姆加滕从一位活跃的政论家转而成为研究宗教改革与反宗教改革的历史学家，这在很大程度上是出于政治原因——他对一种合乎道德的政治新教的世界历史使命坚信不疑。1872 年他得到了新德国的斯特拉斯堡大学的任命，于是便梦想为阿尔萨斯恢复新教的荣耀，而这份荣耀很久以前就被反宗教改革再次夺走了。[11]

然而，新教德国反对天主教会的斗争——"文化斗争"——以惨败而告终。1887 年鲍姆加滕写了一个论"罗马人的凯旋"的论战性小册子。他悲哀地指出，罗马教皇"已经夺取了对我们这个时代的支配权，一位几乎是无所不能、具有真正独创精神的政治家领导的实质上的新教国家，在进行了长期的激烈斗争之后，也向他俯首称臣。他在德国这个长期不设防的异端的心脏地区为他的教会强占了一席之地。他的信徒公开宣称，德国和英国的人民以及所有其他异端民族，必将重返这个唯一能使人得救的教会怀抱。人们到处都会听见怀疑论者——即使他丝毫也不支持罗马——发出的声音：'新教没有未来'"[12]。

鲍姆加滕提出了一种似非而是的解释。普鲁士新教在后拿破仑时代莱茵兰地区的改革及民族统一的过程中，无意中使德国的天主教得到了新生。像后来的韦伯一样，鲍姆加滕指出："凡是新教徒与天主教徒共同生活的地方，前者总是引人注目地站在较高的社会阶梯上，后者总是站得较低。……凡是天主教徒逃避或不能得到高等教育的地方，新教徒必定会在公共行政、司法、商业、工业与科学领域扮演主角。这一事实被那些支持教权主义的煽动家作为极端的不公正而非常有效地展示给了大多数信徒。"[13]鲍姆加滕把老式路德教徒的罪孽同新生的路德教徒联系在了一起。"在逆来顺受成为路德教派的重要原则时，加尔文教徒却敢于拿起武器反抗合法君主以捍卫自己的信仰。因此，荷兰与法国的兄弟流血牺牲的时候，路德教的德国却在袖手旁观。大量的冲突导致了新教徒的分裂，英国也不例外。但是，得到罗马支持的西班牙在向这些四分五裂的异端发起攻击时，它那僵硬的统一力量却败给了充满活力、生气勃勃的不和。"[14]鲍姆加滕还看到了新教正统观念和天主教教权主义在当代德国结成的一种机会主义联盟："面对激进的时代潮流，罗马这一革命之母看上去却像是一种保守主义力量。"然而荒谬的是，"无论是谁，如果今天想要与罗马结盟实行保守主义政策，那就只会促成激进主义运动"[15]。罗马之所以被他视为革命之母，是因为时代，还有教权主义——特别是耶稣会士——已经把天主教民族推上了造反之路。

鲍姆加滕和韦伯都对失败了的"文化斗争"的含义忧心忡忡，而韦伯尤其关注的是新教徒的良心扭曲问题。1887年，23岁的马克斯·韦伯给差不多比他年长 40 岁的姨父写了一封生日贺信：

> 这种逆来顺受的"和平"令人悲哀。如果今天说这场斗争只有出自我们一方的"政治"原因，那么我们就是给严重的不公正打开了通道。如果它在我们看来确实不是个良心问题而只是机会主义问题，那么我们就是由于外部的原因而亵渎了天主教人民的良心——正如天主教徒所断言。毕竟，对于广大天主教徒来说，这是个良心问题，因而它确实不是我们一直宣称的良心与良心的对抗。在这种情况下，我们的行为并无良心，我们是道德上的输家。这是失败所带来的最严重的问题，因为它阻挡着我们再也不可能继续进行这种要想获胜就必须进行的斗争。[16]

如果说这个新教帝国亵渎了天主教徒的良心，那也没有动摇鲍姆加滕和韦伯的信念：从历史上看，良心自由乃是激进的新教个人主义，特别是那些坚持不懈的教派的成就。但这些教派的祖国不是德国，而是英国，而英国历史所产生的宗教和政治理想使德国的现实暴露无遗。

那些名副其实的自由主义亲英派人士，从卡尔·冯·罗特克到罗伯特·冯·摩尔和格维纽斯，都为了自己的政治意图而把英国的制度理想化了。[17]他们是写给广大资产阶级读者看的，一般不去耗费工夫研究档案资料。德国历史研究的荒谬之处就在于，学术进步是在连续几代人越来越浓厚的沙文主义气氛中实现的。1870 年以后，历史学家在某些方面变得比较专业化和学术化了，但是越来越重视档案资料的研究并没有减少意识形态的介入——鲍姆加滕处在老一代和韦伯这一代自由主义政论家的中间立场就是证明。事实上，由于民族竞争和对抗趋于激烈，对英国进行严肃的学术研究似乎也日渐萎缩。关于英国制度的档案研究，凡是涉及德意志帝国政体的一律不再被允许。然而，1898年美西战争之后，对美国的政治与学术兴趣却日益高涨，美国第一次被认为是一个潜在的帝国主义对手。在这种形势下，《新教伦理与资本主义精神》便被看作是一项带有明显政治色彩的学术研究。虽然它在一个以自由主义的先入之见看待英国的长长队列中只是排在了最后，但却最早促使人们对美国产生了浓厚的兴趣，把它视为德国同英帝国竞争中的潜在敌人或盟友。

把韦伯与格哈德·冯·舒尔策-加弗尔尼茨（1864—1943）比较一下，就能进一步看出《新教伦理与资本主义精神》的意识形态意义。1890年舒尔策-加弗尔尼茨出版的《论社会和平》[18]一书，是对英国资本主义的批评家和改革家——从卡莱尔到基督教社会主义者及合作社运动——所做的研究。舒尔策-加弗尔尼茨对英国工业化与福利政策的关心乃是基于这一事实：他的外祖父卡尔·奥古斯特·米尔德在1848年成为普鲁士制宪议会议长兼普鲁士贸易部长之前，曾在曼彻斯特学习棉花加工手艺。舒尔策-加弗尔尼茨生长在一个自由主义的天主教家庭，用他的话说，他母亲是一位"最严以律己的天主教徒，从任何意义上说都是一位道德上极为严谨的人"[19]。到1890年，舒尔策-加弗尔尼茨的著作与出身阻塞了他在因循守旧的普鲁士政府中的仕途，于是步其父后尘转入了学术生涯。其父赫尔曼·舒尔策，海德堡大学宪法学家，1888年被册封为贵族。年轻的舒尔策-加弗尔尼茨是个极端的亲英派，一心要超越传统的自由主义模式。在韦伯的《新教伦理与资本主义精神》问世几个月之后，他便推出了一部鸿篇巨制：《20世纪初的不列颠帝国主义和英国的自由贸易》（下文简称《帝国主义》）。[20]尽管题目不同，但两人的研究在很长时间里却是并驾齐驱。舒尔策-加弗尔尼茨与韦伯对于清教遗产和当时大不列颠与德意志帝国的对峙抱有类似的看法。前者详细阐明了关于德国的世界使命的规划，是在附和韦伯 1895 年的经济学教授就职演讲"民族国家与经济政策"。但是韦伯并没有把舒尔策-加弗尔尼茨的论文与他在弗莱堡大学的演讲联系在一起（他们两人是该校的经济学同事，并在那里建立了家庭友谊）。他在给他的弟弟阿尔弗莱德的一封信中甚至表示了对这位同事的疏远："关于舒尔策-加弗尔尼茨的《帝国主义》所引起的关注，我当然同意你的看法——把那些我也持有的观点言过其实到如此程度，肯定就会走火入魔，尽管该书才华横溢。"[21] 不过，像这样把一个共同的观点言过其实，却使我们更容易理解广大德国读者认为迫在眉睫的问题。舒尔策-加弗尔尼茨的著作证明了是对某些"1914 年观念"的一种预感，韦伯在战争期间对这种观念进行了强有力的批判，而舒尔策-加弗尔尼茨也从那里做出了部分退却。但是，即使作为战时对德意志帝国的批判，在关于"未来文化的质量"、关于从政治上果断阻止这个世界在"俄国官僚体制的规律和规则与盎格鲁-撒克逊'社会'的习俗，或许再加上少量的拉丁'理由'"之间发生分化的问题上（《马斯克·韦伯全集》，I/15，96），韦伯也并非与这位同事的观点格格不入。尽管如此，这也比许多德国教授——包括他的弟弟阿尔弗莱德，当然还有松巴特——的态度温和得多。归根结底，是盎格鲁-撒克逊世界列强那种与生俱来的政治优势对韦伯产生了抑制作用。如果他也像他的许多同事那样——尤其是在 1914 年前后——大放反英厥词，他就不可能在身后扬名英美。事实上，正是《新教伦理与资本主义精神》的那种思路使它最终得以被植入了盎格鲁-撒克逊世界。舒尔策-加弗尔尼茨的著作虽然也有许多译本，但如今已被人们遗忘。

当时，德国的自由主义甚至保守主义的学者，都在不同程度上认识到了英国清教与当代民主政治、世界强国及资本主义的历史联系。19 世纪 90 年代末期，韦伯在转向新教伦理与资本主义精神的研究的同时，有力地支持了开始与大不列颠进行海上军备竞赛的第一次海军预算；他和舒尔策-加弗尔尼茨都不相信那是用来反对英国的。韦伯认为，在"资本主义时代"和资产阶级文明民族（kulturvolker）之间军事对峙不断加剧的时代，德国作为一个工业化国家和伟大民族，"必须对历史负责"，如果是更多地为了未来几代德国人的道德质量而不仅是物质福利，那样的预算就是必不可少的。[22]

在禁欲主义新教偶像的吸引力和帝国的责任这种令人陶醉的世俗伦理概念之间，韦伯的伦理严格主义就不再起作用了。众所周知，从十几岁到大学时代，韦伯虽然自称对宗教问题"没有共鸣"，但因为母亲海伦妮、姨母伊达·鲍姆加滕（海伦妮的姐姐）和年轻的神学家奥托·鲍姆加滕的原因，他阅读了大量的宗教文献，[23]包括美国的上帝论者威廉·埃勒里·钱宁和西奥多·帕克的著作。[24]因此，韦伯在《新教伦理与资本主义精神》第一版中写道，格奥尔格·耶利内克的《人权与公民权宣言》激励他"再次转向了清教"。[25]同样众所周知的是，也是在这些至亲的影响下，韦伯参加了新教社会代表大会与弗雷德里希·瑙曼的基督教社会党的宗教与社会改良活动。[26]不过在这方面，韦伯也仍然是个"不可知论者"，他之所以对改良主义活动感兴趣，主要还是出于他的"世界政治"观。

然而，韦伯之对新教的未来抱有神学与实践兴趣，不仅是由于这个家庭背景，而且还有同德国及英国资本主义大家庭的关系，这一点就不是那么广为人知了。事实上，马克斯和玛丽安娜希望人们注意的是他们和威斯特伐利亚亚麻批发商与加工商的关系，但几乎不愿让人了解他们和伦敦与曼彻斯特的家族联系。由于我们所认识的马克斯·韦伯其人在很大程度上都是玛丽安娜的传记所塑造的形象，那就不应当忘记，她不仅显而易见对英国与美国抱有非常矛盾的心情，而且是在战败和《凡尔赛条约》的阴影下写出的传记，几乎像所有政治上的自由主义者一样，她也认为那个条约根本就是不公正的。大概这就是她引人注目地对与英国的关系轻描淡写，同时又大力渲染狂热的爱国者与"自由斗士"格奥尔格·弗雷德里希·法伦斯坦在德国战败之时反对拿破仑的经历的一个原因。

家族背景使得韦伯对国际贸易和股票交易的国际作用产生了学术与政治关切，这在某种程度上可以解释为什么他会作为一个商法学生和教师开始他的学术生涯。事实上，韦伯曾耗费大量精力要成为国际贸易和证券与商品交易所的行家里手。[27] 1891 年，他曾提出申请希望得到被年轻的维尔纳·松巴特放弃的一个职位，即港口都市不来梅的市政律师职位。当他听说赫尔曼·鲍姆加滕不同意这个打算时，他回答说："我仍然相信，花费几年工夫——特别是在一个能允许我继续从事学术写作的位置上——学习一下进出口业务，这对我来说是极有价值的。我极为渴望得到一个实干性的职位。"[28]

由于韦伯的申请未能如愿，他对自己母系亲戚的经营事业就只剩下理论上的认识了。韦伯从"博士导师"莱文·戈德施密特（1829—1897）那里倒是学了点东西，在他的指导下，韦伯写出了 1889 年的博士论文《论中世纪贸易公司史》。戈德施密特在 1862—1870 年间住在埃米莉·苏卡·法伦斯坦的海德堡宅邸，写作他那著名的《商法手册》。他在马克斯·韦伯很小的时候就看出，埃米莉的这个外孙会成为苏卡家族的后来人。[29] 他帮助韦伯做出了职业选择，并且显然是把韦伯看作自己在柏林的继承人。

19 世纪 90 年代中期，韦伯从立法改革与大众教育这两个方面研究了证券和商品交易所的问题。他作为一名专家参与了设在帝国内政部的一个交易委员会的工作。他用 300 页的篇幅在戈德施密特的《商法大全杂志》上分析了"关于德国交易所的调查结果"（1895—1896，第 43—45 卷）。他还写了一篇题为《未来贸易的专业职能》的长文，并在一部手册中就新近的立法做出了概述。最后，他为弗雷德里希·瑙曼的"工人图书馆"写了一份 65 页的小册子，向那些被认为满腹狐疑、不怀好意的工人阶级读者解释交易所大有益处的社会与经济用途。

在柏林，他还为瑙曼的工人教育课程讲过课，但据他母亲说，前面只有人数很少并且"很不相宜"的听众，他谈论的是个"连我都毫无兴趣且很有可能无法理解的话题"。[30] 在关于交易所改革的政治斗争中，最麻烦的问题就是自由主义的商业利益集团和保守主义的农业利益集团之间的力量平衡，前者要的是商品——特别是谷物——自由市场，后者则要求自行确定价格。韦伯担心用立法手段约束商品投机有可能削弱德国的竞争地位。不过，他赞成按照英国的模式发展，形成一个拥有强大金融实力、具有社会同质性并能够相互实现社会控制的经纪人群体。但是，即使交易所的成员都是些体面的绅士，他们也必须具有"足够的勇气"。关于其他方面，韦伯断言"一个有实力的交易所不可能是个'道德俱乐部'，而大银行的资金就像来复枪和加农炮一样根本就不是'社会福利'的问题"[31]。在这些作品中，韦伯强调的还是宗教伦理和商业逻辑的异质性，而不是宗教信仰和资本主义精神的天然联系。

与韦伯的胡格诺教派祖先和亲戚截然不同，这些文献常常要人们注意宗教方面的问题。因此，韦伯的外婆被分别描绘成"严守加尔文主义道德规范"的妇女（利伯森）和"为道德虔诚而悲天悯人的杰出典范"（米茨曼），她把一种宗教严格主义传给了她的女儿伊达和海伦妮。[32] 不过应当问一下——这是我在下面就要做的——这种家族传统即使对于这些妇女来说究竟又有多么牢固呢？实际上，韦伯认为活跃于 17 世纪的新教伦理和 18 世纪的资本主义精神，在启蒙运动、法国大革命和英国功利主义之前就预示了自强不息的工业资本主义时代的到来。然而，显而易见的是，韦伯那些功成名就的亲戚与这种老旧的精神似乎根本就不搭界。

　　|2|　韦伯的家族史：没有精神的资本主义？

　　韦伯用来开始阐释资本主义精神的，并不是抽象的定义，而是他认为不言而喻的本杰明·富兰克林的例证。这是一种伦理学，它规定要"尽可能多地挣钱，同时又要严格避免一切本能的生活享乐……丝毫没有幸福论——更不必说快乐论——的成分掺杂其中。……人被赚钱的动机所左右，把获利当作人生的最终目的。……这种对我们所说的自然关系的颠倒，从一种天真的观点看来简直就是无理性……与此同时，它又表达了一种与某些宗教观念密切相关的情感"（《新教伦理与资本主义精神》，53）。韦伯设想了一种同构关系，这使他能够认为在一个至关重要的历史差异中存在着基本的相似性：资本主义精神和清教的职业禁欲主义如出一辙，但它的宗教根源已被富兰克林的时代剪除净尽。

　　韦伯在资本主义的形态与精神之间所做的区分，承认了传统主义和理性主义的结合。富兰克林似乎是把资本主义精神同一种传统的手工生产方式——他的印刷工厂——结合了起来。韦伯则以他祖父、一位出自比勒费尔德贵族的亚麻批发商卡尔·奥古斯特·韦伯（1796—1872）为例，说明了资本主义形态与传统主义精神的结合。玛丽安娜·韦伯后来强调指出，她

的这位曾外祖父 ① 根本就没有什么资本主义精神："在那些岁月里，经营亚麻贸易还是依靠早期'资本主义'方式的家庭劳动：赚钱既不是目的本身，也不是恩宠的标志。……因此劳动节奏缓慢。"[33] 相反，马克斯·韦伯描述的卡尔·达维德·韦伯（1824—1907）——他的伯父，卡尔·奥古斯特之子，则是新型资本主义能动性的代表：他"来到乡下，细心挑选出他要雇用的织工，大大加强了对他们劳动的严格监督，因而把他们从农民变成了工人。……他尽可能地直接深入到最终消费者中，从而改变了自己的销售方式。……在残酷竞争的压力之下，那种田园诗般的状态烟消云散，可观的财富被创造了出来，但并没有用于放贷以赚取利息，而总是重新用于商业投资"（《新教伦理与资本主义精神》，68）。

韦伯断言，资本主义精神的这种突然迸发，往往根本不涉及"组织形式的本质变化，诸如向统一的工厂、向机器纺织过渡等那样的变化"（《新教伦理与资本主义精神》，67）。然而，玛丽安娜·韦伯指出，就其外祖父卡尔·达维德·韦伯的情况而言，技术因素也大大促进了他的企业经营成就。在比勒费尔德的商号因机器纺织的兴起而倒闭之后，他在 1850 年迁回到了奥灵豪森的乡下——玛丽安娜的出生地："卡尔·韦伯，这位比勒费尔德的商界骄子，由于现代技术而蒙受痛苦，现在要从头开始建立一个新企业。……按照他的侄子马克斯后来的分析，他那新颖的企业经营方法和他的人格足以成为现代企业家的典范。"[34]

近些年的研究表明，的确有一种经济心态的变化，但是正如韦伯勉强承认的那样，可以把这种新的精神理解为"纯粹适应的结果……与在经济斗争

---

① 卡尔·奥古斯特·韦伯是马克斯·韦伯的祖父，同时也是玛丽安娜·韦伯的曾外祖父（玛丽安娜的外祖父是韦伯的伯父），此处按韦伯夫妇各自的关系称呼。——译者注

中求得生存的处境密切相关"（《新教伦理与资本主义精神》, 72）。拿破仑战败之后，英国纺织品涌进了欧洲市场，19 世纪上半叶，德国纺织工业在进出口方面遇到了越来越有力的竞争。19 世纪 30 年代，比勒费尔德的支柱工业——亚麻生产——的产量与价格大幅下跌，纺纱工与织布工陷入贫困。除非转产，否则商人们只能从两个方面考虑如何对付这场危机：机械化，或者外包加工。由于亚麻是 19 世纪初期普鲁士最重要的出口产品，于是，政府开办了一些职业学校以培养机械工程师这样的技术精英和专业的工厂经理。学生们经常被延长学时派往英国、爱尔兰和比利时。费迪南德·卡塞洛夫斯基（1816—1877）是其中之一，1840 年第一批被派往英国。[35]

他帮助普鲁士政府在西里西亚设立了标准的纺纱工厂。然而，在比勒费尔德，政府除了给予一定的补助以外，坚决要求富有的贵族们必须为他们自己的亚麻工业现代化筹集资金。[36] 旧式的业主都是些传统主义者，这不仅因为他们宁愿坚持久已习惯了的工艺方法而不喜欢新式的企业化生产，还因为机器产品一度粗劣不堪，他们宁要质量也不要数量。但是他们却在步步败退，直到被迫离开企业，这就是拉尔·韦伯与涅曼·韦伯在 1861 年碰上的事情。当变革终于来临的时候，在新的冒险中获得成功的，主要并不是那些暴发户，而是望族子孙。在这个意义上说，韦伯的以下陈述就应当加以修正：资本主义精神的典型体现者"并不是利物浦和汉堡那些声名显赫的绅士——因为他们的商业财富都是从几代人手里传下来的——而是曼彻斯特与莱茵兰-威斯特伐利亚的暴发户，他们往往是在非常普通的环境中发财致富的"（《新教伦理与资本主义精神》, 65）。[37] 无论如何，韦伯所看到的那种资本主义精神，在某种程度上是对普鲁士政府政策的一种适应，是这些政策迫使亚麻商们开办了机械化的纺纱工厂。

　　卡尔·达维德·韦伯并没有选择这条机械化道路。就在他父亲难逃破产厄运之时，他着手到乡下寻找廉价劳动力并开始探索一种外包加工制度，最终把 1000 名一贫如洗的织布工组织成一个高效的生产单位。由于他不可能再过那种贵族商人的生活，因此把自己变成了一个企业家，但他仍然保留着以质量为重的传统。[38] 那时，经济压力是头等重要的大事。马克斯·韦伯在对祖父的传统精神和伯父的新生资本主义精神进行了比较之后，准确无误地强调指出："今天……宗教信仰与行为之间一般来说已经没有什么关系，即使某些地方仍然存在，那基本上也是一种消极性的关系，至少在德国就是如此。"（《新教伦理与资本主义精神》，70）的确，卡尔·达维德·韦伯出自路德教的比勒费尔德，又迁到了归正宗（加尔文主义）的奥灵豪森，但是宗教上的区别显然已没有意义。玛丽安娜·韦伯在她的回忆录中说，卡尔·韦伯"为人持重，实事求是，但没有宗教热忱，至少在晚年时没有。他曾经私下里对我说，他宁愿信伊斯兰教，基督教怂恿人们在圣餐上饮酒为乐，引导普通人寻求死后永恒得救，而不是鼓励他们在今世积极进取"[39]。因此，他最关心的是劳动纪律，但并不把它和新教伦理扯在一起，虽然他明确希望他的工人饮食要有节制，但他自己却不是个滴酒不沾的人——每天要享用一瓶摩泽尔白葡萄酒。

　　尽管韦伯承认，19 世纪的资本主义精神在很大程度上是在适应为生存而进行的经济斗争，但他仍然坚持一种资本主义企业家的理想类型——回避标准和结构——而他面对的却是他最讨厌的"经验主义的平均数"："这些人凭借限嗣继承的财产和贵族特权，加上他们的儿子在大学和官场中的表现，便试图掩盖自己的社会出身——这是新来者堕落的结果，是德国资本主义暴发户的惯例。"（《新教伦理与资本主义精神》，71）

韦伯在深入研究了新教伦理的主要内涵之后，在 1897 年的第八次新教社会代表大会上，呼吁德国资产阶级"为了有益的社会发展与国家的政治自由，召回自身的特性，恢复令人自豪的理想追求，解除（与农业保守势力）不自然的联盟"[40]。就在发表《新教伦理与资本主义精神》前夕，他在新创办的《社会科学文库》上对 1904 年的限嗣继承法案进行了猛烈抨击。多年来他一直反对为购买限嗣继承财产从而获取贵族特权提供机会——那是富有的商人和工厂主们流行的做法。他还坚持谴责那些对学生互助会成员和预备役军官的"封建"成见，认为它们并不适用于"这些艰苦而沉闷的工作，如果没有这些工作，我们的资产阶级就不可能维护德国在这个世界上的贸易和工业大国地位"。后来他在 1911 年表示："我认为我的名字散发着威斯特伐利亚亚麻的气息，而且并不否认我为这种资产阶级血统感到自豪。"[41]

韦伯在奥灵豪森的亲戚都没有购买地产和贵族特权，但却属于利珀-德特莫尔德小封邑的政治与社会精英（那个地方至今仍然作为一个商业公司存在着）。卡尔·达维德·韦伯的一位孙子格奥尔格·米勒，不仅曾是该公司——现在叫作韦氏公司——的共同所有人，而且还是设在柏林的德国亚麻制造商协会主席。米勒的弟弟理查德曾是利珀-德特莫尔德议会成员。米勒和一位富有的柏林制造商的女儿结了婚，把大都会的趣味带到了这个小小的公司城，给这个家族注入了慈祥的父权主义精神。1913 年，米勒建造了一座典雅华美的新式别墅，于是，一座只是最富有的柏林郊区才会有的别墅很不协调地矗立在那里——紧挨着工厂区和另外三座维多利亚式的家庭别墅（沿着玛丽安娜大街，今天已被称作"韦伯公园"）。卡尔·达维德·韦伯死于 1907 年，给他的外孙女玛丽安娜留下了 35 万马克的庞大资产，其中约有一半作为对奥灵豪森公司的投资，当时公司已经成为统治王朝和高层贵族的床用及桌用亚麻制品的主要供应商。[42]

使马克斯·韦伯得以间接受益的另一些好运气，来自他的曾外祖父卡尔·科内利乌斯·苏卡（1768—1838）。韦伯的外祖母埃米莉·苏卡·法伦斯坦于1881年去世，这时他母亲得到的遗产足以使柏林的这一大家人过上比较奢侈的生活，然而海伦妮却十分讨厌任何形式的铺张炫耀。她的叔父威廉·奥古斯特·苏卡1887年去世时，她再次得到了一笔遗产。她的丈夫1897年去世后，她可以在她认为适当的时候自由使用这笔财富，并且拿出一部分用于资助马克斯和她的其他孩子。[43]最后，马克斯和玛丽安娜可能是在1910年以后搬进了法伦斯坦1847年用苏卡出的钱在海德堡建造的那座庞大宅邸，使那里成了著名的韦伯沙龙。

奥灵豪森的亲戚们似乎非常合乎韦伯为真正的资产阶级所订立的标准，但他们的生活方式则越来越比老式的资产阶级舒适安逸，越来越接近大资产阶级的生活，相比之下，人们并不清楚韦伯对于苏卡家族广泛分布在各地的成员抱有什么样的看法，也许韦伯在提及贵族商人、暴发户和"封建"野心家的时候，出现在脑海中的就是这些人。尽管有着归正宗（胡格诺教派）的家族背景，但是按照他的标准在这些人身上辨认资本主义精神，他会遇到更大的困难。

卡尔·科内利乌斯·苏卡究竟是个什么人呢？他死于1838年，留下了200万弗罗林（金币）的财产，是法兰克福的巨富之一。这笔财产是在法兰克福作为全德商业与金融中心时期积累起来的，那时可与该城匹敌的只有汉堡，新兴的柏林还不行，而且，对于英国制造商来说，法兰克福也是最重要、最有利可图的德国销售点。[44]苏卡和一个紧密的亲朋好友网络一起，经营一个进出口公司，参与期货贸易，他还是贴现银行家、证券经纪人、委托船运代理商，以及主要以法兰克福、伦敦与曼彻斯特为目标的工业投资者。他的业务还扩展到了近东、远东及俄罗斯。用韦伯的话说，他是一个"富有冒险精神的资本家"。在法国大革命的狂暴岁月里，在拿破仑战争及欧洲大陆封锁时期（1806—1813），他是个一帆风顺的英国商品走私犯、一个战时大奸商、一个吉星高照的投机者，是能够在战后几十年间持续赢利的少数企业家之一。[45] 在 19 世纪 30 年代，他的舒恩克-苏卡公司成了英国最有钱的德国商号。[46] 韦伯以这样两种人做了对比：一是"我们在经济史的每个阶段都能看到的胆大妄为、肆无忌惮的投机商和经济冒险家"，一是新兴资本主义精神的体现者，"这些人在艰难困苦的生活环境中成长起来，既精打细算又敢想敢做，最重要的是，他们坚持严格的资产阶级观点和原则，不走极端，讲究信用，聪明机敏，并且竭尽全力投身于事业"（《新教伦理与资本主义精神》，69）。然而，这种区别在苏卡的圈子里却难得看到。事实上，这个圈子的资本主义精神是卢卓·布伦塔诺，而不是韦伯所说的那种精神。

韦伯与布伦塔诺不仅同属最新一批自由主义亲英派，而且同为法兰克福世家。[47] 布伦塔诺（1844—1931）所界定的资本主义精神是为最大可能的利润而奋斗，一种并不排除对幸福和享乐追求的天然倾向。这种奋斗很注重远程贸易，而且往往使人联想到宗教少数人士流散异乡时的身份。布伦塔诺只是在回顾了自己的家族史之后才理解到："作为一个异乡客，外地商人并未融入国内的身份等级制度。那么，什么是他无可非议的生活标准呢？什么是正常的利润水平和公平价格呢？"[48] 不仅是这种身份制度，而且还有宗教控制，统统失去了效力。不管天主教会怎么绷紧教规，其实一到实践中就只有被迫松手。在布伦塔诺看来，经济史的经验教训——他认为政治经济学是一门经验科学——并非宗教单独发挥作用为经济提供了精神气质，而是"天然的"经济强制力量最终改变了道德评价。因此，"一个虔诚的天主教徒是否大量赢利之后便大笔捐献或施舍以期升入天堂，或者一个加尔文教徒是否牟取了巨额利润之后便大行善举（因为巨额利润和善举乃是他的信仰和恩宠状态的有形标志），都不能成为资本积累的特征"[49]。这样，布伦塔诺以"天主教文化"（Kulturkatholic）回应了韦伯的"新教文化"（Kulturprotestant）。

到 1800 年，苏卡家族和布伦塔诺家族已经进入法兰克福的贵族阶层，虽然那时在启蒙运动和法国大革命的冲击下刚刚废除了对胡格诺教徒和天主教徒的宗教歧视。布伦塔诺属于科莫湖地区的一个意大利家族集团，他们从一无所有到富甲一方，曾经奋斗了一个世纪。和其他意大利家族不同，他们并不是作为城市贵族商人或者——与后来的某些家族神话相反——作为乡村贵族而崛起。[50] 17 世纪中叶，他们作为叫卖柑橘的街头小贩出现在法兰克福。他们不同于韦伯心目中的新教徒，除了勤勉、节俭以外，还肆无忌惮地违犯成文法——确切地说，是违犯路德教市政当局加诸他们的许多法律限制。到 1700 年前后，法兰克福的食品杂货商已把他们看作最危险的竞争对手，按照亚历山大·迪茨的说法，"市民对他们的憎恶比对犹太人的憎恶更强烈"。[51]

19 世纪中叶以前，基本的实业单元都是家族企业。[52] 年轻人都在自己家族或亲戚、邻居和朋友的公司当职员。同行和职员的相互联姻是私人企业的社会黏合剂，离婚和未婚生育则会使它遭到打击。卡尔·科内利乌斯·苏卡也是走的这套路数。他的财产同其他几个家族、特别是米利乌斯家族盘绕在一起。为这个集团进行资本积累的核心人物是一位大投机商伊萨克·阿尔德伯特（1763—1817）。故事开始于1776年，富商约纳斯·达菲尔特娶了23岁的凯瑟琳娜·伊丽莎白·米利乌斯（1753—1832），她比他小30岁。1784年，他和内弟皮特·弗雷德里希·米利乌斯、约翰·雅各布·米利乌斯（1756—1835）一起创办了达菲尔特-米利乌斯兄弟公司。他们经营亚麻批发，还开办了一个委托船运公司。但是公司在几年之内就成了一个烂摊子，可能与达菲尔特的婚姻失败有关。1786年，达菲尔特与皮特·弗雷德里希·米利乌斯离开了公司，随后，约翰·雅各布·米利乌斯与伊萨克·阿尔德伯特成了合伙人，后者娶了离婚的达菲尔特夫人（他比她年轻9岁）。经牧师苏卡引荐，阿尔德伯特成了达菲尔特的心腹伙计——据埃米莉·苏卡·法伦斯坦说——甚至成了他的继承人。阿尔德伯特婚后无子，但他们夫妇后来收养了约翰·雅各布·米利乌斯的两个孩子卡尔（1790—1870）和苏珊娜（1793—1884）。1793年，25岁的卡尔·科内利乌斯·苏卡——他也是达菲尔特的徒弟——在米利乌斯和阿尔德伯特迅速成长的公司里投资1000英镑，成了他们的合伙人。早在1788年阿尔德伯特就在伦敦开辟了业务，1802年他住到了曼彻斯特。那时他把内弟海因里希·米利乌斯（1769—1854）派到了米兰，亚麻生意则由英国制造商接替。因为和英国有来往，海因里希·米利乌斯遭到法国人的监禁，约翰·雅各布·米利乌斯，一位声望日隆的法兰克福参议员，迅速把他从巴黎解救了出来，当时约翰·雅各布正在那里同法国政府谈判商业债务和战争捐款问题。1806年6月，距漫长而极为严酷的大陆封锁开始还有5个月的时候，苏卡撤出了他的投资，这笔资金已经增长到了7000英镑，然后与他的儿时朋友弗兰兹·佩雷特合办了苏卡-佩雷特公司，在曼彻斯特开了个大型零售商店，在伦敦设了个银行办事处。鉴于佩雷特的投机活动过于冒险，苏卡于1811年解除了两人的合伙

关系，但佩雷特留在伦敦做他的代表。米利乌斯和阿尔德伯特也于同一年
分手。截至 1821 年，苏卡的法兰克福公司一直经营"海外食品"（比如茶叶、
咖啡、可可），并代理部分来自英国的纱线和纺织品，但是 1825 年以后，
老到的苏卡就只限于经营汇兑和贴现银行业务了。那时，他在曼彻斯特的
公司——最初叫舒恩克-米利乌斯公司，后来改称舒恩克-苏卡公司——成
功地经受住了战后的经济动荡，家族财产膨胀到了几十万英镑。拿破仑战
争特别是漫长的欧洲大陆封锁期间，法兰克福和汉堡的许多公司关门大吉，
不少商人逃往英国。他们乘着英国纺织品大贱卖之机，冒着极大风险向欧
洲大陆走私以赚取高额利润。他们的迅速致富诱使许多德国商人在战后急
于求成，因而被抛进了破产者行列。[53]

　　我们现在可以问了，苏卡家族是以什么精神经营事业的？它的生活
方式是什么？卡尔·科内利乌斯的孩子中有两个女儿埃米莉·法伦斯坦
（1805—1881）——马克斯·韦伯的外祖母，和亨丽埃特·本内克（1807—
1893）——韦伯的姨祖母，都给自己的孩子留下了回忆录。[54]亨丽埃特的
回忆录写于她 58 岁那年（1865），埃米莉的写于 60 多岁时（1872—1875 年
间），仅供家族成员阅读，并在孙儿辈的孩子们长到十几岁时，经她们允许
又传给了这些孩子。回忆录尽管生动而详尽，但自然回避了亨丽埃特与埃
米莉认为对后代尤其是对年轻人不宜的内容。为了能够比较客观地看待这
个家族的成败，特别是他们的内部冲突和隐私，我们应当借助于文学批评
家、记者兼律师亨利·克拉布·罗宾逊（1775—1867）的非凡记录，他在漫
长的一生中对于苏卡家族的三代人都有着深入细致的了解。[55]在卡莱尔之
前，罗宾逊就已开始向英国读者介绍德国的古典浪漫主义作品。他的日记、
笔谈和书信不仅讨论歌德与席勒、华兹华斯与柯尔律治，而且直到他生命

即将结束时还在谈论苏卡家族的命运。1800 年，阿尔德伯特非常偶然地结识了热情而年轻的德国崇拜者罗宾逊，把他带到了法兰克福家中，并把他介绍给了苏卡及其家族。很快，罗宾逊不仅成了家族的朋友，而且还是家庭律师及投资伙伴。

玛丽安娜·韦伯对卡尔·科内利乌斯·苏卡的描述非常简单：那是一个"快乐、和蔼而优雅的男人，依靠自己的努力和婚姻获得了可观的财富，出手慷慨大方"[56]。她说他是因结婚而发财，她说错了。但她说对了一点：他的座右铭是"自己活也让别人活"。尽管苏卡是个卓有成就的商人，但却没有韦伯所说的那种资本主义精神。他完全有能力追求"本能的生活享乐"，但并未听任自己"被赚钱的动机所左右，把获利当作人生的最终目标"（《新教伦理与资本主义精神》，53）。亨丽埃特曾经看到，"他有很长一段时间中断了商务活动去钻研他所喜爱的音乐，尽管在这方面几乎一事无成。他的厨房和酒窖总是为朋友们留有充足的储备。他在外面和家里供养了许多艺术家。他在生活中料理的绝大多数事情都很圆满。他很容易就能高兴起来，对一切美丽、美好、美妙的事情都有一副热心肠。他来时一无所有，走时已是家产丰盈"[57]。（亨丽埃特与玛丽安娜两人都在尽量回避他究竟有多少家底。）

他的宗教观点与韦伯的新教伦理相去甚远。亨丽埃特接着说："他认为，要向上帝感恩就应当高高兴兴、爽爽快快地共享上帝所赐之福。……有些富商极端吝啬、一毛不拔，这不是父亲的习惯。"她记着他曾说过："我总是过得像个富翁，而我做到这一步是得到了上帝的帮助。我周围的吝啬鬼总以为我很有钱，即使在并非真有钱时也是这样。"[58]两姐妹本身都体验到了与一位慈祥的上帝的亲情。亨丽埃特在结束她的回忆录时宣称："我始终相信父亲有着上帝般的慈爱之心，他喜欢看到他的孩子们快乐与幸福。"埃米莉则以这样的表白开始她的回忆："上帝以无数不可思议的方式既引导个人也指引所有人走向更加富足和完美的境界——很慢，这是事实，但却有一只坚定而慈父般的手。永恒的上帝就是一位无限耐心而仁慈的上帝。"[59] 早先有一次到英国作客回来后，埃米莉感到了"进步所带来的幸福，我愿全世界都有这样的进步"，[60] 当她看到"七月革命"期间路易·菲利浦进入巴黎的情景时，她又成了他的忠诚信徒。

其实，卡尔·科内利乌斯的父亲是法兰克福的一位胡格诺派牧师，严格地说，事实上是第一居民，因为直到 1789 年，他的差事就是掌管哈瑙郡地区鲍肯海姆的外城门。1685 年南特敕令撤销后，这个家族留在了日内瓦，1722 年以后他们作为金匠被哈瑙伯爵安顿在宫室附近。他们打制金器然后到法兰克福的集市上去交易。虽然这位牧师不像某些亲戚那么有钱，但却是个不寻常的人物，至少他的四个妻子之一从荷兰带过来大量的嫁妆。在法国大革命期间，尤其是在毕生的密友弗兰兹·佩雷特的影响下，年轻的卡尔·科内利乌斯摆脱了父亲那种正统而偏执的见解，埃米莉十分小心地指出，佩雷特一家"有一种比较注重生活享受的精神（但只是从慷慨的意义上说）"。[61] 还有件事情也反映了苏卡的非禁欲主义生活态度：他在 27 岁那年娶回了一贫如洗且目不识丁的海伦妮·舒恩克（1774—1851），实际上是看中了她那惊人的美貌。这表明他与世俗禁欲主义是多么格格不入，因为从这种禁欲主义的角度来看，"为了纯粹情欲或是外在原因而形成的婚姻，在道德上无异于姘居"，即使"出于纯粹经济动机的婚姻也优于建立在情欲基础上的婚姻，因为前者毕竟有着理性的动机"（《新教伦理与资本主义精神》，263）。有两个独立的见证人评价了海伦妮的容貌。宫廷画家约瑟夫·卡尔·施蒂勒（1781—1858）在海伦妮已是四个孩子的母亲时给她画过肖像，称她是"德国最美的女人"，这是玛丽安娜讲述的一个趣闻。[62]在亨利·克拉布·罗宾逊看来，她是"我所见过的最美的女人"。[63]

1802 年 12 月 24 日，苏卡用英文给罗宾逊写了一封信，那是我们能够听到的他本人发出的声音，这种情况并不多见。他在代表罗宾逊公证了一笔金融交易之后，向罗宾逊在耶拿大学学习表示祝贺，然后说道："我不禁感到您真是身临佳境，因为它完全有助于您的道德完善，而我们这些生意人往往从生到死都是那么愚不可及。"[64]然而，引人注目的是，由于这种谦逊态度，这个企业家群体得以把他们的生意同一些艺术和思想趣味结合了起来。苏卡有他的音乐爱好，威廉·本内克——后来成为亨丽埃特的公公——喜欢讨论他对基督教爱神的理解，其他人则是搜集 15—16 世纪的早期德国绘画。[65]不过，是生意上的成功支持了这些偏好和早早隐退的可能性。按照埃米莉的说法，在这个"投机的时代"，阿尔德伯特、佩雷特、苏卡三个好友一再体味到了他们的生逢其时。埃米莉承认，父亲尤其是在欧洲大陆封锁期间赚了大钱，亨丽埃特则补充道："当一切都要指望某些船只能否安全抵达目的地时，父亲总是习惯性地到剧院去，而且只是在它们安全抵达之后才告诉母亲，事情曾经多么岌岌可危。母亲在这方面和他截然不同，常常被他的镇定自若搞得十分烦恼。"[66]因此，早期的利润大都来自战时环境提供的可乘之机。亨丽埃特说："父亲是个年轻的新手，没有自己的财产，他把赚得第一桶金归功于他那不动声色的自信和战时的好运气。"[67]

苏卡会在法兰克福和莱茵河畔的埃尔特威勒葡萄园——那是他给妻子买的生日礼物——慷慨地接待一切来访的客人。他定期到英国旅行，有时顺便带着女儿们去巴黎，给她们买些"华贵的丝绸服装"[68]。他雇有多辆马车和一批用人，总是在歌剧院预订最昂贵的座位——尽管他自己在音乐上毫无成就。几乎每个夏天都要合家出动到矿泉疗养地旅游或外出观光。在生命的最后 10 年中，苏卡每年都要搬到英国住几个月，"他非常喜欢这个国家" [69]。他那农村出身的妻子海伦妮和他一样有着不可遏制的亲英情感，据说她头一次看到南英格兰时就曾激动地大叫："要是上帝想把我造成一个动物，而且让我挑选我想变成的那种动物，我会毫不犹豫地喊出来：'一头英国母牛！'" [70]

这些男男女女的亲英情感既有文化也有商业上的原因，当然，一般来说，还与对法国大革命的失望和对法国民族主义造成的经济恐慌强烈不满有关。例如，阿尔德伯特 1807 年与时任伦敦《泰晤士报》战地记者的罗宾逊一起住在汉堡时，有价值 1000 英镑的英国货就差点落入法国占领军之手。虽然罗宾逊把阿尔德伯特称作"我所认识的最出类拔萃的人物之一"，但还是对他提出了这样的批评："他最大的毛病就是在所有问题上都对英国抱着一种过分的、无理性的偏爱，凡事只要没有'地道的英国味'，他会自然而然地看上去毫无兴趣。" [71] 我们可以补充说，他那样做可能有一个理性的动机，那就是能够使他具有在曼彻斯特与伦敦交易所开展业务的公民身份。

和苏卡一样，阿尔德伯特及其英国合伙人卡尔·克里斯蒂安·比彻（1770—1836）也喜欢大摆排场。1805 年，阿尔德伯特偕妻子凯瑟琳娜·米利乌斯和他们的两个收养的子女卡尔与苏珊娜，带着 7 名仆人和一辆马车，住进了伦敦附近斯坦福山里的一座豪华别墅。比彻是个华而不实的投机商（他的弟弟乔治·比彻医生 1803 年与卡洛琳娜·舒恩克在曼彻斯特结婚），以至罗宾逊曾经这样说他："在我看来，你既不是个地道的商人，也不是个地道的赌徒。" [72] 到 1814 年，阿尔德伯特与比彻曾经两次濒临破产，阿尔德伯特利用自己极佳的社会关系，每次都能迅速化险为夷。然而，比彻终于在第三次破产之后被投进了债务人监狱，最后不得不逃亡欧洲大陆。

阿尔德伯特死于 1817 年，牵肠挂肚地留下了一位温文尔雅的情妇和三个孩子需要供养，[73] 这时便出现了对资产阶级诚实观的真正挑战。罗伯逊、苏卡及（小）海因里希·米利乌斯成为阿尔德伯特的遗嘱执行人，这个任务一直拖到 19 世纪 50 年代仍未结束。苏卡在伦敦花了几个月时间梳理阿尔德伯特留下的一团乱麻，海伦妮则去探望了克鲁肯伯格夫人和她的孩子们，她们对于自己的非法身份至今毫不知情。从阿尔德伯特夫人——她在欧洲大陆封锁期间返回了法兰克福——到苏卡和米利乌斯两个家族，有关当事人的行为都非常得体，但是种种纠葛却没完没了，并且占用罗宾逊的时间直到他生命的最后一个星期。虽然看上去苏卡在生意上比较谨慎，但他从未抛弃老友阿尔德伯特与佩雷特，还有米利乌斯家族，并且承认他的大部分财富都是得益于他们卓有成效的投机活动。

在股份公司出现之前，这种由各家族共同出资的积极合作，是这种家族资本主义形态获得成功的关键。在向欧洲各地扩张业务的过程中，苏卡特别有赖于妻子的兄弟姐妹，他在法兰克福的账房里把他们训练成了第一批职员。他派海因里希·舒恩克到维也纳和的里雅斯特逗留了一段之后，舒恩克又到伦敦接替了阿尔德伯特。舒恩克于 1832 年带着 6 万英镑退休金回到法兰克福，死后这笔财产便成了他妻子的娘家哈尼尔家族与舒恩克-苏卡家族长期激烈冲突的目标。马丁·舒恩克（1788—1872）被派驻曼彻斯特，1816 年他在那里和苏珊娜·米利乌斯结婚。阿尔德伯特 1802 年曾告诉罗宾逊，由于自幼生活在曼彻斯特，苏珊娜讲起话来"几乎像个土生土长的"英国人。[74] 马丁·舒恩克遗下了大约 60 万英镑的财产。

苏卡在莱比锡开办了菲利浦-舒恩克公司，通过他的英国合伙人发了一笔财，这并不是舒恩克-苏卡公司的正式业务。1802年，苏卡的妻妹弗雷德里克·舒恩克嫁给了阿尔德伯特的一位熟人约翰·米德尔顿·皮克福德，他在曼彻斯特经营了十多年纺纱厂，这给他带来了一大笔财富，于是早早退休去了海德堡，并在那里建造了一座豪宅（拿破仑战争后曾被沙皇亚历山大用作行宫）。但是他的一个合伙人投机失利却使他丧失了绝大部分财产。由于苏卡家族的推荐，苏卡的另一个妻妹威廉明妮·舒恩克之子，弗里茨·施勒默尔博士，1828年到伦敦担任了罗特希尔德孩子们的家庭教师。（纳撒尼尔·罗特希尔德在移居伦敦之前早在1798年就去过曼彻斯特。）最后，苏卡把他妻妹桑肯·舒恩克的儿子雅各布·哈特曼派到了里加，在那里他成了一名富商。[75]

居住在英国的第二代人，大都是苏卡的子侄辈及其配偶。1817年，约翰（吉恩）·苏卡（1798—1871）成了曼彻斯特及伦敦公司的合伙人。他娶了莱比锡的表妹特克拉·舒恩克（1809—1876），退休后一起去了德累斯顿，在那里建了一幢英式大厦，并以慷慨的英国捐助人闻名遐迩。（埃米莉·法伦斯坦继承了他200多万普鲁士泰勒财产的十分之一。）查尔斯（卡尔）·苏卡（1799—1872）在1817年被派往伦敦，帮助挽救长期经营不力的佩雷特的生意，1824—1825年破产。然后他加入了苏卡的曼彻斯特公司，并与阿黛海德·德特玛尔（1809—1890）结婚；他们一直住在英国，死后葬在曼彻斯特附近的威廷顿。他也留下了大约30万英镑的遗产。第二代的另一个成员是亨利·爱德华·舒恩克（1820—1903），其父马丁·舒恩克在比勒费尔德收购并扩充了一家棉布印花及染色工厂，这种化学方法对于纺织工业至关重要。爱德华·舒恩克得心应手地经营着这家印染厂，成了英国的著名化学家之一。他是尤斯图斯·冯·李比希的门生，英国皇家学会会员，担任曼彻斯特文学与哲学学会主席及副主席达 20 年之久——该学会是不列颠的科学中心，也是"民间科学家"运动的中心。[76]

1826 年，亨丽埃特嫁给了弗雷德里希·威廉·本内克（1802—1865），后者是在父亲威廉（1778—1837）1813 年逃离汉堡时作为难民儿童来到英国的。威廉·本内克 1827 年离开他的伦敦-德福特化工厂，为的是到海德堡全力以赴研究宗教哲学，他的儿子继续经营他的工厂。1832 年海因里希·舒恩克从舒恩克-米利乌斯公司引退，苏卡让自己的女婿接替了他。在伦敦工作的化学家威廉·奥古斯特·苏卡（1810—1887）去了威斯巴登的弗莱斯纽斯（它在第二次世界大战以后仍是个著名企业）。

在与乔治·弗雷德里希·法伦斯坦结婚前后，埃米莉·苏卡曾长时间逗留在英格兰探亲（第一次是 1823—1824 年），并为她的普鲁士丈夫提供了庇护——他在 1848 年革命中成了海德堡不受欢迎的人。只有伊丽莎白（1796—1871）和爱德华（1800—1872）没有离开故乡法兰克福。在 24 岁那年，伊丽莎白作为胡格诺派牧师弗兰兹·奥古斯特·让勒诺的遗孀，回来定居在父亲的深宅大院里。后来改名苏卡·德·拉·迪布瓦塞尔的爱德华，在法兰克福的公共生活中变得比他父亲更加出名，但那是在这个城市的政治与经济命运每况愈下的时候。先是担任参议员，后来作为年轻的市长，爱德华试图在这个城市为保留独立于国家的地位而进行的漫长但最终毫无成效的斗争中进行调停。早在 19 世纪 30 年代爱德华就认识到，加入普鲁士关税同盟实属必然。1848—1850 年，他站在了大势已去的一方，在命途多舛的自由主义者与高歌凯旋的反动派之间左右为难。19 世纪 50 年代他转向历史研究，写出了四卷本的《德意志君主制度兴亡史》。[77] 1866 年，由于不堪普鲁士的合并与在法兰克福遭到的折磨，和其他贵族家庭一起，他带着孩子退往他们的乡下庄园，这也标志着法兰克福贵族统治的政治末日。大批公司与个人则迁往英国，例如弗朗西斯·约瑟夫·舒斯特。[78]这一系列事件使得苏卡在英国的企业成为比过去更加重要的避风港。[79]

在第三代人中，德英关系仍很紧张，第四代人则开始融入英国社会，近亲通婚的现象越来越少，英国姓氏开始出现。第三代人在文化与政治史上曾留下了两个引人注目的插曲。1837 年，伊丽莎白·苏卡·让勒诺的女儿塞西莉娅（1817—1853）——遗传基因给了她海伦妮外婆那样的美貌——嫁给了费利克斯·门德尔松·巴托尔迪，酷爱音乐的卡尔·科内利乌斯·苏卡刚好来得及在 1838 年去世之前送上他的祝福。作曲家凯旋般来到英国时，曾延长逗留时间去看望伦敦和曼彻斯特的那些亲戚。[80]1864 年，查尔斯（卡尔）·苏卡的女儿朱丽叶嫁给了天主教徒罗伯特·卢修斯·冯·巴尔豪森（1835—1914），并得到了苏卡在曼彻斯特附近的威廷顿遗产，古斯塔夫·弗莱塔格写给科伯格的厄恩斯特公爵（维多利亚女王的大伯哥）的信中的说法是"一个带来 500 万嫁妆的法兰克福苏卡"[81]。卢修斯成了德国国会议员和自由保守党领袖，俾斯麦的亲密盟友与阁僚，1879—1890 年担任农业部长。[82]用韦伯式的术语来说，此人是德国资产阶级"封建化"的突出范例，带着一副英国破落贵族的沮丧相。朱丽叶也自称苏卡·德·拉·迪布瓦塞尔，这是她胡格诺派祖先的全名。戴上这种家族面具以突出一种贵族血统，这只是到后来才被证明毫无意义，但在当时却自有目的。1888 年，腓特烈皇帝册封卢修斯为男爵，一起受封的还有臭名昭著的工业家卡尔·费迪南德·冯·施图姆，第三个是工业家弗雷德里希·阿尔弗雷德·克虏伯，这使卢修斯爬上了资产阶级新贵的顶峰，但实际上却使他名誉扫地。当时，

24 岁的马克斯·韦伯向赫尔曼·鲍姆加滕透露了卢修斯·冯·巴尔豪森私下里对"三皇之年"（腓特烈三世继威廉一世登基之后很快病逝，威廉二世即位）这一政治多事之秋的明确看法。[83]大约在 1890 年，韦伯第一次参加了投票，他似乎是为了同父亲的立场作对而投了保守党的票。但是后来，当"施图姆大王"成为 1894 年以后的反动时期的象征时，他又向左转并对"获得特许证书的工业贵族"的"封建"虚荣心进行了最为尖锐的抨击。在马克斯·韦伯看来，朱丽叶·苏卡的儿子卢修斯·冯·施托德腾 1896 年与那位"大王"的一个女儿贝尔塔·弗赖因·冯·施图姆结婚，必将给家族事务雪上加霜。[84]

卢修斯·冯·巴尔豪森的父亲是朴实无华的塞巴斯蒂安·卢修斯（1781—1857）。巴尔豪森把他父亲在爱尔福特的小公司约翰·安东·卢修斯公司发展成了一个蒸蒸日上的纺织品与航运公司、商业银行、外加工企业和纺织厂。由于产品销往曼彻斯特，他在 1825—1832 年居留英国期间认识了苏卡。他的亲英情感有着实用性倾向："英国这片神奇的土地向我打开了一个新世界。我的许多见闻丰富了我的知识，使我避免了一些重大错误。"他的资本主义精神是天主教式的。面对家族的金融困境，"我并没有丧失勇气，并且对上帝充满信心。……我竭尽全力节省每一个泰勒以增加我们的流动资金，使我们能够比较独立自主。由于我的努力，我大获成功，我们积累了空前的净资产"[85]。有了这样的积累之后，他便大摇大摆起来，1851 年，用施托德腾和克莱因-巴尔豪森的限嗣继承财产买下了贵族头衔，最后捐建了一座天主教医院和养老院。意味深长的是，卢修斯·冯·巴尔豪森在自传中既没有提到他父亲和岳父的职业，也没有说起他的财产的商业性源泉，它们使他能够选择政治作为主业而把猎狐作为副业。[86]

朱丽叶·苏卡与卢修斯·冯·巴尔豪森在曼彻斯特结婚那年，马克斯·韦伯在爱尔福特出生。1862—1868 年，老马克斯·韦伯是该市一位主管市营银行、济贫与公共教育的支薪市政官员，卢修斯家族则是那个城市最重要的经济和政治势力。[87] 直到现在也无法完全确定老马克斯的那个职位是否得助于卢修斯家族，该家族成员在这个期间担任的都是无薪的市政官员和市议会议员。1861 年，在赫尔曼与伊达·鲍姆加滕的柏林家中，老马克斯第一次遇见了埃米莉·苏卡的女儿——海伦妮·法伦斯坦，这位 16 岁的姑娘躲在家庭密友兼私人家庭教师、55 岁的格维纽斯身后，老马克斯立刻就迷上了她。接下来自然是，威斯特伐利亚亚麻商的儿子及弟弟娶回了富有的纺织工厂主和商业银行家的外孙女。如果韦伯与卢修斯两家先前毫无关系，那么通过埃米莉·法伦斯坦与查尔斯·苏卡兄妹和海伦妮·法伦斯坦与朱丽叶·苏卡姐妹，两个家族便确立了亲戚关系。英-德两地的家族姻亲至此形成了一个完整的圈子。

曼彻斯特与伦敦的公司在第三代人手中继续兴旺发达，其中维克多·本内克（1831—1908）——他娶了门德尔松·巴托尔迪的女儿玛丽亚——与奥托·本内克（1837—1922）在 1865 年成了公司的合伙人，改称本内克-苏卡公司；[88] 在英国还有一个男性苏卡，查尔斯的一个儿子，死于 1863 年，时年 30 岁。但在 1894 年，卡尔·科内利乌斯参与第一个合伙企业 100 年之后，本内克-苏卡公司的伦敦分号易手于一个退隐的远东豪门乔丹与格林·布莱思；曼彻斯特与利兹分号作为舒恩克-苏卡公司继续存在，1905 年以后成为舒恩克公司，直到第二次世界大战。[89] 在伦敦分号存在的最后一年，亨丽埃特去世几个月之后的 1893 年秋天，马克斯与玛丽安娜·韦伯来到伦敦度蜜月。但是人们对于家族聚会的情况一无所知。他们先后有过三次英伦之行，另外两次是 1895 年和 1910 年，但是玛丽安娜在自传中对第一次的情况却保持了高度的沉默，甚至连目的地都没有，仅仅提了一下韦伯第一次因为她的缘故而大发雷霆。[90] 作为一个旅行者，韦伯是通过他对德国东部的"非德国化"成见这副眼镜来看待英国的，那里的容克正在用波兰移民的劳动取代定居的德国农业工人。玛丽安娜回忆说，在乘坐"苏格兰飞人"号前往爱丁堡的途中，韦伯凝视着窗外，"思考着德国东部可能出现的未来"。[91] 她还说，韦伯在 1910 年的反应也如出一辙。除了那些宏伟的大教堂和莎士比亚的出生地，"英国文明在其他方面对韦伯最有吸引力的——仍如多年前那样——就是土地的分配。……一块能为千百万人生产粮食的土地却被用来给几百个仆人提供生计。在那个广袤的空间，听不到有人口出怨言，因为凡是可能发出抱怨的人，在很久以前就被赶进了巨型都会（伦敦）的贫民窟，他们不再适于生活在农村。自由的农民已被彻底清除"[92]。韦伯看到了奥利弗·克伦威尔在爱尔兰乡村留下的残破景象。他仿佛还看到了杰拉德·温斯坦莱与掘地派的幽灵在为土地和自由而大声呼喊。

到 1910 年，大不列颠和德意志帝国的政治紧张关系已剑拔弩张。大战期间，亨丽埃特·苏卡的一个曾外孙罗伯特·贝克，剑桥耶稣学院学生，和马丁·舒恩克的曾孙罗杰·舒恩克死于法国，埃米莉·苏卡的一个外孙、马克斯·韦伯的兄弟卡尔，一年前在东方被谋杀。假如埃米莉·苏卡像她妹妹亨丽埃特那样结婚留在英国，她的外孙可能也会在英国终其一生。埃米莉喜欢空想？肯定不是。1856 年，81 岁的亨利·克拉布·罗宾逊再次造访海德堡，他在日记中这样回忆说，她仍然是个"非常高雅的小人儿，我的侄子托马斯几乎要爱上她了"[93]。

但是，马克斯·韦伯注定会成为德国民族主义者。我们已经看到，他的亲英情感乃是德国自由主义的遗产，他与世界主义的资产阶级的联系要比人们一般所认为的更加密切。然而，作为那个政治与思想时代的一员，他要使自己成为英国人已经为时太晚。即使最坦诚的自由主义者，也会因为狂热的民族主义导致了威廉二世德国的毁灭而痛心疾首。事实上，韦伯所反对的反现代主义的浪漫主义，在这一时期已如脱缰的野马，即使他是个准英国人，他也不会再抱有现代主义的怀旧感。出于促进德国现代化的愿望，韦伯本人的浪漫主义使他为英国新教——在很大程度上是辉格党重新塑造的——英雄时代而自豪。他期盼德意志帝国成为大不列颠那样充满政治自由的世界强国，虽然它的农村人口并未减少。1893年韦伯开始他的学术生涯时在社会政治学会告诉他的前辈，"巨大的错觉必定会产生德意志帝国"。[94] 我认为，就《新教伦理与资本主义精神》反映了他的政治愿景来说，他的亲英情感就是他自己的错觉——要是德国人拥有清教遗产，从而使他们像英国人一般伟大，那该有多好！

05 | 韦伯关于民族认同的历史观

哈里·利伯森

韦伯的全部公共生活——从他的弗莱堡就职演说与 19 世纪 90 年代的其他著述，到第一次世界大战中的政治讲演——都在显示他是一个热情洋溢的民族主义者。我想考察的是出现在他的学术著作，尤其是《新教伦理与资本主义精神》中的一个悖论：力倡德国的政治与文化霸权反而破坏了他那个时代对民族主义的传统定义。就韦伯所理解的民族认同来说，语言、人种及种族的因素根本就毫无意义，他认为两者是完全对立的。[1]

民族认同并不是《新教伦理与资本主义精神》的主题，毕竟，它主要是论述宗教与经济学问题。然而，在断言宗教的历史意义时，韦伯用以和它进行比较的其他可能的决定性文化因素，也是他的同时代人可能会首选的因素，就是民族认同。韦伯在论述路德与职业概念的一章里比较了清教主义和路德主义，使人感到他所提出的例证——弥尔顿的《失乐园》和马丁·路德及保罗·格哈德的赞美诗之间的差别，可能只是体现了英国人和德国人的特性差别。他在着手分析截然不同的宗教心理之前，需要排除以下这种对立的阐释：

> 我们现在的任务就是要用一种多少更确切的逻辑阐述来取代这种模糊的感觉，研究这些差异的根基所在。如果认为这是国民性所致，总的来说不过是暴露了一种无知，而且用在这里是根本站不住脚的。认为 17 世纪的英国人具有统一的国民性，也完全是歪曲历史。保王党人和圆颅

党人并非仅仅作为两个党派，而是作为根本不同的两类人彼此相向，凡
是对此做过认真研究的人，一定会赞成这种看法。另一方面，人们至今
也还没有看出英国商业冒险家与古老的汉萨同盟商人之间有什么性格上
的差异，也没有发现中世纪晚期英国人和日耳曼人的性格有什么根本差
异，而这种差异是不能轻易地用他们政治历史的差异加以解释的。是宗
教的力量造成了我们今天所意识到的差异。虽然它不是唯一的力量，但
它的影响却远远超过了其他任何力量。[2]

这是对基本的甚或长期的民族认同的彻底否定。韦伯在这里拒不承认
当前紧迫的德意志民族认同的可能性，拒不承认它从塔西佗时代就有了开
端，拒不承认它和中世纪神秘主义的区别，拒绝把宗教改革解释为一种先
存的自我的体现。请注意他在论及保王党和圆颅党时那种巧妙的范畴倒错：
实际上有着相同民族特征的英国人，一出现在政治与宗教斗争的关头，相
互间就会成为异类；历史上的偶然因素造成了自然差异的错觉。韦伯不赞
成把表象与自然混为一谈，并且敦促读者去认识历史原因。

这一段引出了韦伯的一般观点。我们可以做更深入的探讨，途径是考
察一下他在论及人种、语言和种族因素时进行的假设及使用的方法。我们
将会看到，虽然他给自然起源论者留出了一定的余地，但却常常抨击说，
他们的主张只能得出一些似是而非的结果。

第一，语言。韦伯身在一个世纪末，此时，哲学正在越来越多地用互
不关联的语言把互不关联的民族联系在一起。19世纪末叶的历史语言学认
为，语言是由特定的词根群发展而来，这些词根体现了一个绵延不断的发
声者群体的性格。[3]韦伯用以分析职业概念的方法，则摈弃了这两个方面的

假设。这个概念根本就不曾植根于任何语言，但它却是一个历史性的革新，第一次出现在路德翻译的西拉《智慧书》中。如果它没有任何前例，它就不是印欧语汇；韦伯煞费苦心地引经据典以证明它和拉丁语或希腊语毫无可比之处。古代语言中唯一近似的概念出现在希伯来语中，一种所谓的闪米特语言，因此，这对 19 世纪的语言谱系学来说是个并不合适的选择。说天主教文化中根本没有可比性概念，这将打破基督教或欧洲文化的连续性系统，然而韦伯又认为，职业概念出现在了欧洲所有新教民族的语言中。这与种族背景可能也有一种现成的联系，语言特点可能是德意志民族群体特性的一个标志。但韦伯恰恰是在否定这种结论，他在谈到职业概念的新教性质时写道："可以进一步看到，这并不能归因于相关语言的任何种族特质，例如，它并不是什么德意志精神的产物，相反，它的现代意义来自《圣经》的译文，尽管它体现的不是《圣经》原文，而是译者自己的精神。"[4] 翻译活动切断了文化的连续性，带来了一个新的概念。追根溯源并没有导向原始语言的历史，而是停留在路德著作中的一个特定关节。韦伯对语言证据的调查是根据这样一个假设进行的：语言的意义由于时间的推移而具有不稳定性；他描述了社会与政治制度是如何为相关的词语解释提供适当结构的，即词语的意义所依赖的并非语言的本质或群体精神，而是社会惯例。

再来看看人种与种族的因素，我们就会发现，韦伯认为它们是互不相关的，这也是当时学术界的看法。他对人种学的评价显然是正面的。尽管他在《新教伦理与资本主义精神》第一版中没有明确提到利用了人种学的资料，但他在 1920 年《世界诸宗教的经济伦理》的绪论中反省了自己的疏漏：

这里对人种志资料的利用并没有体现那种价值，对此有必要提出某种正当理由。之所以有这种局限性，并非仅仅因为人的工作能力有限。我们这里需要讨论的是作为各自国家文化载体的那些阶层的宗教伦理观，因而这一忽略看来是可以容许的。我们关心的是他们的行为一直以来所产生的影响。确确实实，只有把它与人种志和民俗学的事实进行比较之后，才能彻底了解它的全部细节。……这是人种志研究者完全有理由提出异议的一个空白。[5]

韦伯承认了人种志的价值，而且不仅是在原则上，并且保证要在他的宗教社会学中利用人种志资料。即人种志不是仅仅作为一种理论上的可能，因为他了解人种志现有的重要成果，人种志对于研究真正的经验主义论题有着令人信服的方法论意义。[6]

我强调韦伯对人种志的重视，是为了比较一下他在绪论中也谈到的对种族因素的评价。他指出，在西方，而且仅仅在西方，某些类型的理性化互不依赖的现象，可能会使人揣测理性产生于遗传。韦伯承认自己倾向于认为生物遗传具有很大的重要性，"但是"，他接着说道，"尽管人类学研究已经取得了有目共睹的成就，我到现在为止却并未看到有什么方法可以精确地、甚或大致地测出它对我们这里所考察的发展究竟产生了多大的影响，以及以什么方式产生了影响"[7]。他又说，社会调查和历史研究应当首先考察所有的环境原因及影响。尽管他认为"比较种族神经病学和心理学"出现了"在许多方面都是大有前途的开端"，但是并未看到它们有什么价值。他在结束绪论时指出，诉诸种族差异等于放弃有可能达到的认识，从而把问题转移到目前我们仍然一无所知的因素上去。[8]我们如何解读这段文字呢？与我们迄今所遇到的从社会与文化角度阐释西方的理性化相比，我们应当在多大程度上认为它是倾向于从自然角度进行阐释呢？

首先，20世纪初期德国的体质人类学现状使它成了一个流行词语。像在别处一样，它在西欧与北美也处于从比较陈旧的人种类型分类学向进化论模式转变的状态，力图支配对遗传特征的统计频率。它的许多实践者都是种族主义者，但是他们的研究却未必是种族主义的。例如，弗兰兹·博厄斯已经在批判体质人类学中的种族主义态度方面取得了长足进展，他对欧根·菲舍尔1909年关于霍屯督人（赫雷罗人）通婚情况的研究所表示的赞赏，使得菲舍尔声名鹊起，并且博厄斯直到20世纪30年代仍然与他的德国同事保持着接触。我们不应当因为菲舍尔及其同事在第三帝国扮演的角色而误读他们的早期著作，这些著作有一部分即使按照当时最偏激的批评标准来看也是站得住脚的。韦伯赞赏体质人类学的成就，这本身并不是赞赏种族"科学"。[9]

即使如此，韦伯的绪论还是承认了假设把种族作为一个分析因素的可能性。然而，《新教伦理与资本主义精神》之所以"是"一部社会科学著作，无论如何不是取决于一种假设的可能性，作者插入这一因素可能是把它作为一种能够被著作的实际内容所冲淡的修辞方法。他在《新教伦理与资本主义精神》中的一贯做法是什么呢？前引韦伯对保王党人和圆颅党人所做评论的一个脚注，可以进一步表明他对种族主义观点的评价：

> 凡是赞同平等派历史哲学的人，可能都会抱着庆幸的态度把这一点归因于种族差别。他们反对征服者威廉和诺曼人的后裔，自信是盎格鲁-撒克逊人与生俱来的权利的辩护人。足以令人惊奇的是，从未有人

想到要坚持认为平民圆颅党人的头颅在人体测量的意义上说是圆的！[10]

韦伯的玩笑包含着一个严肃的论断：人体测量学者们的做法，他们的人体测量法和种族分类法，是一种用错了地方的唯物主义。韦伯通过把他们的逻辑引申到极为荒谬的程度而揭示了这一点。对于种族主义理论家来说——正如这里所嘲弄的那样——圆颅党人和保王党人的体质差别，需要从生物起源的角度加以解释。圆颅党人自认为有一个历史传承绵延不断的神话般血统，却不去查验那些可以证实的因素——内战和宗教论战，而它们可以说明为什么在这种情况下会有这样的表面差别：平民的短发和贵族的披发。韦伯在别处还表明了一种看法，它是以下这种观点的重要逻辑延伸：宗教社会心理学实际上就说明了体质现象；是宗教差别而不是种族差别，导致了所谓盎格鲁–撒克逊人的紧张和警觉与德意志人的宽松和镇定。[11]

《新教伦理与资本主义精神》的最后一段表明，韦伯的思想中并没有遗传学或种族问题的位置。韦伯写道，在追溯了一系列宗教因果之后，人们有必要去探究"新教禁欲主义的发展及其特性又怎样反过来受到整个社会条件，尤其是经济条件的影响"。宗教与社会就是这种研究的分界线。至于遗传学问题，韦伯完全忽略不计，对某些人的习惯做法几乎不予考虑——他们总是急不可耐地寻求种族解释的可能性，而且韦伯最后谈到了民族认同："一般来说，即使怀着最好的愿望，现代人也无力领会宗教思想对于他们所应有的文化以及民族特性的重要意义。"[12]即使韦伯在说明民族特性时超出了可认识的范围，那也没有达到在遗传学上不可认识的程度，相反，他使人最终想到的是宗教问题，或者是一种现代世俗文化在试图领会自身宗教渊源时的理解力限度。

关于韦伯对民族认同与种族问题的看法，我援引的证据出自两个关键时刻——1904—1905年和1920年。根据1910年和1912年他在德国社会学学会战前举行的两次会议上的说明，韦伯思考这个问题最长的一段时间，大体上就是《新教伦理与资本主义精神》两个版本的出版间隔期。在第一次会议上，阿尔弗莱德·普勒茨提交了一份论文，题为"种族与社会的概念"。普勒茨像绝大多数德国体质人类学的应用者一样，也是个从业医生，是德国种族卫生运动的发起人及"种族卫生协会"主席。韦伯对普勒茨及其社会生态学变种的评价是模棱两可的。它既有社会改革的成分，又有社会科学的成分，这尤其使它在韦伯决意要社会学学会完全保持独立的改革宣传时引起了争议。韦伯还做出了很大的努力要把普勒茨及其种族理论家同事留在学会中；该学会的文件同样表明，韦伯希望社会科学的生态学特点能够体现在一个理应给这门新兴的社会学专业提供存在条件的组织之中。但是韦伯在普勒茨的论文引起的争论中所做的批判，驳斥了这位种族理论家要说的一切。普勒茨关于一个共同的社会整体的基本预想、他的信念、他与韦伯方法论原则的直接对立，都遭到了抨击。在对普勒茨的抨击中，韦伯以文化替代种族作为论述的重点：罗马的衰亡并不像普勒茨揣测的那样是由于种族的堕落，而是由于新的文化价值观的介入；在美国，种族关系主要是个文化问题，无须进行种族解释。[13] 以下这段对话可以使人多少体味到那场讨论的气氛：

普勒茨：如果今天的希腊仍然住着古希腊人而不是现在生活在那里的这些人，或者至少住着像古希腊人那样行动的人，那该多好！

韦伯：他们不可能有同样的文化！

普勒茨：但有另一种文化！假如这些人有着同样的脑袋……

　　韦伯：也许有吧！[14]

　　这段对话有一个关键的分歧点引人注目：普勒茨对他所想象的当今希腊人的环境视而不见，仿佛有了同样的脑袋，他们就会和异教徒祖先一个样。韦伯用以作答的观点是，他们完全可能有着同样的脑袋却仍然有着不同的文化。另外，正如他评论测量圆颅党人的圆头时所表明的，体质表现仅仅是有可能进行社会文化解释的一个条件。在两年之后的社会学学会第二次会议上，韦伯针对松巴特为种族理论进行的辩护做出了同样的评论。他再次谈到了罗马人，其中指出，正是野蛮人，当他们被帝国的文化所同化时，能够成为被同化得最彻底的"罗马人"。他还提纲挈领地指出，种族理论在值得拿出来讨论之前，有两个条件是必不可少的：可以证明是遗传性刺激反应的、可以精确测定的差异，和这些特性由于文化原因而产生了某种差异的证据。结果是"迄今为止没有一件这样的事实可资利用"[15]。在这两个年度的全部讨论中，韦伯反复阐述的就是文化作为一种社会解释资源的特殊性与可变性。

　　民族主义概念是1912年社会学学会会议的普遍话题。第一次全体大会的开场白是保罗·巴特提交的一篇论文《民族的社会学意义》，此文的叙述之混乱以及它的价值判断大大激怒了韦伯，以致他宣布这将是他出席的最后一次会议。[16]然后他发表了一次演说，可以看作是韦伯的民族认同观的定论，因为它概括并充实了他在《新教伦理与资本主义精神》中的论说。他问道："我们究竟有什么理由把这些（民族及民族情感的）概念视为特殊的现实呢？"在韦伯看来，没有什么实质性的原因能够导致民族主义。把共同的语言作为明确的特性，这既非必然也不充分。绝大多数多样化的人口都有可能融为一个单一民族，因此人种因素也根本不是决定性因素。关于种族，韦伯说道："我们完全可以做到彻底忽略血缘共同体的神话般影响。"接着他又谈到了美国的种族关系，认为那完全是社会关系造成的结果。既然这样，那还剩下了什么呢？韦伯把论说完全转向了政治领域。民族是"一个情感共同体，它的适当表现就是国家，而它在通常情况下天生就倾向于产生国家"。韦伯明确指出，共同体情感的实质内容存在于集体记忆之中——这个说法使它脱离了抽象概念范畴而进入了集体实践。《经济与社会》的有关篇章沿着同一思路进行了论证。[17]

韦伯对民族认同的理解，有两个特征需要注意。首先，韦伯在社会学学会和《经济与社会》中所表明的观点，显然与《新教伦理与资本主义精神》大为不同。在前者的定义中占有头等重要地位的是政治，在后者中却是宗教。和在其他问题上一样，《新教伦理与资本主义精神》在这个问题上也是一部畸轻畸重的著作，要想完整概括他的观点，就必须同时参照他的其他著述。其次，他的理解是比较综合的。韦伯完全剔除了民族认同的本质主义内容：德国民族的定义并不排斥犹太人，也并不包括阿尔萨斯人。民族认同既不涉及任何特殊的内容，甚至也不涉及诸如语言或人种等预设的经验因素，因为它是个从属性的概念，受制于它和政治事件及国家的关系。韦伯可能是——当然也确实是——政治上的民族主义者，但是他在《新教伦理与资本主义精神》和其他科学著作中对民族认同概念的用法，使得让此概念摆脱历史变迁的一切努力变得毫无意义。

06 | 尼采的自由精神修会和韦伯的教派 ^①

休伯特·特雷伯

"选择性亲和"在讨论尼采和韦伯时是个特别有用的概念，特意把它选出来，是因为它造成了近些年来文献中大量讨论的一个有关因果关系的悬而未决的问题。[1] 在研究选择性亲和时，我打算用韦伯来打破尼采的神话。寻找这种亲和关系意味着进行比较，而比较尼采意味着把他的独特性与外因联系起来。韦伯和尼采都提出了"教派"和"修会"的理想类型，他们都关心培养对"强大本能"（"自由思想家"）或"人格"（理性的"超人"）的自我教育过程，从本质上说，他们都是抱有宗教情怀的个人。[2] 但是他们在方法论上却大为不同，而且韦伯的客观性（Sachlichkeit）威胁着尼采的立场。差异为人们所熟知，但是当我们了解了尼采那一代人以及他的老师的各种争论和观念时，这些差异会变得更为清楚。这里我打算根据蒙蒂那利的建议，重建尼采的一部分"理想书目"，介绍一下"他与之辩论的那些同代人，以及他和当时的个人及团体的关系"。[3] 虽然由此产生的场景与韦伯的情况大为不同，但有意思的是，它却使耶林、滕尼斯、齐美尔与尼采有了更密切的关系，并且尽管存在着分歧，由此仍可把他们纳入一个对语言研究中自然科学与人文学科成功结合予以肯定的范式，至少在本文所

① 在此对 Anna Bankowska 博士（爱丁堡大学）的翻译工作表示衷心感谢。

讲述的那个时期是如此。

尼采"自由精神修会"的想法产生于1870年。整个计划的要点可以在厄温·罗德给尼采的一封信中看到。[4]尼采也有可能是受阿弗里肯·斯皮尔发表于1869年的一本小册子的启发。[5]斯皮尔鼓吹一种新教修会的思想，在这种修会里，亲密的灵魂和"精神相似的人"彼此以朋友相称，他们在与世隔绝中遵循严格的饮食规定，可以为"内心的完美"而在一起共同讨论和阅读。这个男性社团的教育理想体现在如下口号中："思与行同个人的自我（个人的真实天性）保持和谐。"

自由精神修会最初于1873年成立于巴塞尔。这个后来以"鲍曼绍尔"闻名的修会（过去是战壕街45号，现在是47号），向聚集在"孪生兄弟"[6]尼采和弗兰兹·奥弗贝克周围的朋友们开放，他们两人形成了一个稳定的中心。住在那里的人包括海因里希·罗蒙特，他从莱比锡大学的学生时代起就一直是尼采的朋友，后来成为巴塞尔大学的一名编外讲师；还有保罗·雷，他自1873年拜访罗蒙特后便一直住在巴塞尔，他们两人也是在莱比锡认识的。不过，组成自由精神修会的并不限于这个"四人帮"。[7]

修会的想法也是一种保持友谊的方案。[8]不过在当时，这些朋友也被另一种思想联系在一起，它以极不明确的方式体现在"希望会"这个名称中。[9]在尼采第二部作品《不合时宜的思考》的结语中，也提到了这个无形的希望共同体。作品的立场受到菲迪南·滕尼斯的赞扬。[10]在某些方面，滕尼斯所要做的也就是尼采在1870年向罗德谈到的事情："我们互为老师，我们著书立说，这仅仅是我们为自己的修道-艺术会猎取成员的钓钩。"[11]1873年8月，从鲍曼绍尔扔出的"渔夫"钓钩，是奥弗贝克的论战文章《论我们当今的基督教神学》，还有尼采的《不合时宜的思考》。这两篇论战文章的出笼是因为两部著作的出版，尼采认为"它们使德国文化未来的一般性问题变成了德国宗教的未来这个问题"。[12] 它们是大卫·弗雷德里希·施特劳斯的《旧信仰和新信仰》与保罗·德·拉加德的《论德国国家与神学、教会和宗教的关系》。[13] 在奥弗贝克和尼采对"文化庸人"施特劳斯的反驳中，后来受到资产阶级欢迎的对待宗教的后基督教生活形式的三种态度，变得显而易见。[14] 其中之一是施特劳斯的"世俗礼拜日和消闲文化"的想法，其信奉者的立足点是自然科学和历史，以及对文化产品的消费，但是他们的生活方式并不受这种"新信仰"的影响。另一种是尼采和瓦格纳所赞成的"理解"，它"以一种绝对的宗教方式严肃看待艺术和语言"，从而有可能对世界采取一种（世界观意义上的）态度。最后是奥弗贝克的反现代主义立场，即一种"失去了自身信仰的基督教信仰"，一种无信仰的信仰，它仍然能够作为一种"看待世界和生活的基督教方式"提供指南。[15] 假如有人想列出第四种基本态度，那也许会是以海因里希·冯·特赖奇克为代表的"爱国宗教"（奥弗贝克语）的态度。这第四种态度的支柱，以及有意识地传达这种态度的要素，是德国的强盛和民族统一。

滕尼斯也饶有兴趣地读过《旧信仰和新信仰》。1880年夏天，他"怀着最深切的同情，一再阅读"拉加德。[16] 滕尼斯对"令人憎恶的现状"的批判和幻灭，使他陷入了一场认同和生活意义的危机，他与之对抗的典型方式是寻求和朋友们一起逃避，[17] 以及接受一种类似于宗教觉醒的教育（Erweckungserziehung）：

> 凡是想当哲学家的人，都应当以厌恶的态度背弃我们这个时代的精神！这应当成为我们的格言。我们必须以此建立一个联系紧密的、

行动和写作保持一致、有组织守纪律的教派。我们不可寄望于人民，寄望于群众（我们没有做这件事的足够信仰，只能等待弥赛亚提供它），而是只能寄望于有教养的人。[18]

凡是想让人倾听的人，都要用话语的力量建立起强大的储备：在这种情况下，施梅兹纳和尼采、奥弗贝克、鲍尔森、雷、拉加德等人出版了一份"哲学化的报纸"，打算以此帮助他们摆脱"19世纪的复辟潮"（鲍尔森语）。[19]继这种投身于现世事务的做法而来的是另一种心血来潮，而这次则是要逃避现世：一个"乡间"哲学家家园的设想，它远离大学，远离"乌烟瘴气的城市"，由"信任、团结和友谊"联系在一起。[20]

我们下面就会看到，这个自由精神修会虽然在很大程度上是以精神觉醒的教育为目的，但在某个方面它又完全致力于某些特殊知识分支的研究。如卡尔·施勒希塔和安妮·安德斯所示，这些研究不仅以讨论自然科学和自然哲学为目的；[21]在巴塞尔（以及后来）所表现出的对自然科学的重视——至今一直被人忽视——带来一个特别有意义的事实，是比较语言研究这门新学科为这种自然科学取向提供了一个架构。这也决定着该研究团体对经验主义道德学说的兴趣。

这种对道德和法律规范反思的实证主义，其关键人物是保罗·雷。[22]像滕尼斯和弗雷德里希·鲍尔森一样，他对"英国思维方式"有着浓厚的兴趣，这可由一个事实得到证实：他在巴塞尔阅读并评论过乔治·亨利·刘易斯的《从泰勒斯到孔德的哲学史》。[23]

了解尼采1873—1882年的"理想文库"，雷是个最佳指南。他是一名常年的编外学者，这种边缘地位使他不会像大学教师——这种职务会使他在自己的领域内具有一定的连续性和统一性——那样身陷其中。这种局外人的地位使他成了一个不合常规的思想家，从他对方法论的态度中便可看到这一点。因此雷是了解 1870 年到 1885 年这段时期的一个理想指南，这也是他本人思想极为活跃的一段时期。

与这里的讨论有关的雷的作品是《道德意识的形成》和《良知的产生》，其中包含着一些关键性的段落，我们将在这里简单介绍其中的两段。第一段摘自《道德意识的形成》：

> 这是一部纯粹的理论著作。正像**地质学家**首先要找出并描述不同的形态，然后才研究它们的**形成原因**一样，本作者首先要从**经验**中把握道德现象，然后再研究它们的**发展史**。[24]

第二段出自《良知的产生》：

> 我们使用**比较的方法**，但也研究**发生过程**。对不同文化**阶段**的**比较**证明，它们是受着不同良知的支配。对这些现象的**发生学研究**，则揭示了一个**文化阶段**的良知从另一个**演进**而来的**原因**。因此，伦理学本质上是一门**历史科学**。良知史就是对它的解释。对别人的道德标准一无所知的人，也不会理解自己的道德标准，这正像不谙外语或外国宗教的人不会理解自己的语言或宗教一样。[25]

这些段落中包含着关键性的概念（用着重体字标出），它们指出了一个威廉·维维尔称为"考古学"的学科范围。"所有这些学科都由这个纽带联系在一起：它们都力求通过思考事物的现状和变化原因，追溯到一个过去的状态。"[26] 维维尔把地质学、比较语言研究、宗教（比较）研究、人种学和解剖学这些学科都划入这个考古学的范围。这些学科的共同特征是，它们都提倡经验主义，都对规律性（Gesetzmässigkeiten）感兴趣，都喜欢比较的方法，都倾向于历史的和谱系学的思路（因此易于接受进化论的建构）。

雷在莱比锡大学（1869 年夏季学期至 1870—1871 年的冬季学期）和柏林大学（1871—1872 年冬季学期）的学生时代，便对这些学科有所了解。他在莱比锡的老师，包括文献学及语言学家格奥尔格·库尔图斯和数学家兼哲学家莫里兹·威廉·德洛比施。雷在柏林的老师中有杰出的罗伯特·哈特曼。[27] 哈特曼是个受人尊敬的解剖学家、动物学家和人种学家，对语言学也有所了解。[28]

当雷在柏林时，他通过个人邀请也去听奥古斯特·威廉·冯·霍夫曼开设的化学讲座，后者是李比希的学生。冯·霍夫曼后来把这个无机化学系列讲座的讲稿结集作为一本教科书出版，书名是《现代化学概论》。[29] 霍夫曼曾成功地从苯中制取苯胺，并以合成法制成苯染料。在这件事上，人们会想起《人性的，太人性的》中的第一句格言："观念与知觉的化学"，以及从鲁道夫·冯·耶林的《罗马法精神》中借来的话：[30]

我们所需要的，以及从每个学科当前的发展状况中所能衍生出的，是一门有关道德的、宗教的和美学的认识及感觉的化学……假如这门化学得出结论说，这个领域最绚丽的色彩也是从显然受到了轻视的基本物质中衍生出来的，情况会是怎样？[31]

德洛比施和库尔图斯这两个乍看上去好像没有共同点的人，也必须放在一起考虑。库尔图斯被认为是从古典语文学演化而来的现代历史比较语言学的奠基人。他在 1862 年莱比锡大学的就职演说中断言，这两门学问本质上研究的是两种不同的事情：

> 普通语言学领域是自然的一个方面，而语文学的领域则是语言的文化方面。但是，由于每种语言都构成一个整体，因此不可能把一方与另一方截然分开。[32]

这种"劳动分工"也反映着两条相互对立的研究路线。一方受惠于雅各布·格里姆，强调语言的文化方面，并把它归入人文学科，认为它是一种历史学。另一方倾向于对语言的科学评价。库尔图斯是后一种思路的重要先驱，他对发音变化的解释使它们都能被纳入一般规律，尽管他并不想接受新语法学派的早期观点。[33]新语法学派中的大多数人一度都是他的学生，但在 19 世纪 70 年代中期与他分道扬镳。[34]这一"原理"见于库尔图斯最重要的著作《希腊语源学概要》：

> 只有规律性的、具有内在一致性的事物，才能对其进行科学研究，而对那些具有任意性的事物充其量只能进行猜测，绝对不可能做出结论性的揭示。但是在我看来事情不像看上去那样严重。在语音的生命中可以最可靠地发现这些不变的规则，能够让它们具有几乎自然力量一般的一致性。[35]

这种思想路线的顶峰，是新语法学派提出的论点，即语音规律是绝对的（无例外语音规律的原则）。[36] 在 19 世纪 60 年代对古代音韵进行过统计学研究的德洛比施，也是这个发展路线中的一员。所有这些事情今天都被遗忘了，虽然有一位杰出的同代人，即弗雷德里希·阿尔伯特·兰格承认德洛比施的重要意义，他在《唯物主义史》一书中讲到了德氏。[37]

假如当时有一份畅销书榜，兰格的《唯物主义史》肯定会名列榜首，[38] 而且它这种位置一定会保持多年。下面是鲍尔森对它的评论：

> 那时（1867—1868 年冬季学期）我得到了一本 F. A. 兰格的《唯物主义史》，它刚出版不久。这是我满怀热情读过的第一本书。它出现得真是太及时了。……把它读完之后，我对它所提出的问题做了进一步探究。除了历史材料之外，我发现论地质学和进化史的部分最有意思。[39]

摘录这段话，是因为它包含着两个关键概念。有一篇讨论拉扎鲁斯·盖格《语言的形成》[40] 一书的文章，《人类语言的自然史》，对它们的意义有清楚的说明，此文发表在 1870 年 2 月这一期的《国外》杂志上：

> 马克斯·米勒为他的著作起这个名称（《语言科学讲义》），是要清楚表明他开篇所明确陈述的观点，即比较语言学已经变成了一门真正的科学，因为它采用了属于一切严密的科学方法之一部分的观察技术。事实上，新语言学家在从事自己的任务、努力解决自己的问题时所采用的方法，非常类似于自然科学家所采用的方法。当然，他们的方法更接近于自从查尔斯·赖尔出现以来地质学家的调查方法。正像地质学家解释

现有的形态如何从更早的形态产生出来一样，今天的语言学家也向我们展示了语言如何经历某些转变，旧形态如何不断地由新形态取代。双方采用的方法都是比较的和历史观察的方法。[41]

在评论盖格的《语言的形成》时所提出的主张是，语言研究代表着自然科学和人文学科的成功结合。[42]因此，在 19 世纪 70 年代语言学研究变成了一门领导学科，为追求一种新方法论的所有学科——这或是因为它们正经历危机，[43]或是因为分化过程使它们摆脱了传统路线——指出了一条道路。为了使语言研究能够起到应有的作用，它首先必须遵守自然科学的引导。地质学中的新趋势——其主要鼓吹者是查尔斯·赖尔——正好可以满足这一愿望。他的《地质学原理》[44]力求根据目前仍在起作用的原因，解释地球表面以往的变化，明确描述了支配着语言学研究的规律性原理：地质过程暂时的统一性及其原因。[45]就像《国外》的读者所发现的那样，此书使地质学家分裂为两个阵营："灾变派"和"静止派"。[46]

这里不适合详细评价人们如何理解赖尔的学说。我们只能满足于简单的介绍。马克斯·米勒是把这种一致性原理用于语言学研究的第一人，他特别提到了赖尔，在其《人类远古史的地质学证据》一书中引用了赖尔的话。[47]然而，人种学在传播赖尔的观点方面无疑也起了重要作用，因为这种研究的知识领域和对象经常与语言研究相同。

本文不可能描述由地质学和语言学所提供的架构如何被当时注意到它们的作者所采纳，例如鲁道夫·耶林、马克斯·米勒和阿尔伯特·赫尔曼·波斯特。事实仍然是，它有助于为经验主义的和比较取向的道德学说形成一个可称之为研究纲领的东西。

雷也饶有兴趣地看到了这个有利于一种"未来伦理学"、一种"现实主义的和历史的伦理学"（耶林语）的研究纲领。尽管有明显的区别，尼采的"道德自然史"[48]也属于这个传统的一部分。在发表于1882年《施莫勒年鉴》的一篇论述伦理史和社会基础的文章中，耶林概述了这一研究纲领和最适合于采用它的每个学科：[49]

> 语言研究属于这里。我在别处已指出这个学科在提供有关伦理学观点的信息方面的巨大价值。我们现在来看看神话学。除了词源学以外，它是研究各民族伦理观的最古老、最可靠的学科。把它们结合在一起，可以称之为一门伦理古生物学。通过考察各种神祇的行为、它们允许自己干什么以及它们被允许干什么而又不致失去人们的崇拜，我们便可确定古人有关什么是伦理所允许的观点。它揭示了当时的伦理信条，诸神是古代人类伦理学的化石原型。[50]

雷的《良知的产生》[51]一书，特别是《刑罚因神灵而形成》（131—144）和《道德命令与戒律的历史起源：第22节，基督教伦理》（145—167）这两节文字，都反映出了耶林的研究指导。这里无法描述雷的论证过程，我们仅限于引述雷在宗教研究领域中的主要来源。以下著作也会出现在蒙蒂那利所说的理想文库之中，而马克斯·韦伯也十分熟悉它们：

1. 亚伯拉罕·屈内：《犹太国家消亡前的以色列宗教》（Abraham K. Kuenen. *The Religion of Israel to the Fall of the Jewish State*，London，1874—1875，3 vols.）

2. 赫尔曼·奥登伯格：《佛祖：其人，其说，其地》（Hermam

Oldenberg，*Buddha: Sein Leben，seine Lehre，seine Gemeinde*，Berlin，1881）

3.柯内利乌斯·佩特鲁斯·提勒:《埃及与闪族古代宗教比较史》（Cornelius Petrus Tiele，*Histoire comparée des anciennes religions de l'Egypte et des peuples sémitiques*，Paris，1882）

4.爱德华·伯纳特·泰勒:《文化的起源》（Edward Burnett Tylor，*Die Anfänge der Kultur. Untersuchungen über die Entwicklung der Mythologie，Philosophie，Religion，Kunst und Sitte*，Leipzig，1873）[52]

屈内、提勒和泰勒所追求的宗教研究类型，遵循着前面谈到过的思路，利用了比较的方法，把语言学和人种学的知识以及进化论学说结合在一起（它们各自有着十分不同的形式）。我们不清楚雷是如何了解屈内的。雷没有提到过的马克斯·米勒，虽然他的一些言论和观点显示他熟悉此人的著作——在其《比较宗教学概论》[53]一书提到过这两个作者。我们还从洛·冯·萨洛梅的讲稿笔记中得知，马克斯·米勒和提勒被列在了阿洛伊斯·比德曼《以哲学为基础的宗教通史》[54]为进一步研究所推荐的书目中。保罗·雷自从1882年春天便结识了洛·冯·萨洛梅。[55]

以上所论，重点一直是放在作品方面，即思想过程的成果。看一下具体的文本——虽然只能是高度选择性的——我们便可判断哪些学科扮演着主导角色。这些学科也能与具体的作者联系起来。通过这种方式，我们现在能够迈出计划的第一步，即概括地说明特定时期利用理论和方法论的范式所做的知识创新。假如我们密切观察一下投入方面，搞清楚为撰写某些著作做准备时读了哪些著作，我们就会得到一幅更完整的画面。由于不久前在巴塞尔大学图书馆发现了借阅者记录，因此我们能够为鲍曼绍尔的自由精神修会提供这样的证据。我们现在能够知道，把尼采介绍给雷的罗蒙特，自从1872年住在鲍曼绍尔后，读过数量十分可观的书籍。[56]

从借书记录中可以清楚地看到，尼采读过兰格的《唯物主义史》，并且熟悉这些作者和科学研究的趋势。这些书在一定程度上显示了从1872年夏天到1873年尼采的科学兴趣的发展，当时他正在讲授前柏拉图哲学家（1872年夏季学年和1873年夏季学年）。[57]值得注意的是，罗蒙特在尼采之前借过一些科学书籍，例如赫尔曼·冯·赫尔姆霍兹的《普通物理学百科全书》第9卷，[58]阿尔伯特·拉登伯格的《以往百年化学发展史报告》，[59]以及马蒂亚·普耶的《实验物理学和气象学基础》。[60]就在雷来到巴塞尔前不久，尼采也借过这些书。因此我们可以设想，雷在柏林学习时便熟悉这些科学文献，是他使罗蒙特注意到了它们。不过尼采对自然科学也表现出了广泛的兴趣。就在他接受教授职务之前，他曾向罗德表示他想研究化学而不是讲授哲学的愿望，[61]后来又一再表达过这种愿望。他读了古斯塔夫·格贝尔的《作为艺术的语言》，[62]这是尼采研究语言的兴趣又一次发生变化的原因之一。[63]尼采了解新语法学派的立场，这可由一个事实得到证明，即他在1871年11月借过威廉·舍勒尔的《德国语言史》。[64]他也注意到了新语法学派的理论巨著，赫尔曼·保罗的《语言史原理》，[65]虽然他曾搞错了书名。[66]奥古斯特·莱斯金是西尔斯-玛丽亚的座上常客，尼采曾在写给姐姐的一封信[67]里把他称为"反库尔图斯派的领袖"。[68]

尼采对雷所代表的研究路线的态度，在《远与近》中得到了说明。1883年夏，即《查拉图斯特拉如是说》出版那一年，在和雷以及洛·冯·萨洛梅失和之后，他立刻写道：

甚至自由思想的法学家也经常无法领会惩罚的意义——对它根本一无所知：只要法律科学不再前进，不能从历史的与比较的方法中接受教益，它就会继续用一种错误的抽象概念反对另一种错误的抽象概念。这些抽象概念以"法哲学"的面目出现，完全是从今天我们文化领域的人们中间发展起来的。……[69]

这显然是指阿尔伯特·赫尔曼·波斯特。[70]波斯特的早期著作之一《用比较宗教学方法对基督教教义与古代宗教之研究》，[71]为他的基本取向提供了一种更明确的思想。宗教研究几乎被等同于语言的比较研究。[72]对约翰·鲁波克的《从古代遗存和现代野蛮人的习俗看史前期》第二版[73]的讨论，为我们提供了一个特赖奇克所谓"厌恶形而上学"的思想路线的生动说明：

在荒芜的既往，那些思辨的哲人们发明了他们的"体系"，它们除了适合于让后人毁坏之外一无是处。而这些后人却又打算用已经倒塌的纸牌建一座新宅，仅仅是为了让它再次被人摧毁。就在这种徒劳无功的蠢行仍在进行之时，出现了一批新的真理探索者。他们采用严格的科学方法，决心像为重罪犯人定罪的断案法官那样工作。他们像法官一样，收集各种已发生的行为和事件的无言证据，把它们呈现在有头脑的当代人面前。[74]

一度追随这一思想路线的，并不限于耶林、尼采、鲍尔森、波斯特、雷和滕尼斯等人。使他们聚集在一起的，是对一种经验主义道德科学

（empirische Moralwissenschaft），或鲍尔森在 1881 年 5 月 27 日一封致友人的信中所说的"有着经验变化的伦理学"的共同兴趣。他这里是指一种借助进化论进行了调整的伦理学。[75]格奥尔格·齐美尔是另一位抱有这种兴趣的人。他的文章《对音乐的心理学和人种学研究》[76]提供了这种兴趣的证据。这篇追随莫里兹·拉扎鲁斯和海曼·斯坦泰尔传统的文章，[77]原本是齐美尔提交的一篇博士论文（1880）。他在文中试图否定达尔文有关语言是从音乐性发声的表达能力中发展起来的观点。[78]赫尔曼·冯·赫尔姆霍兹断然否定了齐美尔提交的这篇论文："在我看来，这个主题完全不适合这篇论文，尤其不适合一个对感官心理学的要点既不了解也没有能力采用的作者。"[79]不过赫尔姆霍兹建议齐美尔用他讨论康德的论文参加考试，此文不久前刚获得一项奖励。这一建议得到了同意。

这里也有必要谈谈赫尔姆霍兹本人，因为他处在一个中间人的独特位置上。在 1862 年 11 月 22 日接任海德堡大学校长的就职演说中，他对人文学科和自然科学做了根本性的区分，但是他也认为某些重要学科属于例外：

> 如果我们从得出结论的方式来观察这些学科，我们就会明白自然科学和人文学科的根本差别。在自然科学中，一般有可能用归纳方式形成明确的规则和定律。而在人文学科中，首先关心的却是在心理技能（psychologisches Tactgefühl）的基础上形成判断。[80]

赫尔姆霍兹还把这种归纳形式称为"艺术性归纳"（künstlerische Induction），这种说法让人想起了文德尔班在研究普遍规律和研究特殊规律的科学之间所做的划分。[81]根据赫尔姆霍兹的看法，语法学是这一规则的一个例外：

> 语法规律是由人类意志的表现所建立的，虽然它们的发展不是预
> 先设想的结果，而是为适应需要逐渐演化的。因此在学习语言的人们看
> 来，它们仿佛就是命令，是由某个外部权威建立的法律。[82]

同样，这个过程也适用于神学和法学。赫尔姆霍兹认为，"语法、法律、
道德和教规"中包含的东西，同自然规律以自觉的逻辑演绎形式适用于具
体事例是一样的。

耶林、鲍尔森、雷、齐美尔和滕尼斯都加入了使比较语言学研究上升
到领导学科的这一思想运动。他们通过自己的研究（主要是在柏林和莱比
锡），以及与这一思想运动的重要倡导者的直接接触，直接参与其中。尼采
是通过他与雷的友谊以及阅读兰格的《唯物主义史》参与了这场思想运动。

马克斯·韦伯也热情地读过兰格的《唯物主义史》。不过他的动机大体
而言是历史的，他首先关心的是让自己熟悉一个已经消失的时代问题和观
念。韦伯的理想文库也许会有所不同，虽然它与我们刚才谈到的书目存在
着一些基本的相同之处。[83]韦伯也是处在一个幸运的位置上，他能够清点
库存，能够以冷静的态度思考19世纪各种伟大的进化学说。在韦伯和他的
另一些同代人看来，这个时期的遗产是自然科学和人文学科的对立。比较
语言学研究想弥合它们之间的鸿沟。这种"反映着信念而不是科学的自然
主义一元论风气"，与韦伯是完全格格不入的。[84]他的理想类型概念是努力
克服这种一元论。[85]

尼采越是专注于自由精神修会这个设想（并没有把它付诸实践），他对

"栽种异国他乡精美植物的暖房"的幻觉就变得越单纯。[86]他把自己在舒尔普福塔新教隐修院的体验阐述成一些原则,目的在于引导人们走向精神觉醒。这种精神觉醒应当是全面的,应当出现在"全部制度"(格夫曼语)之中。"在我们的社会里,它们是正在变化的暖房;每个人都是一次有关自我能够做到什么的自然试验。"[87]

尼采还越来越多地思考,他在舒尔普福塔新教隐修院的整个体制内部变成了什么样子,因为这种体制与普鲁士官员培训学校差不多。我这里所说的"新教隐修院",是指舒尔普福塔在很大程度上复兴了西多会的修道院生活方式,西多会修士曾在该地居住和工作。[88]年轻的尼采以这种方式了解了当时的纪律和一个时代严谨的生活方式,如他本人所说,那时人们最乐于接受教育。[89]他是认识到经验价值的第一人。[90]尼采似乎是在猜测,纪律的功效是建立在规则和——"机械执行"意义的[91]——实践之上。"通过使人变得越来越渺小",[92]有可能完成伟大的事业。

如果舒尔普福塔使尼采洞察到了修士的生活方式,他年轻时代的两个朋友,威廉·宾德尔和古斯塔夫·克鲁格,则使他了解了"严肃的基督徒"那种感人肺腑的虔诚。[93]当隐修生活与有着虔信派色彩的新教形式发生接触时,注定会带来某些重要结果,对于尼采当然也是如此。其结果是对"内心状态"的一种升华的感情,一种自我解剖和内省的倾向,它反映在虔信派坚持写日记的实践之中。[94]

在尼采看来,自我克制的禁欲努力,它的"自然功能",它对于"培养意志"的绝对必要性,[95]与隐修的实践难分难解。这是隐修生活方式的一部分,虽然它们被教会所"滥用"。然而,他在这些实践与清教教派之间没有看到任何关系。当他在1865年3月在波恩为古斯塔夫-阿道夫学会准备一篇有关北美德国人宗教状况的演说而参考一本有关这个题目的著作时，他发现了这一点。[96]该书是菲利普·沙夫的《德国移民在北美合众国的政治、社会和宗教状况》。[97]沙夫是一位在宾夕法尼亚工作的新教神学家，他为新教教派和自我克制之间的关系提供了相当明确的实例。[98]他还指出，这种行为被称颂为一种美德，得到人们的极大尊重，"多才多艺和不停地活动"的倾向，与这个教派的精神并行不悖。[99]另一方面，沙夫也注意到，在北美的宗教生活中，不存在"忠诚和意气相投、真正的神秘主义迷人地混合在一起的情况"。[100]沙夫这些评论中的要点，被尼采原封不动地采用。[101]结果是他忽略了清教更有意义的方面，这部分是因为他所讨论的主题的性质，部分是因为他还太年轻——当时他只有 21 岁。[102]

尼采偶尔偏爱法国的道德学家，雷在一定程度上也和他一样。[103]这与他的经历有关，而这再次意味着舒尔普福塔。这不禁让人对禁欲主义的清教和廷臣加以比较，法国的道德学家曾把后者作为单独研究的对象。两者都"控制他们的感情，自我克制且严守纪律"。[104]廷臣自我克制的目的是伪装，因为暴露自己的弱点，等于在明争暗斗中失去攫取声望的机会。因此他必须利用伪装以控制游戏过程。为了自利而采用伪装方式的人，必须做到知己知彼。于是自我分析和自我克制就像自我服从和服从别人一样难分难解地联系在一起。当角色分析是建立在有关角色的内在知识——它迫使行动者对强加于自己的角色采取另一种态度——上时，情况尤其如此。类似于舒尔普福塔的整个制度提供了这种知识和实践的机会；它是实践"二次适应"的"温床"（格夫曼语），构成了这些制度的私密生活，并靠一种伪装的服从表象得以维持。一种能力是必需的，即自我克制并戴着面具游戏（Spiel mit der Maske）。因此可以认为，尼采产生对心理学的兴趣，是他在舒尔普福塔新教隐修院经历的直接后果：尼采这个心理学家，是从新教隐修院的精神中诞生的（Die Geburt des Psychologen in Nietzsche aus dem Geist des protestantischen Klosters）！

尼采所要达到的精神状态，是建立在严格的原则基础上的，即朋友的取舍与孤独。自由精神修会确立了标准，以取舍朋友为目的。取舍过程由尼采的朋友圈子掌握。进入这个圈子建立在自愿的基础上，但要遵守取舍原则。这是很自然的，因为在我们的文化中，人们认为一个人真正的朋友的数量只能是十分有限的。取舍原则是道德品质，其检验方式如下：得到允许进入这个朋友圈子的人，必须表现出他愿意认同与时代格格不入、体现在某些特殊个人身上的价值观。这些价值观的主要代表是叔本华和瓦格纳，当然还有尼采本人。从这个角度看，自由精神修会是一个在更高的制度化层次上，由朋友和思想相似的人组成的一个精英联盟。[105]友谊和对友谊的赞颂[106]有助于保证关系的紧密性，只有对朋友，才会委以保护信仰的任务，而他们则要培养自己的自由精神。以二人之间的排他性关系为基本结构的忠诚制度，保证了紧密性，并在面对无组织的和不稳定的社会环境时，提供了"生存的稳定力量"。就此而言，可以说尼采是在1850年前后结束的那个伟大友谊时代中的一员。[107]

除了取舍朋友并根据强有力的友谊伦理学理想进行检验之外，孤独也是必要的。[108]孤独意味着与时代精神保持距离，让自己和它一刀两断，以便"脱离当时那种麻痹人的教育理想"。一刀两断并不意味着遁世，然而它是建立一种选择的先决条件之一。对于修士来说，遁世的禁欲主义生活是"通向超自然境界的可靠道路"。[109]尼采似乎要用这种方式，在"来世观"消失时，根据基本的隐修院原则铺设一条通向"超人"的可靠道路。[110]甚至"未来的强人"也需要孤独，这样他们才能获得"颠倒了的价值"感受。[111]就像过着严谨而有目的的生活的修士一样，要想为克服人类情绪的自然习性而实行一定的自我克制，自由的思想家必须不断培养自己过一种有目的的生活、坚持自己所选定的道路的能力。立新者必须破旧，必须让"旧有的"自我服从于一个禁欲过程（格夫曼语），而这个过程在孤独中更易于完成：

> 我梦想着这样一些人的社会，他们摆脱了一切限制，他们不知怜悯，只想以"毁灭者"扬名：他们用自己严厉的标准衡量一切，为真理不惜拿自己献祭。[112]

这是对自由精神最准确的写照，它不但适用于修士，同样也适用于清教教派的成员。他们都使自己摆脱了固有的传统和世俗价值。这两种人都需要彻底地献身，都必须采取一种自觉的价值取向并严格遵守之。这就是尼采宣称"自由思想家是如今存在的最虔诚的人"的原因。[113]

韦伯把教派定义为一个由虔诚而（道德上）合格的个人组成的自愿联合体。它代表着一批宗教精英，他们以可靠的道德品质作为准入成员的条件。在"成员的圈子"内部有义务不断"证明个人的价值"，成了一项客观任务，这与教派内部采取的"冷酷的结合形式"如出一辙。用滕尼斯的话说，韦伯认为教派不是个共同体（Gemeinschaft），而是个社会（Gesellschaft），因此不能把它混同于"农民那种植物般平淡的温情，而（德国人习惯于认为）没有这种温情，共同体便不可能存在"[114]。相反，客观性的主导方向和培养内心的习惯，意味着彻底克服人类的本性。学会在教派成员圈子中肯定自我，需要努力控制自我和别人，在韦伯看来，这个过程是形成人格的理想学校。

清教的——犹如十分"理性的"——禁欲主义努力，能使个人肯定自己"坚持不变的动机"的价值，特别是那些禁欲主义所反复灌输的、与"感情"相对立的价值：它的目的是训练这个人发展出一种标准的心理学意义上的"人格"！[115]

庄严加入教派的结果之一，就是构成了一个范围明确的支持群体（Trägergruppe），它主张承认教派成员实际行为的特殊价值。由此他们的整个生活都浸透了灌输给他们的观念。[116]就此而言，教派内部的社会化机制正可回答尼采在设想修会时的问题："如何才能把新的价值植入人们中间，如何才能把他们和这种新的价值系统可靠地结合起来？"[117]对这个问题的回答如下：通过一个选择和孤独的过程，把人们从过去生活的社会和评价结构中解救出来，使他们置于一个要求他们彻底献身的新的社会背景之下，"在小团体中可以清楚地看到每个人的行为，这个事实意味着，教育可以不受限制地进行，能够建立起直接的控制"[118]。就此而言，一个教派中的成员和自由思想家是宗教人格的典型，他们准备把整个生活献给自己的"事业"，让自己的生活接受严格的控制，这是最高层次的自我精神觉醒。因此，自由精神修会，即"教育者进行自我教育的学校"，和"严格禁欲主义的学校"是同义词。[119]

在这两种情况下，我们都看到了"取舍"模式和对"强大的本性"（尼采）或"人格"（韦伯）的培养，这种人格能够在一个除魅的世界里处理"日常需求"。虽然尼采的思想中无疑存在着一种生物学的因素——与没有任何生物学概念的韦伯相反，但"培养"（"Züchtung"）对于尼采和韦伯却有着相同的含义。这是一个道德概念，它指的是受到良好的培育，即受到严格的培养（Zucht）和教育（Bildung）。[120] 同样，教育也包括宗教和新人文学科的内容。"内心的成长"和"人格的发展"这种认识，是与培育的概念联系在一起的。让尼采和韦伯都感到十分亲切的"变成你自己"这个说法，便清楚地反映着这一点。

在韦伯看来，自我教育的规劝，也就是通过遵守恒久的价值系统获得人格的规劝。如果有人像安·斯维德勒那样，[121] 认为韦伯的合理性概念的本质是对个人生活的严密控制，那么在韦伯的人格概念与禁欲主义清教徒原型之间的高度亲和性，就是显而易见的。由此也很容易理解，韦伯为何与他那个时代的精神相反，要在合理性和宗教之间建立起一种联系。

韦伯提出了理性的个人主义这一概念，而这种理性的个人主义"是他的最高价值"。[122] 通过韦伯的人格概念反映出来的这种个人主义形式，本质上有着宗教的来源，而且主要归因于德国有教养的资产阶级新教徒的道德文化。[123] 不过韦伯这条通向人格的"坦途"，也会导致一种困境。正如哈里·利伯森所指出的，韦伯力求"在新教的历史中追求一种当代资产阶级的个人主义中所缺少的精神尊严。韦伯对历史的追寻是一种徒劳无功的胜利。他发现了他所寻找的精神，但是他无法把它带到现在"。[124] 尼采的朋友弗兰兹·奥弗贝克——被上帝所抛弃的神学家——明确宣布了这种困境的后果：

凡是想在这个世界上变成完全自我依靠的人，必须具有无所依靠的勇气。……他必须不再谈论上帝。……严格的个人主义者必须能够在没有上帝的情况下工作。……只有在没有上帝的情况下，这个个人主义者才能自由地生活。如果他不能否定上帝，这种个人主义便既不是真正的个人主义，也不会得到最充分的发展。[125]

奥弗贝克也能帮助我们认识到尼采和韦伯之间的一个显著不同。如果尼采的格言是他的个人主义的体现，那么在韦伯那里则是理想类型的概念：

　　理想类型的提出，其动机是来自一个失去幻想的人所采取的立场，他发现自己处在一个没有客观意义、十分冷漠的世界里，他反躬自问，不得不把事物的意义，甚至人与现实的关系，理解为本质上属于他的个人问题，他不得不在实践和理论两个方面去"创造"意义。[126]

理想类型不仅是一种精巧的、能够对"现实"专业知识的有效性进行条分缕析的理智建构，还是对恰当关系的一种精巧的理智安排，它为"因果属性"（kausale Zurechnung）的逻辑推理提供了"一般方向"。[127]这些精巧的步骤可以用来解释我们所感兴趣的"文化现象"。

另一方面，尼采的格言却无暇沉溺于"更精巧的理智论证"之中。正如奥弗贝克所领会到的：

　　悬在人们想要证实的每一件事情上的达摩克利斯否定之剑，并不像天性的障碍——它仅仅有着流星一般进入世界的要求——那样危险。通过这些格言，个人也要求在这个世界上发挥超出人类能力的更大效力，即使存在着所有的障碍。[128]

我们应当严肃地看待奥弗贝克的怀疑。[129] 但我们也不应忽视尼采做出过艰苦的努力，他不停地阅读，至死方休。他不断从事着艰苦的劳动，一直忠实于他的哲学教育和他在舒尔普福塔新教隐修院的思考："痛苦地关注自我克制的细节及其履行——此乃虔诚之士的典型表现——是学术人格所必需的预科学校：首先是严肃对待问题的思维方式，不管它对个人意味着什么。"[130]

07 | 韦伯的自我禁欲主义实践

哈维·戈德曼

从《新教伦理与资本主义精神》开始，马克斯·韦伯的全部著作都包含着一个未挑明的言说，我们可以称之为"自我"的"权能"（empowerment），它贯穿在韦伯的许多著作以及他对他所认为的现代社会与现代政治的危机所做的阐释中。韦伯分析了主体或自我（subjects or selves）在以往的宗教与传统经济以及在目前官僚体制、合理性体系和教育传统中的形成过程。然而，尽管这关系到自我的权能，但韦伯却难得直接提到自我。韦伯所分析的是对自我的训练，比如"职业"（calling）教育和卡理斯玛教育，以及经过转化的自我概念，比如"个性"与"秩序人"，还有已经有权能的自我所扮演的不同"角色"，比如职业科学家与职业政治家、企业家和卡理斯玛领袖。我还认为，坚信清教职业概念发挥了重要历史作用的韦伯，把这一概念作为一种精神气质和行为准则引入了社会理论，为禁欲主义的人格概念进行辩护，使之免受教育传统和资产阶级教育理想的失败之害。他为强有力的自我确立的唯一模式，就是能够在理性化条件下实现德国社会与文化的任务。在韦伯看来，一种授予自我权能的职业——比如清教徒的职业——将会使它成为支配这个理性世界的独一无二的手段。他所说的个人，完全是脱胎于《新教伦理与资本主义精神》为清教徒企业家画的像。

韦伯相信，必须把自我作为一种力量来源对其进行合乎时代要求的训练。这种信念产生于他对现代史的分析。人们进行了大量论证认为，韦伯提出的令人困惑不已而又扣人心弦的主题，就是理性化的本质与进步，是理性化对西方的唯一性所做出的贡献。[1]不过，这仅仅说出了事情的一部分，因为韦伯不仅相信西方的唯一性有赖于理性化，而且还认为它是通过自己的能力而历史地形成的，这种能力创造了我所说的有权能的自我，他有着独一无二的力量去支配环境、克服阻力、支持根本性的社会与政治革新。也就是说，韦伯对现代社会的分析，不能简单地从理性化的进步与困难、理性化不可避免等角度加以解释。他的分析揭示了"自我的实践"与制度规则及社会秩序之间的辩证关系，自我既要创造又要继承的那个客观环境，总是会发生革新创造与顺从迁就之间的冲突。他的分析还包括这样一个历程：看看是什么样的动力和动因使得现代西方的自我能够如此有力地克服社会与制度阻力、克服他人的阻力、克服内心的障碍，支持他们进行创新。[2]

因此来说，韦伯有一个以历史为依据的重要的微观社会学维度，而不光是宏观社会学维度。在他看来，制度化的理性化乃是最新的客观环境，是最有时代特征的社会权力形态，它所造成的就是这种背景下的人的问题，以及行动者、性格与社会结构的处境。这并不是说，韦伯没有把结构和制度作为最主要的分析对象，但是在他的分析中，制度问题往往转向制度有可能使人变成什么类型的人的问题，进而又转向是什么创造了制度或者什么阻止了制度的进步的问题，有时还会转向谁创造了制度以及他们必须克服什么样的内在与外在障碍的问题，而且总是要回到是什么因素使得这些创造者能够克服障碍进行革新的问题。根本的问题则是如何控制和支配现行制度并创造新制度。

韦伯研究自我的实践并不令人奇怪，因为对这种实践的关切，在 18 世纪末叶以后的德国文化中非常强烈，那时，官方的宗教实践和基督教信仰，作为理想的来源和铸造认同意识及行动指南的模型，已经在德国知识分子中丧失了大部分感召力。它们的衰落导致了塑造自我并使之合法化的非宗教手段及准则的出现：康德的道德律令和人格概念，体现在学术中的教育或自我修养的精神气质，文化理想，等等。用诺伯特·埃里亚斯的话说，德国中产阶级知识阶层的安身立命之本，是其拥有的"纯粹精神"（"das rein Geistige"）。它们体现在书本、学术、宗教、艺术和哲学中，体现在内心的充实以及个人的思想修养上，体现在人格中。[3] 然而，到 19 世纪末期，这些曾经有助于形成并增强资产阶级个人在民族、文化和阶级中的活力与作用的新手段与新实践，在迅猛发展的资本主义社会的压力下，已经遭到了严重削弱，面临着持续不断的挑战。尼采批判了即将成为历史教训的奴颜婢膝，齐美尔则警告说"客观精神"正在压倒"主观精神"，特勒尔奇担心社会要从非个人的理想滑向个人统治，托马斯·曼则对"文明"将要战胜"文化"忧心忡忡，全都证明了人们对这一问题的广泛关注。韦伯的研究也是对理性资本主义的压力、对资产阶级内部的这些实践及其他理想所遭到的侵蚀而做出的反应。

卡尔·勒维特在 1932 年发表了题为"卡尔·马克思与马克斯·韦伯"的论文，这是最早出现的对韦伯的理性化概念的重要分析，它试图通过比较马克思对异化的论述和韦伯对理性化的论述来阐明这一概念。[4] 尽管此文细致入微、富有洞见，但勒维特的比较却使问题变得模糊不清，因为他把马克思的概念和韦伯的概念当成了同一回事，而前者关心的是人类的力量正在遭到侵蚀，后者说的却是发现了一种更为巨大的、系统化的、非个人的社会动力。事实上，如果要比较韦伯论述的理性化，所牵扯到的应当是马克思论述的资本主义，而不是异化；要比较马克思的异化，则应当看到韦伯指出的情况与马克思所说人类力量在商品社会中的疏离有关。我把这种情况叫作"除能"（"disempowerment"），因为在韦伯的分析中，与异化类似的现象是以这种形式出现的：人们在社会秩序面前产生了深刻的无力感，理性化更是迫使人们处于虚弱与被剥夺的状态。

韦伯为现代德国提出的自我实践的目的，就是要生发力量，授予自我权能，以革新和控制这个不仅除魅而且除能的理性化世界。的确，理性化规则的不断扩张，"正在日益削弱卡理斯玛与特立独行的行动的重要性"。[5]尽管福柯认为，自我是被制度与社会惯例中的权力关系塑造的，但韦伯却希望为权力而塑造自我，让自我与权力共生。是尼采使韦伯产生了对权力的关注。尼采相信，"生命的固有本能……就是要扩张权力"[6]。生命的基础就是权力意志，就是"一种征服欲，一种摧毁欲，渴求遭遇敌人和反抗并战而胜之"。实际上，"一种事物的'发展'……（就是）一连串愈加深刻、愈加彼此独立的征服过程"。因此，"（每）一种动物……都会本能地寻求最有利的条件以扩张自己的全部活力，实现权力感的最大化"[7]。尼采说，必须承认，即使在弱者的奋斗背后也有着权力意志，想要运用权力创造一种高于自身、高于自身命运、高于世界的至尊者地位。"某些生物活着就是要释放活力——生命本身就是权力意志。"[8]对尼采来说，这种意志乃是天生的、固有的、本能的，特别是在高贵者那里，因为某些理想教育并没有普及到弱者。但是在韦伯看来，权力意志总体来说并不是天生的，贵族阶层尤其没有体现这种意志。它深植于特定的社会、文化，通常是宗教的惯例中，而且在韦伯看来，笼统地说是西方文化，具体说是加尔文主义在某些群体中产生了某种权力意志，而其他文化则没有。韦伯的意思是说，社会秩序的常规功能就是"教育并创造"或产生和再生自我，通过选拔、物质刺激或者强制过程而使他们适应秩序的需要。但是，说不定在什么时候，可能就会产生不同性质的理想关切，据此，某些个人就会自行其是，那些关切将使这些个人同社会秩序的关系趋于紧张，有时还会导致产生新的自我，去挑战、控制或征服该秩序。

对韦伯来说，理性化越来越多地为社会秩序、制度及个人规定了发展限度，提供了新的统治与行政手段，但却使个人行动者受到了沉重压迫，侵蚀了以往塑造自我的现成惯例——传统、宗教、修养、卡理斯玛教育等等。韦伯认为，西方要想重获曾经拥有的那种生机，现在需要的首先是新的主宰自我的手段和允许它对它所创造的制度进行主宰的权能形态。其次是需要一种新的个人主义形而上学，即承认现代世界的"多神主义"，把个人的意志设想为"诸神"，或者承认他们的终极价值观为"诸神"。这些"诸神"赋予了他们一种"使命"，并且要求把自我置于同现存秩序的紧张状态之中，为自我能够主宰世界的那种权能形态提供了基础。虽然西方必须依靠理性手段和方法、通过自我克制成为世界主宰，但它也需要在与理性的冲突中，而不是像清教徒那样在与传统的冲突中去调动一种内在的权力资源，并且要控制和利用理性，而不是像清教徒战胜传统那样去战胜理性。韦伯对这种冲突的描述充满了战争和战场的比喻。重新创造出来的自我必须为了他们的诸神而投入战争和战斗，为新的自我创造意义并找到模范的精神气质。但是，必须面对的不仅仅是理性化，还必须战胜由于过分屈从理性规范而形成的那种自我类型，它们就在自己的灵魂里和官僚化精神气质的捍卫者中。

当然，理性化不应当仅仅被理解为"自我的权力"（self's power）的障碍，因为清教徒的例子不过是表明了它作为权力之工具的作用，一种操纵自然、经济、政治与得救的手段和形式。但是它的性质和它的制度化却使它操纵了现代世界，韦伯认为，社会需要的是既能利用又能控制它的人，而不是被它操纵的人。在韦伯看来，理性化很可能会彻底支配自我与社会，剥夺自我与社会的任何想象力，自我与社会只有被迫就范。然而，西方的理性化在某种程度上乃是同一、有序的清教主义自我的意外创造，其精神曾经提供了一种气质，使那些获得权能的个人为了神圣的任务而把这个世界理性化。但是，理性化的创造物现在却控制了它们的创造者。理性为统治世界提供了保证，但又反过来统治了自我，按照自我本身的要求，通过物质需要和社会秩序的压力塑造自我，不断侵蚀和排除原先曾容许自我进行革新并授予自我权能的那些前提。

理性化的进展所造成的对自我的除能，削弱了西方勇敢面对政治与社会斗争的能力。这个问题对于德国来说尤其现实，因为韦伯确信，无论是权力意志还是以往的领导阶级和未来潜在的领导阶级为了统治而"树立"的自我塑造与锤炼的范式，都不再能被指望产生独立的自我。他希望的是创造一种行为准则，以使自我能够控制那些正在制造唯命是从、俯首帖耳的自我的制度。因此，他对官僚制进行实践批判的同时，也对正在制造官僚化个人的社会进行了文化批判。

"自我的权力"概念在韦伯的著作中并不是个明确的概念，富有革新精神的权力始终都是带着"职业人""西方人格""卡理斯玛领袖"的特性出场的。在《经济与社会》中倒是出现了权力的概念，但也并不具有核心作用，而是被界定为"某人在一种社会关系内部即使遭到反对也能贯彻自己意志的概率，无论这种概率是建立在什么基础上"。实际上，由于韦伯认为权力概念"从社会学意义上说没有固定界限"，因而即使谈到具体的社会关系，他也宁愿使用"支配"概念去描述权力关系，因为它更加精确，尽管它是比较狭义地指称"一项命令得到服从的概率"。但是韦伯又说："所有可以想象到的个人素质，以及所有可以想象到的条件组合，都可能使某人处于在既定情境下贯彻自己意志的地位上。"[9]这就说得比较宽泛，也更加接近尼采的自我权力概念了。问题在于，什么样的内在品质才能使一个人获得权力，这些品质如何才能产生，以及对于旨在条理化、理性化地控制世界的行动应当给予什么样的鼓励。

对韦伯来说，自我的权力并不只是执行命令能力的持久性或持续性问题，那是一些他认为与过去的路德主义天职和当代德国文化有关的能力。创造的能力、克服阻力的能力以及吸引追随者的能力，乃是自我的权力最为关键的方面，韦伯认为这些性质同加尔文主义的天职和以前的清教民族有关。这种权力类型把他论述宗教与资本主义精神的计划与对付合理性、控制现代政治的主张联系了起来。福柯似乎也认识到了这一点，他说："马克斯·韦伯提出了这样的问题：如果人们想要做出理性的表现，按照真正的原则约束自己的行动，那么应当摈弃自我中的哪一部分呢？禁欲主义的理智将会付出什么样的代价呢？人们应当服从什么样的禁欲主义呢？"[10]但是，福柯错误地归纳了韦伯的目的，因为，虽然韦伯分析了使得清教徒能够把世界理性化的那种自我摈弃，虽然他试图详细说明自我应予服从的那种禁欲主义，但他并不赞同服从于被抽象理解的理智或理性，或者说，他赞同的是为了权力的需要而控制理性化本身——既要服从理性化的要求，又要破除它的能量，以实现经过改造的自我的终极价值。

我们知道，韦伯关于现代人自我塑造的主张，使用了一套我们通常不会把它与所谓除魅化生活联系起来的语汇："恪尽天职"，"俗世无价值"，"实现一种人格"，"献身"并"服从"于"神圣"的事业或目标，违背天职"神圣精神"的"七大重罪"，与"魔鬼"的力量和权力订约，灵魂的"得救"与命运，"侍奉""诸神"。当然，韦伯使用的这些术语都是比喻性的说法。但这种语言表明了他对现代自我的论述大都依赖于他早年对清教职业观及其塑造的人格形态的分析，同时也依赖于康德的自主观。韦伯想要创造一种禁欲主义的领导精英，进入并控制理性化了的社会制度，那是一群杰出人物，他们对自己的事业有着近乎宗教性质的献身精神，这将产生一种类似于清教权能的权能形态。

韦伯提出了他的解决办法，因为他相信，他的《新教伦理与资本主义精神》不仅发现了一种为独一无二的现代资本主义精神的发展做出了贡献的成分，而且发现了对清教信徒的天生自我进行改造并强化为神圣目的的有力工具——其规模在世俗行为中是前所未见的——的精神准则。我在别处已经说过，《新教伦理与资本主义精神》最想说明的，其实并不是加尔文主义和资本主义精神的历史联系，而是韦伯所假定的、在宗教改革中得到重新塑造的一种独特的自我类型的存在与行动。实际上，韦伯认为，资本主义在西方的发展不仅需要阶级分化、资本积累、商品流通以及把货币用作资本以追求永无止境的利润，所有这一切马克思早已认识到了，它还需要一种权力模式，这种权力模式并非作为物质前提体现为自我的外部技巧与理性，而是体现和产生于自我的内心。在韦伯看来，这种新人在资本主义确立之前肯定就已存在了，他们具有特殊的能力，并且始终倾向于新型的理性化劳动——正是由于它，资本主义才有可能成为一种制度；他们的出现改变了西方的命运。这种权力的来源就是战胜了天生自我的禁欲主义，就是这样一种需求：为了上帝的意志而在世界统治中寻求恩宠的证据，以解除对得救的焦虑。韦伯据以得出结论的关键因素，乃是他所认为的现代文化中的职业观，以及非凡的权势人物和"灵魂的驯化"，韦伯由此宣称，加尔文主义的职业观产生了我们所说的"最早的大企业家"。韦伯把清教徒的职业称为"无意中做出的强有力的精致安排，它培育了资本主义的个人"，而这种个人"在其他教会和宗教中都不存在"。[11] 其他文化与宗教塑造个人的方式，以及它们是否授予个人权能以采取革新行动，抵制已经确立的精神气质或既定制度，成为他后来的社会学研究的核心关切。

这种最初的大企业家类型后来通过与其他文化中自我的理想和实践的比较而得到了完善，实质上它和再现于韦伯著作中的其他强人类型是一回事。特立独行，倾向于禁欲主义劳动，献身于一种终极价值，克己和条理化的自制，一个统一的中心或核心，抵制自身欲望及他人欲望和压力的能力，这就是韦伯所说的强有力的自我所拥有的全部品质，无论他们的目标是世俗行动还是建立在预言基础上的宗教复兴。这种堪称典范、富有创新精神的个人，在《新教伦理与资本主义精神》中被叫作"职业人"，在世界宗教社会学专著中被叫作"西方人格"，在晚期的文论中被叫作"职业政治家和职业科学家"。[12] 实际上，在韦伯对经济与社会的研究中，"卡理斯玛"式的个人也是这样一种人物，因为在真正的卡理斯玛"出现的地方，就会形成一种语义强烈的'天职'，即'使命'（Sendung）或内在的'任务'"[13]。

因此，由于《新教伦理与资本主义精神》的发现，韦伯的分析展示了一种历史革新理论，在那里，具有革新意义的社会变迁，不仅依赖于必要的物质与政治条件，而且有赖于获得权能的行动者的出现和介入，他们的活力来自一种禁欲主义品德，他们的精神能够战胜阻力，令人不得不从。在韦伯看来，其他文化也会包容有权能的自我，但是除了现代西方文化之外，没有任何文化——无论是出于宗教的还是其他的理想动机——能够包容这样的广泛实践：授予自我内在权能，克服内部与外部的障碍和阻力去从事系统的革新。[14] 当然，在前现代的西方以及非西方的文化中，也有许多丰富而复杂的自我实践，这体现在用以产生伦理道德主体的教育制度和宗教方法中，它们也是韦伯宗教社会学的主要关切对象。但是，按照韦伯的说法，它们不能制度化地产生世俗革新者，其质量和规模也无法与西方的实践相匹敌。沃尔夫冈·蒙森指出，在西方，"生活行为的理性化"往往会产生这样的情形："个人或个人所属的群体不断积累着采取行动的能力，他们的力量在某些条件下就会给他们所属的现存制度带来革命性的结局"。[15] 实际上，韦伯认为，当务之急就是恢复西方的力量，以免它被自己的创造物耗个精光，而且他相信，这种恢复只有通过在尘世复兴天职观才能做得到。

在韦伯的概念中，天职乃是禁欲主义的一种形式，它通过舍弃天生形态的自我而使自我合法化，并产生一种献身于终极价值或目标的新的、更高的自我。它使人在奉献中得到净化，从而在一个已被理性化耗尽了意义的世界上创造一种意义感、目的感与个人价值感。但是，尼采对西方文化的抨击正是针对禁欲主义，把它视为虚弱意志的象征，而韦伯希望恢复意义和价值的禁欲主义来源。在对天职的论说中，价值的落脚点并不是自我及其发展，不是发现了自我是什么或包含着什么，不是它创造了什么，也不是它所栖身的这个世界。或者说，价值就在于训练自己为理想而工作的能力，由此而把自己变成理想的工具和仆役。天职就是通过奉献与服务而满足自我定义和自我辩护的需要。与他人太多地纠缠在一起，会把一个人从献身事业的禁欲主义实践中拉出来。"为了一种天职的全部任务，客体本身会要求自己的权利，并要按照自身的规律实现这些权利。为了一种天职的全部任务，被授予天职的个人应当加以自我约束，摈弃那些严格来说并不属于客体的东西，首先是个人自己的爱与恨。"[16] 在韦伯看来，有权能的自我不会到他人那里去寻求见证或认同。实际上，它的作用就是反对他人。一切来自个人或群众的见证，一切外来的颂扬，除非作为自我的一种权力手段，否则都应作为对自我及其任务的威胁而予以排除。有权能承担天职的自我必须把它的任务"作为客观的职业责任去执行，而不考虑具体的个人关系"。[17] 因此，韦伯的自我并非一种相互作用或社会化的自我，而是一种反社会的自我。一个人应当同时抵制他人的诱惑和自我的欲望。

对韦伯来说，服从天职的结果就是把天生的自我改造成一种"人格"，这个概念来自康德及韦伯那个时代的新康德主义者，迪尔凯姆、齐美尔、特勒尔奇以及其他人也都使用这一概念。韦伯认为，清教主义创造了西方的人格形态，它在本质上是禁欲主义的。[18] 它首先强化了信徒的"一贯动机"或者非个人的目标，以及——按照韦伯后来的说法——"终极价值"，并且给予它们在个人内心中的霸权，使天生的自我服从它们的支配。然后，禁欲主义的个人就会努力在非个人的应用中实现它们，把它们的霸权从自我内心向外扩大到世界。对韦伯来说，成就一种人格需要严格地统一自我。它要求"努力实现内心的统一性"，并且"把个人在自身形成的中心向外移动"。个人应当成为一个"条理化的统一体"，一个"整体"，而不仅是"待定的实用性品质的联合体"。西方的人格有"一个产生于某个中心的内核统一体，一个产生于人们自身的某个核心观点，首先是生活行为的规范化统一体"。[19]

　　韦伯认为，今天只有通过自制、专业化和集中焦点才能发现人格之源。"成就……（人格）的唯一方式就是……无保留地服从于一个'客体'。"[20] 在一个以专业化任务为基础的理性化世界上，个人行为必须接受这些新的行动方式，必须具有"'奉献'的性质以面对一个非个人的客观目标"。[21] 实际上，在讨论与个人的非理性规则相应的行为气质所具有的广泛差异时，韦伯指出，"只有入世禁欲主义的职业伦理，才能真正从本质上支持强制性支配结构的非人格客体特性"[22]。韦伯认为，把赚取利润说成是天意，曾经为清教商人的活动提供了一种伦理辩护，现在又出现了类似的情况，"固定职业的禁欲意义要求从伦理角度美化现代专家"。[23]

　　尽管禁欲主义的天职从表面上适应了理性化的世界，但是韦伯认为，现代德国文化主要是塑造了"官僚化自我"作为它的文化产物和样板，韦伯称之为"秩序人"（Ordnungsmensch），即依赖于秩序的个人，是社会看重文凭、技术训练和专业知识的产物，而这个社会越来越需要行政管理，越来越欣赏德国官僚体制的"崇高道德标准"，越来越社会化，并且越来越习惯于在理性规范基础上的职务服从行动。[24] 事实上，宠爱"官僚制生活理想"的现代社会，正在产生着"该词精神意义上的"官员。[25] 体现在理性化社会政治结构中的权力，产生了一种被除能的自我，适应于"尊奉惯常的规范与规则"，并且适应于"在官僚和被统治者中养成的唯唯诺诺的妥协"。[26] "我们似乎应当成为既有知识又有意志的人，需要的是'秩序'而且仅仅是秩序，只要这种秩序稍有波动，就会变得神经兮兮、失魂落魄；由于完全适应了这种秩序，一旦遭到痛苦，就会感到无依无靠。"[27] 用罗伯特·默顿的话说，规则与服从已经远远超出了这种功能，变成了一种象征，不仅是在这种结构内部，而且遍及整个社会。[28] 因此，人们必须找点什么"去对抗这种机制，从这种对灵魂的分裂中、从这种官僚制生活理想的绝对主宰下保存一点人类的自由"[29]。

当然，在德国历史上，虽然官僚制常常被理想化，但它并未得到高度发展，它对教育和社会化的影响也比较薄弱。实际上，人文素养一直是进入仕途的传统前提。然而，资本主义和行政管理的发展却推动教育以技术和专业化为本，推动自我塑造以适应和服从为上。社会与国家的领导阶层也进一步贵族化，而贵族阶层的经济独立和传统本应使它能够产生适合承担社会与政治任务的人物类型，但是，在资本主义发展的影响下，"大地产贵族阶层经历了一场重大的内部演变，使得从过去沿袭下来的贵族地位发生了彻底改观"[30]。他们"已经完成了自己的使命，而且今天已陷入在经济上垂死挣扎的境地，对此，无论国家采取什么经济政策，都无法使他们恢复往日的社会地位"[31]。

韦伯相信，从目前经济上的领导阶级——资产阶级——中间不太容易涌现出新的社会与政治领导人以取代贵族阶层，控制理性化，率领德意志民族参与国际经济与政治竞争，因为它已变得过于屈从国家，一心只考虑自身利益，甚至模仿贵族的习惯，追求贵族的特权，从而削弱了它的阶级认同。韦伯认为，这种俯首帖耳的原因就在于德国统一的历史特性和资产阶级的政治失败，以及路德教和虔信派所形成的文化，而这种文化完全不同于清教文化，后者曾支持了英国资产阶级各阶层与贵族统治的斗争。韦伯指出，事实上，是"宗教运动的力量——不是唯一的，但却是主要的力量——最早产生了我们今天所认识到的这些差异"[32]。他在1906年写道："我们这个民族从未经历过无论什么形式的严格的禁欲主义熏陶，这一事实就是我对这个民族的一切（包括对我自己）深恶痛绝的根源。"[33]韦伯甚至愿意把工人阶级视为国家与社会的潜在领导阶级，但是，因为它的工会和政党的缘故，它已经受到了过于官僚化的控制，而本来它是有可能采取行动、锐意进取和承担责任的。因此，按照韦伯的分析，各阶级都不再能够以自身的经济力量或经济地位授予自我权能了，也不可能通过任何继承下来的文化规范而产生有权能的自我。经济变革、政治文化以及阶级关系，共同侵蚀着我们所说的"统治的社会化"。韦伯转而提出要改造一种由于服从职业纪律而做出自我选择的人物，他们不会依附于他人，而且会独立坚持自己的事业，因此有可能与现存秩序产生对立，能够为自己的使命而奋斗：用达维德·里斯曼的话说，这是一种"自主型"人物，与"传统型"和"他主型"人物格格不入。[34]

不过，重要的是，在那个时代最有可能出现的贵族化自我，既不禁欲也不克己。韦伯经常谈到，贵族的自尊感"依赖于他们靠质量'存在'的意识，在于他们自身，并不指望自身以外的东西"，根本不抱什么使命感或任务感。[35]因此，自我的权能形态的恰当性，应当同具体的社会与经济秩序联系起来加以认识，它们应当完成秩序所提出的任务，而且应当摒弃那种单一、万能的强大自我——特别是禁欲主义的——模式及其源头。但是与尼采不同，韦伯相信，首先，旧式贵族的质量连同依赖于共同"存在"感的集体社会认同方式，已经无可挽回地消亡了；其次，当代这个理性化世界所造成的重担，无论如何都要由一种完全不同的自我去承担。

韦伯否认非禁欲主义的自我塑造方式能够为现代自我授予权能以进行主宰与革新："献身于一项事业……无论从什么观点来看都是必不可少的，如果行动……有着内在坚定性的话。"[36]韦伯认为，面对理性化与除魅的要求，一个自我必须接受技术专长和严谨的专业化约束，因为，要使行动产生效力，就需要专一而系统地为天职所在的目标做出奉献。"局限于专业化的工作，摈弃它所牵扯到的浮士德式的人类共性，是今日世界中有价值行动的先决条件。"因此，"在今天，'行动'不可避免地也意味着'摈弃'"。[37]这就是韦伯否定知识阶层所崇尚的教育传统的原因。它最早曾是一种反贵族统治的理想，重视存在，重视自我的发展壮大，重视它的人格表现。它的目标是按照人本身的自我"内心"模式和"规律"，使人"自行塑造他自己"，并且力求"他的全部存在的统一性"。[38]"知识人格"的标志在于它所拥有的"文化品质"，而不在于拥有特权化出身、专业知识或官僚地位。[39]但是在韦伯看来，不可能指望教育来强化自我。虽然洪堡相信，至关重要的是，首先塑造了自我的乃是自我的意志和力量，这符合它自身的内在规律，然后又对他人产生影响，但韦伯的看法却截然相反：教育所关注的是发生与发展，而不是提高和驾驭，它无法授予权能。它拒斥专业化和以任务为重的奉献，重视自我的完善，对自我克制和世俗行动不以为然。而且，如果没有被授予权能的个人，生活将会陷入刻板的、非个人的理性化，没有什么价值观或目标感能够使它得到激励。自我只有以禁欲主义奉献进行支配和动员，才能给人以力量去主宰这个理性化世界。

韦伯相信，只有通过受到使命召唤的个人为了更高的目标而采取的行动，才有可能进行系统的社会与政治革新，正因为如此，他的研究未能发现或认识到革新、自主和行动的其他源泉，不管那是不是集体性的。集体不能被授予权能，而只能被用作卡理斯玛支配的工具。例如，在韦伯的体系中，要想展望在目标方面的公共创造或者产生于社会运动、群众运动、联合体的革新性社会与政治行动，那是不可能的。而且，除非是在某种禁欲主义职业的变体中，否则就不会有什么个人活力。"在缺乏任何超越于俗世之上的因素的地方，必定会迫切需要那种与俗世相抗衡的力量。"[40] 的确，有权能的强大自我，早在宗教改革之前就已出现在西方以外的许多地方，但韦伯是根据他在清教徒中发现的那种自我的结构对它们进行阐释的，因为他把他的模式视为有权能的自我的本质。由于他对这种人格的概念做出了严格限定——能够以革新与发号施令的方式采取行动，并且限定了自我塑造的要求与过程就是使自我成为这样一种行动者，韦伯使人不可能再去设想，一个自主的强大自我竟会完全不同于禁欲主义清教徒的自我。

在韦伯对德国政治发展的阐释以及他对第一次世界大战结束之后德国民主化的设计中，可以看到他的自我与权力逻辑的某些结果。韦伯确信，为了执行德国政治提出的任务，必须创造一种特殊类型的自我。这使他犯下了两个严重的错误。第一，他误解并滥用了英国的内阁政治。韦伯把格拉德斯通——一位毋庸置疑"受到使命召唤的"政治家——视为有权能的现代领袖的理想类型，他只接受自身卡理斯玛的约束，只接受自己政治事业的激励，从不向他人求教，控制着一个完全俯首帖耳的议会。韦伯的这种纯粹主义政治版本，排除了社会各阶级和利益集团、政治文化、其他人格、动机、意识形态以及五花八门的支持者联盟所发挥的作用，赋予了格拉德斯通一种言过其实的威权主义权力，把英国议会说成了一种言过其实的驯服工具。他所设想的政治仅仅接受更高事业的激励，在那里，领袖对他们的国家理念承担着无限的责任，除了在大选期间，通常并不受制于现实国家的需求和需要，独来独往的斗士们率领着大批追随者相互对抗，从而实现了民族强盛。因此，他在许多方面忽视了英国政治的社会基础和复杂性，仅仅看重领袖人物凭借人格力量赢得支持的能力，并且用个别引人注目的领袖范例代替了对政治的综合分析。他这样做是因为他依赖于一种理想的禁欲主义领袖的概念，他认为这也适用于英国。

第二，韦伯在为德国从威权主义向民主政治过渡进行设计时，对领袖人物的关注过于集中，而没有顾及现存秩序的社会与文化基础，没有充分认识到军队、司法系统以及官僚机构等制度力量的敌意、保守主义态度和政治偏见，忽视了为议会制政体扩大群众支持的问题。在导致魏玛共和国终于崩溃的许多因素中，这些力量都有作用。实际上，韦伯过分依赖支配概念，把它作为思考政治与社会秩序的主要工具，其根本原因就在于他未能充分注意当代政治秩序的社会基础和大众政治文化的重要性。他片面地利用英国以及他为德国所做的设计，表明了德国的领导权问题对他的思想的极端影响，展示了他的自我及其权力的概念所造成的局限，同时还启示人们，必须更多地关注现代政治的社会基础和政治、文化与制度的相互作用。

08 | 新教伦理与“新伦理”

克劳斯·里希特布劳

马克斯·韦伯在他的方法论文集中宣称，进行历史解释和解说的主要前提之一，就是学者自身的价值取向（Wertbeziehungen），以及他那个时代的主要文化争端。[1]韦伯也像格奥尔格·齐美尔那样的哲学家和社会学家一样具有这种洞察力，齐美尔在 1892 年最早以系统化方式详细阐述了一种亲族解释理论，韦伯对此了如指掌。[2]1908 年，齐美尔进一步完善了他的论点，他说，任何个人都只是一块碎片，必须看一下“一般的他人”才能完成他们自我本身的画像。但是，如果一个他人看上去像是对我们自我本身的概括与典型化，那么他或她也是一块碎片，是被我们融入了整体的一块碎片。因此，我们总是参照着外部世界来解释我们的内心世界，使两者仿佛都成了一种镜像。[3]

我并不是要笼统地讨论解释学的“解释”（Verstehen）过程这个核心问题，而是要首先问一下，在韦伯研究现代资本主义职业伦理的宗教背景时，他和他那个时代的主要问题是什么。这就涉及了现代的性别问题（gender issues），就是说，涉及了现代家庭结构的重大发展和世纪之交时的“性问题”（sexual question）。参照韦伯自己的“家族传奇”（Familienroman）、它和现代男女平等主义运动及“性反叛”（erotic rebellion）的密切关系来解读韦伯对现代生活方式的禁欲主义根源之谱系的研究，也就意味着把他的著作定位在这样一种文化背景之内：它不仅导致了弗洛伊德的"发现"和对潜意识语言的破译，而且还使得齐美尔的"货币哲学"成为一种象征方法的普遍性理论。在这些理论家看来，现代文化似乎要求个人彻底牺牲人性和私欲。[4] 因此，我对韦伯《新教伦理与资本主义精神》进行解释的出发点之一，就是再现韦伯本人对这些文化问题的回答，它们涉及资本主义货币经济的禁欲主义根源和现代个人的人格结构。我要讨论的是在论及19世纪末叶资产阶级社会文化危机的主要问题时，齐美尔、韦伯与弗洛伊德的著作之间某些突出的"选择性亲和"，但是我并未采用精神分析学的框架。[5]

韦伯本人的神经疾病不仅是一种个人疾病，也预兆并体现了他那个时代的"神经"特性，它产生了许多描述这种文化危机的诊断书，以及各种解决问题——特别是针对文化危机——的治疗方案。韦伯在1895年的就职演说中就把他那一代人说成是平庸的一代，指责他们没有尽力继续他们父辈业已成功开创的工作。[6] 因此，他本人"这一代人的反叛"，可以被解释为努力争取新的机会以重新焕发这样的活力——它不仅引导现代资本主义获得了世界范围的胜利，而且有可能建立新的德意志帝国。韦伯不断疏远威廉二世时代那些居高临下的贵族阶层，以及像他父亲那样同威廉二世及容克地主的"人治"媾和的"自由主义"政客，他寻求的是一些自由主义者的历史先驱，他把他们称作德国资产阶级的真正"英雄"和新帝国的真正"缔造者"。韦伯对当代德国资产阶级政治家的批评，主要就是指责他们缺少英雄行为，屈从于威廉二世和容克地主政体的淫威。[7]

从行为上变得有利于快乐主义、消费主义、唯美主义和纵欲无度的主观主义文化，也是韦伯批评当时整个资产阶级文化的主要话题。在他看来，追求"内心体验"（inneres Erleben），迷信极端个人化的生活行为，都是普遍"堕落"的征兆，使现代文化出现了严重的"病态"。它还导致了韦伯本人的人格与行为的某种紧张关系。[8]"现代主义"是许多文化病态和人类疾病的根源与征兆，从 19 世纪开始便遭到了一些有影响的哲学家和诗人，如叔本华、克尔凯郭尔、波德莱尔、托尔斯泰和尼采等人最严厉的批判。"堕落"与"退化"概念也是神经病专家和性学家常用的概念之一，用以描述"现代"生活方式那些根深蒂固的"异常"和"病态"现象。这种表现为歇斯底里和神经衰弱的精神"疾病"，在 19 世纪八九十年代的壮观"成就"，已经不仅仅是神经病学和医学问题了，还是文化与文学批评的普遍话题，它是现代文化的核心特征。在神经病学、医学、文学及美学论说的不同"层次"之间有着密切的思想联系，这在现代"性别问题"方面也产生了某些共同的关键问题。[9]

卡尔·兰普雷希特在《德国史》中把德国文化称为主观主义和印象主义的文化，它和中世纪那种象征性、典型性及习惯性特征的衰落密切相关，导致了兰普雷希特所说"神经亢奋期"（Periode der Reizsamkeit）的精神状态。[10]格奥尔格·齐美尔也把他那个时代的神经特征解释为货币经济和现代城市生活方式的活性所造成的后果。在他看来，追求"新印象"似乎是人类面对"现时代"的不断加速度时的必然趋势，而且他自己也渴望一种真正可靠的个人化生活方式。[11]与这种对文化现代主义进行价值中立的描述不同，威利·黑尔帕赫在 1902 年断言，现代文化有着真性病理特征（genuinely pathological character），并且指出了当代美学、性爱、宗教和医学问题之间的"选择性亲和"。按照黑尔帕赫的说法，这种"幻影意识"乃是中世纪精神的一个种特征（a specific character），现在转而成为歇斯底里肉体的象征性和装饰性特征，那不仅是妇女们的一种怪癖，而且成为女人气质乃至整个文化现代主义的象征。[12]

在奥托·魏宁格的著作中，男人和女人之间的对立似乎成了这种"文化危机"的核心，而危机则被认为是受压抑的女人气质的重新发作。因此，男性人格的不稳定，被归因于传统角色归属感的消失和两性间的劳动分工。[13]毫不奇怪，这个时代的无政府主义运动，其最重要的目的之一就是要摈弃资本主义和父权统治的禁欲主义压迫特征，以恢复古代"母权"（Mutterrecht）的力量和"圣娼"传统，以及贵族社会的爱的技巧（ars amandi）。性冲动作为宗教体验的替代方式，也得到了德国妇女运动最有影响的领导人之一格特鲁德·博伊默尔的承认，她在1904年说道：

> 一个渴望体验所有令人陶醉的自然冲动力的性与艺术的历史时代正在破晓。人们已经适应了性活力在快乐与痛苦之间的来回摆动。性冲动已经变得至关重要。埃伦·基甚至提出了这样的主张：现代人眼中的爱情就像过去人们眼中的宗教。爱情变成了令人永不知足的关注目标，它的全部神话般的秘密都被拖到了光天化日之下……那种前所未有的自我暗示使它的力量与日俱增。[14]

然而，在格特鲁德·博伊默尔那样的妇女看来，如此夸张地颂扬性冲动，会从根本上损害对这种生活经验的理论和文学表达。她接着说道：

> 最早热衷于人权的妇女几乎是抱着禁欲主义的蔑视态度看待妇女的。但是我们今天却陷入了这样一种气氛之中——一切人间疾苦，生活

中的一切失意，都被归因于性要求没有得到满足。里卡尔达·胡赫在论及戈特弗里德·凯勒的文章中说，人们过高估计了爱情的重要意义。她说得很对。"在现代生活中犹如在现代艺术中一样，爱情占据了太多的空间，这就是我们这个时代疾病缠身、弱不禁风的最重要的原因之一。"[15]

事实上，性冲动问题和自由性爱的要求，是某些有影响的知识分子圈子和妇女运动内部所讨论的主要问题之一。在慕尼黑，路德维希·克拉格斯"宇宙圈"的一些成员就是充当了施瓦宾格这一放荡不羁的文化人群体（Schwabing bohème）的代言人，支持一种"新异教"思想。他们鼓吹彻底的性解放以摆脱一切禁欲主义理想和父权主义统治形态。他们的异教信仰不仅抨击西方理性主义的价值观，而且抨击资产阶级的性道德标准。已经成为崇拜对象的雷文特洛乌伯爵夫人弗兰西丝卡，就扮演了一个新式高等妓女的角色，她鄙弃资产阶级妇女运动的才女们，要求重建"为艺术而艺术"式的性文化。[16]这种文化批判被弗洛伊德的学生、同时还深受巴霍芬和尼采影响的奥托·格罗斯推向了极端。格罗斯把性革命提到了政治纲领的高度，他认为，自由性爱的革命性力量具有社会治疗功能，并且可以改造社会。[17]这种思想在1904年进入了德国妇女运动，那时"保护母亲协会"已经成立，并开始在资产阶级妇女运动的各个流派中发挥关键作用。

这种联盟的最初意图是帮助压迫性父权社会中未婚妇女及其私生子女解决精神与物质难题。一时间，一些进步自由主义者，如弗雷德里希·瑙曼、维尔纳·松巴特以及马克斯·韦伯本人，都支持由鲁斯·布雷建立的这个联盟。其他支持者也是一些活跃的妇女运动斗士，比如阿德勒·施莱贝尔、亨丽埃特·菲尔斯、莉莉·布劳恩、黑德维希·多姆、玛丽·施特里特、罗莎·迈雷德、埃伦·基。但是不久，海伦妮·施托克尔及其同道便开始利用这个论坛传播她们自己关于自由性爱和私生子女具有解放性质的信念，并强迫协会成员支持实际上是旧伦理的"新伦理"。[18] 格特鲁德·博伊默尔在 1909 年指出，这种性解放的新伦理所受到的巨大鼓舞，不仅得自尼采的超人学说，而且还得自 1800 年前后德国早期浪漫主义运动，尤其是弗雷德里希·施莱格尔与施莱尔马赫的著作中所宣扬的性爱的力量。[19] 但与这些浪漫主义者不同，新的性爱个人主义导致了新的性伦理，它还宣布要把性爱从传统婚姻的束缚下解放出来。要求真正的自由性爱以及妇女有权未婚生育，这种革命性主张对于韦伯夫妇认为理所当然的、涉及他们自身私生活的婚姻价值观构成了最严重的挑战之一。他们同这种新伦理代表人物的争论，有助于我们理解韦伯夫妇试图把他们自己的婚姻，以及与此有关的历史传统和文化价值加以合理化证明的做法。[20]

当时，韦伯夫妇是从植根于禁欲主义传统的基督教世界观角度为资产阶级性道德进行辩护的。在他们看来，对性关系的忠诚乃是理所当然的禁欲主义理想，它把那个"美丽的瞬间"置于道德律令的支配之下，这决定了伴侣相互承担着"直到白头偕老"的责任。[21] 法律、义务以及禁欲主义，构成了一夫一妻制的共同体理想，要求扼制不受约束的性欲望，使之服从于清教徒式的婚姻伦理规范。要求自由性爱和婚外生育看来就是"对一夫一妻制的亵渎"，它无异于"扼杀某些神圣事物"。按照这种禁欲主义的责任伦理，感官享受不一定会成为"目的本身，即使从审美角度赋予性冲动以高尚形式，那也不会"。[22]

我们在这里遇到了禁欲主义的新教精神，它不仅形成了韦伯夫妇对婚姻的理解，而且影响了玛丽安娜在韦伯患病及康复期间所写的《合法发展的妻子与母亲》。[23]韦伯1904年关于禁欲主义新教和现代资本主义精神气质之间的选择性亲和的论文，不仅为玛丽安娜提供了一个理论框架，而且引导她对于从古代共同体到资产阶级婚姻及其清教道德的婚姻法则的发展产生了极为深切的关注；和她丈夫一样，玛丽安娜关心的也是辨别现代世俗行为的出现过程中所包含的非经济的、纯精神的决定性因素。她反对对历史进行经济解释的一元论方法，强调了婚姻法则与婚姻行为的发展过程所受到的多重影响。另外，和她丈夫一样，她断言资产阶级的婚姻道德产生于从宗教改革开始，经由加尔文主义、英国清教以及浸礼会各教派而延续下来的宗教激进主义。我们来看看韦伯的文本。

在《新教伦理与资本主义精神》中，韦伯试图再现作为资本主义职业观核心问题的纯宗教动机。对世界的罪孽加以宗教确认，需要一种世俗的禁欲主义，旨在摧毁一切"自发的感官享乐"（《新教伦理与资本主义精神》，119）。性交似乎在婚姻中才是可接受的，并且只是为了生儿育女；在选择伴侣时，性的吸引要从属于严肃、理性的选择。马克斯·韦伯和他的妻子一样认为，一种完全依赖于理性主义节欲观的性道德使婚姻关系发生了伦理变化，因而"对妇女的尊重也蔚然成风"，这促进了现代"妇女的解放"（《新教伦理与资本主义精神》，264）。[24]这种泛宗教观念，两性对良心自由的要求，以及拒斥任何尚武精神，都有利于清教共同体内形式上的妇女平等。但是代价呢？

韦伯以其生动的描述彻底摈弃了一切感官文化（Sinnenkultur），因为它给实际行为带来的后果以及它与文化价值观的关系都没有直接的宗教意义。一方面，博爱的非人格化和对友谊的不信任，似乎是一切禁欲主义伦理的必然结果，因为它在一切纯感情的个人关系中都能看出"肉体崇拜"的危险。另一方面，这种态度肯定也会从根本上反对美学领域的问题，因为后者仍然有着肉欲的成分。因此，清教英国牺牲了绝大部分艺术形式，随之出现的就是全体一致的标准化生活方式。和工业化生产方式一起，这一过程最终导致了对行为的铁腕控制，以及韦伯满怀悲悯之情谈到的现代职业精神的悲剧。

不难看出，韦伯是明确摈弃感官文化的，同时又把实证科学看作唯一应予明确支持的非宗教价值观，这也表明了他个人的精神气质。这种独到的、韦伯试图不懈坚持的宗教立场，受到了当时性解放运动和文学-美学先锋派的严重挑战。这种来自自由性爱的挑战逃避伦理和宗教规范，倾向于一种审美的表现主义生活方式，这对韦伯产生了深刻的影响，并最终使他在纯伦理和宗教价值观的文化意义问题上，对自己的观点进行了决定性的修改。他对性欲问题采取了三个对策。第一，他和玛丽安娜一起，继续支持一夫一妻婚姻这一道德理想的绝对正当性，但他也愿意承认，如果这种理想只在某些前提下才是一种可行的制度——这是他最终为自己提出的制度——人们就不会去遵守。[25]第二，由于确信节制性欲有着独立的价值，韦伯对于无规范的性冲动对人格的影响产生了强烈的关注。这种关注的反映就是他接受了弗洛伊德的学说，并对奥托·格罗斯进行了激烈批判。韦伯拒斥后者提出的释放性欲具有治疗功能的性伦理，但他认为弗洛伊德的研究是某种经久不衰的贡献，因为它们成功地创造了一种"精确的诡辩"。[26]第三，韦伯为之烦恼和着迷的是这样一种观念：伦理价值观并不是唯一的规范性价值观，因为性爱和审美分别有着自身的价值观。用尼采的话说，它们处于"善恶之彼岸"，因而有一种密切的选择性亲和。韦伯甚至开始计划艺术社会学的研究，但只写出了音乐社会学的大纲。他还产生了一种强烈的兴趣，要做出多方面的努力去创立一门独特的现代审美学。

韦伯还希望通过现代审美学把性爱明确为一个特定的价值领域。例如，他在读过格奥尔格·卢卡奇的《海德堡艺术哲学》第一部分之后给他写信说：

> 我急欲看到您转向"形式"概念之后的情况。毕竟，形式并非只在高于经验层面的价值层面上才能看得到。即使内心深处"笼子"中的性爱领域，也有形式。它和一切有形的生活一样注定也会产生罪恶。它坚持那种彻底的审美态度，因为它反对属于"无形式"的神性领域的一切。性爱的位置当然会有定论，我非常关心的是看到您将把它放在何处。[27]

令人遗憾的是，卢卡奇的美学理论也是仅仅留下了一个框架。因此，我们必须到别处确定性爱与审美的位置。韦伯的宗教社会学给我们提供了一把钥匙，尤其是通过三种"中间反思"（Intermediary Reflections）。最后一种连同论述以科学与政治为业的两次演讲，成为韦伯留给我们的最终遗产。无须惊讶，晚近许多有关韦伯的文献都涉及这些著述。[28]

韦伯在一种理性主义的类型学与社会学中描绘了美学与性爱的文化自主性，展示了各种生活秩序之间的一系列根本冲突。在那些主要的得救论宗教及其超验上帝的偶像中，宗教伦理与这个世界根本上的紧张关系，由于"自然因果论的宇宙"和"伦理报应因果论的宇宙"的对立而愈演愈烈。[29]朝着信念伦理的方向把得救理想化则加剧了与这个世界的冲突，因为行为的宗教理性化也会导致更多地理解其他价值领域中的逻辑，从而更多地意识到它们之间的紧张关系。在韦伯看来，普适性的兄弟情谊伦理观的兴起，对于其他领域的差异来说，乃是至关重要的。

"博爱"和"泛"（非特指的）爱的逻辑前提是出现了这样的宗教集会：它与家庭和亲属聚会有别，而且得到了政治上保持稳定的帝国当局的支持。但是，这种爱的伦理的普适性主张所针对的就是扩大了的家庭和邻里的联合体，同时也针对着政治权力本身。因此，由教士们组织起来的道德上的"奴隶起义"，也表现为一种"被统治者的伦理"。韦伯说道，由于"妇女到处都表现出对于宗教刺激的特殊敏感性，那么这种对家庭生活的热爱便提供了更强有力的基础，以把宗教价值观指定给被统治者的天然女性品德"[30]。政治权威越是凭着本身的权力变得制度化，臣民"遁入无理性的非政治情感"，尤其是遁入性爱领域的可能性就越大。[31]

韦伯特别关注普适性的兄弟情谊伦理观同以下两方面的紧张关系：一是经济、政治与科学，二是性爱和艺术。后两者与得救论宗教的对立尤其尖锐，因为它们和神秘主义的宗教虔诚极为相似。最高级的性行为方式与"理想化的崇高虔敬形式"之间的心理相似性，以及它们"在心理和生理上的可互换性"，可以说明两者为什么会在理性的与理智的现代化世界中成为最势不两立的对头。[32]只有那种宣称能够基本上在所有领域实现理性化的文化，才能激发出作为一个独立领域的"无理性"主观体验。

然而，宗教虔诚同样会躲进这样的秘密体验之中——令人惊奇的性本能和"为艺术而艺术"式的主观享乐。把性欲上升到"自觉修炼、超尘拔俗的范围"这种意义上的性行为，仅仅在坚持把禁欲主义职业化的纯理智主义文化中才有可能。于是，超尘拔俗的——尤其是婚外——性行为，似乎就成了"把人类同一切生命的天然来源联系起来的唯一纽带"，它打开了

"一扇进入最不理性，因而是真实的、与理性化心理机制格格不入的生命核心的门户"。[33]

由于认识到"为爱而爱"和"为艺术而艺术"的自发性，韦伯果断修订了《新教伦理与资本主义精神》关于现代性理论的概念结构。因此，韦伯的全部作品都与文化先锋派有关，而他们认为现代文化的特殊性就在于对审美-表现领域和纯粹认知-工具领域及道德-实践领域做出系统区分。[34]这种现代性理论接过了早期浪漫主义对理性的批判的中心主题，竭力为"自我的内在无限性"（黑格尔）进行辩护，认为理论和实践的理性主义并无逻辑上和实际上的需要，应当为审美和性爱恢复名誉，把它们视为真正的表现主义问题。[35]由于承认了性爱与审美价值领域的自发性，韦伯把这种审美-表现的现代主义同理性化和现代化理论结合在了一起，开始是一种宗教除魅的巨大历史进程，最后浮现在脑际的则是向诸神的回归。作为一种"对多神主义的颂扬"，韦伯的理论可以被理解为"自相矛盾的神话"，一种对历史的后历史态度。[36]因此，韦伯预料到了后来被丹尼尔·贝尔称作资本主义文化矛盾的现代主义与现代性的断裂。要求无限制自我实现的个人及后现代的反正统文化，体现了一种审美-享乐、注重消费的表现主义文化。但是，按照新教伦理确立了自身历史范式的现代社会的制度核心，仍然要依赖于信念伦理。[37]

然而，在《新教伦理与资本主义精神》的两个版本中，韦伯绝口不提性爱与文化在一种比较自由主义或审美的生活方式中达成和谐一致的可能性。韦伯关于现代资本主义的禁欲主义根源的命题，以及为贵族"裙带经济"（Mätressenwirtschaft）恢复名誉，把它看作资本积累的主要来源之一，都曾遭到松巴特的批评，但韦伯用以下论点进行了反驳：关键不在于有钱，而在于如何用钱。[38]和齐美尔、弗洛伊德一样，韦伯也是从欲望受到的彻底压抑（Triebverzicht）中去寻找现代西方文化的起源，而那种欲望将会导致一个新世界的出现并摧毁挥霍性的传统贵族世界。在韦伯看来，为世界洗罪和除魅的行为才是真正的"英雄"行为。按照韦伯的看法，松巴特对"商人冒险家"和大领主的奢侈的赞扬，无法说明现代资本主义精神和职业伦理为什么会首先出现在那些远离进行大规模资本积累的商业贸易和炫耀性消费中心的地区。在他看来，经过世俗禁欲主义熏陶的道德规范与个人行为的可计算性，是现代资本主义和职业精神的主要来源之一，即使它们毁掉了自身的精神基础。但是韦伯本人承认，这种思想文化遗产的形式不仅保存在日常生活的惯例和限度中，而且保存在现代科学及作为半先验的价值观的世俗劳动伦理中。

和卡尔·克劳斯、阿诺德·舍恩伯格、阿道夫·卢斯、路德维希·维特根斯坦、奥托·魏宁格一样，马克斯·韦伯也属于禁欲主义派别的"反现代主义的现代主义者"，反对在现代文化内部复活中世纪的寓言、装饰和神秘主义，寻求一种洗罪行动以坚持把形式、距离和禁欲主义概念作为思想与审美疗法的工具。韦伯在理智主义和唯美主义之间所做的明确区分，以及他对所有理论时尚的谴责，就是表达了一种他所认同的、作为现代资本主义和文化主要来源之一的禁欲主义。与内心体验相比，他更倾向于把行动视为主要社会学概念，这可以被看作是一个治疗手段，用以矫正当代医学文献所说的抑郁症。与神秘主义相比，他更倾向于禁欲主义，这也意味着他所寻求的生活方式是要避免在"内心体验"的迷宫中走投无路时可能产生的个人危机和政治冷漠。他对"英国化的犹太人"的同情和对路德教徒在政治上俯首帖耳的鄙视，表明他要寻找的是这样一些"英雄"——他们创造了托马斯·卡莱尔用更多文学笔法而不是历史笔法描绘的现代化成就。"要努力、勿绝望"这一守则，不仅成了 19、20 世纪之交或德意志帝国衰落之后被频频开出的医嘱，而且也是其本身就被认为表达了一种抑郁型世界观的禁欲主义新教的核心。[39] 因此，韦伯可能感到了与他本人那种抑郁而悲观的世界观的某种密切联系或选择性亲和。

这就是体现了他对现代资本主义起源的研究以及他本人生活方式这两方面的特征的悲剧形式。按照尼采和齐美尔的说法，悲剧就是这样一种崩溃：个人或整个文化在这个过程中毁掉了自己的预期。世俗禁欲主义的悖论使得现代文化的"英雄"基础骤然坍塌。可以说，禁欲主义新教的品德把韦伯关进了一只铁笼子，只有使（"与法律无关的"）性爱的力量"重新焕发魔力"才能把他释放出来，因为这种力量能使他像多年前那样紧张工作。[40]

韦伯反对把他本人的工作说成是一种"形式美学"（Stilästhetik）。"唯美主义"和"神秘主义"都是在隐喻一种无理性的混沌力量，这反映了作为一个整体的文化已经走向堕落。这些概念也是在隐喻和类比女性化及文化现代主义的"男女平等主义"性质，它们威胁到了父权时代传统的性角色。[41] 在韦伯的《新教伦理与资本主义精神》以及后来关于世界诸宗教的研究中，其至关重要的方法论主张就在于，他否定了任何侈谈"因果关系的无限回溯"和不同文化范畴同时"互动"（Wechselwirkungen）的历史与社会"规律"。在这个背景下，韦伯便常常利用"选择性亲和"这一文学传统主题。歌德在以此为名的小说中做了一个"化学类比"，以描述他的四个主要人物之间的不同关系。这样一来，人为的选择性亲和概念就意味着一种自然决定论或者一种神秘的性爱引力，它们有可能摧毁资产阶级婚姻制度的法律和道德基础。韦伯曾批评齐美尔把"互动"概念推崇为社会学的基本概念，批评他用一种半审美的方式使用"象征"和"类比"。[42] 但尽管有这样的批评，韦伯本人却常常利用文学隐喻，即瓦尔特·本雅明在研究歌德时所揭示的那种神话思维方式。[43]看来并非偶然的是，这种隐喻也象征着婚姻作为一种制度的悲剧性衰落。但在松巴特把老式炼丹术的谋财之道同新兴的资本主义精神加以比较时，韦伯也用炼丹术式的隐喻言说现代资本主义的历史起源，看到这一点也着实令人惊讶。[44]塔尔科特·帕森斯"解决"这个"棘手"难题的办法，是把德文术语 Wahlverwandtschaften（亲和力）译为"correlations"（相关性），而不是译为比较准确的"elective affinities"（选择性亲和），因为他偏爱那个更接近于齐美尔术语而不是韦伯术语的词。这难道不是帕森斯本身"对他者的言说"中一个饶有趣味的置换吗？[45]

09 | 资本主义的崛起：韦伯与松巴特

哈特穆特·莱曼

1990 年 2 月 21 日，捷克斯洛伐克剧作家、新当选总统瓦克拉夫·哈维尔在向议会两院发表演讲时解释说，他的国家需要美国的大量帮助，但主要不是财政援助，而是其他方面的帮助，例如在"如何教育我们的子孙"、"如何选举我们的代表"以及"如何组织我们的经济生活使之走向繁荣而不是贫困"等方面提供帮助。哈维尔说，捷克斯洛伐克则能够转而向美国提供"自己的经验和知识"，尤其是提供一种"特殊的经验"，"一种巨大的确定性"，就是说，"意识先于存在，而不是像马克思主义者宣称的那样存在先于意识"。哈维尔接着说，由于这个原因，"这个人类世界的得救只能依靠人类的心灵、人类力量的反省、人类的同情心和人类的责任感"[1]。

100 年前①，19 世纪的最后 10 年间，一些年轻学者，例如生于 1863 年的松巴特，或者生于 1864 年的韦伯，对于哈维尔所说的"一种巨大的确定性"还没有什么把握。韦伯与松巴特都曾着力探察马克思主义历史理论的历史背景，试图搞清楚被哈维尔称作"意识"和"存在"的这两个因素之间的关系。在那些年中，松巴特与韦伯发表了不少著作，对马克思所说的"物质基础"和"非物质上层建筑"的关系进行了讨论，试图说明人类发展

---

① 本文写于 1990 年代。——编者注

的一般进程，尤其是现代资本主义的出现。

到 1900 年，尽管取得了给人深刻印象的学术成就，但松巴特与韦伯的业绩都没有达到两人可能设想过的程度。松巴特出版了论述德国经济史的著作之后，他的同人都把他视为极左分子，并认为他不再适于在德国的任何一个主要大学教授他那个专业。由于意想不到的疾病，韦伯则被迫进入可以说是半退休的状态。但他们都不认为自己应当成为局外人，都在力争得到承认。

在 20 世纪的最初 10 年间，通过一系列重大研究，松巴特与韦伯如愿以偿，并且影响了关于资本主义现象的争论方向。局外人成了局内人，或者说舆论向导。他们对资本主义起源的论证在 20 世纪 20 年代产生了相当大的影响，人们甚至可以认为，他们还大大影响了第二次世界大战之后关于资本主义史的争论。

维尔纳·松巴特在 1902 年出版了两卷本的《现代资本主义》。[2] 按照松巴特在第一版中的阐释，资本主义的产生是多种因素及若干发展阶段的结果，他认为其中最重要的是中世纪土地所有者与商人的资本收益的积累。松巴特在该书第三部分讨论了"资本主义精神的起源"，首次论述了获利欲的觉醒以及经济理性主义的发展。在这一部分，松巴特详细阐述了他所说的"奇思怪想"——金钱应当而且也能够通过经济活动而增殖。在松巴特看来，这种态度是典型的欧洲人的态度，但不能从气候或种族角度对它进行解释，也不能像埃贝哈德·戈滕的《黑森经济史》[3] 那样把它归因于某种宗教群体。松巴特接着认为，那是因为中世纪时期人们开始重视金钱的价值，世俗化和城市化进程则强有力地支持了这种观念。他认为，到中世纪末期，获取金钱——特别是黄金——的欲望已经成为一种大众现象。

按照松巴特的说法，正是这种欲望诱使人们要么挖矿，要么使用炼金术去疯狂淘金，他认为，在这种背景下，某些人发现通过经济活动也能够获得金钱。松巴特接着说，没有谁知道是什么人首先发现了这一点。不过他推测肯定是那些不走极端的人，这些人头脑清醒而冷静，以一种精明的理性化方式去算计和认识生意场中的事，同时又工于处理日常财务，因为他们把钱贷给了别人。简言之，按照松巴特1902年的解释，资本主义精神首先出现在小店主、零售商和资金有限的投机商中间，以及同外国人而不是同本国人做生意的人们中间。因此，松巴特断言，在西欧，在生活在那里的外国人（即犹太人）中间，出现了赚钱欲的迅速膨胀，尽管不应过高估计他们的影响。松巴特认为，出于同一目的而与外省人做生意，往往也会发展出赚钱的精神。

在讨论宗教的影响时，松巴特提出了几点看法。第一，他注意到，指出经济生产群体具有某些宗教共同体背景，这并不能充分说明资本主义的崛起。因此他认为，在资本主义的早期历史上，特定的宗教群体，尤其是加尔文宗和贵格会的作用，就是"一个人们过于熟悉但却需要做出复杂说明的事实"。松巴特进一步说，如果谁要对此持有异议（比如以中世纪全盛时期的意大利城市或中世纪末期的德国城市为例，两地都有高度发展的资本主义精神），并坚持认为新教宗教不是现代资本主义思想的因，而是果，那么只有拿出"具体历史环境的经验证据"才能否定这种观点。[4]

韦伯读到这些内容之后，似乎很不满意他的朋友和同事用这种前后矛盾的方式描绘宗教的影响。埃贝哈德·戈滕曾经叙述了"加尔文宗流民"影响早期资本主义史的历程，并被松巴特引以为例。韦伯对戈滕赞赏有加，并试图更准确地考察松巴特已经提到但没有尽力澄清的"具体历史环境"。

我同意伯恩哈德·冯·布罗克的说法，他认为韦伯的论文《新教伦理与资本主义精神》是对松巴特《现代资本主义》关于资本主义精神起源的阐释所做出的回应。[5]韦伯在1904—1905年的第一版中仅有两三处提到松巴特，而且都是完全无关紧要的地方，我想我们不应被这一点所误导。后面我会指出，韦伯在1920年的第二版中就频频提到松巴特。就韦伯论文的第一版而言，他的论点表明松巴特的阐述给了他非同小可的刺激，或者说滋扰。因此，韦伯的论文并不是简单干脆地拒绝松巴特的说法，而是引用了大量原始资料以证明新教对于现代世界尤其是对于资本主义精神之发展的重要性。韦伯还广泛引证了像理查德·巴克斯特那样的17世纪的作者，最重要的是，他循序渐进地展示了资本主义精神的发展——从路德的天职观、世俗禁欲主义的宗教基础到禁欲主义和资本主义精神的关系。韦伯在1904—1905年所提供的，看来就是松巴特在1902年所主张的具体历史环境的经验证据。

韦伯论文的其他某些方面在这里只能简要说说。毫无疑问，韦伯所依靠的是他早期对于各种相互依存的历史因素的研究。他借助于格奥尔格·耶利内克论述17世纪虔诚的持异端者在基本政治权利和个人自由发展历程中的重要作用的开创性著作，并把它用于自己的论题。借助于有关宗教归属和社会分层的最新研究成果，他进一步深化了自己的见解，并且使自己的论点论断形成了对现代性的更全面的论说。[6]

埃德加·雅菲在若干年后说道，韦伯的论文转而又促使松巴特再次去探讨这个问题。雅菲指出，松巴特发表于1911年的《犹太人和经济生活》（*Die Juden und das Wirtschaftsleben*）和1913年的《资产阶级——现代经济学家思想史》（*Der Bourgeois: Zur Geistesgeschichte des Modernen*

Wirtschaftsmenschen），"毫无疑问是受到了马克斯·韦伯的刺激"。[7]在这两部以及其他一些著作中，松巴特对韦伯的论文提出了异议。他在 1909 年的一篇文章中指出，不仅应当像韦伯已经做过的那样揭示某些宗教观念对于新兴资本主义企业家阶层的影响，而且应当像他自己着手做的那样对这一过程中的其他因素加以解释，并说明清教是如何受到历史力量左右的。在松巴特看来，韦伯大概根本不愿以这种方式完善他的研究。[8]

我们现在来看看松巴特认为完善或完成韦伯的论点所必需的东西究竟是什么。松巴特在《犹太人和经济生活》的序言中写道，和以前所做的相比，他要开掘"某些更深的隧道"，在这个过程中，他发现犹太人在资本主义历史上的影响远比他过去预想的更巨大。由于进行了更细致的考察，他得到了更有把握的见解：犹太人是这样一些人——无论何时何地，他们的出现总会带来经济进步；无论何时何地，只要他们一消失，就总会导致经济衰落。松巴特在另一个地方强调说，犹太人就像太阳巡行在欧洲上空，他们到了哪里，新生活就会一片兴旺；他们一离开，无论什么样的繁荣都会一落千丈。[9]

在 1911 年的那部著作中，松巴特详尽阐述了犹太人对现代经济发展所起的作用，以及犹太人经营资本主义企业的特殊条件。他用了大量篇幅讨论这样一些题目："犹太人在客观上适合于资本主义"，"犹太人的宗教对于经济生活的适用性"，"犹太人的特性"，"犹太人的特性是如何产生的：种族问题"，"犹太民族的命运"。此外，松巴特还在书中提出了一些极有争议的说法，例如，"总体来说，美国就是一个犹太人的国家"，"我们所说的美国化，在很大程度上不过就是浓缩了的犹太人精神"。而且他还使用了广为流行的达尔文主义语言："犹太人和资本家是同一类人，因为两者都是经过理性化锤炼的产物。"[10]

正是在这种情况下，松巴特辩称，他发现清教徒的基本观念和犹太人的基本观念几乎如出一辙。特别是，松巴特自信已经看出，就他和韦伯所讨论的资本主义的崛起而言，与之有关的清教徒和犹太人的观念几乎完全一致：以宗教关切为重，灵魂确定性的观念，日常生活的理性化，世俗禁欲主义，宗教观念与商业利益的融合，力求预测罪孽与得救。松巴特断言："清教就是、等于、意味着犹太教。"以他本人和韦伯的著作为根据，松巴特接着说，现在有可能在清教和犹太教之间确立这种精神联系，甚至精神融合。[11]

于是，松巴特提出了能否证明清教如何受到犹太教影响的问题。他找来了 17 世纪英格兰的例子，比如克伦威尔对《旧约》的尊崇，但他并未做出真正的努力去开掘"某些更深的隧道"。他只是想当然地认为，人们能够直接从犹太教的教义中追溯到清教思想的起源，因此他说，他把做出详细说明的工作留给了教会史领域的专家。[12]

我想，我们在评价松巴特的论点时应当记住两个事情。第一，松巴特认为清教和犹太教的联系极为密切，从而把两者的影响串联在了一起，但却没有详细阐明他为什么认为它们是串联在一起的。第二，由于他提出了大量证据证明犹太人的影响在资本主义发展史上的作用，他实际上是取代了韦伯的解释而引入了自己的解释。在松巴特看来。抽象的理性主义是犹太人思想的典型特征，同样也是资本主义的典型特征。想要赚钱，这就是犹太人特征和资本主义精神得以完美融合并自我体现的核心要素。[13]据此，松巴特自信超越了韦伯。

在随后几年中，松巴特又接连不断地提出了大量论据，毫无疑问是为了补充（但可以理解为是为了瓦解）韦伯关于资本主义崛起的历史原因的观点。在《资产阶级》一书中，松巴特一再重复了他的旧作中论及的赚钱欲和企业家精神的关系以及犹太人的作用。同时，他用大量篇幅论述了民族经济的发展，以及他所谓"资产阶级禀性"（Bourgeoisienaturen）的生态基础和某些民族的资本主义禀性。他甚至还重新谈到了他多年前所忽视了的话题，比如宗教在资本主义崛起中的作用，并且专设了一章论述宗教少数派，特别是新教徒所遭到的迫害。

然而，松巴特与韦伯的观点分歧仍是一目了然。例如，关于宗教的作用，松巴特的意思是说，天主教、新教和犹太教存在着相似之处，这使韦伯做出的区分变得模糊不清。更重要的是，松巴特根据他对新教的了解，认为清教伦理受到了早先基督教徒把贫穷理想化的强烈影响——巴克斯特谴责了财产的罪孽，因此所有的清教徒都在谴责经商获利的资本主义精神，但松巴特绝口不提路德及韦伯所看重的加尔文教义。在谈到"受迫害的基督徒，尤其是新教徒的流离失所"时，松巴特还使用了一个论据：韦伯明确否认受迫害的宗教少数派的生存斗争导致了不同寻常的经济活动，因而成为资本主义崛起的重要原因之一。

在同一著作中，松巴特反复重申了韦伯关于清教伦理和世俗生活的理性化之间关系的某些论述：清教主义要求人们节俭和勤勉，同时要利用好时间，把它作为神赐良机，为得救而努力，并且谴责奢侈与懒惰。然而，即使在这些篇章中，松巴特也绝不是跟在韦伯后面亦步亦趋。或者说他是要把韦伯的某些论点融入他自己的思想路线，而不是认为韦伯的解释有什么值得称道的意义。

也是在 1913 年，松巴特还出版了两卷书，他称之为关于现代资本主义发展史的研究，一卷论述战争与资本主义，另一卷论述奢侈与资本主义。他在前一卷中讨论了许多世纪以来战争刺激商品生产及贸易的各种方式，在后一卷中则阐释了奢侈性消费如何事关资本主义的崛起。[14] 松巴特写道，这两项研究提出了新的观点。虽然没有提到韦伯，但毫无疑问，尤其是他的《奢侈与资本主义》，显然是在反驳韦伯的观点。韦伯是在谨慎思考《新教伦理与资本主义精神》，松巴特则非常直白地放言"资本主义的诞生是由于奢侈"。[15] 韦伯笔下一丝不苟的清教徒和松巴特笔下纸醉金迷的宫廷侍臣生活在两个不同的世界。

最后，1915 年松巴特又提出了另一个问题。在《商人与英雄：爱国意识》（*Händler und Helden: Patriotische Besinnungen*）一书中，他对他所说的"英国人的商业气质"和"德国人的英雄主义"进行了比较。他写道，德意志祖国需要的是"勇敢的人们，有着宽阔的胸膛和浅蓝色的眼睛。……女人们有着宽大的臀部，这使她们能够生出无畏的勇士；勇敢、无畏而顽强的男人则有着强壮的体魄，这使他们能够投身于战争"[16]。从此，松巴特似乎就开始了这样一个旅程——它引导他远离了论述现代资本主义起源的早期著作，也远离了他和韦伯的共同兴趣，最终产生了可以说是最有争议的著作：出版于 1934 年的《德国社会主义》。杰夫里·赫夫几年前曾在《反动的现代主义》一书论述松巴特的一章中考察了这一令人困惑的旅程。[17]

虽然松巴特以各种直接或间接的方式对韦伯的观点进行了批评，但是看看韦伯在回答其他人对其论文的批评时的尖锐态度，那么韦伯就松巴特关于资本主义起源的各种著作所做出的反应，显然就算非常平和了，尽管他划出了绝对清晰的界限。在反驳 H. 卡尔·菲舍尔和费利克斯·拉什法尔的抨击、为自己的观点辩护时，韦伯有两三次提到了松巴特，而且都是抱着赞许的态度。韦伯在一条脚注中回答拉什法尔说，（韦伯与松巴特）现有的差异都是术语上的差异，而不是实质问题上的差异。[18]韦伯在1906年写给罗伯特·米凯尔斯的一封信中说，如果你和松巴特在一起，你会发现他是最招人喜欢的人。在韦伯看来，其他人的出现只是为松巴特制造"听众"。[19]在另一封信中——1907年韦伯写给弟弟阿尔弗雷德·韦伯的——韦伯批评了汉斯·戴尔布吕克就松巴特的《现代资本主义》所发表的评论，使他深感遗憾的是，戴尔布吕克只是评论作者这个人，而不是评论该书这项学术成果。在同一封信中，他对松巴特的著作中出现的"几个主要错误"表示谅解。[20]在松巴特1908年为自己职业上的彻底失败而悲痛不已时，韦伯曾提醒他教学职位不是那么重要，并赞扬了《现代资本主义》的独到之处以对他进行安慰。[21]

所有这些事例都表明了一个问题。韦伯完全相信，松巴特的观点与自己有异，但他作为一个学者的品德却无可置疑；反过来说同样如此。比较一下韦伯对其他批评家的批评方式，似乎可以看出，韦伯认为他和松巴特不过是在分析和描绘同一枚硬币的两面，因此互补远远多于分歧。

当然，在他们作为学者的关系中似乎也存在着某种程度的竞争，而且比韦伯在替松巴特辩护的书信中所承认的要多得多。就在松巴特试图把犹太人的作用说成是资本主义的起源以取代韦伯的分析时，韦伯进一步提出了一些论据以反驳松巴特的解释。韦伯专门撰文与松巴特进行争论，这成了《经济与社会》的组成部分。首先，他认为，人们不应否认犹太人在现代经济发展中扮演了重要角色，但他接着指出，犹太人的贡献并不具备塑造现代资本主义的那些因素所具备的性质。在他看来，"特别是犹太人，既不是现代经济制度中特别新鲜的成分，也不是现代经济气质中特别新鲜的成分"。犹太人所具有的特性就是他们的"贱民"身份，这导致了一种双重伦理标准。按照韦伯的说法，犹太人用于他人身上的经济计谋，在自己人中间从来不用。他认为这是一个决定性的区别：由于虔诚的清教徒是本着最善良的道德心从事经济活动，他们所处的外行地位使犹太人能够得以寻机使用清教徒所厌恶的商业手段。[22] 因此，在韦伯看来，犹太人对现代资本主义伦理施加影响的唯一途径，大概就是清教徒接受了某些犹太教（也就是《旧约》）律法并融入了自我意识，其结果是增强了清教伦理思想中的合法性观念。韦伯认为这必定与现代资产阶级的经济伦理有关。[23]

此外，就在松巴特因为有人对他的著作提出批评而坐立不安的时候，韦伯也往往以非常个性化的方式看待一些学术问题。埃尔莎·雅菲-里希特霍芬在韦伯去世后曾给松巴特写信说，她非常清楚地记得，"1919年夏天，他（韦伯）正在修订《新教伦理与资本主义精神》，这时他向埃德加（·雅菲）借阅《资产阶级》[韦伯的藏书（在慕尼黑）还没到]，并且半是玩笑半是气恼地说：你知道，松巴特认为我也是个'资产阶级'"。这使得劳伦斯·斯卡夫断定，"关于《资产阶级》，韦伯怀疑这项研究是针对他而来的"[24]。无论这种解释确切与否，我们都应当记得，松巴特的研究所表现出来的前后矛盾并没有躲过韦伯的注意，而韦伯的评论可能是在暗示他非常清楚松巴特的观点和他是多么大相径庭，而且事实上完全不在一个水平上。韦伯在1913年写给松巴特的一封信中说，在松巴特的《犹太人和经济生活》中，"就宗教方面的内容来说，几乎每个字都错了"[25]。

韦伯论文的第二版，即1919年写出、1920年出版的《新教伦理与资本主义精神》，在其中的许多脚注里面，韦伯把松巴特的观点同自己的观点做了比较。这个文本出现了许多变化，由于删除了一些句子，更改了一些措辞，特别是添加了许多段落，韦伯引人注目地改变了这个修订本的风格。在第一版中，他的声音听上去宛如正在提出一个令人感兴趣的论点：他开始了，就像是做一个实验。相比之下，到了这个第二版，韦伯看上去就是在用权威的声音讲话了：他写完了，就像提出了一个最终的研究结论，而且不容反对。韦伯就是以这种过分自信的态度在第二版中把《资产阶级》说成是"他（松巴特）大部头著作中最差的一部"，而松巴特的论点"根本就站不住脚"。[26]然而，他并没有详细讨论《犹太人和经济生活》。韦伯在另一个脚注中说道，松巴特"并没有忽略资本主义企业家的伦理面貌"，不过他强调说，按照松巴特对问题的看法，企业伦理似乎是"资本主义的产物"，而他要"以相反的说法作为前提"。[27]韦伯还补进了一个很长的脚注，其中为自己引用的本杰明·富兰克林的言论进行了辩护，并且否定了松巴特声称在富兰克林和文艺复兴时期作家阿尔贝蒂之间发现的相似之处。韦伯在这个脚注中说，"根本的差别在于（期望）一种基于宗教信仰的伦理观念由于坚持了宗教信仰所规定的态度而得到了一定的心理支持（非经济性质的），只要宗教信仰仍然存在，这种支持就极其有效，并且不受像阿尔贝蒂所具有的那种纯世俗智慧的控制"。而且，"只有当这种支持产生作用时，尤其重要的是，只有当它产生作用的方向常常与神学家的教义背道而驰的时候"，"这种伦理观念"才能获得"对于生活行为进而对于经济秩序的独立影响力"。韦伯总结道，这就是整个论文的"主旨"，而他没有料到的是，该主旨竟被人"彻底忽略了"。[28]在《新教伦理与资本主义精神》第二版的脚注中，韦伯对松巴特的批评几乎不胜枚举。例如，韦伯指出松巴特"完全歪曲了利息禁令的意义"。[29]韦伯认为，松巴特与卢卓·布伦塔诺"严重误解了"他介绍清教伦理作者的原因，因为他们把这些作者"当成了行为规则的体现，全然不顾他们之中有谁因为得到了心理上有效的宗教支持而获得了力量"[30]。他们尤其未能理解他阐释巴克斯特的用意。他们忽视了这一事实：韦伯"早就试图说明，尽管这种禁欲主义宗教精神反对拜金主义，但正如它在那些厉行俭朴的共同体中所表现的那样，它却产生了经济理性主义，因为它高度重视对经济理性主义至关重要的东西：从根本上说是禁欲主义的理性动机"[31]。最后，在另一个脚注中，韦伯仍然没有忘记重申："犹太人的资本主义乃是投机性的贱民资本主义，而清教资本主义则是资产阶级式的劳动组织。"[32]

如果比较一下 1905—1920 年间韦伯与松巴特阐述资本主义的动因和崛起时的情形，似乎能够依次做出三点评论。第一，尽管松巴特的一些著作是要反驳韦伯在病后写成、似乎能够作为其已经重获学术能力的有效证据的一部著作，尽管有着种种分歧，但韦伯对松巴特始终是一片赤忱。他在论文第二版的一个脚注中说道，松巴特所写的那些重要著作，即使有人和他"始终话不投机"或"摈弃他的许多论点，那也只有彻底研究了他的著作之后才有权这么做"[33]。虽然在许多问题上与松巴特话不投机，但韦伯始终对松巴特的学术成就抱有高度的敬重，并把他称作自己的朋友。第二，虽然两人之间——就我所知——很少互通音讯，我们所能看到的两人之间的通信也很少详细讨论学术问题，但是可以肯定，他们彼此都非常关注对方的研究进展，以致 1902—1920 年他们相继推出论述资本主义崛起的著作，几乎可以被看作一场对话。在这场对话过程中，松巴特提出和利用了各种各样的论点，韦伯则试图澄清、维护从而巩固他在 1904—1905 年所提出的观点。因此，松巴特的立场看上去总是摇摆不定，韦伯的立场则是稳如磐石、根深蒂固。第三，两人论述资本主义崛起的文本，其学术风格迥然不同。无疑，他们一致认为不可能用单一原因解释资本主义的崛起，必须考虑多方面的因素，而且不存在什么以种族、气候、宗教或阶级为基础的发展规律。然而，在分析资本主义的崛起时，韦伯与松巴特使用了不同的方法，其严谨程度也各不相同。韦伯可以被比作剖析生命神经的解剖学家，松巴特可以被看作一位风景画家，他根据时尚的要求而大量使用色彩和改变自己的风格。伯恩哈德·冯·布罗克认为，相比松巴特丰富的历史见识、他那综合推理的勇气，以及给人深刻印象的宏观论述，他著作中频频出现的那些错误、似是而非的理论以及模糊不清的证据，却令人认为那是一些次要著作。[34] 我不同意这种说法。细细探究一下松巴特的文本就会发现，他的症结在于未能回答一些关键性的问题。相比之下，韦伯的论点要精确得多，也有着同样的勇气，而且韦伯的理论洞察力是松巴特永远达不到，甚至也想象不到的。因此，在这个意义上说，在学术的发展进程中，是韦伯而不是松巴特鼓舞了未来几代历史学家和社会科学家去开掘"某些更深的隧道"，反而是件幸事。

卢卓·布伦塔诺对韦伯与松巴特论述资本主义崛起的著作都提出了批评。布伦塔诺认为，韦伯无视天主教的重要意义，夸大了新教徒对经济问题的关切，对有些清教徒脱离清教也变成了富翁视而不见，尤其是，他根本没有顾及人们从源于意大利的传统主义束缚下获得的解放。按照布伦塔诺的说法，本杰明·富兰克林是那些经验主义哲学家的同道，是亚当·斯密那样的重农主义者的盟友。至于松巴特，布伦塔诺把他 1911 年出版《犹太人和经济生活》称为德国学术界最令人沮丧的事件之一，接着又给松巴特贴上了轻浮、傲慢、不负责任、冷漠无情和刚愎自用的标签。此外，布伦塔诺还着力反驳了松巴特关于犹太人在资本主义史上的作用的观点。[35] 考虑到布伦塔诺以后的德国历史，虽然人们不可能驱散松巴特帮助散布的偏见，但却很容易赞赏布伦塔诺的远见。

毫无疑问，布伦塔诺还进而把这些论点用于瓦解韦伯的命题，但韦伯对布伦塔诺的回击，要比回应松巴特时更加谨慎。[36] 显然，这里有些私人关系需要考虑。1919 年，韦伯决定接替布伦塔诺在慕尼黑大学的位置，他是布伦塔诺的多年老友，并在《新教伦理与资本主义精神》第二版中称他为"我们敬爱的导师"。[37] 事实上，韦伯 1919—1920 年修订《新教伦理与资本主义精神》时，以前布伦塔诺在慕尼黑大学的那个职位可能给他提供了便利。不过，像这种私人关系的因素似乎只是事情的一部分。韦伯喜欢交流观点并从不同侧面观察学术问题。在有关资本主义起源的争论中，他似乎把松巴特与布伦塔诺都看作是合作者。然而，我们不应忽视韦伯做出的那些细微区别。尽管韦伯在《新教伦理与资本主义精神》的修订版中谈到了松巴特与布伦塔诺的资本主义，但他所证明的却是，即使他没有高出松巴特一等，那也是平分秋色，并且丝毫也不亚于"我们敬爱的导师"布伦塔诺。

第二部分

反应与回应

10 | 命题长在：对批评家的批评

马尔科姆·麦金农

| 1 | 绪论

对韦伯命题的争论，可谓 20 世纪最有意义、最广为人知的学术争论之一。这种意义的标志就是参与这场争论的人士有着多学科的背景：社会学家、历史学家、经济学家和神学家从不同的方面论述了韦伯的著名主张——新教伦理以某种方式产生了资本主义的精神，进而产生了资本主义的形态。我的目的就是有选择地追溯这场争论一个独一无二的侧面的来龙去脉，而这一侧面使得韦伯就宗教观念的因果效力所提出的主张经受了挑战。这样做的目的就是要证明韦伯的命题何以会表现出如此引人注目的持久力，以致历经 80 多年而依然相当新颖。也许它理应得到这样的成就，尽管事实上它所依据的理想-宗教假设是错误的——最近我已对此进行了论证。[1] 因此，现在要做的是详细说明这部早期的著作，这一过程将会表明，三代批评家肯定都发挥了实质性作用，使韦伯令人崇敬的论证得以经久不衰。

如果有选择地追寻这些批评家的足迹，我们就会发现，他们可能要在两个问题上承担责任，第一是疏忽，第二是蛮干：（1）最早的批评家们未能指出并消除韦伯的神学错误，从而创造了一个韦伯在对他们的评论做出反应时迅速加以利用的诱人机遇；（2）批评家们错误地认为，韦伯完全是唯心主义而不是唯物主义，这就再次提供了一个制高点，使韦伯能够对他们的大言高论做出有力的回应。他能够这样做是因为他的因果多元论，他认为观念因素与物质因素都是社会变革的力量。因此，韦伯通过承认其对手的唯物论反诉（material counterclaims）这一简单对策而挫伤了他们的锐气，在这一过程中巧妙地展示了他的因果链的另一个侧面。韦伯接受了这种反诉，但最终却认为指定给它们的那种因果力量对于资本主义的胜利既非必要，也不充分。在韦伯看来，只有和他的理想前提—— 一项职业中的圣洁劳动——相结合，物质前提才是必要的和充分的。反过来说，只有和适当的物质前提相结合，理想前提也才是必要的和充分的。[2] 这就是韦伯的多元论。

批评家们的疏忽之处在于，他们未能看出韦伯的命题所依据的精神基础，因而也无从质疑。韦伯的论证有一个至关重要的观点：17世纪教条化的、得救预定论的加尔文主义，使信徒在得救的前景问题上面临一种证据危机。但是，疑虑重重的灵魂深感需要得到救赎的保证，于是清教神学家的宗教文献便对这种要求做出了回答，途径是在某种尘世的职业中融入善举，以此作为恩宠的标志。这样，私人利益便得到了韦伯所说的"心理支持"，而且被视同永恒的乐园，为资本主义式的获利行为提供了一个"理想的"刺激因素。这样一条思想路线给韦伯制造了一个关键性的难题。因为，一方面，这种宗教文献劝导人们在世俗职业中贯彻禁欲主义，以此作为获救的指南；另一方面，它又把追求财富作为反基督者的标志而予以严厉谴责。韦伯解决这个难题的办法是引入非预期性（unintendedness）。在这种情况下，最能满足理想关切的做法，就是无视反拜金主义学说，并转而遵循那些鼓励尘世积累的训谕。

韦伯的观点是错误的，这有两个原因。第一，教条化的加尔文主义没有什么证据危机，它提供了一种绝对保证，使人对善举和内省的效用充满信心。第二，按照教义和牧师的规劝去劳动，这与尘世的辛劳毫无关系，而是一些精神义务，这就需要制定律法。所以，没有什么非预期性，也不需要热心于日常的消遣，而只是告诫人们要恪守自己的天职。因此，加尔文主义的要求，并不在于拥有独一无二的财产，也并不是以韦伯所宣称的方式为资本主义做贡献。

在这里，批评家们的最大问题是未能理解并质疑韦伯所说的证据危机，因而不可能对基督徒的劳动提出一种确切的衡量标准，虽然萨缪尔森能够从另外的方向获知一点他们对来世的构想。如果没有这样的认识，批评家们即使能够做出某种有力的评说，那也不可能击中要害，因为韦伯可以回答说，他的观点遭到了误解。因此，尽管批评家们正确地指出，天主教的职业观近似于加尔文派的职业观，中世纪教会的许多因素也都有利于资本主义，文艺复兴时期和中世纪的许多商业巨头有着完全的资本主义性质，因而资本主义早在宗教改革之前就已出现，批评家们还正确地指出，新教文献的反拜金主义使它厌恶而不是支持资本主义的扩张，但是，他们显然忘记了韦伯职业观的实质。比如松巴特就曾辩称，犹太教的宗教特性更加有利于资本主义的发展，因为它更加有力地促进了理性的获利行为。

尽管事实上有着显著的证据可以支持这些观点，但是韦伯却能够错误地借助于他所说的新教职业观带来了财富而对这些观点进行有力的回击。因此，韦伯反驳说，虽然天主教和犹太教也会劝导人们一丝不苟地承担尘世的辛劳，但这些宗教不会产生对劳动的精神支持，那完全是另外一回事。韦伯所说资本主义的唯一性就是产生于这种思考。作为那种精神支持的产物，资本主义精神乃是这种唯一性的熔炉，它是世界其他诸宗教无法凝聚起来的一种精神。所以，"真正的"资本主义不会，也从没有在中世纪和文艺复兴时期存在过，因为那里缺乏产生资本主义所需的超然动力。韦伯对清教反拜金主义的评论也大体如是。他的非预期性策略承认加尔文主义信徒的伦理言说充满了对财富的谴责。不过，这些对贪婪的诅咒完全被俗人们忽略不计，他们宁肯按照自己的理想关切行事，把职业中的善举作为恩宠的标志。

批评家们的疏忽加蛮干，使得他们的立场更加经不住推敲。他们在这方面缺乏可信度是由于这一事实：他们或者坦率或者含蓄地断言，韦伯是个理想一元论者，他的因果分析只考虑那些理想的因素。由于批评家们犯下了这一错误，他们便把矛头指向了结构因素及其对资产阶级、资本主义的因果作用。这种观点的一个方面就是把地理大发现、随后的贵金属储备与货币供应的增长，以及作为结果的通货膨胀的影响放在了显著位置。然而，韦伯的多元论并不拒斥这些因素或相关的思想路线。事实上它还认可这些因素的因果作用，但却是在这一有限的意义上：虽然结构因素对于资本主义精神来说很可能是必不可少的，但是如果没有必不可少的职业理想的支持，它们就不可能成为充分条件。另外，韦伯利用同样的推论方法回应了以下指责：在某些历史条件下，加尔文主义的胜利并不总是带来理性的财富积累的胜利。韦伯的推论是，对于循规蹈矩的理性来说，职业是必要条件，但并不是充分条件。实现最终结果还需要附加物质前提。

批评家们的另一个策略是宣称，加尔文主义对现代世界的重要贡献是在另外的方面，尤其是它对民主政治的影响。韦伯再次表示赞同，因为他的宗教观念的因果效力应用范围之广，足以使人看到生活的理性化在经济领域之外的若干战线上也同样在向前推进。

韦伯的命题之所以经久不衰，是因为批评家们犯下了两个战略性的大错：（1）他们没有提出，因此也没有解答该命题所依赖的神学基础问题；（2）他们毫无根据地认为韦伯是个理想决定论者。我在对批评家们进行批评时，首先是纠正他们的疏忽，勾画出韦伯眼中的神学背景并证明它的不当之处。然后，我要按照三个时间段追溯一下对韦伯命题的批评史，这一过程将会表明，每个阶段的批评家都在忽略他们的前驱者。拉什法尔的论辩属于第一阶段，松巴特、布伦塔诺和齐美尔属于第二阶段。萨缪尔森、罗伯逊、托尼、特雷弗–罗珀及其他人属于第三阶段。韦伯能够直接回应前两个阶段的批评家，随着他的早逝，第三阶段便成了后韦伯阶段。然而，这第三阶段事实上并没有提出什么新鲜问题，它能提出的也只是韦伯在对前两个阶段的批评做出回应时已经解决掉的问题。第三阶段也提出了某些枝节性的新观点，不过韦伯对此早有预见并做出了有力的回答。

｜2｜ 韦伯职业观的神学基础及其反证

这种职业观的神学–理想联系——韦伯的诋毁者非常普遍地曲解了这种联系——采取了以下形式。16 世纪中叶加尔文救世神学的得救预定论基础，通过多尔特、威斯敏斯特、萨伏依等宗教会议而延续到了 17 世纪。[3]对韦伯来说，加尔文的体系有一个具有重大历史影响的动向，那就是给真正的信徒带来了证据危机。宗教会议的教义极端阴暗，那里有一个无所不知、喜欢报复的神，他裁定只有少数特选的幸运者可以永生，而不幸的大多数却注定要被罚入地狱。因此，韦伯几乎把教义和加尔文看作一回事，认为由加尔文的体系规定人们在上帝面前的身份是不能接受的，盎格鲁的教义对此就做出了彻底的反省。加尔文主义不可能包含确保得救的意识，因为它的上帝具有绝对的超验性，人们不可能窥测到他的隐秘旨意。[4]按照韦伯的说法，这种纯粹的得救预定论对于手段的运用（劳动）根本就不屑一顾：人只是被动地接受拯救。[5]在韦伯看来，"纯正的预定恩宠学说"绝不会从加尔文主义中完全排除出去，因为个人的行为绝不会影响上帝的选择。[6]进一步说，即使虔信者也绝不会了解他们得到的神召，它"不可能被洞悉，甚至提出疑问都是一种鲁莽行为"；[7]人的得救永远停留在"意识的门槛上"，[8]永远包裹在神的奥秘之中。"上帝的选民一直并将永远是上帝的不可见的教会。"[9]

这堵墙的背后就是加尔文，于是，教义掩盖了只能给信徒提供极少安慰的最后奖赏。那么神学环境如何应付教义中的这种救赎僵局呢？按照韦伯的说法，出路就是上帝变得使清教徒可以感知，但那"仅仅"是指人通过世俗的活动而意识到上帝存在于他的内心。[10]人们得救的渴望十分强烈，于是巴克斯特及其他清教神学家带来了教牧训谕以扶危济困。训谕对教区居民的理想需求比较敏感，把一项职业中的劳动视为恩宠的"标志"，[11]这同教义形成了温和的反差。教牧工作作为一种"技术手段，不是用来购买救赎的，而是用来消除对罚入地狱的恐惧的"[12]。韦伯认为，只有世俗的职业才能"驱散宗教疑虑并带来恩宠的确定性"[13]。韦伯告诉我们，"巴克斯特最主要的工作就是持续不断、几乎是充满激情地向人们宣讲，要不懈地践行艰苦的体力或智力劳动"[14]。这样一来，"清教徒的职业观以及它对禁欲主义行为的重视，必然会直接影响到资本主义生活方式的发展"[15]。新教伦理就是这种意义上的职业观，它促进了资本主义的精神，因为它体现了对"私人获利"的追求，这种追求"不仅道德上是正当的，而且实际上也是应该的"[16]。

上帝的旨意——或者用韦伯的术语说"心理支持"——认可这种获利动机，这就意味着神意嘉许"实业家的活动"。[17]

然而，韦伯面临着宗教文献中的一个关键性难题，一个他试图借助"非预期性"概念加以解决的难题。非预期性是证据危机的一个概念副产品，但是反对韦伯命题的人们对它毫无认识。韦伯利用非预期性为新教牧师的著述中一个明显的矛盾进行了辩护。虽然这种文献鼓励信徒在一项世俗职业中不懈追逐利润，但这同一种文献又充溢着反拜金主义的呐喊，说积累财富在上帝看来就是罪恶。韦伯的办法是承认这种新教文献的反拜金主义，但却利用非预期性绕开了它："我早就试图阐明，尽管这种禁欲主义宗教主张反拜金主义，但它的精神实质却……产生了经济理性主义。"[18]"当然，这并非清教伦理的目标，尤其不是鼓励人们去挣钱，恰恰相反，在所有基督教教派那里，财富都被认为是危险与充满诱惑的。"[19]

韦伯还进一步承认，清教文献对金钱的态度要比中世纪的教会更不宽容。[20]不过这些刺耳的反对声被有效地屏蔽掉了，因为宗教改革的文化后果是改革家们"未曾料到的"，甚至是他们不想要的。[21]灵魂的得救才是加尔文派及其他清教教派最为关心的事情，尽管是他们促进了资本主义精神的发展。[22]

宗教上反对积累财富何以会被新生的清教徒资本家置之不理？韦伯从未就这个问题充分阐述过自己的看法，这至少在一定程度上招致批评家们反复谈论清教徒对贪婪的蔑视，以此作为韦伯观点中的致命缺陷。为了弄懂韦伯对非预期性的思考，在对他的"终极价值"（这是康德绝对命令的一种遗迹）做出某种评价时就应当澄清这个问题。韦伯指出，在 17 世纪，人们的头等大事乃是对来世的关切，这并不是毫无根据的说法。[23]这种康德式的理性命令试图证实恩宠状态的确定性：我怎样才能确信我会得救？[24]
这是那个时代的首要问题。不过，教义并不愿为终极价值提供某种再保证，
而是报以众所周知的"沉重打击"（kick in the teeth），这一点至关重要。既
然教义的可怕原则（decretum horrible）对此避而不谈，终极价值便开始拼
命为这种存在的僵局寻找出路。在这令人绝望的关头，教牧训谕便为正在
下沉的罹难者提供了一种救生手段。与教义截然相反，新教牧师的著述巧
妙地告诫说，只有在世俗的职业中做出实际的善举，才能确保永恒的恩宠。
然而同时，新教文献也在防备这种渴望，告诫人们不要不分青红皂白地陷
入世俗事务，尤其是不要贪图财富。面对这种两难境地，终极价值关怀只
好不惜代价地寻求救赎，完全无视这些反拜金主义的学说，为了一项职业
中的劳动而追求最大的诱惑。在这方面，加尔文主义无意中为赢利行为提
供了一种心理支持。

在韦伯看来，无意中为积累财富提供了心理支持，这正是加尔文主义的
独一无二之处。资本主义为什么会首先在英国得到发展，这也是其中的一个
原因，这意味着韦伯对世界诸宗教的比较研究得出了一个决定性的结论。不
论伊斯兰教、犹太教、道教、印度教还是佛教，都不寻求今世的得救。在
这些宗教中，神意来自不同的得救方法，诸如沉思之乐、诺斯①以及其他选
择。加尔文主义在西方也是独一无二的，它还发挥了一定的作用使英国成为
头号资本主义强国。天主教和路德教都没有使信徒面临证据危机，因此都不
能给一种今世的职业提供加尔文主义那样的动力源。相反，天主教和路德教

---

① 诺斯（gnosis），根据诺斯替教（Gnosticism）二元哲学，诺斯即真知，亦即秘传的有关神的知识，据说只有
通过诺斯才能摆脱物质（恶）与精神（善）的冲突而得救。这种真知来自宇宙之外的神界，因此既不同于普
通的人类知识，也不同于单纯的信仰，只有靠秘传才能取得，掌握了诺斯就可以获得彻悟和拯救。——译者注

控制着终极价值，到来世寻求得救的确定性，天主教徒是通过圣仪的慰藉，路德教徒则是依靠神秘合一（unio mystica）。路德教徒可以通过潜心默祷获得上帝选召的绝对确定性，这是一种寻求与神的神秘合一的得救方法。韦伯指出，这些情况使得路德教不可能赋予"外在活动"以宗教意义。[25] 此外，路德教还明确规定对日常行为不置可否，从精神上漠然置之，与得救根本就毫无关系。[26]

天主教以类似的方式提供恩宠，通过圣仪使终极价值超然于尘世。与路德教不同的是，由于天主教承认劳动在它的救赎方法中具有重要意义，因而比较关注现世事务。但是它无力为这些劳动提供加尔文主义那样的动力源，而是以圣事、忏悔、终傅①等等来满足终极价值关怀的需要。由于缺乏这样的动力，天主教徒的劳动观被清教徒的禁欲主义决心彻底瓦解了，而没有得到理性的统一。[27] 此外，教会也抱着教条主义的冷漠态度看待世俗劳动，阿奎那只是从维持个人与共同体的生存角度宣讲劳动的功效。[28] 由于这些原因，如果罗马对禁欲主义职业表示赞赏，信徒就会被带入隐修的方向，那不是入世，而是遁世。[29]

韦伯的推理路线有两个基本的神学缺陷，使得加尔文主义并没有给予尘世劳作以神意的嘉许这一说法也有了缺陷：（1）韦伯十分倚重的《威斯敏斯特信纲》这个 17 世纪加尔文主义的教义巅峰并不存在证据危机；（2）总的来说，在基督教的教义体系中，尤其是在加尔文宗那里，劳动与尘世的活动毫无关系。按照救世神学对得救的理解，劳动乃是一些需要服从律法的精神活动。

---

① 终傅（extreme unction），天主教和东正教"圣事"的一种，意为终极（指临终时）敷擦"圣油"。——译者注

关于第一个问题，给韦伯带来声誉的是他对加尔文做出了恰如其分的解释，认为加尔文的得救预定论使得信徒不可能从心理上确信自己的恩宠状态。加尔文在他的《基督教原理》中透露，追求上帝的选召等于是在黑暗中看玻璃，那些"沉沦在深重的污秽中"[30]的堕落之徒是没有能力觉察到的。并不是通过劳动就能使人人都得到拯救——劳动乃属于罗马这一巨大的敌基督（Antichrist）的最后一招；[31]并不是依靠"知识"就能使我们懂得如何得救，因为心灵的劳动与得救预定论的关系是隐幽而神秘的；[32]人的感知能力或理性的证据也做不到这一点，它们的可疑功效全都受制于俗世的堕落；[33]内省、反思以及潜心默祷也都不能指望，因为它们会带来忧虑、恐惧和永灭，而不是带来得救的保证。[34]我们自身永无可能把握真正的赎罪信念，因为只有上帝知道这个永恒的秘密，我们腐败的本性永远无法企及。[35]对于信徒来说，唯一的希望就是加尔文的"唯一的信仰"，即只有因信才能称义。

不过，虽然韦伯对加尔文估计得完全正确，但他错就错在认为加尔文的得救预定论得到了《威斯敏斯特信纲》的维护。誓约神学——《威斯敏斯特信纲》就是这样的教义典范——实际上消除了加尔文的得救预定论及其证据危机，作为替代的乃是人类中心说的神性而不是以上帝为中心的神性。它要求信徒践行善举和内省，由此可以绝对无误地确认自己被上帝选召。《威斯敏斯特信纲》的开头几段，似乎是在毫不含糊地支持得救预定论，但在韦伯（及其批评家们）看来无疑却是一个混乱之源。事实上，在《新教伦理与资本主义精神》中，韦伯是以赞许的态度引用其中某些段落的，[36]但不能认为，假如韦伯细心研读，他可能会发现上帝的所谓永恒饬令不过是装装门面。《威斯敏斯特信纲》在一开始正面抨击加尔文时就解释说，这种"神秘的教义"

肯定符合一种特殊关切，即"人们可能确信，他们有效职业的确定性可以使他们得到永恒的选召"。[37]获得这种确定性的途径就是践行善举，宛如根据上帝的律法行动，而不是追求世俗的欲望。信徒"应当孜孜不倦地识别上帝在《圣经》中所指示的善举，然后尽其所能去身体力行"[38]。

意味深长的是，《威斯敏斯特信纲》承认，由于"一些次要动机"[39]注定会导致某些事情的发生，这将把加尔文的永恒饬令抛进历史的垃圾堆。真正信徒的唯意志论、献身精神和诚实态度，将会把这些次要动机调动起来，尽管上帝也会伸出援手：他通过基督而"满意地接受并回报诚实的行为"[40]。加尔文不仅会断然拒绝以如此方式利用劳动，他还会拒绝如此反思以确保选召。威斯敏斯特神学家们建议通过反思以证实恩宠的确定性，因为它所依靠的是虔诚地践行善举。他们认为，这种确定性是通过反思而慢慢积累起来的，并非依据"猜测或可能性这种难免有误的希望"，而是依据"绝对可靠的信念保证"，获得这种保证的途径就是"灵魂的平凡劳动"。[41]这里不存在证据危机。对于那些珍视得救的人们来说，得救几乎唾手可得。"真正信仰主耶稣的人，真正热爱主耶稣、想凭健全的良心在他面前行事的人，都会在今生确保得到处于恩宠状态的确定性。"[42]

如果没有教义上的证据危机，韦伯所说新教文献对世俗职业的心理支持以及它的最后的非预期性，统统都会轰然坠地。那么韦伯是如何得出结论说，新教牧师是在规劝人们践行尘世的辛劳呢？他的办法是曲解这个背景下的劳动的含义。因为在教义和牧师的规劝之间并无空隙，两者都把善举说成是确保选召的精神手段。巴克斯特尤其如此，韦伯认为巴克斯特是在一项职业中劳动的宗教典范。与韦伯的世俗解释不同，巴克斯特"关于善举的真正教义"就是从精神上服从律法，只要我们能够竭尽全力，就会使上帝感到满意。巴克斯特说，虽然我们的劳动最终定会留下不足之处，但"基督也会应验劳动的律法，使我们善有善报"[43]。因此，巴克斯特是在利用劳动为来世而努力，这反映了劳动在教义中的用途。同样，他的工具主义是被用来检验我们自身信仰纯洁性的，也是教义思维的一种反映。为了保证从今世到来世的过渡，巴克斯特提出了一大堆教诲，告诉人们如何才能使思想"由于沉思而有效"，[44]从而"确保"我们通过内省而得到选召[45]。巴克斯特没有只言片语谈到追求私人利益是赢得上帝垂青的一个途径。

那么，什么才是韦伯大书特书的清教天职教义呢？首先，要有一项能够独自产生救赎意义的精神（常用的说法是"有效"）职业；其次，要有一项并不关心神对精神作用的算计的世俗职业。关于这些问题，珀金斯告诫说，基督徒的自由是用基督的血和恩宠誓约换来的。恩宠下的自由意味着，举凡上帝在《十诫》中没有明确给予指示或禁止的行为，就可以叫作"无碍大局的事"或者"自然的活动"，与之相对的则是"精神活动"，这是一个基督徒的不懈责任。[46]基督为换来我们的自由而献身，标志着《旧约》的礼仪戒律已被免除，据此，耶稣基督现在应得的是我们不完全的服从，它的依据只是仍有约束力的律法要素，即《十诫》。珀金斯的观点最终合法地进入了《威斯敏斯特信纲》，从而确定了善举仅仅是遵从上帝和上帝的圣谕所从事的活动，并不包括其他劳动，无论人们多么专心致志或者热情洋溢。[47]韦伯关于清教职业观的思想往前走得并不太远，但显然是模棱两可的，而且在一次举例时还接受了珀金斯和《威斯敏斯特信纲》的立场。我们被告知，各教派——特别是浸礼会与贵格会信徒——都坚持对日常活动不置可否，正如"某些"加尔文主义教派所做的那样。[48]这实际上就是韦伯在这个问题上不得不说的一切，而读者则会认为，一切日常活动比如挣钱，心理支持足以非预期地否定这些不偏不倚的教条。

出于对《圣经》和自身所处的神学环境的忠诚，巴克斯特抱有这样的职业观：职业分为天职和世俗职业，后者不可能为我们的得救做出积极贡献。巴克斯特指出，使徒通过职业来区分已婚者与未婚者，奴隶与自由人，以及继承一门手艺、担任一项职务的人。[49] 巴克斯特采取这种世俗的多元论，一会儿谈论从事一项职业，一会儿谈论担任一项公职，一会儿又谈论为教会服务。[50] 至关重要的是，虔诚的人必须保证决不让他们的世俗职业妨碍最高的善：他们的天职。巴克斯特说："要选择……能使你对上帝最有用处的工作或职业。不要选择使你在尘世荣耀备至的工作或职业，除非你能万无一失地避免罪孽。"[51]

巴克斯特拒绝财富，正是因为它们始终在颠倒这些秩序：把财富作为唯一的生活追求，极有可能使我们不再献身于最高的善——有效的职业以及随之而产生的神圣职责。因此，穷人被认为比较容易接受福音的喜讯，而"富人却傲慢又顽固，没有耐心行善举"[52]。所以，尽管我们的世俗劳动本身无关紧要，但如果代替了纯洁的信仰，那就会变成罪恶。在巴克斯特看来，对尘世的眷恋是被罚入地狱的最常见的原因，他还提出，"劳动是为了感受尘世的财富所无法提供的那种巨大需求"[53]。因此，这里并没有出于神学考虑的非预期性在起作用，也没有积累财富的迫切需要和反拜金主义学说之间的宗教冲突。在这些问题上，我们只需记住巴克斯特的如下说法："尤为重要的是，上帝与玛门①是不可调和的。"[54]

---

① 玛门（Mamona，英文 Mammon），利益和贪婪的代称，有时也被人格化，意为作为偶像或罪恶的物质财富。源出《马太福音》，耶稣说："你们不能又侍奉上帝又侍奉玛门。"——译者注

由于教义中不存在证据危机，那么一旦韦伯对劳动学说的曲解得到纠正，他对清教职业观的阐释就会变得毫无价值。加尔文主义和路德宗与天主教一样期待着能被所有人接受，认为救赎会在来世带给灵魂终极价值，它在那里将会得到主的照料。而且，加尔文主义和路德宗与天主教同样认为，尘世的劳动是自然规律，不可能对我们的称义做出积极贡献，只会从两个方面消极地引导我们远离真正的奉献：一是由于懒惰，因为按照巴克斯特引用的圣典说法，不劳动者不得食；[55] 二是由于相反的行为，由于沉湎于世俗的无益之事而不可避免地排挤掉了全心全意的信仰。耽于世俗之事将会步入贪得无厌的堕落之途，必定会被罚入地狱。因此，从精神意义上说，世俗职业具有双重的危险性，可能会把两种一意孤行的人抛进地狱：信徒们由于在职业上根本无所作为而大受其害，或者由于在职业上过分作为而大受其害。此外还有一个重要问题：尘世的责任往好处说是无关宏旨，往坏处说则是罪孽，它们无助于对天国的认识。韦伯居然会选择这样一种精神上毫无价值的工具来实现自己的因果论目标，实在令人出乎意料。

｜3｜ 韦伯针对拉什法尔的"反批评结束语"

拉什法尔是韦伯命题批评史初始阶段的主角，他一心要在四个问题上做点文章，但在前三个问题上犯了疏忽之过，第四个又成了蛮干：（1）为了权力、荣耀和安全感而积累财富，这样的动机是比宗教动机更为重要的激励因素；（2）为了抨击韦伯所谓清教天职观的唯一性，拉什法尔反驳说，天主教徒也承担了尘世的劳动，因而也是清教世俗禁欲主义的受益者；（3）资本主义精神的载体不是小资产阶级，而是大资本家，雅各布·富格尔就是其中之一；（4）在 17、18 世纪的荷兰，资本主义和这些教派几乎毫无关系，而英国的资本主义和企业早在各教派之前就已出现了。[56] 韦伯完全可以对前三项异议置之不理，因为它们根本没有涉及证据危机和日常的劳动；对于第四项，韦伯可以运用他的多元论予以反驳，仅仅承认结构性前提的重要性。

应当指出，韦伯在驳斥拉什法尔时，并未重申他在《新教伦理与资本主义精神》第五章中发现的"宗教基础"和证据危机，而只是阐述与前提更为疏远的推论。韦伯声称，他研究清教的主要意图是为了阐释一种特定的"职业"概念，一个加尔文主义和资本主义亲和力的产物。[57] 韦伯恰如其分地接着说，拉什法尔认为天主教徒也有世俗禁欲主义，这暴露了拉什法尔并不理解这一特定的天职观。韦伯这是在暗示天主教职业观的无足轻重，那里所说的日常活动（"勤恳工作"）在教会理论中乃是"必须的"或"规定的"。韦伯挖苦道，每个时代的俗人都会由于勤恳工作而受到赞扬。加尔文主义之所以独一无二，是因为它为劳动伦理提供了一种"心理手段"或"心理奖赏"，创造了典型的行为模式。

天主教并没有达到这样的成就，因为天主教神学一再容许人们重新开始对它进行不同的理解，以清除所有的精神罪过。相反，加尔文主义以及各教派都与神人合一（atonement）无关，所以它们能够为禁欲主义生活规范创造特定的心理奖赏，这里所说的生活不仅是一般意义上的生活，尤其是指能够从主观上保证得救确定性的职业生活。[58] 新教禁欲主义产生了一种"劳动神圣论"，其中巴克斯特与斯彭内尔的宗教著述是发挥了一定作用的。[59] 从这个意义上说，禁欲主义新教在个人中间产生了一种习惯，就是说，为他们提供了一种与现代初期的资本主义相适应的生活方式。

这种企业家满怀着这样的信念：上帝为他指出获利的途径，并不是没有特定意图的。他沿着这条道路前进，是为了上帝的更大荣耀，而他的利润和财产的增殖，毫无疑问是体现了上帝的恩赐。尤为重要的是，只要他以合法手段在他的职业中获得了成功，那就不仅在人们面前，同时也在上帝面前体现了他的价值。[60]

在韦伯看来——还是仿效康德的绝对命令——具有决定意义的是，这种内在的伦理核心，只有通过超验的理想才能统一起来。相形之下，中世纪的日常职业伦理和商业巨头并没有从这种特性中获得目的的统一，因为那里"缺乏一种精神约束"。[61]因此，韦伯所理解的资本主义只能产生于一种超验的理性原因，既然如此，它所追求的就是一种永恒的完善。相形之下，受权力和荣耀驱使而积累财富，这在任何时代都是习见的现象，它们从来就没有产生过资本主义的精神，也从来没有产生过资本主义的形态。

韦伯对第四点的批驳是在提醒拉什法尔，韦伯本人并不是个理想决定论者，就是说，新教伦理并非资本主义精神的必要条件，也不是资本主义精神的充分条件。韦伯指出，经济人（homo economicus）的大量涌现并不只是观念的产物，他们还产生于某些特定的客观条件：中世纪所特有的、与古代截然不同的地理、政治、社会及其他文化因素。[62]尤其重要的条件则是中世纪城市的政治特性与组织特性，以及家庭小作坊那样的新型生产方式。[63]韦伯也承认，文艺复兴及其所培育的理性主义精神和反传统主义精神都做出了贡献。[64]

韦伯在结束那篇论文时再次正确地指出，拉什法尔完全误解了加尔文主义职业观的宗教基础和韦伯本人的因果多元论。韦伯告诉我们，他在写作《新教伦理与资本主义精神》时曾希望神学界能够严肃对待他的著作。但是除了他的朋友厄恩斯特·特勒尔奇表示了赞许之外，那种深入细致的研究一直少得可怜：[65]"我的希望是——而且我正在等待着——得到来自神学界富有成效和启发性的批评，而不是像拉什法尔那样浅薄而笨拙的辩论家的批评。"[66]

｜4｜ 韦伯对布伦塔诺、松巴特与齐美尔的回答

齐美尔不能被看作是韦伯命题的积极批评者：他的《货币哲学》一书把货币和资本主义完全等量齐观，这与韦伯的看法极为相近。布伦塔诺与松巴特在批评韦伯时倒是比较活跃，但他们和拉什法尔一样，从来就没有充分理解天职观的内在精神实质以及由此产生的证据危机。韦伯在回答这些批评家时确认了加尔文主义天职观的普遍性。这是因为他要否定布伦塔诺提出的天主教职业观的因果效力，还因为他要驳斥布伦塔诺把雅各布·富格尔、松巴特把阿尔贝蒂视为资本主义精神重要体现者的说法，同时也因为他要驳回布伦塔诺的这一断言：他说他那些前宗教改革时期的意大利银行家祖先都是真正的资本家。韦伯还用这种天职观分散了布伦塔诺、松巴特对清教文献的反拜金主义的强烈关注，以及松巴特关于中世纪教会和犹太人对理性的成长做出了贡献的主张。这种天职观的意义有着不同的具体表现，因为韦伯赞同松巴特与齐美尔所说地理大发现的重要性与货币供应增长的后果。韦伯的因果多元论确实准备承认这些因素的贡献，因为它们的附加影响给尘世的劳动带来了荣耀，这足以成为启动现代经济的原因。

关于这种天职观，布伦塔诺坚持认为，《圣经》的拉丁文译本所说的职

业或天职与路德的德文译本所说"天职"差不多是一回事：劳动在上帝看来就是一种义务。拉丁文《圣经》不仅结合懒散这一"弥天大罪"提到了"劳动"，而且提到了"天职劳动"或"你的任务"。[67] 前面已经说过，在这个问题上韦伯不可能同意布伦塔诺的说法，他能够同意的是，天主教不会也始终没有培育出对劳动的心理奖赏，尽管它规劝人们勤恳工作并厌恶懒惰这一罪孽。天主教的职业观之所以无足轻重，正是因为它在把懒惰视为罪孽的同时，也把专心致志于世俗事务看作有罪。我们的世俗责任可能会在这些方面使我们遭到谴责，但在追求得救这一大目标时却能给我们带来无数好处。这里看不出加尔文主义给劳动提供了什么心理奖赏。韦伯在论及布伦塔诺的以下主张时又重申了上述看法，布伦塔诺认为，资本主义早在宗教改革以前就已存在于意大利的各个城市，更为突出的代表人物则是雅各布·富格尔那样出人意料的商业巨头和银行家。富格尔成为资本主义精神（为赚钱而赚钱）的典范，据说源于他和外甥乔治·图尔佐的一次对话，这位外甥问富格尔是否想过要退休，富格尔回答说，他想不停地干下去，能干多长就干多长，能赚多少就赚多少。按照韦伯的理解（verstehen），富格尔积累财富的动机与富兰克林大相径庭，韦伯反驳说，在富格尔身上根本就看不到资本主义精神，因为他所表现的是一种"商业冒险精神"，而不是我们在富兰克林那里看到的"具有伦理色彩的生活行为准则"。[68] 韦伯指责布伦塔诺不承认富格尔的这种"道德中立"。[69]

松巴特在举出利昂·巴蒂斯特·阿尔贝蒂作为例证时也遇到了同样的情况。阿尔贝蒂是文艺复兴时期佛罗伦萨的一位银行家和布商，松巴特坚持认为阿尔贝蒂的观点与本杰明·富兰克林极为相似。按照松巴特的说法，阿尔贝蒂在《家政》（*Government of the Family*，大约 1450 年）中强调了量入为出的绝对必要性。[70]阿尔贝蒂像清教徒那样建议人们有效利用时间，不要因为游手好闲而堕落。[71]他也像富兰克林那样称赞商业信誉的价值，因为守信可以带来更大的利润。[72]尤其是阿尔贝蒂指出了节俭和力行禁欲主义的价值，松巴特认为这是中产阶级资本主义活动的基础。阿尔贝蒂十分崇尚节俭，认为"节俭神圣"。[73]韦伯不无夸张但又多少有点牵强地否定了阿尔贝蒂与富兰克林持有同样伦理观的可能性。韦伯争辩说，阿尔贝蒂根本就没说过时间就是金钱（实际上阿尔贝蒂说过这话），在他的获利方法中根本就看不到丝毫的禁欲主义特性。[74]不过，韦伯认为至关重要的是，阿尔贝蒂从未证明他所倡导的那种生活方式具有什么样的宗教动机。总而言之，阿尔贝蒂没有把追求利润同获得拯救和罚入地狱联系在一起。[75]大概是由于韦伯的回答比较牵强，所以松巴特无法有力地进行反驳，除非他准备与韦伯的宗教前提交锋。

布伦塔诺认为自己发现了韦伯观点中的另一个缺陷。他以自己家族的职业为例，断言他的意大利祖先是一些前宗教改革时期的金融资本家，他们是在贸易路线从地中海与黎凡特转向北海之后而不得不向北方迁移的。韦伯的回答试图表明，资产阶级的财富积累方式是独一无二的，那是一种特定宗教动力的产物，而这种动力来自他们的天职观。韦伯强调说，作为一种经济人，银行家在历史上随处可见，并非现代资本主义所特有，更谈不上是资本主义精神的体现者。正如韦伯所说，布伦塔诺的问题在于，他把一切为获利而进行的斗争统统混为一谈，拒绝对它们加以区别，因而不可能认识到现代资本主义条件下这种斗争的独一无二性。[76]韦伯还指出，历史向我们展示了获取财富的一切方式：有冒险家的资本主义，有掠夺者的资本主义，有政治性的资本主义，还有形形色色的其他什么资本主义，但是我们在西方以外的地方，根本就看不到建立在理性地组织起来的自由劳动基础上的资本主义。[77]韦伯直接针对布伦塔诺指出，并非一切获利行为都在体现资本主义精神，靠掠夺战利品获利和通过经营一个工厂获利是完全不可同日而语的事情。[78]

布伦塔诺与松巴特根本没有理解韦伯命题的实质，尤其没有理解该命题的副产品——非预期性，这在他们引证清教道德学家的反拜金主义教义时可以看得很清楚。松巴特认为，清教教义比天主教更不喜欢资本主义。[79]他还进一步引用巴克斯特的《基督教指南》来强调这一点：

> 切记，想要发财的人更难得救。……切记，财富并不是你幸福的组成部分。……关于财富，基督发出了那么多严厉警告，这不是无缘无故的。[80]

韦伯的反驳是要重申，他所关注的并不是对财富的禁条，而只是由宗教信仰所产生的"指导日常行为并使个人持之以恒"的"心理支持"。[81]韦伯在一条注释中更加明确地指出，布伦塔诺与松巴特在援引那些伦理作者（"而且大都是从我这里听说的那些作者"）时严重误解了这一点，他们只看到了某些行为规则，尤其是反拜金主义的行为规则，"全然不顾那些作者之中有谁因为得到了心理上有效的宗教支持而获得了力量"。[82]

为了抵消韦伯的职业观，松巴特还急于证明中世纪教会和犹太人促成了资本主义的出现。松巴特说，天主教教义中的许多因素都有利于资本主义的发展，其突出表现就是把生活节奏理性化并严格控制激情。[83]松巴特进一步论证说，许多有影响的神甫提出的教义都有利于资本的最后胜利。

例如，阿奎那对借债行为做出了区分，一种是为了非生产性目的（个人炫耀），一种是为了生产性目的（创造资本）。为了前者获取资金是邪恶的，为了后者寻求资金则完全合法。佛罗伦萨的安东尼和锡耶纳的贝尔纳都是在这个意义上理解资本的，"他们在资本问题上必然要谈论的内容，政治经济学已经重新在卡尔·马克思那里学到了"[84]。

韦伯同意，教会中的某些因素有利于资本，但是教会的主流思想却是反对资本的，而且至关重要的是，天主教教义缺乏救世神学的手段以便为创造资本的活动提供来自神界的激励。韦伯承认，耶稣会士是同情资本主义实践的，甚至比"清教徒的著述"有过之而无不及。[85]佛罗伦萨的安东尼和锡耶纳的贝尔纳这两位司各脱派人士也抱有比较温和的倾向，赞同为生产性资本投资的贷款支付利息。[86]不仅如此，他们还把商人的利润说成是对"勤奋"经商的回报，[87]不过，韦伯告诫说，这些"宗教自由主义的"（latitudinarian）著述都是些例外而不是常例，是比较开通的伦理思想的产物，而且受到了最正统的教会人士的反对。[88]如果商业活动粘上了某种道德骂名，那么从事这种活动的人就会被认为不是教会的忠诚信徒。[89]中世纪基督教信仰的精神气质对商人的评价，可以用一个古老的说法一言以蔽之：他的为人可能无罪，但却总不为上帝所喜（homo mercator vix aut numquam potest Deo placere）。[90]这种敌意融入了教义和教规之中，而在阿奎那看来，牟利的欲望简直就是"卑鄙无耻"。佛罗伦萨的安东尼对"勤奋"的赞扬并没能克服这种敌意，但是韦伯认为，教会出于纯粹的功利目的，也不得不对金融势力做出某些让步。[91]

韦伯认为，加尔文主义能够而天主教教义不可能产生一种资本主义精神，关键原因在于，清教徒商人追求财富有着道德上的虔诚感，而他的天主教同侪的道德感却模糊不清。新教的天职观要求真正的禁欲主义信徒致力于资本主义的获利行为，目的是"在一项职业中获得得救的确定性，这就给了'勤奋'一种心理上的支持。天主教教义做不到这一点，因为它的得救手段不同"[92]。

松巴特坦率承认，他的研究是受到了韦伯所做研究的刺激，[93]这引导他得出的结论是，犹太人对资本主义的获利方式做出了关键性的贡献。松巴特认为，犹太教是一种严肃持重、不动感情的宗教，它禁止同上帝的神秘合一，而是发展出一种与上帝的规范性契约关系，那几乎就是一种精神簿记。[94]这使犹太人非常适合去赚钱，因而事实上他们是作为"局外人"而深深介入欧洲人从新大陆掠夺来的贵金属的再分配的。[95]这个局外人"天生地"客观冷静，而犹太人喜欢金钱和放贷又强化了这一点，因为他们被禁止拥有土地。松巴特大概是借用齐美尔《货币哲学》的话说，货币作为一种流动形态的财富，产生了一种注重数量分析的抽象生活观，与注重质量分析的自然生活观相比，它对资本主义的产生具有关键作用。[96]

韦伯认为犹太人的这种局外人（"贱民"）地位是对资本主义的阻碍因素而不是促进因素。犹太人强烈的种族与部族认同感，使他们在放逐期①之后的整个历史上都拒绝被整合进主流社会。这是一种自愿的隔离状态，产生了非常不利的社会后果，并最终导致犹太人根本无力推动资本主义性质的经济活动。韦伯告诉我们，犹太人从历史上就拒绝整合，是出于维护礼仪纯洁性的宗教动机，在很大程度上也是由于他们所处的"贱民"民族的地位。[97]犹太人由于坚持这种宗教立场而不得不在面对这个世界时承担可

---

① 放逐期，指公元前6世纪犹太人被掳入巴比伦时期。——译者注

怕的后果：驱逐，没收财产，剥夺拥有土地的权利，宗教法庭的虐待，以及——这是最为悲惨的——集体迫害。自我隔离还产生了韦伯所说的"伦理观的双重性"，意指与外人进行不正当的经济交往尚可接受，但在犹太同胞之间则严厉禁止这种做法。在这种环境中，犹太人从事的都是无理性的经济活动（"贱民资本主义"），包括国家资本主义、掠夺性资本主义、唯利是图、高利贷、贸易，而这些恰恰都为清教徒所深恶痛绝。[98]

犹太人的"贱民"地位给他们参与工业生产造成了外部障碍，使他们的经济活动无法与那种连续性、系统性、理性化、拥有固定资本及资产阶级式的劳动组织的工业企业和谐并存。[99]韦伯进一步指出，这种伦理观的双重性，意味着犹太人不可能发现指导经济行为的道德动机。把经济生活区分为"我""你"两界，阻断了发展一种"世俗禁欲主义"的可能性，或者说，和不知就里的外人做生意可以不择手段，对自己人则奉行商业利他主义，这种"声名狼藉"的做法并不能证明什么伦理上的价值。相反，17世纪的贵格会与浸礼会信众则以他们与不信神者做生意时的诚实和公平而骄傲：诚实会得到慷慨的回报，因为满意而归的顾客还会再来。[100]简言之，犹太人并未进入资本主义式的发展历程，因为他们不会拆除内部与外部经济生活之间的伦理屏障。

除了与天职相关的问题之外，松巴特明确谈到了地理大发现及其对欧洲资本主义进程的影响，而齐美尔的表述则较为含蓄[101]。松巴特认为，对企业家获利行为的主要刺激来自地理大发现所引起的经济中心的迁移：从地中海和黎凡特移向北海，移向荷兰及英国。[102]在这个过程中，欧洲的贵金属泛滥成灾，于是增加了货币供应量，进而增加了对商品的需求。齐美尔则认为，货币经济是资本主义经济的一个基本特征，事实表明，在这一点上关系重大的是西班牙人对新大陆贵金属的掠夺，它对这种货币经济的产生做出了贡献。

韦伯的因果多元论肯定会承认，其他因素对于现代社会的产生也发挥了一定作用。它们是必要条件，但却并非充分条件。因此，韦伯并不否认货币处于资本主义的核心位置，但他不打算接受齐美尔与松巴特那种异口同声的说法。[103]货币对于资本主义有着重要意义，因为它是韦伯所说"形式上的理性化"的必要前提。[104]经济行为在形式上的理性化，就是能够以数字计算的方式明确表达需求预期。韦伯说道，"就货币问题而言，可以达到最高程度的形式理性化"。然而，仅仅大量供应货币还不足以产生这种形式上的理性化，尽管它肯定大有帮助；韦伯指出，贵金属在16世纪的大量涌入，使铸币这一行当产生了比较稳定的关系。[105]托勒密王朝的埃及也有类似的情况：尽管生产与市场需求的长足发展与广泛使用货币密切相关，但托勒密王朝仍然使用预算核算而不是资本核算。[106]韦伯还以印度为例：在罗马帝国时代，印度聚集了数目惊人的贵金属——每年约2500万塞斯特斯。但这些贵金属的绝大部分都成了印度王公贵族的收藏物，没有变成钱币，也没有用于开办企业。[107]

｜5｜ 后韦伯批评家：罗伯逊、萨缪尔森、托尼、特雷弗－罗珀及其他

第三阶段的批评家所展开的争论，其水准并没有显著超越韦伯生前出现的那些争论。之所以如此，是因为这场批评根本没有看出一项职业中的虔诚劳动乃是教义封闭性的意外结果。因此，那些批评意见所依据的观念基础不过是些"老生常谈"，都是韦伯在回答拉什法尔、松巴特及布伦塔诺

时已经提出并有效解决了的问题。罗伯逊与萨缪尔森的著述对韦伯的清教天职观发起了极为尖锐但最终却一无所获的批评，暴露了他们根本就没有理解韦伯观点的实质。按照韦伯的基本原则来看，他们是徒劳无功的，但最终他们还是卓有成效的，因为这场批评运动的主要代言人未能理解，所以也就没有肢解韦伯的推理路线，于是我们得到了一批装在旧瓶中的新酒：清教神学家是反拜金主义的；应当恢复阿尔贝蒂和富格尔作为资本主义精神体现者的形象；加尔文主义和天主教的天职观大同小异；因此，资本主义先于宗教改革。

其余的评论也都是一些老调子，没有考虑到韦伯的《新教伦理与资本主义精神》在他全部著作中的临时性质。托尼明确但错误地指责韦伯没有给予物质和结构因素的因果作用以应有的评价。另外有一些观点由于引证苏格兰的情况而引人注目，但却没有领会到，在韦伯看来，加尔文主义是与其他因素共同发挥作用而带来突破性进展的。那些批评家断言，历史上的许多情况表明，加尔文主义信徒占上风的时候，企业是在走向衰落而不是兴旺发达。这些说法犯了前文指出的第二个错误，他们没有注意到韦伯的这一论点：加尔文主义是资本主义发展的必要条件，但不是充分条件，总还需要某些结构性辅助因素才能打破传统的束缚。韦伯的思想在其他方面也同样有效：结构性前提尽管是必要条件，但需要借助于一项职业中的圣洁劳动才能成为充分条件。因此，韦伯并不否认16、17世纪代价高昂的革命作为一个决定性事件和一个资本主义的扩张期所具有的重要意义，当然，除非它表现出单一因果性的作用。他也没有怀疑加尔文和加尔文主义对现代性所做出的具有重大政治意义的贡献，由此而使民主政治形态成为现代社会的标志。

　　罗伯逊和萨缪尔森从多个角度努力要颠覆韦伯的命题，尽管其中萨缪尔森取得了重要进展，但是他们的努力最终都落了空。罗伯逊研究了16世纪中叶的清教文献以寻找一种圣洁的职业，因为他对韦伯的以下说法不以为然：在这种职业中，虔诚劳动是对17世纪40年代《威斯敏斯特信纲》的教条式得救预定论的反应。[108]罗伯逊还引证圣保罗的例子，说对日常辛劳的评价并非路德及宗教改革的新思想，而是基督教的固有之义："我要命令汝等，不劳动者，不得食。"[109]韦伯在这个问题上也不乏对罗伯逊的反驳，甚至引用了那位使徒的同一句话来证明，保罗和路德一样淡漠世俗的活动。游手好闲很可能是由于未蒙恩宠，但唯利是图地去工作也同样无助于在尘世得救。而且，从事某项职业虽然可以消极地促使我们产生对得救的期待，但不可能发挥积极作用帮助我们得救。[110]萨缪尔森的说法倒是更接近实际情况，认为韦伯的天职观来自选召和得救预定论，但萨缪尔森误解了这种联系的性质。[111]他的误解是因为他到加尔文的著作而不是加尔文主义那里寻求某种世俗职业观的证据，由于没有找到这样的证据，他对韦伯的批评便出了错。[112]然而，萨缪尔森在关于劳动的问题上提出了重要发现，却未能严谨地深化这种发现，因为他和韦伯一样相信，《威斯敏斯特信纲》的得救预定论教义是重复了加尔文的结论。[113]但是应当归功于萨缪尔森的是，他发现基督教教义中存在着与劳动的双重用途相对应的两种职业观：一是精神职业观，二是世俗职业观。宗教劳动属于前者，践行善举的劳动属于后者。于是萨缪尔森引证圣保罗表明的一个有力的看法以反对韦伯。圣保罗告诫富人"要行善，要因善举而致富"，意思是说不要因为无足轻重的尘世财富而放弃信仰，要力行善举，心系天国。[114]但是，韦伯可以指望教义中的证据危机和非预期性摆脱这个圈套，萨缪尔森对此将无可奈何，因为他本人对得救预定论的看法来自《威斯敏斯特信纲》。

新教思想中的反拜金主义也被新一代批评家——尤其是罗伯逊、萨缪尔森和海玛挖掘了出来。他们都是从巴克斯特那里引用了同一段话来强调这一点：

> 选择工作或职业……要能使你对上帝最有用。不要选择那些能使你在尘世最富有或最荣耀的，而要选择那些能使你最有可能避免犯罪的。[115]

当然，这段话可能有助于破除韦伯的理想论点，但要最终做到这一步，只有在看到加尔文主义宽宏大量地认为恩宠易得、劳动是为来生并且不再淡漠世俗事务的时候才行。耗费全部时间去选择一种世俗职业绝对没有价值，因为最大的回报来自那种有效的职业，它要求坚持不懈地力行善举以在尘世得救。所以巴克斯特的这段话并不存在非预期性，他直截了当地告诉我们：小心撒旦在你的世俗义务中设置的陷阱和骗局。

这些批评家再次提到了阿尔贝蒂，[116]尤其是提到了富格尔[117]以向韦伯挑战，他们认为天主教和加尔文主义的天职观相去无几。格雷厄姆写道："雅各布·富格尔……老迈而富有之后仍然拒绝退休，却不被视为资本主义精神的典范，而富兰克林年纪轻轻便停止了对金钱的不懈追求去为国家效力，却被当作资本主义精神的完美楷模，其中原因令人难以理解。"[118]这种论点还认为，天主教和加尔文主义天职观之所以没有什么差别，是因为天主教的禀性对于理性的获利行为根本就不陌生。[119]皮雷纳就此举出了芬克达尔的圣戈德里克这位英格兰人为例，他在抛弃财产遁世隐修之前，是12世纪的一位富商。皮雷纳说，追求利润曾是戈德里克的唯一行动指南，他的行动所体现的资本主义精神一目了然。更进一步说，如果坚持认为戈德里克经营事业是为了满足自己的日常需要，那就"太荒谬了"，而且他用赢利进行再投资也非常类似现代企业家的作为。[120] 德·罗弗尔说，如果认为出现在宗教改革几十年前的美第奇家族并不是以资本主义的方式追逐财富，这是完全没有道理的。[121] 沿着同样的思路，吕蒂告诉我们，美第奇家族是宗教改革之前的大资本家，他们是作为银行家而跻身罗马元老院，进而又跻身教皇之列的。路德公开蔑视教会，在某种程度上说就是因为罗马和这些前宗教改革时期的资本家过从太密。[122]

范范尼继续向前推进这个思路，认为资本主义只能是新教反叛的结果，而拒不承认这一点是愚蠢的。[123] 罗伯逊则强调说，资本主义乃是中世纪的产物，不仅能在佛罗伦萨的织布、毛纺及丝绸行业中看得到，而且还有比利时默兹河流域著名的冶铜工业以及佛兰德的织布业。[124] 托尼——他在天职观问题上还是韦伯的拥护者——在这一点上却与韦伯大异其趣，他认为小规模的资本主义在中世纪是普遍现象，大规模资本主义只见于前宗教改革时期的佛兰德与意大利。[125] 在托尼看来，14 世纪的威尼斯与佛罗伦萨、南德意志及佛兰德，或者 15 世纪的安特卫普，尽管表面上看都是天主教地区，但是并不缺乏"资本主义精神"。[126] 特雷弗-罗珀的观点是，大规模的工业资本主义早在 16 世纪之前就已存在。特雷弗-罗珀认为，封建资本主义 1500 年时就在安特卫普、列日、里斯本、奥格斯堡、米兰、卢卡、威尼斯和热那亚得到了发展。[127] 吕蒂的说法是，"15 世纪和 16 世纪初期的天主教欧洲的结构与组织发展水平是后来两个世纪无法企及的"。他认为是意大利和葡萄牙为现代经济提供了物质前提。[128] 比较晚近的科林斯则断言，中世纪教会为资本主义经济创造了一种"近似值"。科林斯接着说，佛罗伦萨和佛兰德的纺织业以及威尼斯、热那亚和比萨等繁荣的商业城市，都体现了资本主义的蓬勃发展。[129]

　　这种前宗教改革时期资本主义论的另一个版本（事实上是清教反拜金主义的必然推论）说，人们常见的是加尔文主义并没有产生资本主义，甚至不能与之和谐共存，这证明了加尔文主义不可能是资本主义的创造者。征诸史籍可知，凡是加尔文教派把持国政的时候，经济活动不是得不到发展就是出现实际上的萎缩。海玛举例说，加尔文主义最初曾在匈牙利迅速蔓延，但是那里的资本主义却并未得到发展，[130]事实上，加尔文主义的扩张导致了贸易的一落千丈。[131]海玛接着说，16世纪下半叶到17世纪上半叶，加尔文主义在法国达到了顶峰，但资本主义却停滞不前。[132]苏格兰的情况是韦伯命题的又一个例外。[133]海玛说，在17世纪，苏格兰比英格兰和荷兰更为盛行加尔文主义，但是工业的发展却大大落后于新教徒的增长。[134]照特雷弗-罗珀看来，这主要是由于苏格兰神职人员对企业的强烈抵制。[135]萨缪尔森以赞同的态度援引巴克斯特的话说，加尔文主义的荷兰省无法与阿姆斯特丹的企业相匹敌，因为阿姆斯特丹对西班牙的忠诚——具有决定意义的是对天主教的忠诚——比荷兰的所有其他城市保持得都长。[136]阿普尔比指出，在美国，清教徒形成了横跨东马萨诸塞到西康涅狄格的盟约共同体。阿普尔比为了说明自己的观点而引证了一批令人难忘的文献，她认为清教徒远没有成长为企业家，而是变成了那些以清教徒的凝聚力和稳定性著称的城镇中的乡村族长。[137]

　　当然，所有这些批评都忽视了韦伯的告诫：要使资本主义精神体现在历史的进程中，清教只是诸多因素之一。他在《新教伦理与资本主义精神》中直截了当地谈到了这一点，他说，资本主义在清教英格兰的发展是有先决条件的，那就是已经出现了这种发展的"某种可能性"。[138]托尼甚至以更为鲜明的方式犯下了同样的错误，他指责韦伯是唯心主义决定论，其因果框架排除了结构因素。托尼认为，"至少可以肯定的是，加尔文主义并没有产生资本主义精神，但如果说这两者都是经济组织和社会结构变革的不同结果，这同样是有道理的"[139]。托尼接着说，韦伯坚持认为社会原因只是沿着一个方向起作用，这等于是牵强附会地暗示，资本主义企业只能由宗教来产生资本主义精神。"如果强调宗教变革本身只是经济运动的结果，这不是同样有些道理的片面之词吗？"[140]

提出地理大发现的问题来证明韦伯完全是唯心主义而不是唯物主义，也犯了同样的错误。在罗伯逊看来，地理大发现导致了贸易路线的变迁，使经济活动的主导权从意大利人、西班牙人、葡萄牙人和南德意志人那里落入了北欧人之手。[141]海玛则认为，这种变迁乃是由于荷兰与英国海上霸权的惊人扩张，这实质上为资本主义经济奠定了基础。[142]西伊指出，贵金属伴随着16世纪的商业革命涌入欧洲，产生了巨大的经济推动力。[143]按照罗伯逊的说法，1493—1600年间，欧洲的贵金属储备使流通的新币增长了两倍，甚至更多。[144]

后韦伯时期的批评家还强调说，货币供应量骤增引发了急剧通货膨胀，这带来了增长的潜力；然而，韦伯的多元论对于这种朴实无华的解释也并无敌意。西伊指出，疯狂的通货膨胀对法国的旧式贵族产生了毁灭性的影响，迫使他们出售土地，由于减轻了农民的负担并抑制了贵族们经久不衰的炫耀欲望，从而促使他们垮台。[145]贵族日趋衰落，因为价格上扬有利于债务人而不利于债权人。农民对地主的各种税赋改用货币支付并因此受益，而土地所有者却因此受损。地主往往要向放贷人举债以弥补亏空，不过多半只是强迫农民缴纳更多的税赋，从而加剧了双方的紧张关系。[146]

通货膨胀还有着重大意义，因为它创造了土地占有之外的新财源，而许多世纪以来占有土地乃是财富的唯一来源。商业集团在通货膨胀中获利最大，因为通胀产生了旺盛的商品需求。至少从理论上说，利润的膨胀可以刺激企业家扩大对固定设备的投资以谋取暴利。[147]16世纪是个涌现出各种筹划和筹划者的世纪，在这个过程中，财富便落入了向上流动的社会阶层之手。[148]仅仅由于价格的上涨，社会不得不采取一种比较个人主义的态度："惯例的统治由于惯例的变化而遭到破坏，每个人都必须自谋生路。"[149]托尼生动地提醒我们说，在这种环境下，个人几乎毫无办法，只有步那个威尼斯商人后尘！[150]

在商业、工业与农业领域，逐渐进行着一场持续了三分之一个世纪的价格革命，但1540年以后，一个磨坊引水槽注入了一种病毒，其能量闻所未闻，立刻激起了狂热的冒险精神，并有力地消解了一切惯例。[151]

韦伯并不否认16和17世纪的价格大革命为资本主义的发展提供了强大动力。"这场革命被恰当地归因于海外大发现所引起的贵金属的不断涌入。"[152]事实上，韦伯在《经济与社会》中甚至认为，这个通货膨胀期在资本主义的形成史上有着"决定性"意义。[153]之所以具有决定性意义，是因为农产品价格一路飙升，把它们投放市场已变得有利可图。工业产品价格并没有急遽上升，因为需求的增长刺激了生产成本的降低。[154]在这个意义上说，市场的产生损害了与地主、农民和采邑密切相关的"非生产性"封建形态的财富。"在英格兰……市场的发展本身就足以从内部破坏采邑制度。"[155]正在崭露头角的资本家也反对采邑制度，因为它阻碍了自由劳动力市场的形成，迫使企业依赖农村劳动力。[156]

有些吹毛求疵的人间接地向韦伯发出了挑战，他们强调说，加尔文和加尔文主义由于促进了民主制的发展而与现代性有着更为直接的关系。范范尼把新教与民主政治相提并论，因为新教废除了圣职和圣仪等中介手段，提供了一条直达上帝的途径，从而鼓励了独立意识、个人主义和进取精神。[157]托尼告诉我们说，精神上的独立使人们有理由认为："民主政治得益于新教徒之处要多于任何其他单独的运动。"[158]还有一种说法是，加尔文神学——包括它在平民日内瓦产生的自治与自决成分——奠定了自由制度的前现代基础。[159]海玛指出，加尔文的教会议会制产生了合乎政治民主的气氛，因为信众全体成员都有权参与教职选举。[160]

韦伯对这些说法一概接受，因为都与他的天职观相吻合。各地的清教民族都有对专制独裁的免疫力，韦伯赞同孟德斯鸠的说法，[161]后者曾经写道，英国人"在世上所有民族中取得了三项最长足的进展：虔诚、贸易和自由"。在韦伯看来，清教徒的虔诚带来了贸易上的优势和自由的制度。民主政治产生于清教禁欲主义的副产品——反专制主义，因为它掀起了反对詹姆斯一世和查理一世专制统治的运动。这场斗争是围绕《体育手册》展开的，该手册允许（实际上是鼓励）人们在礼拜日进行娱乐活动，这与清教徒的安息日主义发生了冲突。[162]韦伯甚至更加明确地谈到过教派与民主政治的联系。教派表现出一种自愿原则：以虔诚之心自由加入，道德纯洁性的资格只能由信众加以评判。[163]此外，教派允许每一个成员担任教职，反对主教制以及由主教批准任命教职。教职也不由罗马任命，也不像英国国教那样由国王任命，而是由相互扶助的信众选举产生。韦伯写道："这些结构性特征真正表明了教派与政治民主的亲和力。"[164]

| 6 | 结论

虽然本文至此仅限于概述批评家们的意见，但讨论结束时，可以第一次谈谈 20 世纪 80 年代展开的争论的情况了：它展示了支持与反对韦伯命题的两种观点。开始于 20 世纪 80 年代初的科恩-霍尔顿之争，实质上并未增加什么新内容，甚至可以说出现了倒退，因为它没有提出早先那些评论家全力对付——尽管并无成效——的具有重大意义的问题。因此，科恩-霍尔顿之争并未试图根据那些产生了天职观的神学前提（证据危机、今世的劳动以及非预期性）去阐明一种得到心理支持的职业。科恩的初衷是要表明，虽然先前的评论家们满足于宣称资本主义早于宗教改革，但是他将按照韦伯实际界定的那样揭示资本主义的存在。[165] 科恩继续强调说，理性的企业，劳动力和商品的自由市场，理性的工艺学，可信赖的法律制度，都是宗教改革之前就已存在的东西，因此，韦伯所说的资本主义也存在于宗教改革之前。[166] 读者可以看到，科恩忽略了韦伯的唯心主义，忽略了他对一项职业中的圣洁劳动的集中关注。事实上，科恩认为天主教和加尔文主义有着相似的天职观，而且罗马在得救问题上也引起了恐惧，一种可由勤奋劳动加以平息的恐惧。[167] 但是，韦伯的唯心主义应当得到比这更高的评价。为了恰如其分地对待韦伯，科恩应当证明天主教向劳动提供了积极的精神鼓励，但是他没有这样做。霍尔顿作为韦伯的支持者抓住了这个缺陷，却把讨论引入了不那么切题的领域，尤其是韦伯对理性化的论述。霍尔顿说，科恩未能领会韦伯在"理性工艺"和"理性经济行为"之间所做的区分。[168]韦伯对合理性的论述，其关键内容——这与即将谈到的问题[169]有关——就是米勒特别注意到的"价值理性"产生了现代秩序的"形式理性"。当然，价值理性是职业观问题上的清教理想主义，它在无意中产生了理性化的现代性。霍尔顿本应指出，科恩并未证明文艺复兴时期的意大利表现出了韦伯的价值理性，并且忽略了这个必不可少的精神因素，因而没有理解韦伯对资本主义的定义。所以说，双方争来争去，都没有和韦伯的唯心主义达成妥协。

差不多同时出场但似乎置身于科恩-霍尔顿之争以外的马歇尔，就韦伯的命题写了两本书。第一本是《长老会与利润》，[170]马歇尔以此把讨论提高到了一个全新的水平，他认识到韦伯的天职观最终是从教义的证据危机中获得了威力。马歇尔根据这一想法重新评价了《威斯敏斯特信纲》，但却错误地导致了这样的结局：在教义中寻找证据以证明韦伯的危机论，但事情却恰恰相反——在事实中寻找证据才意味着恩宠的肯定性而不是否定性。[171]马歇尔著作的重要意义在于，虽然他的研究并不赞同韦伯的理想主义，但重要的是他明白了，宗教改革之前的财富积累并不是在数量上不同于现时代。马歇尔的第二部著作《资本主义精神研究》就是要着力证明，把两个时代的财富积累看作是量的差别，这种观点乃是"模糊……草率、武断而虚幻的"。[172]马歇尔相信，如果把中世纪的商人放在16、17世纪的时代环境中，他们的活动也会像禁欲主义新教徒那样富有理性。[173]

随着韦伯的神学错误得到纠正，我们现在可以看到，马歇尔的这种评价十分准确。由此可知，批评家们在这一点上始终是正确的：韦伯以宗教改革前后的商业伦理作为获利行为原则的分界线，这是经不起推敲的。就此而论，韦伯失去了他的唯心主义，而他的物质前提却完好无损。这一定意味着资本主义的发展不存在观念的促进作用吗？我认为完全相反，历史研究已经充分显示，清教唯心主义正是起到了这种作用，不过这种唯心主义采取了不同于韦伯所设想的形式。尽管实际上还是宗教问题，但清教唯心主义更加关心的是教会学而不是救世神学，关心的是英国国教与英国国王那种"纯洁的"天主教主教制的教会统治。这是引发了 17 世纪 40 年代清教革命的诸多冲突之一，是一场确立了现代资本主义政治前提的冲突。

如果不对《新教伦理与资本主义精神》在 20 世纪的学术地位做出评价，那就不可能完成对韦伯命题的任何重大研究。韦伯曾经说过，学者应当准备接受这一事实：他的劳动将会仅仅经历几个年头的检验。《新教伦理与资本主义精神》在 80 多年的时间里顶住了想要把它一笔勾销的所有尝试，这证明了韦伯思想的博大精深。在这个问题上，韦伯是抱着康德式的态度面对学术界的，完全是有备而来，打算付出这样的代价："生而无能者如果一事无成，这并不至于令人吃惊。"[174] 韦伯付出的代价是，他的命题最终被证明是错误的。然而，我们认为这与牛顿的情况差不多，因为爱因斯坦修订了牛顿的宇宙论。事实上，韦伯的错误只是为他的命题增加了光彩，其原因正如韦伯所说，"一个精妙的错误要比一种无聊的精确更加富有启发性"[175]。韦伯精妙的错误成了（包括我本人在内的）三代矮子从巨人肩上看风景的便利条件。

11 | 对文本资料的利用和滥用

戴维·札雷特

由于 1904—1905 年《新教伦理与资本主义精神》的出版，马克斯·韦伯关于新教伦理的命题成了现代社会科学领域最旷日持久的争论焦点。韦伯与他的主要批评者卡尔·菲舍尔及费利克斯·拉什法尔的第一轮交锋一直进行到 1910 年。随后韦伯在修订《新教伦理与资本主义精神》时把这些对话吸收了进去，也是作为对松巴特的《资产阶级》(1913)、布伦塔诺的《现代资本主义的开端》(1916) 以及其他一些著述的回答。[1]韦伯去世之后，安德烈·比勒尔、C. H. 格奥尔格与 K. 格奥尔格、加布里埃尔·科尔克、赫伯特·吕蒂、阿兰·迈克法兰、斯蒂芬·奥兹门特、H. M. 罗伯逊、库尔特·萨缪尔森、H. R. 特雷弗-罗珀、伊曼纽尔·沃勒斯坦以及其他一些人士，从各个方面对韦伯的命题进行了大量批评，而他们对于和社会科学的解释学传统有关的方法论问题并没有多少兴趣。这种情况令人感到特别遗憾，因为韦伯对于这些方法论问题有着广泛的论述。1903 年他开始写作《新教伦理与资本主义精神》时便直接运用了即将完成并将以《罗舍尔与克尼斯》(*Roscher and Knies*) 为题发表的方法论批判；[2]而且，《新教伦理与资本主义精神》依据的就是一种被谨慎表述的解释学传统，因为——正如韦伯所承认的——这种传统很容易被误解。通过分析宗教态度和经济地位之间的相互联系而愚昧地"检验"一种"新教伦理命题"，这大概是比较彻底的误解。韦伯针对布伦塔诺、松巴特以及拉什法尔讨论过有点不那么严格的方法论问题，[3]韦伯的辩护者们针对韦伯身后出现的批评也进行过这样的讨论。[4]面对如潮的批评，韦伯命题的经久不衰应当归因于那种相对的悠然自得，因此，它的辩护者才能指出批评家们严重的方法论错误，特别是他们对文本资料的解释性利用，或者说，他们无视正规教义和它无意中产生的精神气质之间、加尔文和随后的加尔文主义之间、不同类型的获利行为之间、宗教在今天和在现代初期的因果意义之间的区别，等等。

对韦伯命题吹毛求疵的最新成果是马尔科姆·麦金农在《英国社会学杂志》上发表的文章，[5]这似乎第一次使韦伯遭遇变局，因为麦金农指控韦伯既拙劣又不诚实。麦金农的裁断声色俱厉、毫不含糊：韦伯的命题依靠的是对宗教文本的歪曲解读，而这些文本"所传达的要旨使他本人的意图令人生疑"。韦伯在解读宗教文本方面的尝试是在"蔑视现实，（而且）为了支持这种尝试，韦伯竟求助于事实错误"并"翻云覆雨地玩弄花招"。"他这种支离破碎的尝试的标志就是反复无常、自相矛盾地……曲解神学术语……而且更加不可原谅的是，一碰到相反的证据他就使用障眼法。显而易见，韦伯是在蓄意闪烁其词地为加尔文唯一的信仰（sola fide）在 17 世纪的统治地位进行辩护。"[6]这种可疑的闪烁其词隐瞒了清教徒对加尔文著作教义特征的"一笔勾销"，按照韦伯的说法，这些特征就是直觉的得救焦虑和世俗禁欲主义。麦金农的目的是给至今仍然没有被驳倒的"韦伯命题以沉重打击"，[7]因此他要在方法论的坚实基础上打垮韦伯。《新教伦理与资本主义精神》并不像前几代批评家认为的那样是一项精湛的诠释性学术成就，而是一部既拙劣又不诚实的著作——麦金农冷嘲热讽的评论就是要突出这一点。

我认为，麦金农并没有证明这些指控言之有理。麦金农在与韦伯的对峙中形成的对加尔文和清教徒的解释，不顾大部分相关的基本证据和辅助文献，把一些令人难以置信的立场归在了文本的名下，而不知情的读者可能会误以为它们准确体现了清教的思想。没有能力预料并识别，更谈不上处理互相矛盾的证据，这是麦金农解释宗教教义时的根本方法论缺陷。与这种解释方法相反，我认为，无论从数量还是质量角度运用证据，都应遵循同样的有效性与可靠性标准。历史学家和社会学家应当按照各自的方法论传统，以使自己从解释文本资料中得出的推论能够具有最大程度的有效性与可靠性。麦金农对宗教文本的解释缺乏三种制约，而它们是在这个领域进行缜密学术研究的必备前提。

首先，最基本的制约就是在确定一种宗教立场所归属的信仰体系时，要保证所引用的是符合无可非议的取舍原则的正式著述，而不是独出心裁或者心怀偏见地采用文本信息。注释性取舍始终贯穿在整个诠释之中，但在文本信息可以有力修订或者相悖于所引用的材料时便置之不理，这样的做法必须被摒弃。其次，如果对文本的解释除了要确定教义立场所归属的信仰体系之外，还要推论信仰的行为意义和心理意义，那就需要额外的制约。这就涉及一种三角关系：为了支持对正式著述的诠释，还要查验其他类型的文本资料，诸如自传、传记、书信、司法记录、同时代的报道等等。第三，必须重视作者提出正式陈述时的背景情况，以此作为社会学分析的基本资料。麦金农忽视了背景取舍的问题，即我们视为基本资料的对文本取舍的解释。麦金农忽视了这个问题，从而更突出了它的作用，因为他未能对自己的注释性取舍加以理性的控制，听任自己——前面已经指出——选择那些有利于自己观点的信息而无视与之相悖的其他信息。随后我将说明，麦金农据以反对韦伯命题的主要观点是如何从他对加尔文和清教徒所做解释的方法论缺陷中产生出来的。

| 1 | 麦金农对韦伯的批判

麦金农的批判焦点是清教所说"劳动"的性质和誓约神学。他认为，清教著述中的"劳动"一词指的是来世的劳动，是宗教活动而不是尘世的活动。因此，清教教义"并没有像韦伯一口咬定的那样无理性地圣化尘世职业"。[8]韦伯在这一点上完全误解了清教的说法。麦金农还把注意力投向了誓约神学的含义，其核心是与神订约的观念，它概括了上帝赐予救赎的条件。麦金农认为，誓约神学由于（错误地）坚称清教"开启了誓约神学的持久传统"，[9]从而引导清教脱离了加尔文神学，转向一种新颖而明朗的信条，它不可能激起信徒对得救的焦虑。誓约神学把劳动悄悄塞进了清教教义而使它走了样，因此具有允许信徒通过善举获得救赎的绝对确定性。麦金农认为加尔文的教义是一种决定论，它把上帝的恩宠全部体现在得救的过程之中；同时麦金农认为清教教义是一种唯意志论，它"消除了加尔文的得救预定论的决定论"。[10]

这种解释使加尔文和清教徒在一个信仰—劳动统一体的尽头成了对立面。一面是加尔文的决定论教义；另一面是誓约神学的唯意志论教义，据此，个人可以把最低限度的劳动——赤裸裸地渴求恩宠——视为蒙上帝选召的证据，从而自由选择进入天国的道路。这种唯意志论教义轻而易举地给人提供了明朗的保证，而"唯一的信仰"——得救预定论与得救焦虑——却烟消云散。这样就回答了韦伯的命题：如果没有个人宗教地位的不确定性所引起的焦虑，无意中把世俗活动理性化的行为就没有精神动机。

在对清教教义进行这样的解释以反对韦伯时，麦金农实际上把所有关于誓约神学的辅助文献全都抛在了脑后。[11] 他的主要证据来自加尔文及三位清教牧师的原作，并引用了一些次要的历史叙事。我将进一步纠正麦金农解释这种证据时不加控制的取舍所造成的错误。这样的矫正将会充实清教是一种诱发焦虑的教义——完全不是麦金农所说能够确保恩宠的明朗教义——的观点；它将恢复韦伯关于世俗职业精神化的论点；而且它将打破在加尔文和清教徒之间、在拒绝考虑劳动问题的加尔文那种毫不松弛的决定论和鼓励信徒自由选择进入天国之路的清教徒的"彻底唯意志论"教义之间划出的拙劣区别。对加尔文来说，这种区别将会导致一些把他的教义同反律法主义①混为一谈的荒谬论点；对清教徒来说，这种区别将会使加尔文主义牧师摇身一变成为洛克与弥尔顿的信徒。不过我们应当看到，清教誓约神学包含了一些被韦伯归在加尔文主义名下的重要成分：上帝的秘密是让一些特选的人得到救赎；蒙上帝选召将得到慷慨的恩宠，这是坚持虔诚的行为所带来的财富；这种行为提供了在内省中寻求蒙召证据的线索；而寻求证据——其间很容易出现挫折与不确定性——则要付出漫长甚至终生的努力。最后，麦金农把注意力投向了巴克斯特与约翰·科顿，他们对清教正统的"离经叛道"在麦金农对加尔文和清教徒的综合解释中占有突出位置。不幸的是，麦金农综合解释中的方法论缺陷也掺杂进了他对巴克斯特与科顿的评论之中。他不顾背景情况摘取他们的只言片语，对那些不利

---

① 反律法主义（Antinomianism），基督教神学名词，谓基督教徒既蒙上帝救赎便无须遵从摩西律法，根本否定摩西律法具有法律约束性，认为人的行善是由于圣灵在人的内心起作用。反律法主义思想在早期教会中已有表现，但作为正式学说则是在宗教改革引起的有关律法和福音的争论期间，一般认为其创始人是路德的合作者阿格里科拉。——译者注

于他的论点则弃之脑后，在所谓对立的教义（加尔文对清教徒，巴克斯特对科顿）之间划出了界线，但细察之下，原来他们的共同之处要比麦金农看到的多得多。

| 2 | 清教的焦虑

麦金农的解释把清教誓约神学描绘成一种其心理含义和韦伯所说完全相悖的教义。誓约神学培育了一种明朗的保障感，而不是焦虑感和不确定性。按照麦金农的说法，"加尔文主义通过引进誓约神学而抛弃了加尔文的得救预定论"，它并不是基于"唯一的信仰"，而是基于一种劳动教义，根据这种教义，只要不遗余力地尽到了虔诚的本分，就会得到"绝对可靠"的得救保障。[12]誓约神学"一笔勾销"了得救预定论的决定论，[13]不仅把加尔文主义改造成了一种唯意志论教义，而且解除了韦伯认为是清教特有的得救焦虑。"在教义中看不到证据危机"，因为个人可以自由选择通向天国之路。麦金农承认，加尔文本人的教诲可以引起焦虑；但在后来誓约神学对这些教诲的重新阐释中，"加尔文主义的劳动教义却消除了这一成果"。[14]

我将在第八、第九节评论这些与教义著述有关的说法。本节要谈的是，麦金农所解释的清教教义的所谓心理含义是经不起推敲的。显而易见，麦金农并不那么依赖牧师们的正式文本。假如他根据其他类型的文本——例如当时的传记、日记、书信及其他报道——验证一下关于清教徒行为的证据，他可能会重新考虑他的解释。这些材料足以否定这种说法：永世受罚在清教教义中已是个过时的问题，加尔文主义的得救焦虑在誓约神学那种提供了绝对可靠的保障的明朗教义面前已经烟消云散。为了克服疑虑并确定一个人是真心还是假意，虚伪的信仰激起了可怕的努力以控制世俗的冲动。那位最著名的清教徒奥利弗·克伦威尔，至死也未能断定自己是否得到了上帝的选召，只是在临终前才发现了保障。那个时代还留下了一则详细的报道，说的是一位鲜为人知的清教徒、伦敦的一个木工车床工尼赫迈亚·沃灵顿，他对自己的精神状态表现出了一种焦躁不安、几乎是神经质的关切，以至写下了 20000 页手稿以记录自己与不确定性和罪孽感进行的漫长斗争。[15] 克伦威尔与沃灵顿都是理想类型而非普通的清教徒，但是他们所体验的那种精神冲突——清教教义常用的比喻——却是那时清教徒的日记、书信和传记的普遍特征。而且，假如麦金农的叙述是正确的，那么清教就成了一种反常现象，因为宗教改革与反宗教改革都在改造大众宗教，它们"通过反复灌输一种罪孽感，通过无休止地强调原罪和日常的过错，通过极端苛刻地审视良心"，熏陶出了前所未有的焦虑感。[16]

历史学家可能会指出有些人放荡不羁，他们的情况表明，清教信仰并非总是产生焦虑感和世俗禁欲主义。但是我不知道有任何历史记录能够支持麦金农对清教教义的那种解释。威廉·哈勒在《清教的崛起》一书中的经典叙述，得到了近年来一批出色研究成果的支持，它们认为"清教徒实质上体验着……一种根深蒂固的焦虑感"。许多历史学家都谈到，在 17 世纪的英格兰，"加尔文主义实际上很容易感到绝望"。迈克尔·沃尔泽的重要研究从一种社会科学的视角探讨了清教徒的焦虑感对激进政治的意义。[17] 麦金农的解释也不符合清教的许多著名特征，包括始终不渝地爱好强制性宗教纪律，[18] 它的启示论世界观，[19] 以及直到 17 世纪末叶还在对它进行骚扰的天主教阴谋活动使它怀有的近乎偏执狂的猜疑心。[20] 然而，麦金农全然不顾这些证据，也全然不顾能否保证给人以可信性的问题：麦金农在几个牧师的作品中发现的那种清教教义，和几代学者著书立说所描绘的清教徒行为模式与处世态度根本就不合辙。

| 3 | 清教与劳动

清教文献中的所谓劳动，仅仅是指来世的而非今世的劳动——这种断言如果只是说清教徒谈论的善举更多地涉及宗教义务而不是经济行为，听上去似乎还有些道理。僧侣毕竟是僧侣，不是经理。但要一口咬定清教教义中的劳动"是来世而非今世"的劳动，因而"没有无理性地圣化世俗职业"，[21]这就完全是无稽之谈了。

麦金农频繁引证一位重要的清教誓约神学家威廉·珀金斯，但是对于珀金斯在世俗职业的问题上究竟说了些什么却没有多少了解。珀金斯认为那些不以职业为生的人是犯了公然蔑视上帝罪，[22]不仅如此，他还明确指出，"职业就是一种固定的生活，是上帝的命令和安排"，而且，"假如一个无关紧要的行为将会促进国家或教会的利益，它就不再无关紧要，而是必须去做。因此，一切职业及其劳动，不管多么卑贱，都是一种善举"。[23]理查德·格里纳姆的观点——我们在一项职业中的辛勤劳动将会增加上帝的荣耀——在清教神学家的著述中已是老生常谈，比如约翰·安吉尔就对那些"不认为自己的职业与尘世的责任具有崇高意义"的人发出了严厉指责。珀金斯之后最著名的誓约神学家约翰·普雷斯顿说道："我们日常的职业劳动，人们的日常事务……如果是出自信仰，如果是为了上帝，上帝就会给予认可，它们就堪称善举。"另一位著名牧师、珀金斯的信徒约翰·鲍尔则详尽地谈到了信仰将使人们"在职业的一切劳动、行为和事务中表现出勤奋、谨慎、正直与忠诚"。

> 我们在职业中侍奉主，这一信念……会驱使我们乐于从事劳动，不然那劳动就会显得辛苦和令人不快。
>
> ……信仰把我们的职业劳动和基督教的实践结合了起来，因为上帝给我们的戒律是，两者都是为了寻找天国，以确定我们的救赎，确保我们的选召，因此要践行一切善举，在我们的特定职业中真诚地去爱、去劳动。而且信仰不可能要把上帝结合起来的东西分离开。[24]

清教牧师对劳动的论述无疑都在坚持宗教劳动对经济劳动的优先地位，并且——众所周知——警告人们不要因为世俗职业而分散了精神关切。但是这种有保留的态度并不能支持麦金农所谓清教文献中的劳动概念缺乏今世意义的定论。对清教思想的解释如果不顾鲍尔、格里纳姆、珀金斯以及普雷斯顿等人提供的相反证据，那就谈不上什么可信度。

｜4｜ 教义斗争与论战性文本

麦金农对誓约神学的解释，并不承认他在进行一种无视相反证据、抱有偏见的取舍，因而对这种取舍也不加控制。我将在第七节论及麦金农是如何误解清教誓约神学的。这里我要谈的是他不去查验正式著述以外的资料意味着什么。假如他这样做了，他可能就不会说在誓约神学中"教义不是'唯一的信仰'"，不会说誓约神学仅仅把得救预定论的决定论放在一个无足轻重的象征性地位上，而让唯意志论信条喧宾夺主，以致人们据此可以自由选择通往天国之路。"据推测，恩宠作为意志的产物，凡是有条件的人均可享受。"[25]然而，清教徒是厌恶这种"推测"的，它与僧俗两界的作家作品毫无共同之处，在 17 世纪 20 年代和英国革命前的 10 年间，这些作家都对攻击得救预定论的决定论的阿米尼乌斯派教徒和劳德大主教及其追随者进行了反击。这类文献表明，那些所谓无足轻重、被喧宾夺主的原则，对于僧俗清教徒来说具有多么重要的核心意义。

阿米尼乌斯主义的观念——麦金农差不多把它和他所认为的清教教义混为了一谈——在英格兰早有大量先声。重申自由意志的效力，反对"唯一的信仰"，是一种反对加尔文主义、反对其他赞成圣·奥古斯丁恩宠论教义的自然而然的神学反应。[26]在伊丽莎白治下，这项发展受到了清教徒毫不妥协的敌视。16 世纪 90 年代伊丽莎白要求臣民信奉国教时，一本代表被围攻的清教徒言论的宣传小册子，自豪地叙述了一位诺里奇牧师在 1576 年如何反对由王室牧师担任诺里奇主教，因为他宣讲的显然是虚妄的教义——"我们有着把我们引向上帝的天生意愿"。1581 年，弗朗西斯·诺利斯爵士——清教徒的一位强有力支持者——以嘲讽的口吻把异教对头称为"自以为是之徒"（free-will men），从而把他们同耶稣会士看作一丘之貉；弗朗西斯·黑斯廷斯爵士——萨福克郡的治安法官——在 1585 年时也发表了同样的看法。在同一个时期，由于巴罗、巴雷克与奥弗拉尔对正统加尔文主义的特征——基于得救预定论的堕落前预定论①立场——提出质疑，在坎布里奇惹起了一场激烈的争论。[27]阿米尼乌斯学说的原教旨主义者遭到了失败：英

---

① 堕落前预定论（supralapsarianism），荷兰神学家戈马尔（Franc Gomar, 1563—1641）根据加尔文得救预定论而首倡的救赎论学说，认为上帝在亚当、夏娃犯罪堕落之前已预定整个人类中的某些人终将得救，某些人终将沉沦。此说不以人类始祖是否堕落为条件而主张上帝绝对预定，故又称"绝对预定论"。——译者注

国教会仍然处于正统加尔文主义的控制之下，埃伯特大主教即为明证。"他（埃伯特）本人阐述的最为重要的教义就是毫不妥协的加尔文主义预定论神学，而且变本加厉、不容置疑。"[28]

当时的报道把 17 世纪 20 年代阿米尼乌斯学说的出现称为打乱了英格兰教会国教教义的"标新立异"。[29]作为忠诚的反对派，不从国教清教牧师支持的得救预定论决定论，反对阿米尼乌斯式自由意志的"入侵"，[30]就理查德·蒙塔古这一著名案例来说，所谓"入侵"并不是指外国教义的入侵，而是指国内对加尔文主义的堕落前预定论进行温和调整的神学反动。[31]不过这就足以激怒许多非神职清教徒了，比如国会议员弗朗西斯·劳斯和律师威廉·普林。普林在 1628 年时断言——与"离经叛道、损毁恩宠的阿米尼乌斯派的标新立异"针锋相对——"根本没有什么自由意志，也没有什么普遍或充足的恩宠供所有人享受"。他把"得救预定论教理问答"收进了他的小册子，那是 1607 年以后印行的，并且与英译本《圣经》有着密切关系。[32]自 1620 年年底开始，在詹姆斯一世到查理一世治下的历届国会中，议员们掀起的反阿米尼乌斯教派运动愈演愈烈，以致终于成了议会的要务。1625 年和 1628 年，约翰·皮姆正式宣布，蒙塔古拒不接受至关重要的得救预定论原则，诋毁"加尔文、珀金斯、贝札"以及其他人。[33]

得救预定论的决定论对于世俗清教徒来说具有突出意义，这一点还有另外的依据，它产生于英国革命的最初几年，那时国会已经长期充满了清教徒对那些"可恶的牧师"以及教会中比较普遍的问题的愤懑之情。针对个别牧师的请愿书提出了许多问题：从教义和礼拜仪式上的罪过直到淫荡、酗酒以及不务正业的行为。1641 年，肯特郡的一些清教徒递交了请愿书反对那些鼓吹阿米尼乌斯或天主教教义的牧师。教区居民耿耿于怀地抱怨说，附近教区的一个牧师 1627 年来到他们这里讲道，"反对得救预定论，主张自由意志，使许多听众极为不安、忧虑和悲哀"。对另一个牧师的抗议是说"他含糊其词地解释《圣经》，好像在暗示普遍的得救，即确保信徒得救的教义"。类似的抗议也出现在萨福克等郡。[34] 尽管"更常见的是反对'天主教'仪式主义而不是指责对加尔文主义教义的悖逆"，[35] 尽管整个请愿过程是由皮姆领导的一个议会派别所组织的行动，但是历史记载表明，地方的清教教区居民对于麦金农所说、被他们一笔勾销的教义准则怀着恒久不懈的关切。实际上，许多请愿书在神学上的温和态度可能并未充分反映神学争论中的地方关切。例如，一份 1640 年的伦敦请愿书反对教会"改革"，导致肯特郡的清教徒向他们的国会议员之一爱德华·迪林爵士递交了一份类似的请愿书以呈送下院。迪林修改了原稿的措辞以缓和它的语气："我和递交者进行了讨论……（在征得他们同意之后）我把原稿的篇幅压缩了接近四分之一，并重新使用了一种比较适度的语言。"迪林的版本一般性地谈到了官方对阿米尼乌斯教派和天主教观点的支持，但有 2500 人签名的原稿却是比较严厉而明确地谈到了有人攻击"得救预定论、自由恩宠、持续蒙恩的教义……（而）这些教义是反对普遍恩宠、因信仰而预知蒙召、自由意志的"[36]。

因此，由攻击加尔文主义得救预定论的决定论而产生的文本证据，可以得出的结论与麦金农的截然不同。不懈坚持得救预定论的决定论，以及强烈怀疑任何使人对自己的能动作用产生狂妄自信的东西，这是僧俗清教徒的核心特征。任何威胁到这种特征的事态发展都会激起始终如一的敌对反应。如果麦金农对誓约神学的解释是正确的，僧俗清教徒毫无疑问会把它拒之门外。如果他们没有这样做，那就意味着这些清教徒按照教义要求来说并不合格，或者意味着麦金农对他们教义的解释是错误的。

| 5 | 誓约神学与知识社会学

到此为止，我集中评论了麦金农在解释清教教义时所做的注释性取舍的含义。这个问题由于另一个远比之更令人感兴趣的取舍类型而复杂化了，而这是他没有认识到的取舍类型：背景取舍。麦金农忽略了清教作家在其著述中表达思想的取舍方式，结果提出了一种怀有偏见的解释，坚持认为加尔文和清教徒有着对立的教义。我认为，正确的说法应当是，加尔文的教义在一定程度上是一种唯意志论，而更重要的是，清教的誓约神学在很大程度上是一种决定论，这为得救的焦虑以及穷毕生努力以寻求选召的证据——韦伯命题的关键所在——提供了教义上的解释。

截然区分加尔文的决定论和清教的唯意志论似乎不合情理。像许多其他改变了社会生活的学说——比如马克思主义——一样，加尔文和清教徒的教义都包含着决定论和唯意志论的成分。它们要求个人抱有改造世界的进取精神；它们坚信这种进取精神符合支配着世界的不可抗拒的规律，从而使它得到了强化。这些教义不容也不能以逻辑上无矛盾的方式加以表述，但是这种逻辑缺陷并非不利条件。它们使人很容易对同一信仰体系进行变通说明，而这就有助于那些试图阐释和传播正式的信仰体系的意识形态专家把它们用于各种实用性目的。清教牧师在反击他们的权威所受到的各种挑战时，就是交替强调加尔文主义的决定论和唯意志论原则的。背景取舍涉及意识形态文本所提供的一些局部性偶然事件，而这些文本的作者在回应他们的权威所受到的真正的或想象的挑战时，都特别善于变通表达自己的思想。我把这叫作"背景取舍"，是因为对这些意识形态专家的权威的挑战，实质上都是偶然的、局部的，受到了文本以外的时间、空间和社会变量的限制。例如，在和其他牧师发生争吵时，在面对独立思考的教区居民时，在压制教派和异端对头时，在与教会上司发生冲突时，都会出现这种挑战。当然，这类取舍的倾向性影响会由于社会学解释者的注释性取舍而大为增强。这个问题对于注释性做法来说相当明确：解释一个文本就是要说明它的产生有着怎样的论证背景。

麦金农可能忽略了背景取舍的问题，因为他认为他所分析的宗教教义并没有表现出重大的前后矛盾；和清教徒一样，加尔文"首先是保持前后一致的大师"。[37] 因此，麦金农的解释便假定，他们的教义是由一整套确定不移的思想组成的，很容易给出比较确切的界说。人们可以看到，由于论证背景不同，一个信仰体系——即使是同一个作者的著述——内部各种思想之间的关系经常表现出一些文本陈述的变化。但是，这并不需要把那些对立的观点推到相对主义的极端上去。忽视这一点就等于把统计不受你控制的变化当成了解释这些变化。因为那是不受控制的，麦金农的分析便把背景取舍混同于注释性取舍的问题。由于不顾文本的背景而摘取它们的片言只语，麦金农硬是在所谓对立的——仔细一看却是大体相同的——教义之间划出了界限。

关于麦金农对誓约神学的解释，我要集中谈谈三个问题。首先，我认为在加尔文和清教徒之间做出判然两分是错误的，这是麦金农未能适当控制两种类型的取舍而造成的。毫无疑问，清教誓约神学并不是简单地重复加尔文。但加尔文的教义包含着唯意志论的成分，于是麦金农断定这就是清教誓约神学不同于加尔文教义的关键特征。而且，大量显而易见的证据也表明，在清教誓约神学中占有核心地位的是决定论。这种证据足以否定麦金农的以下说法：誓约神学"一笔勾销"了"唯一的信仰"和得救预定论的决定论原则，使它们仅仅象征性地体现在清教教义中。其次，我将转而谈谈得救焦虑的问题，并说明誓约神学关于蒙上帝选召的论述不可能产生像麦金农认为在清教教义中存在的那种确保选召的明朗教义。最后，我将表明麦金农认为巴克斯特与科顿"背离"清教正统的说法是多么大谬不然，这也是未能适当控制那两种类型的取舍造成的。

｜6｜ 加尔文与清教神学

关键问题在于这样的论断：加尔文著作的教义内容在清教教义中并没有保存下来。"加尔文主义通过引入誓约神学而抛弃了加尔文的得救预定论"，这种神学并不是基于"唯一的信仰"，而是基于一种劳动的教义，即恪守劳动的本分就能得到"绝对可靠的"得救保障。[38]麦金农为了支持这一解释而提出了两个说法：一是，加尔文的神学不存在唯意志论，因为它确认劳动与救世神学无关，并且拒绝尝试确定人的精神地位；二是，誓约神学的劳动教义对决定论的"一笔勾销"，把加尔文的教义变成了一种唯意志论的神人契约论，[39]使它在信徒中引起的得救焦虑缺少了一种教义基础。

这些说法漏洞多多。后来的加尔文主义誓约神学并没有像麦金农说的那样出现了贬低加尔文教义的趋势。事实上，欧洲大陆和英格兰的誓约神学革新者常常比加尔文本人更"加尔文主义"！就是说，他们远比加尔文更关心把一种变本加厉的堕落前预定论的得救预定论信条确定为教义的基本点。但是对于加尔文来说，"得救预定论的教义存在于一种救世神学背景之中，而不是一种形而上学的思辨背景之中；它被认为与得救有关……即使在双重得救预定论教义中，加尔文的言论也会令人更多地想到它那些稳健的先驱者，而不是期待着尽快发生什么变化"[40]。

认为加尔文完全拒斥劳动，这种看法也是错误的。在加尔文看来，毫无疑问不能因劳动而称义。这一点为麦金农所极力强调；但真正的信仰必有善举，麦金农对这一点却不予讨论。然而，加尔文对这个问题已经说得再清楚不过了："人在上帝面前不可因劳动而称义，但可以说，凡皈依上帝者，皆能再生为新人，即由罪恶王国渐入道德王国。为此，他们应当确定自己的职业，就像树木一样，要根据果实对它们做出判断。"[41] 以这种方式论述劳动，把它看作"富有成效的"信仰之果，随后便成了清教徒宗教著述的一种修辞特征。这些著述坚决维护加尔文的主张，否认"唯一的信仰"的结果是"损害善举并引导人们不去力行善举。……我们并不向往无视善举的信仰"。加尔文认为劳动从属于信仰，但却不像麦金农宣称的那样排斥劳动："因为我们知道，上帝并不看重外表，如果想看出劳动对于正直有多大益处，我们就要识别行为的根源。我认为，我们应当观察从事这些劳动对于心灵的影响。"[42]

请注意，加尔文只是按照救世神学的要求谈论劳动对人性的消极作用，以反对贝拉基派强调人的能动性的观点，[43] 麦金农提到了这一背景选择的问题，但却没有认识到它的重要性。加尔文的著述也反对反律法主义和再洗礼派教义所说的福音书废除了服从《旧约》律法的要求，这证实了被认为他思想中缺乏的行动主义成分的存在。麦金农对此视而不见，甚至把加尔文的"唯一的信仰"与反律法主义等量齐观，并且不顾加尔文在这一背景下就誓约问题所做的绝大多数评论，要求人们注意宗教善举的重要性。加尔文宣称，一旦上帝成为我们的救世主，他就不再是我们的主权者，因此，福音书的特许是继承了而不是废除了律法。麦金农始终如一但却错误地认为，对加尔文来说，新誓约取代旧誓约"标志着律法的彻底终结"。[44]

在这个问题上，加尔文说得再清楚不过了："福音书是对律法的确认。在这个意义上说，福音书并未继承全部律法，而是引入了一种不同的得救方法。"而且，清教誓约神学家们几乎是逐字逐句地重复了加尔文的论点，即福音书"明确宣示了"基督的启示，它在旧誓约中是"模糊而隐晦的"。[45]福音书缓和了《旧约》所要求的绝对服从，但忠诚的信徒仍需尽力服从律法，这包括牧师们认为的一些重要义务，例如服从世俗统治者，必须成为国教教会成员，以及敬重牧师。

麦金农对加尔文的曲解，使他在发现选召的问题上得出了令人吃惊的含义："加尔文的'唯一的信仰'绝对反对通过劳动和人为的努力确定选召的标准。""因此，加尔文的《基督教原理》自始至终都在激烈反对从内心检验恩宠的证据。"[46]错了，加尔文提出的告诫是不要把获取证据的努力引入歧途——这意味着劳动是得救的一个原因，而且他对什么才是寻求证据的正途提出了明确的建议，以使人们由此获得确保恩宠的手段。[47]麦金农忽略了得救预定论的这一方面，因为他把加尔文的劳动不能获得救赎这一明确观点与加尔文谨慎提出的发现称义的"后天征兆"有着内在困难混为一谈，[48]而发现这样的"后天征兆"，如果是根据对个人功德的推测，这本身就是一种伪善的劳动。加尔文的"唯一的信仰"并没有把人的能动性排除出救世神学。

| 7 | 清教誓约神学

忽视加尔文著述中的唯意志论还是个比较次要的错误，更为严重的错误是认为清教教义"一笔勾销了加尔文的得救预定论以及他的'唯一的信仰'",是一种"唯意志论教义","彻底唯意志论,能够使虔信者自由选择自己的职业"。麦金农说,"彻底唯意志论"的誓约教义实际上完全湮没了决定论。尽管誓约神学"象征性地保留了得救预定论和上帝的绝对权威",但是它那确保恩宠的教义导致"这些表面上永恒的信条变得无关紧要"。[49]

这些说法无视了许多这样的文本信息:它们不仅反复重申"唯一的信仰",而且表明了誓约神学既没有削弱得救预定论以使人类自由选择通往天国之路,也不支持恩宠乃"意志的产物"这一"彻底唯意志论"的观念。[50]著名誓约神学家理查德·西贝斯告诫说,"我们的全部恩宠都应符合誓约的要求,它们全都来自上帝"。他说,这可以说明为什么有人把神人契约叫作"自由契约。它完全是来自上帝的恩宠"。"(正是)这种恩宠维护了誓约,保持了悔罪和信仰,它们是上帝的恩赐。"[51]珀金斯完全否定了麦金农为誓约神学安排的那种立场。他的《论上帝的自由恩宠与人类的自由意志》,远不只是表明象征性地放弃"在领受恩宠之前我们就有了认可并领受恩宠的意志"这一观点,而且强调"我们所讲授的教义明显背道而驰"。针对有人认为"某些人之所以终生有罪,就是因为他们决意拒绝上帝的恩宠",珀金斯反对说,"这种教义极大地贬低了上帝的恩宠,在它看来,是否领受恩宠要取决于人的愿望和意志"[52]。正因为如此,17世纪那部有名的珀金斯传记作品才会这样说:

> 他的教义认为一切都应归于一个绝对的信条,认为一切勤劳都没有作用,从而切断了人们想要努力得救的这一主要手段。他认为一切都是上帝的拨弄(而上帝是随心所欲的),人无论多么勤奋都无济于事,既无助于也无碍于获得幸福。[53]

　　这种立场在誓约神学家中占有主导地位。1628 年，一位未来的主教，威廉·比德尔，在写给他的老师、珀金斯的学生萨缪尔·沃德的信中说，"我所承认的并不是对实际信仰的运用，而只是获得。我不认为一个被上帝摈弃的人会获得信仰。"[54]

　　清教徒比加尔文更频繁地谈论誓约，但是他们关于信仰和劳动的神学教义和加尔文的观点并无二致。在誓约神学的契约论语言中，对人的能动性的强调受到了"唯一的信仰"和得救预定论的决定论的严格限制。在这方面，清教牧师们始终态度坚定，而麦金农却认为这在誓约神学中无关紧要，甚至被"一笔勾销"。清教牧师们通过对契约与恩宠原则的比较，阐述了一种容易引起歧义的教义，它把得救预定论和唯意志论前后不一致地融合在一起，这在不同的背景下有不同的表现。[55] 在称赞俗人的各种宗教主动性时，例如诵读《圣经》、家庭宗教信仰、内省等等，清教牧师就会强调唯意志论，意指上帝和人类之间的双向义务产生了纯粹的契约原则。在其他背景下——麦金农对此视而不见——清教著述则是强调恩宠的重要性。清教关于新誓约的论述指出："上帝的意图是让我们能够履行他所要求的条件。……他要我们有所行动，我们就要行动；他要我们睁开双眼，我们就要去看。"[56] 只要牧师们着力阐释得救预定论，就会出现对誓约的单方面强调。这也是反对威胁到清教牧师权威的激进世俗宗教信仰的全部理由，即仁慈的誓约并不会因为不能展示可见的圣徒的证据——教会成员的教派准则——而遭到削弱。[57] 然而，典型的情况是，清教徒往往兼顾契约和恩宠，以对这一方面的详细阐述来证明另一方面。从这种实用性出发，誓约神学产生了独特的修辞方式。这种典型情况出现在把誓约看作一种契约-圣约混合体的界定中。"圣约和誓约在人们中间并不完全是一回事，但在上帝的恩宠和人的得救问题上，它们完全是一回事。"[58]契约是一些双向义务，注重的是人的能动性；和它不同，圣约的单向性质说明，清教牧师与平信徒所坚持的得救预定论和"唯一的信仰"具有决定论的性质。

> 福音书所有仁慈的承诺，不唯承诺了一些条件，而且承诺了一种誓约，但恩宠誓约同样是一种圣约和一种意志（意志是无条件的，誓约则是有条件的），就像他因为要使我们有所行动而规定一种誓约一样，他的圣约也就意味着我们如此行动就会得到恩宠。[59]

这些说法突出表明了誓约神学在实质上的概念歧义，否定了麦金农所谓决定论被"一笔勾销"的说法。誓约神学中"唯一的信仰"和得救预定论对于契约原则所固有的唯意志论施加了严格的限制。威廉·阿姆斯就是据此解释两种誓约的区别的：劳动誓约"是双方的一种协议"，而在恩宠誓约中"上帝只是发出誓约……人是接受方"。阿姆斯说，这就是恩宠誓约有时被称为"圣约"的原因。麦金农始终错误地认为，誓约神学"有效地把劳动誓约和恩宠誓约融合了起来"。[60]

| 8 | 宗教焦虑、确保恩宠与发现选召

麦金农认为誓约神学的劳动观使个人得以自由选择通向天国之路。这种解释与清教著述的其他方面根本就不合拍。得救预定论的持久影响表现在对蒙召人数的估计上，这个估计数人言人殊，阿瑟·登特比较乐观，认为是百分之一到千分之一，班扬则认为是千分之一的男人和五千到万分之

一的女人。[61]另外，麦金农把这一事实也抛在了脑后：清教牧师根据誓约神学对发现和确保选召的宗教解释，完全符合得救预定论与"唯一的信仰"的决定论原则。这些宗教解释彻底否定了这样的主张：清教誓约神学抛弃了加尔文的得救预定论，因为它"给了堕落之人彰显上帝秘密旨意所必需的意志力和理解力"，以致"得救不再蒙着神圣的面纱，而是暴露给了所有决心抓住它的人"。[62]在誓约神学中，上帝的选召意愿仍非人类所能领悟。誓约本身符合《圣经》所描述的得救的一般条件，普遍适用于所有人等，但只有蒙上帝选召的人符合它的要求。罗伯特·詹尼森说，上帝的话表达了"附有先决条件的那部分神意，但是他所无条件选定的、特别是他要拯救的……只有他自己知道"。约翰·鲍尔指出，宗教生活中的自信只是涉及一般条件，并不涉及什么人的特别蒙召："我更有把握的是，真正的信徒将会得救，而不光是我自己得到恩惠。"[63]

麦金农不厌其烦地强调说，符合誓约一般条件的证据，就是上帝选召意愿的线索。但这并没有暴露上帝的秘密旨意：它既不会使"所有力求得救的人都能得到救赎"以消除"宗教焦虑"，也没有缓和"加尔文的苛刻教义"。据说，在誓约神学明朗的唯意志论面前，焦虑会逐渐退去，因为清教教义把确保得救所需的证据缩减到了无足轻重的程度。"这样，'所有'真正准备力求得救的人都得到了绝对可靠的确保承诺。"而且，麦金农的分析忽略了大半的相关教义。清教教义认为，所有人都应当寻求蒙召的证据，而最低限度的恩宠——如果宁信其有，如果能够正确理解——就是绝对可靠的证据。但是，只有对清教教义就这一点所说的一切充耳不闻，才会认为它是一种使"所有力求得救的人都能得到救赎"的唯意志论教义。[64]

首先，正如肯德尔指出的，"由于并不是所有人都会同样被上帝预定得救，显然，某些人必会相信并不真实的东西"。[65] 由此便出现了虚伪和临时信仰的问题。麦金农认为这个问题在誓约神学中消失了，[66] 但是清教著述却对识别得救信仰和伪装的形式深表关注。普雷斯顿说，把它们识别开来并不是个轻而易举的事情：

> 一个人如何才能知道这种信仰究竟是对是错呢？因为你知道，有一种虚假、空洞、伪装的信仰。如果它是对的，你会发现它具有一种生动美好的性质，但是许多时候我们可能会受到它的蒙骗。

珀金斯曾讨论过"一个人如何分辨魔鬼的幻觉与上帝的证明"，并且警告说"这种伪装的信仰在人世间要比真正的信仰更常见"。他和其他牧师都曾指出，那些善男信女对自己的蒙召地位最没有把握，而麦金农却说，这些牧师把"伪装的信仰"和确保恩宠联系在一起正是清教教义的标志！西贝斯在布道时说："善举是有益的，但要轻信它却是有害的，因为自人类堕落以后，上帝就不再让我们把自身而是把他当作信任对象。"[67]

第二，麦金农没有看出来，誓约神学描述的皈依体验是个漫长的过程，而不是像加尔文认为的那种某个时候出现的事情。誓约神学强调精神的发展乃是必由之路，牧师们激烈反对有了一点誓约所要求的证据就扬扬自得。西贝斯布道时说："按照恩宠誓约的条件，我们只能一点一滴地逐渐蒙受恩宠，而不是毕其功于一役。"因此，约翰·鲍尔说："并不是我们心诚就能确保得到恩宠，而是一点一滴地——上帝认为必须这样——按照他给我们确定的方向去努力。"获得自信是可能的，但是需要以终生的精神发展去确定选召的证据。珀金斯在这个问题上的观点是："前述那些恩宠的开端，如果没有不断增强，那就都是伪造的。"这得到了许多牧师的响应，他们——例如约翰·布林斯利——警告说，由于"撒旦可以变形为光明天使，诱使你相信一切都会更好"，真正的信徒就必须"在你的职业上竭尽全力，以使蒙召**每天**都能更加确定"。（着重体是我加的）[68]

总而言之，这些观点使寻求证据的内省变得极为复杂。空洞的信仰愿望无疑同样是一种伪善的劳动，这个结论将会由于恩宠不能继续增强而得到证实。很难理解麦金农怎么会认为这样发现蒙召的教义是用明朗的确定替代了韦伯在清教教义中看到的得救焦虑呢？誓约神学家远没有采取那种能使信徒据以自由选择通往天国之路的唯意志论教义，而是申明了完全相反的立场。"谁也不能自以为可以称义就能称义，谁也不能自以为应获赦免就能被赦免。"[69]

| 9 | 约翰·科顿与理查德·巴克斯特

麦金农对誓约神学所做分析的方法论缺陷，也出现在他对科顿与巴克斯特的评论中。科顿被说成是一个反律法主义者，他反对誓约神学的"劳动教义"，赞同加尔文的"唯一的信仰"——麦金农这是重复了肯德尔暧昧不清的论点，即科顿是"最早与誓约神学原则产生分歧的重要的加尔文主义者"。巴克斯特的阿米尼乌斯主义被认为是走到了相反的方向——"巴克斯特式的自由意志"，它把誓约传统中的劳动推到了"它的必然结局……这样一个体系中根本就没有得救预定论的地位，哪怕是轻描淡写的形式都没有"[70]。麦金农在他的解释中由于未能注意背景与注释选择而产生了偏见，一旦我们纠正了这些偏见，他的那些看法就不可能自圆其说。科顿的反律法主义和巴克斯特的阿米尼乌斯主义表象，产生于他们利用誓约神学表述权威问题时的不同背景。科顿对革命前那个时代的分离主义忧心忡忡，而巴克斯特则对英国革命期间盛行的反律法主义深恶痛绝。分离主义推崇劳动和人的能动作用，反律法主义则对它们不予考虑，因此，科顿不时强调恩宠，巴克斯特不时强调劳动。但是麦金农忽视了一点：在其他背景下，两位作者都在坚决维护据麦金农所说被他们摈弃了的神人契约的另一个侧面。

在新英格兰，科顿像以前在英格兰那样回击了同样的分离主义倾向，因为它只允许改宗者进入其教会。1636 年科顿在萨尔姆教会的一次布道中阐述了神人契约的无条件性质，以强调发现蒙召证据的重重困难。这就瓦解了分离主义的教会学，因为虔诚的劳动作为教会成员的资格标准，不过是反映了虚伪的自负。[71] 而且，上帝誓约的无条件性质意味着它并不会因为蒙召者明显不信神而被废除；那些另有说教的人则宣称信仰一种劳动誓约。[72] 较早时候在英格兰反对分离主义的托马斯·亚当斯、乔治·吉福德、约瑟夫·霍尔、理查德·西贝斯以及约翰·尤德尔等人也持同样的论点，他们与科顿一样，并不因为提出了这些论点就成了反律法主义者，而科顿对分离主义"劳动誓约"观——"如果你想凭自己的作为而皈依基督，就只有通过合法的劳动"——的主要批评，不过是在重申清教誓约神学的基本原则。[73]

科顿卷入反律法主义的论争，是由于安妮·哈钦森延伸了他的观点。根本没有证据能够支持这样的说法：科顿是反律法主义"最著名的鼓吹者"，他"与安妮·哈钦森共同"提出了这种教义。[74] 使马萨诸塞人的正统观念与科顿有别的是一些比较次要的分歧，科顿"认为，分歧最终在于强调所有圣徒所信奉的东西，而又不把它们视为至理"，就像"正统"观念的支持者温思洛普所做的那样。[75]使科顿与反律法主义有别的则是一些远更重大的分歧，后者认为"唯一的信仰"使得劳动与宗教生活毫不相干，而科顿始终对这种教义持否定态度。[76]也许是预想到了这一点，麦金农认为，"面对誓约传统遭到的一致反对"，科顿"脱离了与（反律法主义）运动的关系"。但是，在1636年，反律法主义争论一开始，正是科顿应州议会的要求帮助它审议了一部殖民地法典，其中体现了"摩西的典范、他的裁决，用一种严格的方法编纂而成"[77]——让一个反律法主义者从事或接受这样的工作，岂不怪哉。

巴克斯特长期对反律法主义抱有敌意，他的阿米尼乌斯主义在由此形成的论战背景下最为明显，他强调了誓约的双边性和伴随着真正信仰的虔诚劳动。这个问题促使巴克斯特比较多地谈到了人这一方对誓约的"教义服从"。[78]在其他场合，他并不认为誓约的这种双边特征意味着"我们不能只因恩宠而称义"。"福音书的条件不会使它更不自由，前述誓约的要旨同样不会使它更不自由。"这里巴克斯特乃是重复了处于清教誓约神学核心的决定论与唯意志论的悖论：自由恩宠决定着人类是否能够履行誓约的条件。"我不敢肯定最初的恩宠是否有这样的条件，但随后的恩惠却有，尽管是基督使我们能够履行条件。"[79]

麦金农引用了巴克斯特一些无关紧要的说法，即上帝使人类有了意志，并期望它被用于行善而不是作恶，[80]由此得出了无法证明的推论——巴克斯特抛弃了加尔文主义的得救预定论，赞同一种劳动教义。麦金农认为决定论只是象征性地出现在巴克斯特那里，但接着又把一种与巴克斯特对契约原则固有的唯意志论所加的严格限制相矛盾的荒谬态度归到巴克斯特名下。假如麦金农见识更广一些，他可能就会修正对巴克斯特的一种解释：

"恩宠乃是他的上帝的遗留物"，或者"巴克斯特式的普遍理性人"的自由意志使得得救预定论变得暗淡无光。[81]这对于《理性对神启的傲慢》的作者来说简直完全不可思议，巴克斯特在该书中反对越来越多地诉诸自然宗教的做法。巴克斯特始终坚持通常的新教传统，即限制人的理性的范围与作用。[82]拉蒙特在权威性的巴克斯特传记中提出了比较令人信服的观点：没有自由意志论者巴克斯特，有的是加尔文主义者巴克斯特。[83]

因此，无论巴克斯特还是科顿，都没有给麦金农的观点提供支持。他们的著述并没有表现出与誓约神学的深刻背离，而是成了它的基本成分。在某些著述中，巴克斯特与科顿分别强调了这些成分，之所以出现了许多背离清教传统的表象，只是因为麦金农没有看到巴克斯特用决定论限定唯意志论、科顿用唯意志论限定决定论的许多寓意。两位作者一贯的行文特征，乃是由于他们习惯性地强调誓约受重视不够的那一方面，以申明他们对清教正统要义的支持。

| 10 | 结论

麦金农的解释并没有正视牧师们正式著述中的矛盾迹象，没有顾及这种迹象的其他文本资料，也没有解释这些资料得以产生的背景变化。如果纠正了他在解释加尔文和清教徒时的这些方法论问题，那就能够清楚地看到，他们的教义包含了韦伯归结到新教伦理中的精髓：上帝选召一些特定人物使之得救的秘密旨意；把源于蒙召的自由恩宠作为保持虔诚的行为模式的手段；那种行为提供了寻求个人最终精神地位的证据之线索；而这种寻求证据的过程——它很容易倒退并且充满了不确定性——需要付出毕生的努力。回想一下，在韦伯看来，关键问题在于正式教义中的二元论，即一个罪恶而除魅的世界和一位全能但又并不存在于这个世界的上帝之间的判然两分，则加尔文与清教誓约神学之间的密切联系就会更加显而易见。这个关键问题并不是精确安排"救赎的秩序"（ordo salutis）中的神意或阶段，而是正式教义能否在世俗信徒中引起足够的焦虑，以推动他们广泛寻求在他们的"劳动"——清教教义将其归结为世俗职业——中发挥作用的得救恩宠的证据。归根结底，麦金农在加尔文和清教教义之间做出了令人难以置信的区别，认为前者不懈坚持的决定论排斥劳动，后者则是"彻底唯意志论"，允许个人自由选择通往天国之路。麦金农的解释因而难以令人信服。说到底，做出这样的区别使得麦金农把加尔文看成了一个反律法主义者，并且从加尔文反对把劳动作为称义的原因这一明确观点中看出了这样的意思：把劳动作为个人精神地位的证据是毫无用处的。[84] 如果用他做出的这种区别来看待誓约神学，清教徒就会变成洛克与弥尔顿的信徒。

最后，还有个本文开始时提到的麦金农对韦伯的苛责，即韦伯模棱两可地试图掩盖自己命题中的反复无常和自相矛盾。在论及韦伯以及现代初期的神学家时，麦金农采取了两个解释策略。他很敏锐地发现并宣布了韦伯的反复无常与自相矛盾，相比之下，麦金农对现代初期加尔文主义者的思想则颇为敬重，并且责怪韦伯找出了加尔文主义的反复无常和自相矛盾之处。

如果说我对韦伯命题的评论还有什么深意，那就可以这样说：我们从事历史研究，不应草率地认为过去的学者（即加尔文主义者）很容易成为自相矛盾这一荒漠中的牺牲品——对于那些超出亚里士多德逻辑界限进行论说的人们尤其如此……像韦伯那样习惯于或拐弯抹角或直言不讳地把这种恶谥安在他们头上，似乎是既过分又离题的做法。即使是对亚里士多德抱着排斥态度的加尔文，也首先是一位保持前后一致的大师。[85]

这些说法表明了麦金农之所以无视大量矛盾证据的原因——这些证据是不利于他对牧师们的著述所做的解释的。然而，在我看来，这个问题是由他对信仰体系的神学预设造成的。走入歧途的解释无疑是产生于这一假定：意识形态专家的正式著述不可能出现反复无常和自相矛盾的情况。实际上，相反的观点倒是更为可信：那些改变了世界的信仰体系总是处于决定论和唯意志论成分的矛盾中，其变动不居的表现为意识形态专家们提供了一种至关重要的灵活性标准，而这些专家从事的是动员普通人去改造充满敌意、桀骜不驯的世界这一艰难事业。就前后一致的问题而言，如果以加尔文和清教徒的教义为范例，那真是莫大的错误。

12 | 关于得救预定论、誓约及特别天命的自传证据

卡斯帕尔·冯·格雷耶兹

　　麦金农教授就马克斯·韦伯对 17 世纪英国加尔文主义的解释所做的分析，等于全盘否定了韦伯的方法与结论。[1]这种否定主要依靠两个支柱。第一个是说，在 17 世纪的头几十年间，誓约神学的影响及其在英格兰的传播，严重削弱乃至摧毁了英国新教徒所持有的得救预定论教义。第二个支柱是这样一项批评：韦伯的命题是，清教的得救预定论通过它所引起的个人焦虑而产生了世俗禁欲主义，但他却让完全把得救预定论教义相对化了的清教神学家理查德·巴克斯特充当他的主要证人。

　　先来看看巴克斯特的情况：他显然不是个得救预定论的神学家，韦伯利用巴克斯特及其杰出的清教著作《基督教指南》根本不是个妥当的选择。我想，在这方面，麦金农说到了点子上，尽管他的说法全无新意。[2]然而，与麦金农不同，我不认为巴克斯特与"反律法主义者"——他指的主要是所谓内战时期各教派——的对立，和他拒斥《威斯敏斯特信纲》的得救预定论有什么关系。

　　事实上，麦金农的整个文章都是从这个错误的角度看待得救预定论现象的。简单说来，反律法主义者相信，随着他们的皈依，他们就不可能再犯罪。在 17 世纪中叶的英格兰，与理查德·巴克斯特在某些论战中交锋的

反律法主义者，大都属于早期贵格会或者寻求派（喧嚣派）①等教派（不管后者是否只是一些纸老虎）。[3] 17世纪中叶反律法主义的典型画面，是詹姆斯·内勒模仿基督骑在驴背上穿过布里斯托尔。詹姆斯·内勒是早期的贵格会教徒。[4] 另一方面，日内瓦的改革者约翰·加尔文却从未倡导过类似于我们所知道的那种反律法主义。因此我无法理解，一个人怎么能像麦金农那样认为，加尔文的教义只是以反律法主义的形式延续到17世纪。[5]

再来看看誓约神学：麦金农很清楚，它得到了威廉·珀金斯、威廉·埃姆斯、约翰·普雷斯顿、理查德·西贝斯以及其他当时著名英国新教神学家的支持。这个思想流派经常使人想到西贝斯的名言："我们不应期待上帝为了我们而改变天命的常规。"[6] 佩里·米勒认为，这种说法意味着，誓约神学在某些方面开了学院派世界观的程式化先河，但是他的看法一直受到来自诸多方面的大量批评。那么誓约神学给17世纪的英国新教徒上了一堂什么课呢？[7] 有一点我倒是同意麦金农的解释：如果誓约神学最终是以互为表里的方式把劳动誓约和恩宠誓约联系在一起，那么它事实上可能会瓦解得救预定论思想。

然而，令我感到惊讶的是，不仅誓约神学，而且还有双重得救预定论，对于忠诚的普通平信徒来说，这些神学思想都有着重要的意义。这些平信徒对于17世纪初期的清教教义所发挥的作用，与神学家们的作用同样重要。能够说17世纪的英国新教教义完全是由于神学家和神职人员才形成气候并保持活力的吗？马克斯·韦伯、厄恩斯特·特勒尔奇以及20世纪之初的绝

---

① 寻求派（Seeker），17世纪英格兰许多清教徒脱离圣公会，组织小团体，寻求并等待上帝派来创立真正教会的先知，这批信徒通称寻求派。他们不相信人只要做圣事、受洗礼、读《圣经》就可以得救。该派因在传道唱答中语调高昂夸张，又被称为喧嚣派（Ranter）。——译者注

大多数有关学者都认为，仅仅对新教神学著作的分析就能使我们确定普通人宗教信仰的性质，那么我们也应当这样认为吗？[8]我认为不。最近关于现代初期社会史的一些比较引人入胜的争论，乃是由于社会史学家们对于"教派化"（konfessionalisierung）和"社会惩戒"（"sozialdisziplinierung"）现象如何相互关联极为关心。这项探索提出了一个带有双重性的问题：在现代初期，神学教义是如何被教会的专业人员传播的，它又是如何沿着社会阶梯被下层所接受的。[9]我们应当兼顾自上而下和自下而上传导的观点，但是我发现麦金农的研究并没有这样兼收并蓄。

日记和自传这样的历史资料，在一定程度上可以使我们检验那些我们认为影响着人们日常行为的特定教义是否以及如何被识文断字的平信徒所接受。注明日期的 17 世纪英格兰日记和自传相当可观：大约有 100 部自传和 300 部日记。这些文献多数都是精神活动的记录。我浏览过其中的 60 部，精神的与非精神的都一样，给我留下的印象是，能够看到的直接或间接提到的双重得救预定论教义，所发挥的作用相当次要。[10]誓约神学倒是没有被忽略，但同样不那么突出，尽管可能会在某些日记中发现誓约神学的影响，就像伦敦工匠尼赫迈亚·沃灵顿和约克郡自耕农亚当·埃尔的情况那样，他们的做法是郑重其事、一丝不苟地把对上帝的决心记录下来。这种表决心的做法的相对世俗化的形式出现在 17 世纪 60 年代萨缪尔·佩皮斯的著名日记中。但是佩皮斯的情况并不是一个令人信服的世俗禁欲主义范例，也没有说明这种禁欲主义最终是如何转化为比较寻常的——即使不那么严格的——行为模式的。

17 世纪的英国自传尤其在这一点上提供了诸多引人注目的事例：绝大多数受到宗教激励的作者，他们压倒一切的牵挂，从一开始就不是得救预定论或者誓约，而是特别天命，换句话说，是上帝在他们日常生活中的存在。对特别天命的信仰一般以恩宠的普遍性为前提。天命观的上帝不像得救预定论的上帝那么遥远而不可思议，他是一种介入人们生活的父亲般的形象，就像当时天主教徒眼中介入信众生活的圣徒一样。

在这些精神活动的记录中，都可以看到一个基本特征：它们是作者的精神"簿记"。这种精神损益的簿记在现存最早的前宗教改革时期英国人的精神活动记录中就已出现了，那是清教牧师理查德·罗杰斯和萨缪尔·沃德分别写于 1587—1590 年和 1595—1630 年的日记，虽然应当补充说明的是，罗杰斯和沃德只留下了事关重大的而不是逐日的记录。罗杰斯在研究、祈祷和沉思中严密关注着自己内心的精神收获。他为自己在这方面的成就而自得，同时也经常因为没有专心致志、因为"倒退"（清教作者们的习惯说法）回诱惑与罪孽状态而自责："我感到一种获得更多自由的强烈欲望。"[11] 萨缪尔·沃德更是不止一次痛斥自己的"通奸欲"，责骂自己的祈祷和抱负缺乏激情与献身精神，以及经常在工作时间睡大觉。[12]这些以及类似的当时记录都有着双重目的：给日常的行为与所面对的诱惑以精神上的安慰，并且归纳出一种条理化的生活方式，特别是系统性地利用时间。

就我所看到的那些自传作者，总的来说都不认为时间是一种永恒的自然规律。相反，他们都把时间看作是上帝给定的短暂时光。那个时代的高死亡率,16 世纪 90 年代到 17 世纪 20 年代的生存危机，以及反复流行的瘟疫，形成了这种观念的背景。由于非常频繁地出现死亡危机，至少在 17 世纪上半叶，日常生活要求最大限度地利用时间，仿佛一切都已死到临头，因而它也影响到了非清教徒，我们对此不应感到奇怪。然而，这种要求的内在化和专心致志，在清教徒中间，尤其是到了 17 世纪下半叶在长老会信徒中间最为强烈，杰维斯·狄斯尼即是一例。他在自传中提出了他死后妻子所应遵循的道德准则，这是 1691 年之后不久的事。在这些准则中，我们可以看到除了其他行为准则以外的如下告诫，这是仿效那个时代许多其他文献中的类似记录：

> 要珍惜时间；根据我的经验，我要告诉你，老年时回头看看年轻时浪费的时间，将会使人悲哀，而且代价沉重；吃、喝、睡、闲聊或娱乐，如果超出了必要的限度，那就可以认为是浪费时间。[13]

17 世纪 20 年代初期，在一位法律学者西蒙斯·德韦斯所写的私人文献中，珍惜时间的紧迫感显示了核心作用，特别是在崇奉安息日方面。1623 年 2 月 23 日，他用以下说法进行了自责：

> 无所事事开始招致许多后果，因为我没有安排好前一天的时间，这一周都没有，尤其是这个神圣的主日，为了这一切，请仁慈的上帝饶恕我。[14]

在这里以及在当时类似的自传作品中，我们都可以看到这种韦伯所说的"世俗禁欲主义"的表现。然而，在韦伯看来，世俗禁欲主义几乎仅仅是得救预定论教义的体现和结果，而对资料的检核表明，说这种联系具有排他性是大可怀疑的。

17 世纪的英国日记和自传，不管其作者受没受过教育，凡是涉及宗教教义和信仰问题，几乎都是如出一辙。因此，约克郡自耕农亚当·埃尔才会留下一部日记，我们现在能看到的是 1647—1648 年的片段。它记录了他的精神生活的方方面面，以及他和妻子令人厌烦的争吵，这些争吵不光是因为家政问题，显然还因为埃尔希望妻子能够接受一种更为虔诚的生活方式。[15] 还有一部日记，出自兰开夏麦克菲尔德阿什顿一个服饰零售商的学徒罗杰·洛。这部日记提供了一幅当时乡村社会的迷人景象。罗杰·洛刚刚从内战的战场返回家乡，一门心思要找一个如意新娘，在宗教问题上不像亚当·埃尔那么一丝不苟。然而，洛的日记无疑并不缺乏郑重的精神内省。[16]

到 17 世纪下半叶，在不信仰国教的作者们所写的私人记事中，对自我的精神观察变得更有条理。这里面包括理查德·巴克斯特、奥利弗·海伍德、亨利·纽科姆和乔治·特罗斯这样的教会人士，也包括杰维斯·狄斯尼、伊莱亚斯·普莱奇、拉尔夫·索斯比以及一位据说是奥利弗·克伦威尔侄女的匿名日记作者这样的普通男女。[17] 然而，我们不应当低估同一时期英国圣公会（如果允许我把这一教派标签用于 17 世纪下半叶的话）作者所进行的精神自律，尽管必须承认他们非常缺乏系统化。我特别想到了约克郡贵族成员艾丽斯·桑顿的自传，以及伊丽莎白·德拉瓦尔夫人整理的她在十几岁到 20 岁出头时的朝气蓬勃的自传体沉思录。[18] 然而，对于乡下的精神精英来说，日常的自律乃是每天都要做的事情，其他人则只是断续为之，例如在圣餐之前。一系列这种体验达到顶点，那就是皈依。因此，信仰使得自省成为一种更加严格的义务。这可以从 17 世纪之初的玛格丽特·霍比夫人日记中的说法得到证明："我要……把我违背信仰的时刻作为给主准备的晚餐，向主交代。"[19]

到 17 世纪下半叶，双重得救预定论教义对英国新教徒的信仰已不再具有经常被人认为的那种支配性影响。在清教徒中间，特别是在 17 世纪晚期他们的精神传人中间，相信上帝特别天命的实用意义，即相信神意在日常生活中的作用，开始大行其道。它并没有向得救预定论发出挑战，但它有助于销蚀这种教义对新教徒宗教信仰的控制，因为，和约翰·加尔文的意图截然相反，对特别天命的信仰倾向于在今世显现上帝的意志，最终甚至成为可以计算的实体。[20] 对特别天命的这种信仰，其核心不仅是相信上帝会插手日常事务，而且还坚信各种意外、疾患、流行病、地震、洪水以及类似的灾难，事实上都是上帝对某个个人或共同体所犯罪恶的直接惩罚。这一点有助于强化净化的意志，强化在日常行为中力求虔诚、在生活方式中追求精神完善的意志，以此博取上帝的青睐，不是在来世，而是在今世，就在此时此刻。

17 世纪的英国日记和自传有力证明了史学家所谓"天命观"的重要意义。这在清教徒以及 17 世纪晚期长老会教徒的私人文献中尤其确凿。与得救预定论相反，相信今世就会出现上帝的特别天命，通常意味着相信恩宠的普遍性：上帝的恩宠人人可得，而不光是那些被选定永恒得救的人。只有极少数严守教条的加尔文主义者才坚持认为特别天命与得救预定论有着直接联系，例如约翰·班扬的《天路历程》就是这样，班扬显然把上帝的特别天命看作是对虔信者的专宠，他写道：

> 哦，我的灵魂，此时多么珍视上帝开始给予他的子民的保护！哦，我看到，他们走得多么万无一失，上帝把他们围护了起来！他们得到了他的关怀、保护和特别天命。[21]

对特别天命的信仰销蚀了得救预定论的垄断地位，与此同时，个人在自传中确切认定皈依的时间、地点的必要性则开始失去其重要意义。诚然，这个销蚀过程很可能受到了誓约神学的影响。不过，要在自传证据的基础上证明这一点却很困难。正如得救预定论——即对双重得救预定的信仰——丧失了感召力一样，皈依事件也开始丧失在自传中的重要性。到 17 世纪中叶，认为有理由对通过皈依达到个人的恩宠状态感到乐观，这在自传作者中已经不再罕见。[22] 业已发生变化的标志是，理查德·巴克斯特写于 17 世纪 60 年代的著作认为，摈弃这种做法是正确的：

> 关于对我本人得救问题的疑虑，已经使我困惑多年，其中最主要的原因如下：
>
> 1. 因为我无法用波尔顿先生、胡克先生、罗杰斯先生以及其他神学家所描述的那种方法清晰地探明灵魂在我内心中的活动！我也不知道我达到上述各位所说的那种皈依程度的时间。不过从那以后我明白了，灵魂本来就在一种隐秘而强烈的处境中，它始终能够准确评估自身活动的状况。[23]

从得救预定论的角度来看，强调通过皈依而对上帝的青睐进行独一无二的特殊体验，远不如每天记录虔诚的行为来得重要。狄奥尼西亚·菲茨赫伯特大约在 1610 年写道，信徒必须"在不懈践行所有虔诚与德行的过程中不负你的职业和蒙召"[24]。例如，回避不虔诚的人就可以做到这一点。像伦敦工匠尼赫迈亚·沃灵顿那样忠诚的清教徒，在 17 世纪 40 年代就会强烈认为，只要保持和虔诚者的交往就有可能继续走向天国。这一事实表明，得救预定论在那时已经丧失了基础，从自传证据来看，天命观则获得了重要地位。[25] 它还表明，对神意的理解不仅要求个人而且还要求集体的净化——如果我们想要通过净化过上一种虔诚的生活的话。

马克斯·韦伯在谈到"为世界除魅"这一新教概念时指出，在真正的清教徒看来，"对于那些被上帝拒绝施予恩宠的人们而言，不仅不可能通过魔力手段获得上帝的恩宠，而且任何方法都是不可能的"[26]。这里讨论的自传证据让我们看到了一个稍有不同的情况，对上帝特别天命的突出信仰，清楚表明了加尔文主义的上帝形象已被改造：原本不可思议的、神秘的加尔文的上帝，转而成为非常平易近人、最终甚至是可以计算的慈父般的形象。例如，在17世纪40年代，长老会神学家马修·普尔曾发起一项"目的在于记录辉煌天命"的规划，[27] 即可作为一个证明。似乎有理由认为，某种形式的誓约思想可能促进了这一转化过程，但是，除了那些为此著书立说的神学家以外，这里讨论的自传证据却并未证明它的突出作用。[28]

马修·普尔的规划显然是想让贯穿在人类集体历史中的通往上帝之路变得清晰可见。如果它真正能够付诸实施，照英克里斯·马瑟的说法，那很可能会无所不包地记录下"上帝的审判，飓风、洪水、地震、霹雳这样一些不同寻常的异象，或者终归要大量发生的魔法、暴行、对罪大恶极者的非常报应、特别解救以及对祈祷的回答"，马瑟抱着某种热情的态度欢迎这种想法，用以抵消经院派世界观越来越程式化所产生的不得人心的影响。[29] 然而，据我所知，这个宏大的"目的"给马萨诸塞人留下了一项规划，尽管它最终是在英格兰得到了体现，尽管只有一个小得多的规模，那就是发表于1697年的威廉·特纳的《发生在现代的最不寻常的天命全史》。

在英国17世纪的自传证据中所能看到的对天命观上帝的信仰，并不是畏惧一个不可思议的上帝的结果。不过以上所述却使我认为，那个时代的天命观大概既产生于得救预定论，也产生于非常严格的自律，而且与前者不同，后者显然更多地涉及个人与集体两个方面：由于相信上帝对今世有着日常的干预，而只要这些干预被认为既有奖赏也有惩罚（当然，这要视具体情况而定），人们就必须去追求个人和集体的净化，以免上帝不快，并博取他的恩宠。

总之，我想强调的是，我同意马尔科姆·麦金农的看法，不应认为得救预定论教义在英国新教中发挥了核心作用，尽管一如上文表明的这是出于大不相同的原因。与马克斯·韦伯不同，我并不认为必须把世俗禁欲主义同得救预定论——即对双重得救预定论的信仰——联系在一起。不过我想，把这种禁欲主义看作 17 世纪英国新教的一个方面，至少是它更加严格的一种变体，这是不会有错的。它是对得救预定论、同时也是对那个世纪不断发展的天命观的一种体现。至于它是否预示了韦伯所说的"资本主义精神"，则是另外一个问题，这里我不想赘述。

尽管经院派世界观越来越程式化，但是信仰上帝的特别天命，在 17 世纪末叶仍然成为一种足够有力的观念，以致艾萨克·牛顿也把彗星视为上帝临时派来的宇宙代理人，在民间则使一位虔诚的妇女一度陷入绝望，她在 1693 年一个昏天黑地的时刻对于彗星的出现产生了困惑，她在日记中写道："几乎一连半个月陷于痛苦抑郁之中。"

　　我曾经误以为无神论者反对天命的学说多少有些道理，就像他们所说的：上帝是不屑于注意降临在我们身上的祸福的。……正当我如是反复苦思的时候，上帝及时提醒我一段经文，使我不再怀疑天命的真理了。这段经文就是《以赛亚书》第66章和有关的两节……感谢上帝指点迷津！我希望那都是为了爱，因为正是由于上帝的慈悲，我在上帝面前才无处藏身。[30]

以此引文来结束本文大概是再合适不过的了。

13 | 不朽的话题：驳难录

盖伊·奥克斯

对《新教伦理与资本主义精神》的反应充满了毫无价值的批评，它们在酝酿时就已夭折，出台后便全无意义，因为它们抨击的是韦伯并未持有的立场，或者使用了与韦伯毫不相干的论点。[1]马尔科姆·麦金农对《新教伦理与资本主义精神》的批评有一个长处，就是没有陷入这些屡见不鲜的错误。[2]关于他对韦伯就新教伦理与资本主义精神之间关系所做解释的批评和驳斥，我想谈两点意见。

| 1 |

韦伯就新教伦理与资本主义精神的关系提出了两项分析，[3]一是1904—1905年的论文《新教伦理与资本主义精神》，二是论述美国新教各教派的一系列论文。[4]《新教伦理与资本主义精神》和韦伯随后关于新教各教派的论文有着什么样的关系呢？

韦伯《新教伦理与资本主义精神》的论点可以概述如下。[5]按照加尔文主义的得救预定论教义，上帝将选定一小部分人作为他的恩宠的受众。蒙上帝选召的这些人将会得救。其余的人将被罚入地狱。因为在超验的上帝和不幸的罪人之间横亘着万丈深渊，这种不可改变的可怕原则（decretum horrible）是人的理解力最终无法理解的，从人的正义观角度也是难以领悟的。对屈服于这种"大一统"教义的那一代新教徒来说，其结果就是信徒在不得不面对一个至关重要的问题时产生危机：他将得到救赎还是被罚入地狱？在决定信徒的命运时，这种教义的"极端非人性"把他置于一种"空前的内心孤独"状态，没有任何人能够代他向上帝求情，教士无法帮助他，圣事无法帮助他，教会无法帮助他，没有任何魔法手段可以带来恩宠。[6] 在得救预定论那种心理上和实践上毫不宽容的严格教义中，加尔文宗的信众感到了一种彻底的宿命论，加尔文宗的牧师同样如此，他们认为把得救预定论调适为宗教活动的迫切需要是一项令人胆怯的任务。得救预定论的历史——尽管不是逻辑——结果是一场认识论的危机，即"唯一的确定性"问题：信徒怎么才能对自己的恩宠状态获得某种确信？这个问题又变成了一个关于证据的问题：凭着什么标准来确定谁是蒙召者？

"新教伦理"是韦伯对清教神学家提出的这一问题给出的解决办法，这些神学家有义务为加尔文教义的人性结局而奋斗。这个答案认为，信徒有着无条件的义务自认为得到了上帝的选召。一切对于自身得救的疑虑都是缺乏信仰的表现，因而也是恩宠状态残缺的表现。消除疑虑、达到"唯一的确定性"的途径就是在世俗职业中的紧张活动：不是随意产生并且间有罪孽、过失和不确定性的个别善举，而是"一辈子行善举，并且要连成一个完整的体系"。[7] 从事世俗职业的体系化行动就是对于证据问题的答案："因为只有根本改变体现在每一时刻、每一行动中的生活的全部意义，才能看出把人从'自然状态'转变到'恩宠状态'的恩宠的效果。"[8] 因此，由于这一方法解决了证据问题，新教伦理便认可了被韦伯叫作"世俗禁欲主义"的包罗万象而深入细致的生活规范。作为一种对生活进行条理化控制的原则，世俗禁欲主义有着积极约束和消极约束两方面的规范：积极约束就是支持系统地从事世俗职业，消极约束则是禁止一切形式的自发性，禁止放松自律。积极约束从道德上鼓励支持缜密的经营和不断的赢利。消极约束则绝对禁止挥霍这些利润或者把它们从企业转移出去，作为上帝忠实的管家，信徒应当视此为天职。世俗禁欲主义原则的这些结果便构成了资本主义精神。

韦伯关于新教教派的论文阐释新教伦理与资本主义精神的关系所依据的前提，并没有用在《新教伦理与资本主义精神》中。而且，这种阐释的逻辑也大大不同于他在《新教伦理与资本主义精神》中所使用的。新教教派论文的论点可以概述如下。

在某些新教共同体中，教会组织从一个教会、"一个提供恩宠的强制性联合体"，变成了一个教派、"一个有着宗教资格限制的自愿联合体"。[9]这种转变乃是基于这样一个要求：拒绝不虔敬的人参加真正的教会。如果允许不信上帝的罪人加入，真正信徒的融洽关系就会遭到腐蚀，上帝就会遭到嘲笑。因此，教派——真正的教会——成员仅限于真正的基督徒圣会会众。实际上这就意味着信徒有能力证明相应的宗教资格。另外，捍卫教会纯洁性、评价未来成员资格的任务，就成为教派全体成员的共同责任。"只有区域性的宗教共同体，由于人与人之间相互了解、彼此熟悉，才能够判定一个成员是否够格。"[10]这就导致了韦伯所说的"自治性会众极为严格的道德约束"，[11]其成员不论集体还是个人都要对上帝负责，维护苛刻的准入规则和不容变更的教派纪律标准。这种组织观念和教派体制产生了一个完全不同的证据问题。未来的成员有义务向会众证明，他符合其成员资格的要求，因而符合入选真正教会的资格要求。获得承认的成员所面临的问题是，他要向教派同道证明他会继续符合这些资格要求。韦伯把这一证据问题概括为教派会众内部"保持活力"的问题。[12]这样一种证据之必不可少，意味着只有对候选人进行全面检验才能进入教派。"道德检验"期就是要确定被检验者是否具有新教世俗禁欲主义认为处在一种特许道德地位所应当具有的那些德行。因此，教派检验加上对世俗禁欲主义生活的道德鼓励，有力地构成了支持系统化生活行为方面的约束力。积极约束把从事世俗职业视为一种无条件的义务，而消极约束禁止一切对这种伦理要求的背离，因为那是被罚入地狱的证据——这种生活模式对于资本主义精神的发展至关重要。这种阐释的逻辑必定要求教派成员的个人动机和私人自利"都被用来维护与普及'资产阶级'清教伦理及其全部结果"，而首先就是"现代资本主义'精神'"及其"特殊气质：现代资产阶级中产阶级的气质"。[13]

在这样的阐释中，得救预定论不再是一个进行阐释的前提。它被有关教派组织与纪律的前提所取代。这种阐释的逻辑并不依靠信徒证明自身恩宠状态的必要性，而是依靠他必须向教派同道证明他具有入选的资格。考察一下这两种阐释，从中可以看出，如果说对于韦伯的新教伦理与资本主义精神之间关系的概念有一个至关重要的因素，那么它不是得救预定论教义，而是证据问题。[14]不过请注意，证据问题使这两种阐释有了区别。加尔文的问题是如何才能证明自己已经置身于蒙召者行列。这个问题乃是产生于认识论的危机，这个危机与达到"唯一的确定性"的标准有关，而"唯一的确定性"涉及信徒有可能获得救赎确定性的条件问题。它还产生于罪恶感，加尔文教徒认为自己在客观上是个罪人，并且会永远被罚入地狱，因为自己违背了上帝的戒律。教派成员的问题则是向教派同道证明自己是他们中间的一员。认识论危机与这个问题毫不相干，它不是产生于罪恶感，而是产生于羞耻心。教派成员担心的是被宗教共同体排斥在外。这种担心乃是由于教派成员感到，如果他被教派认为没有遵守正确的教义和正直的行为标准，他可能会被教派认定为宗教上不够格。以上考察表明，反驳韦伯在《新教伦理与资本主义精神》中提出的论点并不等于自动反驳了韦伯关于新教教派论文的论点。因此，即使麦金农对《新教伦理与资本主义精神》的批评让人心服口服，那也根本没有触及新教教派的论文所分析的新教伦理与资本主义精神的联系。

| 2 |

我们来看一下麦金农的批评所提出的两项主要主张：首先，17 世纪的加尔文主义产生的救赎学说并不存在什么危机，因为得救预定论已被信徒能够获得救赎的确定性这一教义彻底抛弃；其次，加尔文主义宗教神学所赞同的不是世俗的而是精神的劳动。如果这两项主张成立，结果会是什么呢？《新教伦理与资本主义精神》的论点土崩瓦解？第一项主张似乎击溃了韦伯的新教伦理观。如果没有得救预定论教义，信徒就无须证明他是否得到了救赎，结果，解决证据问题的生活行为必须具有特许道德地位这一规则的宗教依据便遭到了侵蚀。如果抛开得救预定论，"唯一的确定性"问题就不会出现，在这种情况下也就不存在证据问题了。而如果没有证据危机，韦伯的论点就不可能产生。第二项主张看似驳倒了韦伯关于新教伦理与世俗禁欲主义之间联系的观点。如果今世的劳动缺乏宗教保证，那么这种联系——因而还有新教伦理与资本主义精神的联系——就是无稽之谈。

我认为，这些结论都很草率。请注意，麦金农的主要前提关系到对神学与神学伦理的文本解释。这些前提和韦伯的论点毫不相干，因为后者所依靠的并非对神学教义的解释，而是对这些教义在生活行为中引起的革命性后果的准确解释。麦金农的驳论方略依据的是一个错误的假设：神学文本产生的那些观念，其固有的宗教内涵必定使这些观念的力量和意义成为历史参与者的意图和动机的组成部分。

对于产生了观念的制度来说，无论这些观念属于科学理论、神学教义、市场规划，还是政治运动，至关重要的是区分三种类型的制度角色：观念的生产者；观念的供应、分配或经销者；观念的消费者。在16—17世纪的清教势力范围内，观念的生产者是那些神学精英，一个支配着艰深知识的神职人员群体。他们是神学与伦理学说的著作者，是信条的设计者。观念的供应者是那些受过大学教育的教士和教区牧师——他们自认为是为上帝效力的工人——或者致力于灵魂关怀的服务业中间人。他们是应用伦理学和实用神学指南一类宗教著述——例如布道书、教理问答、小册子——的作者，这些作品构成了针对普通受众的通俗文献。这些文献的消费者就是宗教关怀的受众：教友和教派成员，他们本身并不是宗教专业人员。他们是宗教信仰的普通实践者，虽然也识文断字，但只会读不会写，没有受过理解高深宗教论说所必需的正规训练。在这三类角色中间，观念很容易出现改动、变形、重新解释、重新概念化、重新组合。因此，针对宗教组织中这三类制度角色，我们可以相应地区分出三类宗教知识，按照对神学和伦理学的理解能力，分别是精英型或学者型知识，实用型或应用型知识，平信徒或普通民众的知识。

由于有这两个区别——三类制度角色与三类宗教知识，必然就会出现这样的差异：既有神学精英产生的观念，又有牧师布道时对这些观念的普及，还有宗教信仰的普通实践者对这些布道的实际应用。这意味着重要的是不应把神学与伦理学说的精髓、通俗文献中对这些精髓的实际应用，以及这些文献对普通受众的影响混为一谈。学院化文本所阐述的那些原则，不应混同于履行宗教职责时对这些原则的移译；牧师们对这些原则的实用性理解，也不应混同于教区居民对它们的理解。总而言之，韦伯《新教伦理与资本主义精神》中的论点，其效力是建立在以下问题基础上的：能否证明世俗禁欲主义精神气质被融入了一般宗教信众的生活，而这种精神气质又成了世俗化的资本主义精神。韦伯的说法是，《新教伦理与资本主义精神》"不太关心神学说教家们在其伦理学说中提出了什么观念，而是何为信徒生活中有效的道德观，就是说，经济伦理的宗教背景是如何对实践产生影响的"[15]。

煞费苦心地反复研求神学家们的论著，是不可能解决这一问题的，而麦金农就是采取的这种做法。必须考虑能够证明宗教观念消费者精神气质的证据。研究情感生活的历史学家试图辨认和解释这种与论题相关的证据，关注普通人对情感的表达、控制和压抑，诸如愤怒、嫉妒、内疚和羞愧。[16]研究道德意志的历史学家也采取了类似的做法，以使韦伯命题的效力得到严肃评价。这就需要从加尔文《基督教原理》的精深气氛、《威斯敏斯特信纲》仅仅稍逊一筹的高深莫测，以及阿姆斯、巴克斯特、珀金斯的神学论点转向那些世俗得多的文献：清教徒商人的传记资料、书信、礼拜手册、遗嘱以及其他自传性的东西。[17]韦伯曾把政治概括为"在硬木上慢慢钻孔"。评价《新教伦理与资本主义精神》的主要论点也是同样的情况。

把前面讨论的各类宗教角色与宗教知识用于评价韦伯《新教伦理与资本主义精神》的论点，会有一个饶有趣味的结果。即使韦伯错误地解释了加尔文主义，在解读加尔文宗教神学与心理学时走入了歧途，那也不能说他对新教伦理与资本主义精神的关系所做的阐释毫无效力。这是因为——正如韦伯本人指出的——他的阐释并非开始于精英神学教义的本来意义，而是这些教义在普通宗教角色的生活中所得到的解释和应用。韦伯的阐释效力有赖于清教"平民阶层"——工匠、商人、企业家等"中产"或"勤奋"人士[18]——如何解释宗教教义，在他们认识自身道德义务时这些解释所产生的结果，以及这些认识对他们行为的影响。这就意味着，即使韦伯完全错误地分析了清教宗教精英和牧师们所采取的立场，也不等于《新教伦理与资本主义精神》提出的新教伦理与资本主义精神的联系这一主要问题同样是错误的。

例如，可以假设韦伯对《威斯敏斯特信纲》的解释是错误的。但这不等于说他利用这种解释所做的阐述也是错误的。对于这种阐述的效力而言，关键问题在于，普通清教徒——被清教牧师重新解释和重新阐述的《威斯敏斯特信纲》的消费者——是否也以韦伯的方式误解了这个文献，因而由这种误解产生了韦伯所描述的大众化经济伦理宗教观。

因此，韦伯的论点可以是有效的，他的阐述可以是合理的，不管——实际上正是因为——他本人认定存在着对高深神学与伦理教义的误解。这个问题取决于这些教义在被传播给普通清教徒时他们是如何加以解释的，以及这些解释又是如何转变成韦伯所说"信徒生活中有效的道德观"，因而成为"真正的道德行为"的"实用心理"动机的。[19]重新审视《威斯敏斯特信纲》之类的文本不可能解决这一问题。因此，韦伯对新教伦理与资本主义之间关系的阐述可以是正确的，即使它的某些前提有误。他把新教伦理、世俗禁欲主义和资本主义精神联系在一起，认为这都是普通宗教信徒生活中的组成部分，这很可能是正确的，即使他对加尔文主义神学教义的解释有误。

这似乎是个悖论。如果是，这种悖论应当归因于两个方面之间的关系，一是韦伯认定的对他的论点所依据的前提的误解，一是这种论点的效力所具备的条件。能够理解这一悖论的人们还会发现一系列这样的悖论：个人服从的宗教伦理产生了个人独立的世俗伦理；宗教改革运动的上帝中心说产生了启蒙运动的人类中心说；一种摈弃世界的神学产生了一种统治世界的经济伦理；具有卡理斯玛的创新产生了官僚制的理性化。韦伯《新教伦理与资本主义精神》的论点之所以表现出了悖论特征，是因为他观察到行为的意图产生了意外结果这一现象：行动的动机与目的和它们所产生的结果之间的关系是隐晦而不确定的。在韦伯看来，行动者对于他实施行动的环境以及可以使他达到目的所需要的条件，一般都没有清晰的看法，因而行动的意图和结果之间就是一种无常的关系。对历史过程这种悖论特征的看法，或多或少都适用于所有行动及其产物，当然也包括复杂的著述活动以及它所产生的文本，包括作者所理解的做出一种阐述所需的前提和实际决定这种阐述的效力的条件，包括一种论点的概念以及它的实际逻辑。因此，这种看法不仅适用于清教改革者的努力和大量无意的、不知不觉的、非预期的改革结果，而且适用于最早发现了这些关系的文本——《新教伦理与资本主义精神》。如果情况确实如此，那么《新教伦理与资本主义精神》就可以被看作是它所分析的那类现象的一个实例：行动的意图和结果之间出现了意外的悖论关系。

14 | 历史学效用、社会学意义和个人判断

吉安弗兰克·珀吉

| 1 |

若干年前，在《非正义：服从与反抗的社会基础》[1] 的一个脚注中，小巴林顿·穆尔漫不经心地提出了以下这个说法："马克斯·韦伯著名的《新教伦理与资本主义精神》，究竟是实现了一项突破还是走进了一个死胡同，这绝不是一清二楚的事情。"令人高兴的是，或许可以说，产生了我们这个文集的会议至少已经澄清了这个问题，但是我感觉，问题还会接踵而至。另一方面，穆尔在脚注中提出的选择判断——突破还是死胡同——是否像表面上那么完全无可辩驳，这一点也并不清楚。不过我们可以暂且假设它是很有意义的，而且它要取决于《新教伦理与资本主义精神》是言而有据（因而实现了"突破"），还是徒劳无功（因而走进了"死胡同"）。

这样一来，评价韦伯在《新教伦理与资本主义精神》中是否证明了自己言之有理的一个主要困难，就在于被证明的问题的特殊性质，按照我的理解，归根结底还是取决于四个观念之间的因果关系。这些观念及其相应的关系可以概括如下：

1.加尔文主义的神学观念，特别是得救预定论信条，它在信徒中引起

了得救的焦虑。

2. 得救的焦虑。由于神学与教会的原因，这种焦虑不可能通过圣事活动或者遁世隐修而缓解。个人在寻求其他的缓解手段时，有时会自认为是蒙上帝选召者——如果他们能够使自身的存在符合今世禁欲主义。

3. "今世禁欲主义"（或曰"新教伦理"）。这是一种通过个人的世俗职业活动以证明个人道德价值的义务，一种带有统治欲和反传统主义特征的实践。不过，在某些条件下（我认为马克斯·韦伯没有充分顾及这一点），这种世俗禁欲主义会转化为资本主义精神。

4. "资本主义精神"，就是说，一种特殊的、从历史上说是全新的、关于经营商业与制造业的一套受到道德激励的习俗。

第2和第3项之间的不同是必然的，以便允许"新教各教派"为资本主义精神开辟道路；因为在那部著作中，以个人职业证明个人价值这一义务并非源于得救预定论教义，以及作为结果的得救焦虑。

《新教伦理与资本主义精神》问世将近90年之后，它的基本论点——我已试图说明，它可以用非常简明的方式加以表述——何以仍未证明究竟是一个突破还是一条死胡同，这里面有着多方面的原因。人们可以就论点本身区分出内在与外在的原因。

由于某些内在的原因，该论点为上述诸观念之间假定了一种因果作用，而不仅是某种"富有意义的和谐"。于是，为了进行严格的证明，该论点就必须在每个观念与随后的观念之间确定一种时间上的连续性，但如何才能做到这一点，人们实在难以想见。当然，韦伯清醒地意识到了这个问题，这可能导致他采取了从后面的第4项证据——本杰明·富兰克林的文本——入手，然后再去发现通向较早的第1项证据——《威斯敏斯特信纲》——之途径的论说方法，因而暗示了后者与前者之间有一条顺理成章的"时间滑道"。

第二个困难在于该论点的四个组成部分大不相同，事实上每一个都可以作为一套观念加以解释。特别是，它们和韦伯所举出的文本证据有着各不相同的关系。例如，《威斯敏斯特信纲》不可能像富兰克林的文本支持第4项那样以同一方式支持第1项。用奥斯汀式的语言来说就是，前一种关系是表述（《威斯敏斯特信纲》构成了一套观念），第二种则是雄辩（富兰克林的文本构成了另一套观念）。

此外，第2项成分——得救焦虑——在我看来似乎尤其是推理的结果，它使我想起了莱因哈德·本狄克斯《马克斯·韦伯思想肖像》中对韦伯的一个评论：他习惯于说"'根据全部经验'或者'众所周知'之类的句子"。[2]而且，正如韦伯所坦言，官方教义不断劝诫信徒，你们不可能获得蒙召的证据，因此你们不必再去寻找这种证据或者为之苦恼，由此使信徒的灵魂中出现了得救焦虑，这有些不合常情。

另外，认为官方的加尔文主义教义和大量来自新教教会的成文的宗教论著继续响应传统的反拜金主义思想，因而使得工商企业家有了强大的道德动力，使得加尔文主义信徒开始有了赚钱的念头，这种论点也有些不合常情。卢西亚诺·佩里卡尼最近——大概稍嫌夸张地——重申了对韦伯命题的这种批评。这就出现了以下问题：如果没有有力的证据表明人们持有官方禁止的那些观念，却又把它们归到人们名下，这能够自圆其说吗？什么样的证据才算数呢？需要多少证据才能抵消那些——似乎有理由假设——人们实际上所接受的、官方提出并强制人们服从的观念呢？

除了这些内在于《新教伦理与资本主义精神》论点中的问题以外，还有一些外在的问题。它们源于一个根本的疑问：一个涉及诸种观念的论点，和一些可能的论点——它们涉及新教徒与企业家之间在历史上有案可查的联系（我把它叫作"现场联系"），两者是一种什么关系呢？难道不应认为第二种论点出现在前，难道第一种论点不应被认为是补充和从属因素吗？假设对新兴资本主义的研究产生了这一发现：没有一个加尔文主义信徒成了最初的企业家，没有一个最初的企业家是加尔文主义信徒——这难道不是对《新教伦理与资本主义精神》的驳斥吗？假设常规的经济史研究在基本经济变量上发现了新的信息，认定资本主义的发展在当时并未出现本应出现支持韦伯论点的那种重大冲击，或者这种冲击仅仅出现在天主教统治地区——这难道不是同样对《新教伦理与资本主义精神》的驳斥吗？

就我所知，对我称之为现场联系的研究，并未产生，也不可能产生任何这样的爆炸性结果。但是我的印象是，最近韦伯的命题就是在这个外在阵线而不是内在阵线遭到了削弱。无论如何，假如我的开场白看上去还有些道理，人们可能就会奇怪，为什么韦伯会根据当时人们留下的不充分的资料和一个学生——我认为是——对它们不充分的分析而草率对待现场联系问题，然后又把希望完全寄托在诸观念的因果关系上。这里有一个原因——但是他的某些批评者否认这一点，即韦伯只是和他的绝大多数同时代人一样认为，坚持新教派的基督教信仰和最早的企业家的产生之间有着基本的实际联系。由于这一原因，他只想辨认出两者之间"在意义层面上的"确切联系，办法就是探寻新教派基督教信仰各个组成部分的哪些方面促进了个人日常行为的哪些变化。韦伯的这种特殊关切可以从他的行为成因的意义中心观得到进一步说明。在对资本主义崛起的规模进行历史研究的背景下，这一观念促使他不容置疑地提出了意义的定义和群体的行为规范。

最后，韦伯可能认为，实际研究他所关心的现象之间的现场联系是极端困难的，或许也是无法做到的。这一点可能是判断失误，因为后来的研究者在这条道路上已经前进得相当远了。其实，他们有些人所能研究的，也可以被认为是对理想观念的研究和对早期企业家宗教身份的识别之间的一个中间地带：他们搜集了并非无足轻重的关于个人思想状态的大量证据。这些研究所得出的结论，凡是与《新教伦理与资本主义精神》的命题有关的，显然都是人言人殊。总之，人们很难估量焦虑的程度。

就这个问题来说，我认为穆尔的观点是对的——如果韦伯不能自圆其说，《新教伦理与资本主义精神》就是走进了死胡同。但是情况未必如此；大概科学上的事情不仅是给出答案，还有提出问题；大概从这个角度来看，即使是一部"经不起推敲的《新教伦理与资本主义精神》"，也仍然是一种突破，并且为它自身提出的问题提供了高水准的选择答案。就个人而言，尽管我把《新教伦理与资本主义精神》看作是对社会理论的运用，但我每每都会发现，使我获益匪浅的就是我想坚持这样一个专题性的主张，而不论它有无独到之处：在加尔文主义和资本主义精神之间贯穿着一脉相承的联系，这个说法是令人信服的。《新教伦理与资本主义精神》令人钦佩地提出了几例深刻见解就可以说明这一点。

第一个也是最普通的见解，用当时社会理论一个重要组成部分的语言来说，就是必须把资本主义（或者其他既定的大背景）当作一个正常经营的企业来研究，要考虑到行动与结构的相互依赖性。就是说，一方面，我们所说的结构体现在大量相对来说反复出现的行动潮流中；另一方面，这些行动潮流也产生于结构，而结构则对某些实践另眼相看、给予奖励，因而使它们胜于其他实践。

另一个见解是，大的背景可以产生并维持各种行动潮流，依靠（实际上是它们构成了）这个背景，它们反而迟早会越过某种界限，过了界它们可能就需要相当数量的少数所参与的、背离正统却又不可抗拒的行为模式的推动。这也是一个普通的见解，但是它的正确性在近来东欧社会的变化中再次得到了证实，它们可能有机会成功地实现市场化，但是它们必须在自身内部找到大批的企业家为不满现实的群众提供产品。这对其中的某些社会来说是个难以满足的条件，因为沿袭了不止一代人的党国体制和不同程度的中央计划经济，系统化地奖励和选择的某些经营行为模式，不可能在一夜之间脱胎换骨。

从《新教伦理与资本主义精神》的立场来看，这并不是个十分贴切的事例，因为资本主义毕竟是这些国家以外的既定制度，它在那里（除了其他方面以外还）发挥着一种强大的示范作用。不过在我看来，有些韦伯的批评家以不容置疑的态度重新强调文艺复兴时期若干商业巨头的重要性，这大概是言不及义的做法。例如在波兰，当局最近试图在几个月之内把成千上万的企业私有化。他们不可能有富格尔，他们需要的是成千上万的企业家。

《新教伦理与资本主义精神》还留下了一个极具普遍意义的经验。为了保持能够长时间强劲运转的行为方式，绝大多数个人都需要把给予他们某种道德保证的、同气相求的人类价值观化作内在的意识；而这样的价值观很可能会受到被这些个人认为涉及超验性事物的观念的激励，这使他们置身于更大的事物范围之中。新近有一个不那么重要的事例：至少到目前为止，英国的撒切尔政府似乎一直坚持认为，对于相当一部分英国中产阶级来说，采取集体主义／平等主义立场早已是不言而喻的、具有道德保证意义的事情。但是，这一过程的一个必然表现就是，撒切尔满怀敬意地重返所谓维多利亚时代价值观，以及她与英国国教盛行时对基督教社会伦理观的某些解释发生冲突。实质上，我这里想要重申的是韦伯式根本疑问的重要意义：什么样的行为方式得到了人们所接受的那些观念的制度化报偿和"奖励"？

最后，我想谈谈我的感受：韦伯和马克思都认为，"现代性"的出现集中反映了历史的不连贯性（然而人们却认定它是与时俱进的），他们是正确的。许多韦伯命题的批评家——他们执意往前追溯（现代）资本主义的起源——忽略了这一点，也忽略了它的某些在我看来至关重要的必然结果，例如我所说的西方商人的集体认同从"等级"到"阶级"的转变，或者在诸多领域中从传统到理性行为模式的更加广泛的转变，而这种倾向的与日俱增便导致了革新。不仅《新教伦理与资本主义精神》，还有韦伯的其他著述（无论它们是否包含《新教伦理与资本主义精神》的命题，我认为都是正确的），其最后一个相关方面乃是这一事实：韦伯既认识到了现代资本主义所反映的不连贯性，又敏锐地感觉到了它与——多少和宗教革新直接有关的——现代性其他方面的和谐。然而，对他的论点的这个方面所做的研究，更多的是出自他的同时代人及后来的学者，而不是韦伯本人；我认为他从耶利内克关于公民权（Bürgerrechte）的宗教根源的论点那里得到了灵感，又给欣茨关于加尔文主义和国家的形成、默顿关于清教与科学革命的论述提供了灵感。

在我看来，不管人们是否认可，这些思考的结果是，对《新教伦理与资本主义精神》的批评并没有使它变得一钱不值。它不仅仍是方法论勇气和成就的典范，而且对于社会理论有着极为重要的意义。

|2|

　　本文还想试着简单议论一下一个问题，本来我曾打算在这次华盛顿会议上把它作为我发言的主题，但却始终感到不大适于在会上讨论：一直以来美国与德国各自对韦伯思想的利用问题。我的看法是，在"美国对德国"之间，既有某些相通之处，也有一种各执一端且日趋自觉的歧见：一方认为马克斯·韦伯是社会理论家或者现代社会学的奠基人，一方则认为马克斯·韦伯是古典型的政治哲学家，一个深具道德洞察力的人。至少在我看来，塔尔科特·帕森斯、莱因哈德·本狄克斯、杰弗里·亚历山大等美国的韦伯学者代表了一种最大化的现代用法（usus modernus maximiliani），德国的韦伯学者威廉·亨尼斯则代表了另一种。

　　不过，正如有些德国学者利用头一种用法一样，也有些美国学者利用第二种。这里我想到了劳伦斯·斯卡夫的例子，他在《逃离铁笼》的序言中回顾道，他是上高中时通过本狄克斯的《马克斯·韦伯思想肖像》而初识韦伯的，他认为"本狄克斯的概括几乎没有反映韦伯思想的精髓"[3]。另一个例子是哈维·戈德曼，他在收入本书的大作中雄辩地指出，韦伯的核心思想是"自我的权能"，这一过程将在个人能够开始革新时达到顶点，其代价是要向周围的绝大多数事物发出挑战，并且伴随着失败与绝望的危险。我想在下文中讨论戈德曼的论点。

　　先提出两个问题之后再来置评。首先，戈德曼对于韦伯著作优先考虑的问题是什么有无准确的理解？对此我有些怀疑。例如，戈德曼似乎认为，韦伯把革新的全部希望都寄托在有权能的自我（和一种有着部分相同之处的典型个人）身上。但是这种看法似乎忽视了韦伯的敏感：至少在现代性范围内，有可能通过实在法、科学、市场以及国体性质的安排使革新制度化，而在这样的安排下，权力斗争会周期性地重组政治领域中的统治成员，他们分别都会鼓励内部革新，哪怕只在军事领域。

人们可以明智地反驳说，在韦伯眼中，即将到来的社会发展阶段将会有一种僵化的埃及式社会景象令人惊恐地占据中心地位。这种看法很可能是得自他对官僚制的过度忧虑（古尔德纳称之为"形而上学的悲天悯人"）这一事实：韦伯的官僚制概念有缺陷，尽管这是个大名鼎鼎的概念。它在很大程度上体现了普鲁士的公务员（beamtentum）模式，以致低估了大规模有机化制度安排的能动性。特别是韦伯过分强调了法律，（归根结底）也就是一套规范化前景的重要意义，按照它们的本性，如果我们相信尼克拉斯·卢曼的说法，它们会阻碍一种开放而好学（lernbereit）的思想方式。他没有充分意识到出现另一种官僚化（或者后官僚化）大规模组织模式的可能性及其重要意义，这种模式强调参与者在各方面认知 lernbereit 前景的能力以及随之而产生的革新潜力，例如当时产业法人所表现出来的特有的科学—技术—生产力发展轨迹。他也没有意识到卖方寡头垄断的市场结构所具有的动力潜能，当然，它只是在第二次世界大战以后才有了最强有力的表现，而在 20 世纪的前几十年间根本就不存在。

平心而论，由于戈德曼强调了韦伯对已被授权的个人的关注，这番议论大大减轻了我关于戈德曼是否准确理解了韦伯这一疑虑。但是某些疑虑仍然挥之不去。例如，我不太清楚，根据韦伯大量使用荣耀（Ehre）概念这一情况，人们是否就不会认为，身为"一个荣耀的人"，对于他成为"一个已被授权的个人"具有重要的道德意义。当然，Ehre 概念有着贵族渊源，但是在前现代社会，它的含义不会遭到歪曲，也就是说，一个复杂的"等级制度"下的绝大多数普通人都不会产生歪曲理解，而在现代社会，例如通过扩大和增强公民权，它可能就会变得"大众化"。

无论如何，即使人们无可辩驳地回答了我关于戈德曼论点的第一个问题，也仍需处理第二个问题：就算戈德曼言之有理，他对韦伯道德论域的重构却集中于已被授权的个人，这有助于论证吗？虽然每个考虑这一问题的人都会有自己的看法，但是我必须说，我发现，一个完全戈德曼式的韦伯在两个有点重叠的问题上让人不那么信服。首先，戈德曼的韦伯展示了一种在我看来非常可怕的景象：极端而令人绝望的贵族统治，因为韦伯敏锐地意识到了革新事业的意外后果，因而产生了悲剧意识。我认为，像这样把贵族统治和受虐狂糅合在一起是极为有害的，贵族本身靠这个不会产生任何强烈的道德保证意识，更不用说以此为乐事了。其次，作为一个补充因素，戈德曼的韦伯看来不愿把自己混同于寻常男女，也不承认他们拥有某种道德尊严和重要性。若干年前，卡尔·雷贝格的一篇文章就曾肯定过这样的观点，试图从一个大资产阶级（großbürgerlich）家族后裔富有阶级特性的经历中追溯韦伯最基本的社会学概念"行动"的来龙去脉；由于行动的概念是围着选择概念转，那么人们肯定还会记得一个老生常谈：经济学谈论的是人们如何进行选择，社会学则是谈论如何不选择。所以，假如戈德曼和雷贝格准确理解了韦伯的道德论域，他们绝对会提出英国人常说的那种问题："工人怎么办？"或者更宽泛的："我们其他人怎么办？"

我们来接着反击。为什么有那么多评论者会那么强调韦伯对浮士德形象的着迷？是瓦格纳犯什么错了吗？不是理查德·瓦格纳——请注意，这样说就大错特错了——而是浮士德自己的助手，他不喜欢自己的主人：

Tut nicht ein braver Mann genug,

Die Kunst, die man ihm ubertrug,

Gewissenhaft und punktlich auszuuben？

这是《浮士德》第1055—1057行的诗句，我从赫夫纳-雷德-特沃德尔的版本中引用以下对它们的评注：

> 瓦格纳的态度绝非有时被认为的那么令人不齿。他不是个天才，仅仅是个辛勤工作的杰出学者。如果他能在自己那个领域有所进展，他就会心满意足。如果没有什么进展，他也不会去自杀。[4]

这也正是我的看法，而且由来已久。由于最近在斯坦福聆听了苏联大语言学家维切斯拉夫·伊万诺夫的一次谈话，这些看法又得到了充实。他讲到了他对西方最具重要意义的第一印象：西方的制度竟是这样的结构——它可以由寻常的普通人置身其中并进行运作。在另一方面，苏联（1917年之前就表明了一种历史经验）却有着特殊的致命弱点：它期待着把所有重大事务都交付给少数杰出人物去处理，比如斯大林或者萨哈罗夫。

总之，我认为戈德曼的韦伯是个毫无怜悯之心的人，因为他在感受和产生同情心方面煞是低能。人们可能会奇怪个中原因。是由于他的家族背景？〔我还记得头一次看到时就不信玛丽安娜写的传记中马克斯的母亲多次引用的一个说法："你能行，因为你应当"（Du kannst, denn du sollst）。

这使我想到我最后几次做忏悔时一位博学的老神甫有一次对我的教诲："要记住，年轻人。"（ad impossibilia memo tenetur.）〕这是个人与公众无能的悲剧吗？

无论如何，即使戈德曼对于韦伯的道德论域所进行的英雄般的敏锐重构大体准确，我们也仍然可以脱口而出"去你的吧"，并且继续按照我们自己不那么英雄的理解去对待韦伯，我们所看重的韦伯思想遗产的各个方面并不同于亨尼斯及其同道。我特别想到了《经济与社会》，正如斯廷奇库姆（Stinchcomb）多年前在一个评论中指出的，各色人等都对它趋之若鹜：普通的魔术师、新闻记者、党派政客、股票经纪人、神甫、公务员、大学教师、商人、律师，凡此等等。

结论是：如果说戈德曼是对的，即《新教伦理与资本主义精神》主要表达了一种对英雄般的、有权能的自我的关切，那么拿我来说，一旦那部著作最后被它的批评者击败，我也不会过于痛惜。"新教伦理"死了——但《经济与社会》长存！

15 | 欧洲大陆的加尔文主义史学著述

菲利浦·本尼迪克特

　　韦伯的名著《新教伦理与资本主义精神》所引起的反应以及衍变成"韦伯命题之争"，掀开了 20 世纪文化与思想史上一个引人入胜的篇章。那段历史上的许多主题都充满了对韦伯论著的五花八门的反应，它们使人看到了 20 世纪头几十年间人们仍在强硬坚持教派争端——随后由于时间的推移而渐趋缓和，学科传统与民族背景对日益职业化的学术界的影响，新近史学研究方法与问题的根本改观，以及新古典主义观点在经济史研究中的进展。

　　本文只是涉及这段历史的一部分：韦伯的论著所提出的观念在研究欧洲加尔文主义的历史学家中间引起的反应、产生的影响，以及目前的状况。更具体地说，本文主要关心的是加尔文主义的一般历史，以及在法国、日内瓦、尼德兰、苏格兰和英格兰（恐怕要冒昧插嘴其他与会者的话题）——首先是旧英国——的运动史上所发挥的作用。这需要对加尔文主义做出一种多少有点灵活性的定义，而研究欧洲大陆加尔文主义和研究英国清教与新教教义的史学家对韦伯的理解，其间的反差足以表明，定义的自由度无论大到什么程度都能言之有理。

　　某种基本的定义还是必不可少的，这正是本文打算讨论韦伯命题所需的定义，因为韦伯思想的丰富性意味着，研究韦伯有着多种不同的渠道，但在同时，正如许多韦伯命题之争的评论者指出的，对《新教伦理与资本主义精神》的批评往往是把矛头对准了一些韦伯本人从未提出过的论点。因此，争论中所探讨的问题范围，便大大超出了这位海德堡社会学家提出的特定主张。本文主要是想根据这一文献集中谈谈三个观点：（1）从总体上说，加尔文主义以某种方式促进了现代资本主义的发展；（2）具体一点说（事实上这根本不是韦伯本人的观点），刻板的加尔文主义经济伦理以某种方式促进了资本主义的崛起；（3）韦伯按照自己对得救预定论教义的意外结果的理解而对加尔文主义心理特征所做的独特解释。

如果要界定一下我想在这里讲述的故事轮廓，就应立刻打破所有实用叙事规则并给出主要情节。韦伯的观念自问世以来，已经引起了大量评论和批评，围绕着韦伯命题之争的某些问题所产生的文献已是汗牛充栋。然而，大范围考察一下关于现代初期加尔文主义课题研究的著述，给人留下最突出印象的却是，对于激励和指导这一课题的研究主流来说，即使从最一般的形式上看，韦伯的命题也简直毫无影响，只有英国是个例外。由于韦伯的命题赋予加尔文主义史那么巨大的意义，认为它在欧洲社会的现代化过程中发挥了特殊的关键作用，这种情形似乎的确令人惊讶。它突出表明了20世纪的知识过度分工，也表明了在加尔文主义问题上著书立说的人们同韦伯及后来普遍栖身于社会学领域的韦伯学者之间，在各自关心的问题和接受的训练方面所存在的重大区别。

如果想要确认韦伯的观念对于欧洲加尔文主义研究的主流只有相当微弱——实际上可能是不断衰落——的影响，只需看看那些展示了这一课题一般历史的杰作即可。最早也是最雄心勃勃的这类探究，《十六、十七世纪鼎盛时期的加尔文主义：它的蔓延及文化-历史意义》，是A.A.范·谢尔文

1954 年去世时留下的未竟稿。[1] 他曾当了 10 年牧师，这期间他最关心的就是如何管理很容易过分虔敬的教区信徒，之后他在阿姆斯特丹加尔文主义自由大学任历史学教授，直到第二次世界大战结束后由于校方指责他在占领期间的妥协性政治活动而去职。[2] 也许是因为他对新教虔信形式的由来甚感兴趣，认为它很容易背离该运动的本意，所以他比当时的绝大多数加尔文主义教会史学家都更加热心地关注韦伯著作提出的问题，他在 1925 年发表的小册子《对加尔文主义生活方式的历史研究》表明，确定这种信仰能够在多大程度上说是促进了各种类型的实践——"海德堡学派"认为这是它构成主要推动力的特征——这一愿望，使他决意对它在欧洲各地的情况进行一项全面的比较研究。[3] 然而这个小册子认为，韦伯对于受加尔文主义影响的生活方式的描述，完全适用于清教的英国，但不能说它准确地反映了 17 世纪法国加尔文主义的特征（一种民族风格的对比，范·谢尔文把它归因于英国民族特性的影响），《十六、十七世纪鼎盛时期的加尔文主义》的每一卷，自始至终都不那么关心这些话题，并且自始至终都表明是在比较消极地评价韦伯观念的确切性。范·谢尔文在 1951 年发现，即使把它们用于英国也是令人难以信服的。[4]

联合神学院的约翰·麦克内尔所著经典性的《加尔文主义的历史与性质》，1954 年出版了全一册英语文本，韦伯的话题只占了极为有限的篇幅。确切地说，这些话题和问题只用了两小节，在全书 454 页中一共用了 6 页篇幅。[5] 在麦克内尔看来，韦伯的著作问世大约 49 年之后，到他著书立说的时候，加尔文主义的经济学意义才得到了适当的研究。然而，他在尖锐批评韦伯对加尔文主义的心理学描述的同时，也承认加尔文对资本主义的发展做出了某些贡献，因为他始终坚持节俭，厌恶浪费时间，赞成在某些条件下可以有息放贷。

麦克内尔的著作表明，对于他这一代与教会有关的学者来说，韦伯的观念仍然散发着生命力，尽管并没有核心地位。最近由门纳·普雷斯特维奇编辑的文集《1541—1715 年间的国际加尔文主义》表明，后来它们在热心研究这一课题的学者中间变得更加次要，这些学者主要关心的是历史的世俗面貌。导论中的一段文字只是简单说了一下加尔文主义可能促进了资本主义。之后，该书的所有文章在谈到特定国家和地区的加尔文主义历史时，对于韦伯的话题都是一笔带过，只有最后两篇特别谈到了他的观念，该文最初发表于 20 年前，这次重印仍然保留了尖锐的批评性评价。[6] 显然，有关这一课题最权威的意见发表于 20 世纪 60 年代。

为什么韦伯的观念在非英国的加尔文主义研究主流中几乎没有影响呢？本文后面将会适时指出另外一些原因。现在我要强调的是，构成了绝大多数加尔文主义运动史的活跃研究的不同研究课题与解释传统，都是来自那位德国社会学家关于现代西方特有的理性化形态根源的先入之见。从很大程度上说，欧洲加尔文主义史是由有关国家的原住民或者他们的海外族裔分别书写的。20 世纪上半叶，这些历史学家尤其可能是些加尔文主义信徒，或者属于因世代忠于加尔文主义信仰而形成的亚共同体。他们往往是些神学家或教会史领域的成员。他们的著述往往产生于当代神学事务所要求的某个课题，以及他们所属的特定国家教会传统的历史经验提出的问题。因此，在苏格兰，由于它在教会问题上有着丰富的分裂史，人们无休无止地争论和研究的问题就是新教"教会"（kirk）的结构是否起源于主教制或长老制。[7] 在法国，新教少数不得不进行长期抗争以对付反新教偏见，坚称它有权在民族共同体中享有正式地位，那里关于加尔文主义信仰的历史著述大都集中于新教的政治与法律地位问题，用以记载它所经受的敌意和迫害。[8]这样的关切与传统构成了与韦伯的观念进行建设性交流的障碍，这很能说明为什么韦伯的观念所引起的大量争论——正如几位评论者所说——就像一场聋子的对话。

过去30年间，人们着重于从制度或传统角度写作宗教史的倾向已经减弱，而论述加尔文主义的著作越来越多地出自那些本身与这种信仰并无关系的历史学家。但是这并没有大量产生更多接受了韦伯观念的研究，因为与此同时，现代初期的宗教史研究已经转向了新的问题和方法，最引人注目的就是一种新的关切——认识"大众宗教"，不管是利用加布里埃尔·勒布拉斯及其法国宗教史学家中的追随者所开创的回顾性宗教社会学这一工具，还是采取英国史学家比较普遍偏爱的较多人种学意味的方法。根据教会代言人的教义专著去推断普通信徒的行为和心理，似乎已不能满足需要。韦伯命题之争最初所形成的那套语言，如今看上去像是较早时期教会史的遗迹。而且，多亏 H.O. 伊文尼特、约翰·博西、让·德吕莫这样一些历史学家，在他们笔下，现代初期的宗教史学家现在对于新教和天主教宗教改革的相似之处又有了一种新的评价，以致特伦托主教会议①之后的天主教教义，看上去也在鼓励类似于韦伯认为使加尔文主义具有特殊现代性力量的

---

① 指天主教会的第十九次公会议，由教皇保罗三世（1543—1549年在位）的代表于1545年12月13日在意大利的特伦托召开，数月后教皇才出席。因受西班牙与法国之间战争的影响，会议断时续，至1563年始告结束，历时18年。会议主旨在于反对宗教改革，并提出要在天主教会内部进行改革。第一段会议1547年结束，肯定原罪的教义，确认"圣传"为教会信条来源之一，谴责马丁·路德"因信称义"的主张。第二段会议在1551—1552年举行，由教皇尤利乌斯（1550—1555年在位）主持，针对茨温利对"圣体"的非议，肯定经过祝圣的面饼和酒的本质已经真正变成了基督的体和血，确认"告解"、"终傅"符合《圣经》。最后阶段在1562—1563年举行，由教皇庇护四世（1559—1565年在位）主持，宣布所有新教为异端；天主教的信条和仪式均正确无误，必须严格遵守；规定教士必须独身，教皇是教会的最高权威。这次会议为天主教教仪体制重新奠定了基础。——译者注

那种系统化自律实践。[9]由于这部著作，史学家们不仅远比前几代同行更加怀疑新教教义具有特殊的现代性影响这一说法，而且还认为韦伯对现代初期天主教的认识流于表面化，有几位观察家指出，应当给予更大敌视的是当时"文化斗争"的成见，而不是特伦托会议后的现实。[10]接下来，现代初期的宗教史学家很可能就是对相同的经济与社会环境下的几个教派进行比较研究，以突出每一种宗教的独特影响，而放到现在则会强调它们经历的由宗教改革与反宗教改革带来的宗教变化的共同特征。

然而，说韦伯的命题对于欧洲加尔文主义的研究没有产生有力影响，并不是说他的观念没有引起最热衷于这一课题的人们的注意。恰恰相反，这些历史学家以及对于现代初期宗教史的研究，已经比较广泛地产生了评介韦伯观念的常态。他们的评介有助于揭示另外还有什么力量使他们接受了这些观念，简要考察一下法国的有关文献将会表明这一点。

开始，那些出于教派角度的反应几乎是一致敌视韦伯的论点，非加尔文主义的史学家，特别是比较广泛地接受了社会科学的人，其反应就更加明确。早期对韦伯的观念做出最广泛批评的法国人是埃米尔·杜梅格，研究加尔文的大学者，1880—1919 年在蒙托邦清教神学院任教。杜梅格认为，"海德堡学派"提出的问题有着足够的重要性，因而 1917 年在他的巨著《让·加尔文：其人及其时代》中专辟了长长的一章，对韦伯与特勒尔奇的观念进行了广泛而富有洞见，并且常常是很不耐烦的批评。[11]在这位神学家看来，与 19 世纪末他年轻时在法国大行其道的自由主义新教教义相比，加尔文在日内瓦的著作才是真正的加尔文主义模式，前者对加尔文主义的描述严重曲解了这种信仰，它们过分倚重后来的加尔文主义著述，特别是某些英国神学家的著述。杜梅格还积极为他的同道们辩护，反对第三共和国时期甚嚣尘上、粗陋不堪的反新教宣传。这种宣传特别谴责新教是现代资本主义的剥削形式。杜梅格很可能认为韦伯的论点令人不快地联想到了当代的争论。[12]尽管他并不否认新教教义有助于促进繁荣，但是他把这一点归于一个远比得救预定论教义产生的关于诚实劳动的心理支持更为简单的原因：加尔文主义的杰出道德观。在杜梅格看来，海德堡学派的论点完全误解了加尔文主义对其信徒的真正影响，那不是让他们热切而专心地追逐利润，而是让他们成为正直地参与社会生活、不要过分眷恋尘世事务的个人。[13]

尽管法国的胡格诺教派成员在现代初期的贸易和金融领域变得越来越出人头地，那些从属于新教、不谈日内瓦的加尔文而为法国的胡格诺少数作史的历史学家，最初也同样提出了对韦伯观念的批评。20世纪五六十年代，有四部与众不同的著作讨论了现代初期法国的加尔文主义同资本主义的关系。它们全都认为，如果说新教少数与商业上的成功之间有什么联系的话，其主要原因并非加尔文主义神学，而是这种神学的信众在法国遭受的迫害和歧视。[14]研究18世纪"新教徒金融业"的社会经济史学家赫伯特·吕蒂，其学术生涯分为巴塞尔和苏黎世两个时期，他对韦伯的命题提出了特别广泛而有影响的批评。尽管吕蒂承认虔敬的清教教义为今世的刻苦劳动提供了某种激励，但他驳斥了此外一切认为加尔文主义教义为资本主义的发展做出了贡献的传统说法，并强调指出，新教教徒在18世纪法国贸易和金融领域的突出作用，很大程度上是历史环境使然。虽然《南特饬令》撤销之后胡格诺教徒的出逃造成了国际性的重商主义大移民，促进了资本的跨国流通，但是在专制主义统治下，潜在的生产性资源却被用来购买已经过度庞大的官僚行政机构中的位置，而且反宗教改革的不宽容也抑制了法国天主教多数中的企业家的活动。不用说，这种解释传统强调的是迫害势力对于胡格诺教徒商业活动的刺激作用，这是一种在韦伯开始动笔之前就已确立了的解释传统，[15]与胡格诺派史学著述的主要着眼点完全一致。

和那些对韦伯的观念做出批评性反应的学者截然不同，两位重要的法国历史学家则以更令人信服的态度看待他的命题，他们的学术生活大都是致力于研究宗教改革，但他们本身并不是新教徒，而且他们特别受到了社会科学的激励。亨利·奥塞，现代初期法国社会与工人阶级史学研究的伟大开拓者（而且是个犹太人），1931 年在一篇论文中探讨了加尔文的经济观，认为清教教义是资本主义的一个重要动力，因为它的独到之处就是关于高利贷的正式学说。[16]3 年以后，吕西安·费夫尔的一篇首次发表于新教期刊《教义与生命》的论文，对于改变现代史学的进程甚至产生了更大的影响，它对宗教改革做出了明确的评价：通过废除常人难以忍受的禁欲主义并且刺激劳动的欲望，从而为资本主义的发展做出了贡献。[17]然而，尽管他们两位产生了巨大影响，但他们对这一课题的关切到了下一代编年史派历史学家那里就变得微乎其微了。埃马纽埃尔·勒鲁瓦·拉迪里论述朗格多克农民问题的大作，包括了某些值得注意的针对奥利弗·德·塞尔的内容，认为他的农业管理方面的著述展示了新教伦理的作用，但是 1964 年《新教伦理与资本主义精神》的法文译本终于问世之后，费夫尔最忠诚的追随者罗贝尔·芒德鲁对它的评论则强调了它的方法看上去已经过时，它在经过科学正统性环境熏陶的广大知识界引起的多数反应，就是认为它说的是新教优于天主教这一老掉牙的陈词滥调。芒德鲁认为，只有在学者们考察了新教与天主教国家的贷款与资本投资的实际情况以及整个大陆宗教少数的经济活动之后，才有可能判断这些命题究竟有没有真正的科学效力。[18]

　　这个工作根本无人去做。然而，15 年之后，一位重要的法国新教历史学家开始主张，新教对于经济发展做出了有力的贡献。他对宗教史有着广泛的研究。这就是皮埃尔·肖尼，重要的是，他在中年时改信新教，并没有胡格诺教派的家世。[19] 毫无疑问，肖尼堪称最具胆识的历史学家之一，自从 19 世纪末叶这一学科成为专业领域以来，他达到了无人能出其右的专业成就。他的大量著述都有着发布神谕的特点，其中，鼓励生育者预言的文明民族正在走向自杀的警告之声，与非教会历史学家的声音进行着不断升级的竞争；对历史资料的运用非常得心应手；散文式的风格几近天成。他在 1975 年版教科书《宗教改革时代》中论述加尔文主义促进经济进步的重要作用时，所有这些特点全都跃然纸上，在 1986 年的《宗教改革的奇迹》中又得到了再现。按照这些著作的说法，有许多研究早已肯定了新教与经济进步之间的联系，正如新教民族与那些首先进入罗斯托夫起跳阶段的民族有着紧密联系一样。这种联系产生于"社会与文化的中介因素，人的智力比较难以理解，它涉及对待生活、对待实际上被允许预期的地位的态度，一句话，涉及并不直接产生社会后果的宗教价值观，最终它还涉及企盼上帝王国的心理强度"[20]。因为肖尼是法国教授中最引人注目的媒体明星之一（他是《费加罗报》的长期撰稿人，而且经常出现在最热门的电视论坛节目《撇号》上），他的观点可能对广大受众产生了非同小可的影响。不过迄今为止对他的史学家同行的工作却没有多么显著的影响。

　　如果说韦伯的观念对于形成欧洲加尔文主义史学著述主流的研究课题几无影响，那么要想说明其中的某些原因，现在就应当考察一下这种说法的例外情况。首先，这里有一部开创性的著作——它出自英格兰以外的一个历史学家之手，以明确的韦伯式观点形成了对加尔文主义的解释——T.

C. 斯莫特的《苏格兰人民史》。这项继往开来的尝试纵览了苏格兰的社会史，其中，根据对原始资料的研究论述了新教行为规范的特点，很有一些启发意义，这在一定程度上明显是从韦伯的前提中得到的灵感，它的结论是，宗教改革通过促进教育、增强节制精神和勤勉意识，首先是"必须……为了某种明确目的而进行必不可少的系统化劳动"，为苏格兰后来的经济发展铺平了道路。斯莫特是圣安德鲁斯大学苏格兰史教授，人们会感到奇怪，不知他的这种观点何以没有反映出与欧洲大陆宗教改革史学研究的地理和职业差距，何以没有受到英国社会史学家更直接的影响。[21]

其次，《新教伦理与资本主义精神》迅速得到了社会学的权威地位，这表明许多社会学家试图在解读韦伯的基础上为自己确定一个明确的研究课题，并且以考察一个国家的加尔文主义史为鹄的。在这方面，社会学家戈登·马歇尔对苏格兰的研究具有特别重要的地位。[22]社会学家杰勒·里默尔斯马和经济史学家 J. H. 施蒂芬伯格也做出了大同小异的研究。[23]如果说他们的工作表明了很难把韦伯的见识和理想类型转述为一套可以从经验角度加以明确验证的前提，那么它也表明，以韦伯的著述为研究课题的明确起点，可能会促使学者们去研究加尔文主义史那些已被其主流民族传统所否定的方面。因此，马歇尔着重对宗教改革以后几代人的布道书及虔诚劳动的资料进行最充分的研究，以确定韦伯的以下说法正确与否：得救预定论，获取个人蒙召证据的必要性，从事个人的职业必须勤勉。这些主题在后来的加尔文主义中日益占据核心地位。而施蒂芬伯格感兴趣的则是确定荷兰的加尔文主义虔信者是否重视系统化的自律，结果他发现，那个国家缺少这样的精神日记。这些对韦伯论点确当性的研究，其最终结论显然是见仁见智。马歇尔认为苏格兰的证据证明了韦伯论点的有效性，施蒂芬伯格感到它们与荷兰的情况完全不合拍，里默尔斯马则持论中庸：新教教义早在宗教改革开始之前便是小有贡献的发展因素，并在其他地方获得了绝大部分力量源泉。

第三，前面已经提到，英国是上述模式的一个突出例外。经过适当修正以符合民族条件之后，韦伯的命题完全融入了史学著述与争论的主流。R. H. 托尼无疑在这方面发挥了核心作用。对于这位摆脱了狭隘教派成见并且按时去教堂做礼拜的圣公会信徒和基督教社会主义的鼓吹者来说，中世纪和宗教改革初期的教会道德说教，就是为了关怀同胞的安乐而大力限制经济活动的典型。[24]托尼认为，英国国教什么时候以及为什么渐渐废弃了这种说教并转而比较谦恭地接受了"经济美德"，这是个很重要的历史问题。在这个问题上，韦伯显然对他的思想产生了重要刺激，这体现在他的极具影响力的《宗教与资本主义的崛起》中，该书初版于 1926 年，而且征诸我个人的经验，它在 40 年之后仍然影响着经济史的研究。该书强调，宗教实践与教义的发展特别有利于资本主义的积累，"因为正如它在宗教思想领域中的发展一样，它也引起了经济与政治组织的变革"[25]。这在一定程度上很像是韦伯的说法。不过它对清教徒的看法几乎就是照搬韦伯的，说他们"鄙弃毫无用处的圣事主义表演"，对他们来说，"尘世的辛劳本身就已经成为一项圣事"，必须永不停顿地活动以驱除蒙召的不确定性这一纠缠在人们心头的恶魔。[26]最重要的是，该书提出了若干可能对后来关于清教与社会的研究具有重大意义的命题：清教教义首先是社会中间阶层的意识形态，它有力地强化了资产阶级的美德。由于托尼的学生克里斯托弗·希尔进一步的详细阐述，这些主张已成为密集的经验研究与争论的对象，是任何不拘一格的现代初期英国史研究命题的归宿。戴维·昂德唐、基思·赖特森和戴维·莱文运用复杂的社会史方法进行了深入的区域性研究，认为中产阶级和促进了经济现代化的社会控制都与清教观念有关。尼古拉斯·泰克、鲍尔·西弗以及其他一些人，则以大概更为机敏的方法和更加确凿的证据指出，很难把性情更为激烈的清教徒与那种有利于资本主义心态发展的特定宗教群体或宗教实践相提并论。如果现在就要对这些看法做出评价，那么最明智的评价大概就是，它们仍然未经证实。[27]

特别重要的是美国社会学界接纳了韦伯，并且突出强调了他对清教徒的论述，将其作为评价后期加尔文主义者的范式，职是之故，英国也出现了一个深受社会学家青睐的领域，他们试图在韦伯思想的框架内进行历史研究，以重新阐述或延伸这位大师的洞见。罗伯特·默顿、戴维·利特尔、迈克尔·沃尔泽以及最晚近的戴维·札雷特，无不全力以赴地以英国清教徒为焦点进行历史社会学的研究。[28]虽然这种文献有点偏离关于都铎与斯图亚特时期英国宗教史研究的主流，但是它也促进了批评和深入细致的研究，因而对现代初期英国宗教生活的史学研究领域，而不是对欧洲各地随处可见的加尔文主义研究领域中的韦伯式命题产生了更重大的影响。

说韦伯的命题对加尔文主义史的研究只有次要的影响，还应受到第四个限制：韦伯本人未必想要引起这些极为活跃的研究。韦伯曾坦言，他并不关心各种基督教会的正式行为规范及其贯彻情况，他关心的是"源于宗教信仰和宗教实践的心理支持的影响，它决定着实际行为的方向，并且使个人持之以恒"。尽管有这样的声明，但是对他的观念的讨论却迅速产生了大量对加尔文以及后来对加尔文主义的具体的社会与经济教义的研究——不仅在英国（托尼的著作随后引出了有关这一问题的大量著作）[29]，而且在欧洲大陆。现存论述加尔文社会与经济观的重要文献，由于日内瓦宗教史学家安德鲁·比勒尔的大部头著作而至鼎盛。[30]荷兰与法国新教神学家的社会与经济思想也被当作重要的研究对象。[31]近些年还出现了大量研究，利用教会的惩戒记录以考察加尔文主义行为规范的实际贯彻情况，虽然它们谈到了韦伯命题之争中所提出的某些问题，但是这种争论对它们只有微不足道的影响。[32]

史学家与神学家的探索经历了这种变化，脱离韦伯所强调的特定论题，转而研究理论与实践中真正的加尔文主义经济与社会伦理，这并不奇怪。"为了穿过那些无所顾忌、有时才华横溢但多数时候令人费解的理论家制造的混乱，甚至偶尔玩弄的文字游戏，找出我们自己的前进道路，我们终于提出了我们的史学家和神学家理应由此开始进行检验并澄清的问题：什么是加尔文的加尔文主义，即标准的加尔文主义？加尔文是如何思考财富及其用途的？"[33]出自埃米尔·杜梅格的这一直率的问句表明，不同教派的实际道德说教，不仅为思考神学问题的史学家提供了一个比较熟悉的课题，而且与个人坚持道德行为的心理支持相比，这是一个更容易进行经验研究的课题。在现代新教神学家看来，加尔文本人的教义就是标准的加尔文主义，而他们的缜密研究则为反思基督教社会伦理这一现代的努力做出了贡献。由于卡尔·巴特，其次是克伊波的力促之功，20世纪新教神学的首要主题，就是重新把加尔文的思想作为灵感之源。比勒尔那部现已成为典范的著作，显然是要汲取加尔文的社会伦理原则之精华以适用于当代世界。至于近年来对于教会法庭的纪律措施实际贯彻情况的大量研究，乃是出于过去20年的宗教史所宣称的对大众宗教信仰和以前的普通基督徒的关注，以及德国史学家对社会惩戒问题的迷恋。

另外，这种文献首先表明了加尔文主义伦理观对于积累财富的深刻的矛盾态度。一方面，由加尔文所阐明，后来又被尼德兰、法国及英国新教神学家不断重申的教义，强调了在个人职业中勤奋劳动的义务，并且允许根据《旧约》及亚里士多德戒律的背景直言高利贷——这在过去是禁忌，从而达成了与资本主义商业的某种调和。另一方面，他们又谴责过分卷入今世的事务和盲目追求物质财富，强调必须以爱心来处理与同胞的关系，对于超出了维持个人身份所需的全部财富，基督徒的义务就是要像一个慈善的管家那样行事。实际上，新教教会的惩戒机构更加警惕的是性罪错，而不是经济罪错，但是高利贷、过于张扬的消费者、无力偿贷、"惰于职业"及破产者，全都在不同教会的法庭那里找到了自己的去处。

第五，像前一个问题一样，围绕着第二个问题的还有一类重要文献，体现了韦伯命题之争的一个特定的、比较狭窄的方面，需要再次说明，只有在关心英国——或者更恰当的说法是英美——宗教生活的学者那里才会看到对这一问题的专注。这就是韦伯对加尔文主义心理特点的解释是否准确的问题。当然，他的看法是，后来得救预定论教义成为加尔文主义的核心，这在信徒们中间引起了他们是否能够成为蒙召者的严重焦虑。这种焦虑转而成了对于道德行为的特别强大的支持，因为它们迫使信徒努力去证明自己由于道德的纯正而确实拥有了得救的信念。除了马歇尔和施蒂芬伯格的研究明确把韦伯作为他们的出发点以外，对于 16 世纪末与 17 世纪欧洲大陆或苏格兰加尔文主义的精神性的研究，很少有与这些看法一致的。相比之下，关于英美清教的文献更是大大丰富地展示了这种信仰的世俗化，对这一课题的史学研究则表现为不断地讨论韦伯的话题。活跃在 20 世纪 30—50 年代的那一代美国历史学家，其著述特别重要，而且毫不含糊，他们大都重新把新教看作是一种生活方式和一个思想领域。M. M. 纳彭论述都铎王朝时代清教的著作，就用了好几页篇幅明确指出，韦伯对于加尔文主义心理特征的描绘过于简单化了，而佩里·米勒几乎同时问世的著作则响应了韦伯的看法，并且对它们的确当性给予了更加积极的评价。[34]（他的名著《新英格兰思想》的其中一章甚至题名为"新教伦理"。）在比较晚近的关于现代初期英国神学、宗教体验或者清教徒良心剖析的研究中，对韦伯的直接引用或反驳已经难得见到了，但是仍在继续出现。[35]更重要的是，大部分这类文献可以看作是与韦伯式命题的继续对话。同时，应当说，就这一课题进行了最富于成效的讨论的恰恰是这样一些人：不论是肯定还是否定，他们完全抛弃了韦伯式的理想类型，从而产生了对这一课题的独立认识，他们使用的类型得自当代人对自身经验的主观理解。[36]

　　在这样的情况下，又当如何看待韦伯对加尔文主义的理解呢？有许多证据都符合韦伯对加尔文主义的描述。现在可以看得很清楚，在加尔文宗的教义陈述中，得救预定论的确曾日趋显要，并且在加尔文身后的几代人中引起了争论；这项发展在英国还伴随着各种祈祷指南的激增，它们的任务之一就是向信徒解释如何才能确保拥有得救的信念；许多这种祈祷指南的作者所强调的信念，其标志之一就是正直的行为和忠于个人的职业；同时，这种祈祷指南还详细说明了能使信徒对个人行为实施高度自律的一系列程序，包括通过每天的自省，甚至坚持记良心日记，以对个人行为进行日常的监督。[37]

　　然而，同样很清楚的是，如果这些先入之见同时出现在早期清教"灵魂的医生"的著述中，它们未必会成为一个独特的逻辑体系中相互关联的组成部分，也不会仅仅作为得救预定论教义日趋显要的结果而出现。在整个 17

世纪，祈祷指南继续坚持强调使个人确保蒙召的重要性，并且要求对日常行为进行严格的指导，而这时对严格的得救预定论的支持在许多领域都已日渐衰弱。实际上，到了复辟时期，与祈祷指南的作者格格不入的英国人或者反得救预定论者，甚至比他们僵硬的得救预定论对头更倾向于强调把正直的行为作为蒙召的标志。[38]此外，在整个这一时期，那些虔诚的作者都把善举视为蒙召的唯一标识，尽管绝不是一以贯之的最重要的标识。[39]最后，大概也是最重要的是，虽然能够在英国看到关注这些问题的大量实用神学文献，但这绝不是欧洲加尔文主义的普遍特性。它被欧洲大陆的一些地方有选择地吸收了一部分，这是由于新教虔信主义的传播，而新教虔信主义则是从英国的榜样那里得到了许多鼓舞。但是在紧接着宗教改革之后的一个半世纪中，一种虔诚的生活，包括清教徒所虔信的那种方式和先入之见，在欧洲的许多新教地区似乎根本就没有得到发展。[40]它在英格兰的发展看上去很少是产生于某种心理结果，即神学原则不可阻挡的推进而特别引发的那种心理结果，更多的则是产生于对教牧方略与虔信方式的精心阐述，所依据的素材不仅通行于全欧洲的加尔文宗，而且不同于早期的英国新教思想，并且恰好又碰上了这样的环境——在那里，那些忠于欧洲大陆新教传统理想的英国神学家，却在伊丽莎白女王治下发现自己适得其所。[41]

最后这个说法使人想到了一个另外的原因，可以说明为什么总是反复出现这样的情形：《新教伦理与资本主义精神》塑造了对英美清教的史学研究，这与它对所有其他形式的涉及西欧加尔文主义的历史著述所产生的影响却形成了鲜明的反差。只要看一下韦伯作的脚注就会清楚，他在描绘加尔文宗的虔信时所依据的主要资料来源，首先就是英国的祈祷材料，而欧洲大陆往往极少有类似的材料。因此，在英国以外研究加尔文主义的学者看来，韦伯对这一信仰的描述与他们所熟悉的资料极少吻合之处，而且他们几乎没有原始资料可以使用，而这些资料在英国大量存在，并且有力刺激了对清教信仰的研究，其中最突出的就是那些个人自传和良心日记，而这些东西可能很有助于他们研究韦伯关于加尔文主义对其信徒的特殊影响之论点的确当性。由于这一原因，加之韦伯所全神贯注的事物与他们之间有着鸿沟，20世纪新教神学的趋势主要是从再现历史上的加尔文中汲取灵感，因而忽视了16世纪末与17世纪的新教传统。同时，对于20世纪初期的法语世界来说，当时的反新教宣传对他思想的厌恶，这些都使他的思想遇到了广泛的不理解。其影响微乎其微，也就毫不奇怪了。但另一方面，在英国，非常丰富的原始资料与韦伯使用的资料极为贴近，更何况对于现代英国神学家来说，加尔文本人远不是一个标准的参照点，这就保证了对这些资料的研究与他的著作之间那种更具连续性的沟通。

综上所述，我们可以看出，对韦伯观念的反应是由一系列因素形成的：学科传统，鼓舞了宗教史著述的不同动机和关切，现代欧洲各教会与作为当代灵感之源的加尔文主义传统之间的关系，以及最后但并非最不重要的是，现有的资料已经为讨论韦伯的命题提供了牢固的基础，并且看来也证明了它们的合理性。如今，苏格兰、荷兰或法语国家对加尔文主义的研究，已经极少有脱离韦伯视角的情况，即使偶有出现，也根本得不到这一领域绝大多数专家的重视。然而，这并不是由于无力按照这个思路写出令人信服的东西，而是由于在这样的背景下，很少有人努力甚至尝试对韦伯的观念进行认真的研究。相比之下，在过去50年间，对于能否把清教看作现代初期英国历史上的进步力量，人们却一直争论不休，非常热烈。从这个角度说，我作为这场讨论的旁观者，认为有些过于热情的主张是不能令人信服的，但其他人可能完全不这样看。对于官方的加尔文主义经济与社会伦理观的大量研究，已经清楚地表明了这些教义在对待财富积累问题上的深刻矛盾，但毫无疑问，这种信仰的伦理观，由于融入了普通信徒的自我意识，因而促进了节制、自律和日常的劳动。最后，关于清教精神性的大量研究显示了韦伯对加尔文主义心理特征的讨论富有洞见，同时也表明他做出了一些过高的评价，即认为典型的加尔文主义信仰行为的不同方面必定都与严格的得救预定论教义有关，并且认定加尔文宗的虔信就是加尔文主义的全部，而不认为那只是它的一个组成部分。不过，对于韦伯新教伦理命题之合理性的决定性当代评价，其最重要的变化根本不是来自研究欧洲加尔文主义的史学家。它来自研究现代初期欧洲宗教史学家更为开明的认识，他们如今已很少像原来那样以教派划分畛域。他们认为，韦伯所断定的新教或加尔文宗的虔信对于形成现代世界分别做出的贡献，事实上有很大一部分是现代初期宗教景观中一个比较普遍的共同特征。当然，这种认识为今天致力于韦伯研究的宗教史学家开辟了另外一种可能的方法：确认并揭示宗教实践中那些超越教派畛域、促进自律和行为理性化的衍变。这种具有韦伯主义潜能的揭示几乎尚未开始。[42] 同时，这种认识也强调了韦伯的著作乃是当时特定时空教派冲突与偏见的产物，而韦伯本人对德国路德教遗产的批判态度更是如此，因为在他看来，新教传统乃是更好的选项。

16 | 新教伦理与美洲殖民地的资本主义现实

詹姆士·亨利塔

|1|

费城的托马斯·乔克利（1675—1741）在他的日记中写道："我们不仅有着适度劳动的自由，而且……我们有义务这样做。"这位虔诚的贵格会信徒接着说："农场主、店主和商人都没有认识到，按照我主的信条，他们肯定是在玩忽职守，或者越来越不务正业，但无疑他们肯定是在劳动，而且很敬业。"乔克利证明了"我……勤勤恳恳、兢兢业业地做事"，因而"尘世的事情都很成功，这是主赐给我的劳动恩惠"[1]。

乔克利对于精神上的事情也同样勉力为之。1716年他在百慕大经商时就曾打算皈依；他很有把握地提醒他的女婿，一个热诚的读者，"你主要研究的书本可能就是《圣经》"；1741年去世时，他留下遗嘱把111部宗教书籍赠给了基督教公谊会费城分会的公共图书馆。但是乔克利对贵格会的主要捐赠是他的日记。许多其他"会友"都存有这样的日记，他的《耶稣基督的忠实仆人托马斯·乔克利的生活、游历和基督徒宗教体验的历史记录》（1749）则被发表出来作为后人的范例，以推动真理的进步。[2]

一个世纪之前的1630年代，乔舒亚·斯科托移居到新英格兰。他是一个虔诚的清教徒和热情洋溢的道德小册子的作者，很快就被接纳进波士顿的第一教堂。精明的贸易商斯科托成了富商大贾，和纽芬兰做生意并从事土地投机。1670 年他迁居缅因州的斯卡巴勒，投资渔业生产，并像乔克利那样成了公众人物和未来几代人的道德师表。1691 年他写了一篇标题生动的小册子《老人们为自己背离了信仰并为他们及其子孙脱离了新英格兰的原始政体而流泪》，他在其中悲叹，身在新英格兰却找不到"新英格兰，身在波士顿也找不到波士顿，它已经成了一个迷失的城镇"。斯科托告诫他的读者："我们现在应当大声说出来，承认我们的贫乏、贫乏，还有离经叛道……徒有其表的敬神，对教会特权的俗不可耐而又毫无意义的信任，忘记了上帝是我们的靠山，以及其他种种劣迹。"[3]

乔克利和斯科托就是韦伯"新教伦理"的范例。韦伯认为，新教教会特别是那些激进教派，创立了一种新的"宗教恩宠状态的观念"。它们的成员不再"凭借魔术般的圣事、凭借相信忏悔，也不再凭借个人的善举"寻求得救。相反，他们是在宗教教义和确保得救的心理需求驱动下从事神定的"天职"。结果是一种"整个一生都与上帝的意志保持一致的理性规划"，始终如一、恪守不懈。[4]乔克利坚称："我以我的职业为生，坚持不懈地参加教友聚会，因为我不喜欢无所事事，无论在精神还是世俗的事情上。"

他在英属北美的早期移民中并非形单影只。斯科托无疑读过约翰·科顿的《生活方式》（1641），该书对于新英格兰文献中的职业观有着经典性的阐述。科顿向他的读者（无疑是他的波士顿会众）问道："我怎么才能知道我已经过上了那种生活——在那里，我知道基督与我同在？"他做出了部分回答，"你从事职业勤勤恳恳，这很好"，因为"漫不经心地对待主的劳动是应受诅咒的，而你的职业劳动就是主的劳动"。早期宾夕法尼亚人得到的精神指导几乎如出一辙。殖民地贵格会创始人威廉·佩恩宣称："基督徒的完美生活包括一切诚实的劳动和人际交往。"[5]

这些清教徒与贵格会信徒的生活并不轻松，因为这种宗教教义在他们的生活中造成了一种普遍的紧张气氛。它要求他们专心致志于今世的事务，同时又不让他们抱有过多的尘世追求。这里的矛盾是显而易见的。有多少男女能够避免贪求之罪，能够既追逐利润又不拜倒在利润的诱惑之下？这样的人物极为罕见，但他们无不名扬遐迩。波士顿商人约翰·赫尔就是一例，据说他不断陷入对上帝的恐惧之中。他在荷兰人劫掠了他的商船之后自我安慰道："我的财产损失倒无所谓，如果主愿意让我的灵魂离他更近，那么把它从躯壳中释放出来倒是更舒服。"萨缪尔·威拉德在赫尔的葬礼布道中宣布，他"是尘世上的圣徒"，即使他在全神贯注于"所有外界的商业场合与事务"时，由于"他心灵的超脱"，他的生活仍是"超然于尘世之上"。[6]

另一位波士顿商人罗伯特·凯恩之死，显示了加尔文宗信徒的职业观所固有的心理紧张。伦敦的贸易商凯恩1635年移居波士顿，与乔舒亚·斯科托一起成为第一教堂的成员，并且作为一个进口商而出人头地。凯恩在遗嘱中对他的生活行为进行了长达5万言的自我辩护，申明自己从未耽于"闲散、懒惰或者寄生虫般的生活"。他不仅勉力经营业务（他在1656年去世时留下了4000英镑的巨额财产），而且腾出时间陆续写出了"三大本文稿，旨在对整个《圣经》进行阐述和解释"。然而，至少按照世俗的眼光，凯恩却是走上了邪路。1639年，殖民地政府指控这位波士顿商人犯有一系列经济罪行，这使他长期蒙受羞辱："1先令的利润要拿走6便士以上，有时超过 8 便士，在一些微不足道的事情上也要超过 2 便士。"[7]

长达 10 年的商品短缺与通货膨胀，激起了马萨诸塞湾日趋高涨的反凯恩情绪。对凯恩的审判开始后，雷弗伦德·伊齐基尔·罗杰斯给总督约翰·温思洛普写信，倡言要有"一部法律，以能在上帝面前绞死某些（商）人，他们罪有应得，而且上帝极有可能接受这种祭品"。作为罗利地方的乡镇牧师，罗杰斯是在代表许多艰难度日的商人说话。他的倡议也反映了他本人和许多英格兰罗利居民早年的经历。他们为了摆脱严重的宗教迫害与经济困境，从那些"死气沉沉的北方角落"之一约克郡东区移民至此，带来了传统的露地耕作制，① 几乎没有农艺革新，庄园法庭严格控制着经济生活。罗杰斯向温思洛普问道："已经遭受过迫害并且一贫如洗的基督的手足，又要成为贪得无厌之徒的猎物吗？"[8] 作为对这种（凯恩称之为）"受到精心指导的热情"的回应，州议会对他课以 200 英镑的罚金。同样严重的是，教会的长老们几乎要把他开除教籍。在"仔细研究"了他的行为之后，他们严厉谴责他"打着教会的旗号贩卖商品牟取暴利，玷污了众神的名誉"，要求公开"承认"他的罪孽。[9]

乔克利与斯科托、赫尔与凯恩的生活给韦伯命题的各个方面都提供了证据。加尔文宗的职业观显然给虔诚的平信徒带来了一定心理压力，只有让世俗的活力迸发出来才能使之得到抚慰——在他们的职业活动中和同样重要的教会事务与宗教小册子中。这种"新教伦理"不仅产生了体现着资本主义"精神"的训练有素的理性化生活，而且导致了资本主义经济活动的实际扩张。到美国革命前夕，贵格会商人的企业已使费城成为殖民地

---

① 露地耕作制（Open-field System），中古欧洲农村将条形露地分给农民耕种的制度。——译者注

最大的城市（和整个英语世界的大城市之一）。到 1769 年，费城的人口有 15% 是该教派的成员，而且每 100 英镑纳税额中他们占了一半以上或者更多。15 年后布里素·德·瓦尔维尔访问费城后认为，这种成就在一定程度上应归因于"贵格会信徒从孩提时候就习以为常的、用来分配他们的趣味、思想以及生活的每一时刻的那种制度"。他说："他们无论走到哪里都带着这种制度的精神，它节省了时间、精力和金钱。"[10]

另外，这些贵格会与清教徒商人的生活（它们在大量的现代学术著作中得到了再现）也给韦伯认识早期美国提供了证据。正如韦伯所说，在 17 世纪 30 年代，的确有人"抱怨新英格兰人那种工于算计的牟利行为"[11]。而且，韦伯利用本杰明·富兰克林的道德箴言证明新教伦理在英属美洲的重要意义，也并不为错。无疑，富兰克林的功利主义小册子反映了非宗教的启蒙运动理性主义的影响，但也出自贵格会在费城确立的仍然富有活力的禁欲主义宗教传统。富兰克林在 1748 年写下了被韦伯大加利用的《给一个年轻商人的忠告》，与此同时，他的富兰克林与霍尔印刷工厂正在准备印行托马斯·乔克利的日记（1749 年问世）。[12] 而且，凯恩痛苦的自我辩护也证实了韦伯对由世俗力量操纵的教会纪律的有力分析。这位伟大的德国社会学家在题为"新教教派与资本主义精神"的姊妹篇中指出，"承认教派会众完全享有各项权利的巨大社会意义"，就在于产生了一种严厉的道德"奖赏"，以鼓励那些潜在的成员过一种有纪律的生活。要么是由于清教得救预定论的逻辑和贵格会的良心意识，要么就是由于教派的纪律，某些——可能是许多——美洲殖民地居民的生活都体现了"现代资本主义的'精神'，体现了它的特殊精神气质：现代资产阶级中产阶级的精神气质"[13]。

| 2 |

罗伯特·凯恩的困境反映了马萨诸塞湾一场更大规模的冲突。惹出麻烦的既有哲学上的问题，也有实践中的，它们涉及对宗教与经济秩序的一些对立观点。一方是羽翼未丰的商人群体，他们与伦敦的清教徒商人群体有着深厚情谊和利害关系。他们的存在反映了该殖民地的源头是商业冒险。另一方是农场主和工匠，他们人多势众，壁垒森严。他们的领袖也是该殖民地的头面人物，包括一些清教牧师和来自英国小贵族阶层的虔诚的平信徒。

这里的关键人物是约翰·温思洛普，他担任该殖民地总督几近 20 年。温思洛普来自盛产萨福克羊的乡下，是个拥有地产的绅士，17 世纪 20 年代毛纺织业萧条期间曾大蚀其本。同样重要的是，他逐渐认为英格兰是个堕落的社会，"各行各业都以欺诈手段和歪门邪道行事"。温思洛普在横渡大西洋期间完成了对"基督徒仁爱楷模"的构思，想到了传统社会的种种好处。它赞颂固定的阶级分野，贬斥斤斤计较的经济实践和竞相追逐私利的行为，重申了富人对穷人的责任。他写道："如果你的兄弟正在受穷，如果你又最爱上帝，那么你就必须帮助你的兄弟。"[14]

温思洛普试图在美国重建一个纯粹的社会等级制度，一个名副其实的"新"英格兰。"因此，"他在结束他的宣言时说，"我们要在上帝与我们之间承担起这项事业。"

> 我们要为了这个工作与上帝订立誓约……如果我们……开始拥抱眼前这个世界，追求我们世俗的目的，为我们自己和子孙后代谋取大笔财

产，那么上帝肯定会出乎意料地报复我们……

温思洛普告诫说，"避免这种灾难的唯一途径"，就是"团结得像一个人一样投入这项工作……满怀兄弟情谊……乐于省出自己之富余，以济他人之必需"。在规定公共关系中的道德行为时，温思洛普的社会哲学与加尔文主义的职业观便产生了对立，因为它集中关心的是个人的义务。他对同行的旅客们说，无论他们个人的目的地在哪里，他们都必须"始终像眼前这样……所有的人都是同一整体的一员"[15]。

温思洛普的共同体伦理很快就在马萨诸塞湾找到了用武之地。在所谓反律法主义论战中，他和其他执法官一起把安妮·哈钦森逐出了该殖民地。富商之妻哈钦森向那些资深牧师发出了挑战。她指责他们所宣讲的"劳动誓约"强调的是履行指定的义务。她针锋相对地提出了自由恩宠说，一种神秘主义伦理，强调了每个男女同上帝的直接联系。绝大多数商人都支持哈钦森，这很可能是因为他们害怕紧密的共同体会束缚他们的精神与经济生活。[16]

拉泽尔·齐夫认为，对哈钦森的压制"使得美国的清教和教派不再具有本质的共同之处"。尽管个人与会众继续分为加尔文主义思想与实践的各种流派，但是马萨诸塞湾却已变成一个威权主义的王国，一个以加尔文的日内瓦为楷模的圣地。州议会的平信徒们压制公众的宗教分歧，试图把秩序强加给这个新社会。1640年经济衰退时，议会进行了强有力的干预，以保护债务人的利益免受商业债权人之害。一项法律还规定，因抵顶债务而被扣押的财产，必须由"三名具有判断力且中立的人员予以估价"。这项规定反映了立法者希望绝大多数移民"足以根据公平（公正）的估价偿付全部债务，并依靠剩余部分安逸地生活"。还有一项法令规定，所有未来的债务均可"以谷物、牛、鱼或其他商品"偿付。意味深长的是，这些商品不是按照市场行情定价，而是"由这个议会不时予以确定"。最后，执法官们通过了一项涉及面很广的措施：如果个人无力偿付依法确认的债务，可由政府代为偿付，但这一动议遭到众议院否决。[17]

这些措施体现了温思洛普以及许多来自英格兰乡下的官员的经济思想。在这场冲突中，债务人的利益压倒了债权人的利益。温思洛普在《基督徒仁爱的楷模》中满怀激情地问道："我们应当遵循什么样的原则豁免（债务）呢？"他回答说，"如果他毫无能力向你还债，（你）就应当豁免他"，并援引《旧约·申命记》第15章说，"每到第7年，债权人借给他兄弟的钱就等于还清了，如果他的兄弟是穷人的话"。此外，共同体的利益要优先于企业家的利益。州议会给予1646年新建的索格斯铁厂以慷慨的优惠待遇，但也为它的型铁规定了最高限价，并在满足当地需求之前禁止出口。这些限制措施再加上高昂的生产成本，终于导致该厂在1652年破产。[18]

和温思洛普一样，分离主义清教徒聚居的普利茅斯殖民地总督威廉·布拉德福德，是在一种比较宽松的威权主义统治和经济不平等的环境下寻求社会正义。世袭土地所有制在这个新殖民地非常普遍，因为移民们想逃避英国土地制度的不公。然而，普利茅斯殖民地的领头人却热衷于为自己的家族划拨优良耕地和牧场，授予他们印第安皮毛生意的专营权。教会成员——"可见的圣徒"——在他们选定的地方同样得到了大片土地，那些没有蒙召的人则不得不在边边角角的小地块上安身立命。财产权的分配反映了社会地位与宗教身份等级制度的逐渐形成。

一旦在这个社会秩序中分到了位置，他们就会被要求遵守传统共同体的"公平价格"观。普利茅斯当局在 1639 年把教会成员斯蒂芬·霍普金斯召到了法庭，因为他"把一面镜子卖了 16 分铸币，而在当地买同样的镜子只需 9 分铸币"。同一天，它还对托马斯·克拉克课以 30 先令的罚金，因为他"花 10 先令买了一双皮靴和一副靴刺，却转手以 15 先令把它们卖了出去"[19]。政治权力操在清教的教区会众手中，虔诚的地主占据了统治地位，构成了与世隔绝的农业共同体，这就是普利茅斯殖民地的特征，它保证了温思洛普共同体伦理观的胜利。

早期新英格兰的精神与物质生活环境对资本主义企业的发展产生了不利影响。教会成员——不管是穷人还是有产者——把持着政治特权，而且，乡下小镇控制着议会，他们的代表即使在波士顿和萨尔姆这样的商业中心也能获得高于商人的选票，并能阻止在州议会的商人执法官当选上院议员。1640 年之前当选的 22 名执法官中，只有两个来自商界。法院有力地保护着以教会为基础的政治秩序，1646 年一些非清教徒商人提交了一份"抗议请愿书"，要求放宽对教会成员资格的限制，扩大特许权，因而遭到重罚。经济状况的改善促使法院在 1650 年废除了某些亲债务人的法律，但是对商人及其自由贸易政策的普遍抵触仍在继续。[20] 爱德华·约翰逊在《新英格兰天国救星的惊人远见》中宣称，商人们"获得了巨额利润"。

他们也许很乐意共同体宽容各种各样的罪恶观点，以便吸引人们来与我们平起平坐，结果是他们的钱袋可能满是羞愧，世俗政府的钱袋则满是争吵，而我主基督的教会的钱袋却满是谬误。[21]

因此，第一代新英格兰商人是在一种束手束脚的精神与社会背景下从事个人经济职业的。只有在进入一种大众宗教的角色后，像乔舒亚·斯科托那样写作道德小册子，或者像约翰·赫尔那样以慷慨大方而又低三下四的方式赞助慈善事业，他们才能赢得尊重。为了证明自己的蒙召地位，商人们必须直接为上帝效力，途径是他们的"普通"职业获得承认，而不只是勤勤恳恳地从事自己的商业活动。

随后几代波士顿商人所处的环境就比较开放了。英国的复辟时期又给新英格兰送来了新兴的商人，比如理查德·沃顿那样的圣公会信徒和保王党人，也送来了像爱德华·伦道夫那样的帝国官员，从而逐渐抑制了这些殖民地的自主性。同样意味深长的是，许多第二代清教徒商人，其本身就是牧师和地主的后代。萨尔姆的雷弗伦德·约翰·希金森在他当选日布道中宣布："上帝和他新英格兰子民的事业就是让这个世界得到善（财）①。"他提醒听众"永远不要忘记，新英格兰本来就是一个宗教殖民地，而不是商业殖民地"。然而，希金森的女儿萨拉却嫁给了圣公会信徒理查德·沃顿，还有两个儿子成了富商大贾。[22]此外，虔诚的清教徒商人——包括萨缪尔·休厄尔、安东尼·斯托达德、托马斯·布拉特尔——则让他们的儿子当了牧师。到1673年，总督约翰·莱弗里特以及另外12名行政官中的一半，都与商业企业有了某种合伙关系。新英格兰的统治阶层越来越多地产生于一个商人、官员和牧师的关系网。[23]

商人群体不断膨胀的财富，是他们的力量崛起的一个因素。早在1670年，30名波士顿商人就拥有了10000~30000英镑的财产。到那个世纪末，一位当时的旁观者说，他们有许多人已经建起了"高楼大厦，有的业主耗

---

① "善"为英文"good"，本文作者为了呼应下文而后缀"s"，使有"财产"（goods）之意。——译者注

资两三千英镑"。商人们也越来越多地掌握了政治权力。詹姆斯二世在 1686 年撤销马萨诸塞的特许状时，商人们夺取了对政府的控制，给自己和支持者们分发了大量的未垦土地以及十几个政府官职。两年之后，他们参与推翻了新英格兰的新自治领，以保卫自己的新（老）地权，反对王室总督爱德蒙·安德罗斯的巧取豪夺。1692 年新颁特许状之后，商人更是志得意满，运用他们在伦敦的影响力得到了几个王室总督的任命。[24]

最重要的是，波士顿商人如今已生活在一个更为有利的宗教环境中。由于牧师们尊重他们的职业与抱负，他们也越来越敬重自己的教会。1701 年，科顿·马瑟在《基督徒的职业》中重申了加尔文主义的观点："对待职业懒懒散散的人，不配侍奉上帝。"这位著名的清教牧师还告诫说，"诚实的原则（将会）使你不做任何欺蒙或压榨的行为"，但他拒绝用他的伦理体系去影响实际生活。18 世纪头十年马萨诸塞湾的债务人与债权人发生冲突时，马瑟拒绝表明他的政治立场，声称他"不熟悉市场的细节与奥秘"。相比之下，马瑟的同行约翰·科顿在职业观问题上的权威则引人注目。在 17 世纪 30 年代的著述中，科顿援引了众多《圣经》内容以支持一个简单的原理："把钱借给一个穷弟兄或穷邻居，并不会增加他的所得。"[25]在波士顿，约翰·温思洛普的共同体伦理产生了他的商人对头的新教伦理。

但乡村却并非如此。在新英格兰占优势的农村地区则产生了一套不同的社会行为与价值观，这导致了其与商业城市的长期纠纷。"公平交易"概念构成了它的伦理观的一个方面。伊齐基尔·罗杰斯 1639 年代表罗利的农场主谴责了罗伯特·凯恩。20 年后，一位缅因州的旅行者体会到了当地人的情感，他们诅咒"该死的阔佬"波士顿商人实行贸易垄断，"把价格定得极高"，"如果不是百分之百地获利就会大叫亏本"。他解释说，当地的渔民和农场主"为了某些急需之事而成为商人的债务人，结果变成了商人的奴隶，一旦债务达到一个巨大的数额时，就要被迫抵押他们的农场"[26]。18世纪初，西马萨诸塞北安普敦狂热的新教牧师萨缪尔·斯托达德，支持乡村反对商人的"压迫"。他说，在那些"没有市场"的乡村地区，"有些人可能穷到了极点"。"如果他们到别的城市去采购，价钱又太高，即使男子汉也会举步维艰，因为陌生人不会相信他，而卖主则会乘机压迫他。"[27]

旧信仰在乡村的死亡过程非常缓慢。甚至到了美国革命时代，许多新英格兰农民还"认为上流社会越过了他们的宗教界限"，克里斯托弗·杰德里说，"这是一种产生于伊丽莎白时代的英国与福克斯《殉教者书》的过时地缘政治世界观"。[28]

乡下人反对商业资本主义，还从新英格兰农业社会的特殊性中获得了另外的动力。到美国革命前夕，第五代移民已经日趋成熟。他们的人数已经非常可观，从1640年的20万人基本上是自然增长到了1770年的60万人。他们的生活水平也在提高，但是提高的方式却极少给人留下深刻印象。新英格兰商人和地主的生活很优裕（不到10%的家庭掌握着57%的财富），但是普通农民与工匠只是勉强度日。事实上，在英属美洲的白人中间，他们过着最清苦的生活。每个自由的白人所拥有的财产，在盛产蔗糖的牙买加岛上是1200英镑，在南部的烟草与水稻种植区是132英镑，在纽约和宾夕法尼亚等出口小麦的中部各州是51英镑。新英格兰排在最后，每个自由白人只有33英镑。[29]

新英格兰经济落后的原因，在历史学家看来是显而易见的，在当时的人们看来同样显而易见。恶劣的气候、多山的地貌、贫瘠的土壤，限制了高值高产作物的产量，而且持续增长的人口也对生活水平构成了持续的压力。的确，1772 年马萨诸塞登记在册的农场约有 19000 个，但是其中一半缺少耕具或耕牛，40% 收成不能自给，2/3 无法为牲畜找到足够的牧场。尽管有这些不利的地理和人口环境因素，新英格兰仍然避免了一场马尔萨斯式的危机，从未发生过严重的食品短缺。此外，新英格兰的家庭竭力维护着由第一代移民确立的不动产终身保有的传统。为人父母者都在精心安排儿女的婚姻，精心设计财产继承的步骤，以保全能够自立的农庄，以及和亲戚、邻居交换货物与劳务。即使到了第五代，也仍有 80% 的成年男性白人终生拥有一块自己的土地。[30]

这些身处偏远之地、勤勉而理性地从事着农民职业的乡下人，也能算是新教伦理的范例吗？从某种意义上说，回答必是肯定的。他们全都是新教徒，绝大多数是加尔文宗的信徒；在美洲荒原上这个充满艰辛的角落，他们的精神苦修和意志力支持着他们维持了一个稳定的欧洲社会。但是，牢固的政治与宗教共同体制度，以及至高无上的、以共同体为基础的交换制度，也压缩了个人的道德空间。绝大多数市镇都是按照共同体对年龄、财产和社会地位的评估安排礼拜堂中的座次，人们每次去教堂都会意识到自己在共同体中的位置。乡村市镇的集会寻求的是共识，仅仅是多数的投票并没有道德上的合法性和实际影响，只有接近全体一致的投票才会自行生效。商业市镇的商人很明白共同体意识形态的力量，并且根据环境的需要把它为己所用。马萨诸塞萨尔姆的商人在争取取消一份新的税目表时争辩说："在场的大部分都是（农民），刚才通过的表决只是他们的表决，而不是市镇整体的表决。"[31] 正如温思洛普期望的那样，这个乡村共同体"团结得像一个人一样"。

自耕农家庭追求"舒适生活"需要借助于共同体的资源。在美国革命时代，马萨诸塞罗利的老凯莱布·杰克逊家族将其美国先祖追溯到了尼古拉斯·杰克逊，后者大概是与伊齐基尔·罗杰斯合伙在17世纪开垦了罗利的大片土地。但是如今的杰克逊家族已是土地多而收入少，每年只种几英亩，采些樱桃去换"现钱"，也替邻居榨果汁拿到伊普斯威奇或萨尔姆去出售。另外，老凯莱布和他两个十几岁的儿子还"为乔纳森·伍德先生种地……收获的谷物拿出一半做我们的报酬"，"在别人家的地里种我们的马铃薯，到别人家的牧场放自己的牛"[32]。这些货物与劳务的交换往往是按照"预先确定"的价格计价，如果按照市场比率计价，最后产生的债务也不计利息。在这种相互依赖、自给自足而略有盈余的经济中，邻居或亲戚始终不渝的善心，要比几个先令的利息更为重要。对商业利益的这种理性追求，乃是共同体生存之必需。

因此，韦伯认为，新英格兰的乡村世界体现了"传统主义"的许多方面。[33]农场主们决定着自己的劳动生活节奏，需要完成的关键任务是紧张的耕作与收获，接下来则是一种闲适的节奏。他们的经济目标是有限的：做到经济自主，过一种舒适的生活，把一份终身保有的不动产留给子女。加里·纳什认为，"以小型共同体式农场为基础的直系家族等级制结构的社会，和参与其中的清教徒的独特融合"，产生了"英属美洲殖民地那种极少活力的宗教"。[34]后来，劳动强度的提高，以资本主义方式经营的家庭工业的出现，在很大程度上并不是由于加尔文主义的职业观，而是由于人口对资源的压力。到1800年，杰克逊家两个十几岁的儿子在冬季的几个月中便做起了制鞋的活计，因为他们的父亲与当地商人签了合同。[35]

事实上，18世纪新英格兰社会中最为活跃的宗教动力，是加尔文主义和反资本主义。温思洛普在《基督徒仁爱的楷模》中指出，清教徒移民要完成与上帝订立的、使他们有别于其他男女的"誓约"。每当感到失败时，他们就会在一个公共的"斋戒日"寻求仪式上的安慰："所有人在那天都要放下全部劳动去参加这种公共集会，去寻求上帝，好像在一个屈辱的日子里就变成了基督徒。"随后，牧师与虔诚的平信徒写出"哀史"（"jeremiads"）、布道书或小册子以训斥犯了罪过的清教徒，提醒他们对誓约的义务，并提出改过自新的计划。于是，在 18 世纪初期，牧师们试图通过教会的"奋兴"（revivals）与世俗事务进行斗争。在这种集体迸发的虔信中，教徒们因为上帝赐予了恩宠而再次确认他们的认同和皈依。变化不定的形式隐藏着一种基本的连续性，加尔文主义对精神气质的要求周而复始地产生着一种情感危机意识，仅靠职业上的追求是无法平息的。[36]

18 世纪 40 年代的"大觉醒"（Great Awakening）就是一次这样的迸发。这种奋兴有着牢固的宗教根源与特征，它在新英格兰是产生于并遵循着加尔文主义传统，在宾夕法尼亚和新泽西等中部殖民地则是德国的虔诚主义。但是，乔治·怀特菲尔德——约翰·卫斯理在英国循道公会的同事——具有卡理斯玛的布道使这些宗教奋兴成了席卷整个大陆的"大觉醒"。最初，这种奋兴感召了所有的阶级和宗教，怀特菲尔德发现，无论在城市还是乡村教堂，也不管在富商还是穷苦工匠与农夫中间，他都大受欢迎。很快，保守的牧师与平信徒就意识到了社会秩序和他们的宗教观念所面临的危险。詹姆斯·洛根曾告诉一个朋友，"没有任何人会长时间不知道乔治·怀特菲尔德"。这位费城商人与政治家承认，"他的布道对于教化许多放浪形骸之徒产生了良好的影响，但是从他不遗余力地支持最鲁莽的得救预定论者来看……他和他们实际上在驱使各色人等陷入绝望，有些人则已彻底疯狂。……他的教义"——洛根解释说——强调了"如果没有一种能够达到他那个标准的神圣化信仰，善举就是危险的"。[37]

在18世纪中叶，感召富裕的城市教徒及其牧师的，既不是得救预定论，也不是死板的"恩宠誓约"。丹尼尔·沃克·豪指出："加尔文主义牧师告诉那些乐观而充满活力的波士顿'商业巨头'说，你们是可怜的罪人、寄生虫或蜘蛛，只是由于不可测知的上帝心血来潮，你们才免遭地狱的磨难。但是他们并不乐意接受这种说法。"宾夕法尼亚的贵格会商人都不喜欢这些会令人想到早期贵格会激进特征的"未开化"教友的告诫。他们对约翰·伍尔曼的训谕和安东尼·贝尼泽特的主张也置之不理，前者要求他们释放奴隶，后者认为"基督的信徒必然会绝对拒绝积累财富"。[38]

许多商人已经成为阿米尼乌斯的信徒或者自由主义者，认为"在尘世的成功就是得到了救赎，那无疑是对决心得救的人们的一种回报"。他们的牧师——比如波士顿的查尔斯·昌西和乔纳森·梅休——则强调了上帝的仁慈而不是他的全知全能；在他们所宣扬的得救神学中，人的道德责任几乎有着上帝的恩宠那样重要的作用。在职业上专心致志会损害与上帝恩宠的密切联系，损害宗教热忱。昌西严肃申明："除了宗教集会之外还有些职责需要关心；但是人们对于后者的热忱是不是过于放大，以致不再给应当遵循的前者实践留出余地了呢？"这些非福音派的阿米尼乌斯主义者认为，个人职业与普遍天职之间的紧张关系，只有通过善举才能得到消解。教士本杰明·科尔曼写道，"贸易和商业的一个天然好处"就是"使人们以更宽广的心灵去行善……尘世的很大一部分人正是因此而成为基督徒"。[39]

福音派牧师甚至以更激进的态度质疑上帝恩宠与世俗活动的联系。乔纳森·爱德华兹宣称，"邪恶的堕落之徒"把贸易用作"怂恿人的贪婪与傲慢"的手段。另一位福音派牧师则宣称，基督徒的真正职责"不是追求尘世的财富、荣耀与快乐，而是要鄙视它们、抛弃它们，甚至要准备好随时抛弃一切合法的世俗快乐与舒适"。康涅狄格纽黑文的激进牧师詹姆斯·达文波特那种引人注目的姿态，则代表了许多福音派牧师及其追随者对加尔文主义职业观的拒斥。达文波特把追随者们珍爱的世俗财产——发套、礼服、戒指与项链——汇集成堆，一把火烧成了灰烬。[40]

像所有大规模的社会运动一样，"大觉醒"也产生了各种各样互相矛盾的影响。对于我们的研究意图来说，最重要的是它瓦解了韦伯命题所认定的加尔文主义与资本主义的亲和力。正如丹尼尔·沃克所说，在"资本主义最繁荣"的美国海港城市与欧洲各大都会的商人中间，"加尔文主义却江河日下"。在新英格兰、弗吉尼亚乡村的新教义派公理会会友、长老会信徒和浸礼派教友中间，加尔文主义长盛不衰，但他们对资本主义却是疑虑重重——如果说不是厌恶的话。对于这种矛盾现象，豪的解释是，加尔文主义本来就是（至今依然是）"小财主、乡下人……小农场主和工匠、中产阶级下层的意识形态"，这些男男女女"感觉受到了威胁……认为只有依靠上帝的力量、依靠自己最终得到了上帝的选召，才能恢复自己的信心"。加尔文主义在17世纪求助于商人和宗教知识分子是一种历史的畸变，是由于缺乏宗教与社会制度造成的。到18世纪它已走向衰落，这尤其表现在"那些在社会上与经济上最自在的人们中间"——商人、专业人员以及新兴资本主义制度的其他代表。约翰·卫斯理悲叹道："宗教必然产生勤俭，而勤俭又不可能不产生财富，但是，随着财富的增长，傲慢、愤怒以及对现世无所不至的热爱也会增强。"加尔文主义推动了资本主义的发展，但却被它的产物所吞没。[41]

| 3 |

资本主义在英属美洲的胜利是一个漫长的渐进过程。它用了几十年——实际上是一个多世纪——才把清教徒与贵格会商人的资本主义"精神"植入了具体的经济实践与法律制度之中。只是到了18世纪初期，理性的常规化资本主义法律体系才延伸到乡村地区；直到那个世纪末，商人们才积累了足够的财源和组织技能，开始把美国带入资本主义的工业化社会。

法律变革的动力在18世纪初期以引人注目的方式出现在康涅狄格。1700年时，康涅狄格还是一个以农业为主的殖民地。绝大多数商品与服务的流通都局限在当地，绝大多数债务也都发生在当地。在哈特福德与纽黑文乡下，70%~80%的债务都是根据账簿上的记录，而不是根据法律契约或期票之类的记名合同，实际上所有的簿记债务都是在当地发生的。而且，哈特福德所有簿记债务的诉讼，全都造成了乡民之间的争端，而争端双方有60%都生活在同一个城镇。在哈特福德，即使是主要以记名合同处理债权债务的地方，诉讼当事人都是同乡的情况也在60%以上。[42]

簿记债务及其引出的诉讼，其特点同样意味深长。簿记方式的基础是信誉和信任。它们在乡邻之间形成了一种不计利息的流水账。而且，这种形式还助长了一种布鲁斯·曼所说的"共同体争端模式"。布鲁斯指出，"账本并非它们所记录的债务的决定性证据"，而"只是债务人与债权人在公开法庭上进行一系列讨价还价的一个起点"。在1710年之前，绝大多数债务人都会要求进行"总清算"。这种要求允许陪审团详细审查被告与债权人的全部经济关系，并按照共同体的公平原则做出决定。[43]

这种簿记债务的诉讼在康涅狄格迅速走向死亡，预示着一种新的社会与法律制度的出现。到 18 世纪 30 年代，哈特福德的债务诉讼只有 30% 以账本为凭。相反，书面文件（契约、专用凭据，尤其是期票）成了主要的法庭凭证。债务诉讼现在有了更加详尽的定义和法律预期；法庭认为有关的一切都要有债务人签字的书面证据。结果，债务人不再要求进行看来自己肯定要输掉的诉讼。80%~90% 有争议的民事诉讼是由法官而不是陪审团做出裁决，对它们的审理不再是根据它们的是非曲直，而是根据抽象的法律原则。[44]

债务关系和法律程序的这种根本变化，反映了康涅狄格经济的商业化进程。18 世纪初期出现了纸币，农村市场不断扩大，随之，许多农民都以契约和期票的方式购买土地与牲畜。后来，农场价格的周期性下降使得书面文件的使用更加广泛，谨慎的商人迫使缺乏信誉的农民以期票形式信守现有的簿记债务。康涅狄格发展出了一种双重的经济与法律制度：在农民和工匠中间仍然通行着小额的簿记债务，但他们与商人之间则以期票方式体现双方的经济关系。

新的法律体系则反映了以国家力量为后盾的理性化资本主义经济秩序的胜利。仲裁的结果在传播着这种新的法律意识的影响。在 1700 年之前，康涅狄格居民的许多纠纷都是通过仲裁加以解决。除非有共同体压力的强制，否则对于仲裁结果的遵守全凭自愿。到 18 世纪 30 年代，当事各方要共同订立仲裁合同，对不遵守者要处以罚金。终于，一项由商人发起的章程完成了向一种强制性货币化仲裁制度的转变。1753 年，康涅狄格议会批准法院通过执行令强制实施货币化奖惩，使仲裁成为焕然一新的法定裁决方式。一种和以往不同的现代法律文化脱颖而出，亦即约翰·亚当斯所说的"法治而非人治"，这为资本主义企业的胜利奠定了基础。[45]

与此同时，新英格兰商人也积累了充足的资本以投资国内制造业及对外贸易。最初，商人和店主们都采取外加工制生产鞋子、服装和圆钉。到19世纪初，一些更有冒险精神的资本家开办了纺织厂并向工人支付工资。恰当地说，这种成熟的韦伯式资本主义制度的出现，在一定程度上是由17世纪清教徒商人最早创造的财富提供的资金。

希金森家族就是一个适例。1663年，萨尔姆的雷弗伦德·约翰·希金森在前面引述的当选日布道中告诫"正在以百分之百的速度日益增多的商人者流"，要牢记"谋取世俗的财富不是新英格兰人民的目的"。然而，他的两个儿子和一个女儿却因成为商人家庭的成员而出人头地，希金森家族也成为萨尔姆最早的富商大贾之一。在美国革命期间，希金森家的许多人移居到了波士顿，并在那里与卡伯特、珀金斯、杰克逊和斯特奇斯家族结为姻亲。这些家族赫然耸立在"波士顿望族"的行列中，是一些在19世纪初期为马萨诸塞纺织工业提供了资金的资本主义企业家。[46]约翰·赫尔、乔舒亚·斯科托及约翰·希金森带给新英格兰的模糊的"新教伦理"，在他们灵与肉的后裔——沃尔瑟姆与洛厄尔①的创建者——的"资本主义精神"中得到了清晰的界定。

---

① 沃尔瑟姆（Waltham），马萨诸塞州东部城市。洛厄尔（Lowell），马萨诸塞州东北部城市。——译者注

17 世界诸宗教的经济伦理

黑尔维希·施密特–格林策

对马克斯·韦伯几种著作的解读史，自始至终就是一部误读史。他的专著《新教伦理与资本主义精神》遭遇的情形尤其如此。[1] 早在 1944 年，伊弗雷姆·菲什奥夫就在发表于《社会研究》的一篇文章[2]中指出了有一部误读史的事实，此后又有其他人再三重复了这一说法。

尽管所有相关的文本都很易得，但是对于韦伯一生最后 10 年的意图仍是众说纷纭。弗雷德里希·滕布鲁克 1975 年《论马克斯·韦伯的著作》[3]一文提出了一些歧见，后来威廉·亨尼斯[4]与沃尔夫冈·舒赫特[5]也有此举。由于我要讨论这样一个见解——韦伯对新教的研究与他对世界诸宗教的经济伦理的探索有着密切关系，因此我至少应当附带考虑人们在《经济与社会》、《世界诸宗教的经济伦理》和《新教伦理与资本主义精神》之间关系问题上所持的不同观点。

首先，我想就韦伯的主题是什么，以及它在 1910 年前后是否发生了变化的问题做些议论。其次，我要谈一下韦伯视野的异常深广和比较历史社会学的发展。关于第一次世界大战期间韦伯推迟了对世界诸宗教的研究，想在以后的《经济与社会》中完成它，其中有些原因也值得一说。第三，韦伯的新教伦理命题影响到他对世界诸宗教的研究了吗？还有没有类似于新教伦理的东西令韦伯念念不忘？第四，《经济与社会》与他对世界诸宗教经济伦理的研究之间的关系，能否使我要讨论的问题更加明晰？

我的问题是，至少就宗教伦理之作用的研究来说，马克斯·韦伯遵循了他在 1904 年提出、又在后来的讨论中加以阐述的范式。然而，大约在 1910 年之后，他有了某种新的研究兴趣，这就是比较历史社会学，我们可以在他对世界诸宗教的经济伦理的研究和《经济与社会》中看到其成果。

1919 年，韦伯在为《新教伦理与资本主义精神》加的第一个脚注中称："我欢迎感兴趣者进行一番比较，以证实我并未在修订时省略……任何一个含有实质性观点的句子。"[6]威廉·亨尼斯据此认为，韦伯的观念丝毫没有发展，他的主旨在 1904—1920 年间始终没有改变。[7]本杰明·纳尔逊走得更远，提出了一个相反的观点，认为《新教伦理与资本主义精神》只是一个"范式的提示，一个激发思考的大纲"，[8]尽管站在《世界诸宗教的经济伦理》和《经济与社会》的视角来看，这项早期的研究有点像一份大纲。不可否认，1910 年之后，韦伯确实想要"改变这项研究的孤立状态，把它与整个文化的发展联系起来"[9]。这一点在他 1919 年底为《宗教社会学全集》写的绪论中也有明确的说明。但他主要关心的仍是"这种以自由劳动的理性组织为特征的有节制的资产阶级资本主义的起源"，或者"从文化史的角度来说就是西方资产阶级的起源及其特点的问题"。[10]在韦伯看来，这是"西方文化特有的理性主义的问题"。[11]

直到 1910 年，韦伯似乎仍打算继续研究新教伦理，但是此后他又改了主意，不再直接续写，而是进行了一项间接研究，转而关注世界其他宗教或"文化宗教"。出现这种变化是因为他——早在 1904 年就已——认识到，"理性主义是一个历史的概念，它涉及一个由各种不同事物构成的完整的世界"[12]，而且，"理性主义的历史表明，不同的生活领域绝不会出现平行的发展"[13]。本杰明·纳尔逊指出，在生命的最后 10 年，韦伯"超越了《新教伦理与资本主义精神》的研究……产生了一个更大的旨趣，即关注在东西方文化与制度因素不同的融合方式和变形过程中理性主义及理性化所起作用的特殊结构与范围"[14]。不过，假如韦伯活过了 1920 年，他是否"会进一步修改《新教伦理与资本主义精神》的论点"，这只能靠揣测了。

"理性主义"涉及一个由各种矛盾事物构成的完整世界，这一认识促使韦伯对不同的领域和文化进行了考察。1900 年前后出现了一种要求系统化与普遍化的一般倾向。[15]而且，有一批颇有影响的新教神学家关心比较神学研究，韦伯与他们有着非常密切的联系。这个所谓"宗教史学派"要求大学教授讲授比较宗教，因而在神学院校中挑起了一场争论。他们打出了马克斯·米勒（1823—1900）的口号："只懂一种宗教等于什么也不懂！"在这场争论中，阿道夫·哈纳克站在了对立面。他确信，只有基督教文明能够走向未来，其他所有的宗教都不可能。他套用马克斯·米勒的名言论述基督徒的宗教——这对他来说乃是所有宗教的范式："不懂这种宗教就等于什么都不懂，懂了这种宗教及其历史，就是懂了一切。"[16]哈纳克问道，为什么要去关心巴比伦人、印度人、中国人甚至黑人或巴布亚人呢？[17]韦伯本人显然是站在宗教史学派一方。然而，他却不仅有兴趣研究其他文化，而且还主张——正如他在《最后的反批评》中所说——进一步研究新教各教派。[18]

虽然我无法圆满解释为什么韦伯会把目光转向亚洲，但是我相信，不管将来是否还能找到别的原因，这种转变与他对系统化越来越感兴趣有很大关系，《经济与社会》的许多篇章都有这种特点[19]，另外，前面已经提到，这也是世纪之交的一种一般倾向[20]。韦伯在《世界诸宗教的经济伦理》绪论——可能写于 1913 年，发表时是 1915 年——中谈到，他对"植根于各种宗教的心理与实用背景中的行为的实际动力"很感兴趣。[21]他很想揭示"对于不同宗教的实用伦理有着最强大影响的那些社会阶层生活行为中的指导性因素"[22]。他在1915年就为《世界诸宗教的经济伦理》的深入研究提出了线索:"儒教是士大夫的身份伦理,这些人精通典籍,有着世俗理性主义的特点。如果一个人不属于这个有教养的阶层,他就不值一提。这个阶层的宗教(如果你愿意,也可以说是非宗教)身份伦理对中国人的生活方式产生的决定性作用,远远超出了对这个阶层本身的作用。"[23]韦伯转向亚洲绝不是在绕圈子或者节外生枝(亨尼斯说是"拐弯抹角"),[24]而且还可以补充说,他不是转向民族或种族,而是转向特定的宗教教义或教派。

显然,第一次世界大战开始之前,韦伯《世界诸宗教的经济伦理》的研究已经完成了若干部分。但他在修订早年的文章时也明显受到了战争经历的影响。有些内容就反映了这种影响,特别是《古代犹太教》。玛丽安娜·韦伯也指出了这一点。她说,韦伯研究古代犹太教的特殊方式就是受到了那场战争的重大影响。

然而,他对世界其他宗教的研究似乎也得益于那场战争,因为韦伯曾打算重新开始《国民经济学概览》(*Grundriss der Sozialoknomik*)的研究工作,战争期间(1917年2月20日)他给他的出版商写信说:"只要战争一结束,我就继续写作概览。目前要做这项工作却完全力不从心,因此我还不如继续完成宗教社会学的文章。但是我所渴望的还是完成概览,对此我不是不着急。"

我不敢肯定是否应当同意沃尔夫冈·舒赫特对玛丽安娜所著韦伯传记中的说法的解释,传记中说:"韦伯最重要的发现就是他对西方理性主义的唯一性及其在西方文化中的作用的认识。因此,他把最初的研究延伸到了宗教与经济的关系中去，从而更好地完成了对整个西方文化唯一性的研究。"[25]舒赫特的这种"发现"——不是在 1910 年前后，而是最晚在 1904 年——以及玛丽安娜的说法都没有解释他为何转向亚洲。这里肯定还有别的原因。

但是——我已说过——《世界诸宗教的经济伦理》的研究有一些新的进展。在对新教伦理的研究中，韦伯"处理的是现代经济生活的精神与禁欲主义新教的理性伦理之间的关系。因此，我们这里论述的仅仅是因果链上的一个环节。后面几篇有关世界诸宗教的经济伦理的研究，则是要考察一下若干最重要的宗教与经济生活、与它们所处环境的社会分层之间的关系，以彻底澄清**两种**因果关系，这对于找出与西方的发展进行**比较的要点**是必不可少的。因为只有这样，在试图对西方诸宗教的经济伦理中那些使西方宗教有别于其他宗教的因素进行因果评价时，才有可能指望达到一个差强人意的程度"。[26]（着重体是我加的。）因此，重要的是要看到，韦伯明确告诉《世界诸宗教的经济伦理》的读者要参照他早先对新教伦理的研究。[27]

毫无疑问，这项早先的研究对于《世界诸宗教的经济伦理》发挥了范式的作用，尽管《新教伦理与资本主义精神》和《世界诸宗教的经济伦理》有着根本的区别。如果再看一下后来《印度教、佛教与古代犹太教》的研究或者《儒教与道教》修订本，而不是查看大概写于 1913 年的《儒教》，这一点就会一目了然。[28]在那里我们会看到，韦伯是以他对"新教伦理"的研究为"蓝本"的。同时，用本杰明·纳尔逊的话说，"这些以'世界诸宗教的经济伦理'为题的杰出的比较研究，对于理解韦伯更大的旨趣、他毕生的科学事业以及他所阐述的文明进程都是必不可少的"[29]。

《世界诸宗教的经济伦理》是韦伯开始于《新教伦理与资本主义精神》

的研究的继续。出版商保罗·西贝克也发挥了关键作用，他曾力劝韦伯把新作拿来出版。这使韦伯在 1915 年 6 月打定主意发表《世界诸宗教的经济伦理》的研究论文。[30] 1915 年 6 月 22 日他给保罗·西贝克写信说：

> 我本来准备投给《社会科学文库》的关于《世界诸宗教的经济伦理》系列文章，由于战争的爆发而搁置了下来，现在只需再做些语体上的修改。它们是一些初步的工作，也是对《国民经济学概览》中系统的宗教社会学的阐释。看来也只有这样拿出去了，几乎没有注释，因为目前我不可能一个一个地完成这些注释。这些文章涉及儒教（中国）、印度教、佛教（印度）、犹太教、伊斯兰教和基督教。[31] 这些文章一般都运用了《新教伦理与资本主义精神》的方法，我相信让它们独立成章至少会提供一种有力的比较。日后，如果您有此打算，可将它们汇成单独一卷，但不是现在。因为目前的形式仅适于作为杂志文章。像往常一样，我首先把它们给了《社会科学与社会政治文献》。……

韦伯与保罗·西贝克的其他通信表明，韦伯在 1917 年春为了"论文集"而开始修订一些"最初的研究"。这"最初的研究"肯定说的是关于儒教的研究。[32] 只是到了 1919 年 6 月，韦伯才开始为了"宗教社会学论文集"而修订《新教伦理与资本主义精神》。[33] 1919 年 9 月 11 日致保罗·西贝克的信中叙述了韦伯完成"宗教社会学论文集"的工作状况：[34] 作者的绪论尚未动笔，但《新教伦理与资本主义精神》的修订已经结束；8 天以后可完成《教会与教派》手稿的修订。第二天，9 月 12 日，韦伯便迅速处理完毕经过彻底"反复修改的关于教派的论文"。

　　韦伯本人曾多次指出《经济与社会》和他在宗教社会学方面的比较研究的关系。1913 年 12 月 30 日韦伯告知保罗·西贝克，他已完成了《经济与社会》宗教社会学部分的初稿。他在这封信中说："由于比赫尔对'发展阶段'的论述总体上并不恰当，我提出了一个完整的理论以说明主要社会集团与经济的关系：从家庭到企业、氏族集团、人种共同体和宗教（包括世界各个宗教：一种关于得救教义和宗教伦理的社会学——特勒尔奇已经做过研究，但现在是针对所有的宗教，尽管要简略得多），最后是一种关于国家与支配的综合社会学理论。我敢说，从没有人写过这样的东西，甚至连前兆都没有。"[35]

　　毫无疑问，《世界诸宗教的经济伦理》的各项研究改变了《经济与社会》的最初规划，如果比较一下韦伯在 1914 年的规划——它大概早在 1909 年就已成型——就能看得很清楚。[36]《经济与社会》与《世界诸宗教的经济伦理》的密切联系也因为这一事实而变得显而易见：在 1915 年的《世界诸宗教的经济伦理》绪论中，韦伯加进了一个论述"支配类型"的重要主题。[37]

　　用本杰明·纳尔逊的话说，韦伯是"社会文化进程与文明综合体的比较历史社会学先驱"。[38]在我看来，不要说用 70（或 85）年后的眼光，即使用韦伯在他生命最后 10 年间对一种系统理论进行阐述时的眼光来看，我们也应当严肃地承认韦伯本人关于《新教伦理与资本主义精神》之效力的说法。这就是说，他的命题在他生命最后 10 年间根本没有发生变化。但是我们也可以说，韦伯缩小了他的最初命题的重要性，但不是缩小了命题本身，因为他放宽了视野，因为他在更加深入地探索这一原创性的问题，也因为他把命题进行了分解。

18 | "相会圣路易斯"：特勒尔奇与韦伯的美国之行

汉斯·罗尔曼

厄恩斯特·特勒尔奇和马克斯·韦伯，现代社会学的两位大师，对现代世界洞若观火的分析家，1904 年访问了与马克斯·韦伯所谓"资本主义精神"最密切相关的国家——美国。他们不仅像德国学者惯常那样游览了新英格兰和东海岸，而且还到了美国的腹地中西部，韦伯则更去了南方和西部。这是应邀出席在圣路易斯召开的"世界艺术与科学大会"。这次大会是 1904 年路易斯安那世界博览会的一个组成部分，今天的人们如果还能记得这次世界盛会，那主要是因为朱迪·嘉兰在流行音乐片《和我相会圣路易斯》中一炮打响的同名歌曲。

这次大会如今差不多已被遗忘，美国历史学家弗雷德里克·杰克逊 40 年前就把它称为"观念史上一座被忽略的里程碑"。然而，仅仅因为它给特勒尔奇和韦伯的美国之行提供了一个舞台，它也值得大书一笔。现在重提这次访问，我不仅有机会利用玛丽安娜·韦伯为她丈夫所作传记中提供的韦伯书信，而且还有迄今尚未发表的特勒尔奇的旅行见闻录，以及其他许多记录两位学者访问活动的地方资料。

本文论及的范围比较适中，不是面面俱到地大谈"马克斯·韦伯与特勒尔奇和美国"，也不是纯传记式的韦伯访问记。相反，本文是要根据两位著名访客马克斯·韦伯与厄恩斯特·特勒尔奇的观点，研究一下 1904 年世界艺术与科学大会这一"观念里程碑"的背景，以便更准确地了解他们与美国生活的接触以及他们与会的情况。

我们可以用朱迪·嘉兰的名曲作为考察这次大会的开端，因为那首歌曲不仅表达了世界博览会也表达了国际学术界的希望与期待。歌曲第一节唱道：

> 和我相会在圣路易斯、路易斯
> 和我相会在博览会，
> 除了那里
> 还不至于到处都灯火通明吧……[1]

把学者大会与世界博览会联系在一起，这是那个时代的产物，人们既对科学与工业的预定和谐①抱有不可动摇的乐观主义信念，也为思想进取和人类价值在经济与民族的对抗中遭到忽视进行辩解。[2]自1878年巴黎博览会以来，研讨会和代表大会就成了每一届世界博览会的重要组成部分。[3]庆祝哥伦布抵达新世界400周年的1893年哥伦比亚世界博览会，其宗旨就是"通过博览会，通过描绘科学、文学、教育、政府、法律、道德、慈善事业、宗教以及人类其他活动领域所呈现的惊人的新时代，进一步展示人类取得的重大进步，以此作为促进人类博爱、进步、繁荣与和平的最有影响的手段"[4]。1900年巴黎世界博览会举办了不少于125次各种大会。但是这些会议对于专家们来说并未做到精神的沟通，而且没有任何持久的公

---

① 预定和谐（preestablished harmony），德国哲学家莱布尼茨的"单子论"用语。——译者注

共影响。

1904 年博览会同样是在表现民族与商业信念，甚至比以往有过之而无不及。但是，策划者希望一反过去那种互不相干的大会举办方式，为科学与文化讨论创造一个更有利于沟通的论坛。[5] 这种组织意图与当时那种要把科学、政治、社会和艺术融为一体的思想时尚密切相关。他们往往抱着一种朴素的理想主义，试图冲淡那种商业气氛，1904 年时更其如此，因为大会的组织者全都深受"进步"时代国际主义的影响。[6]

按照威廉·雷尼·哈珀所说，赋予大会一个"有价值的"统一议题的想法，乃是出自博览会经理、天生的乐观主义者 J.V. 斯吉夫。[7] 他认为，大会要成为博览会的重头戏，要举办一个极具千禧年色彩的、体现"学者兄弟情谊"的开幕式。下面是他的一段进步主义告白："这次大会是走在进步之路上的本次博览会的巅峰。从这个极顶我们可以思索过去、记录现在和凝视未来。"在斯吉夫看来，这次世界艺术与科学大会上作为博览会素材的"实验室与……博物馆"，以及"学者……人类"，简直就是一个"学院"。[8]

博览会策划者的主要目的，就是通过恰当的组织规划，反映路易斯安那并入美国以来的科学进步。经过全力以赴的筹备，它在公众眼里就像走进了学者群：尼古拉斯·默里·巴特勒，哥伦比亚大学校长；此次大会主席威廉·雷尼·哈珀，芝加哥大学校长；弗雷德里克·霍尔斯（1857—1903），德国血统的纽约政治家，1899 年海牙和会的成员；R.H. 杰西，密苏里大学校长，作为东道主州的杰出学者代表应邀与会；亨利·普里切特，麻省理工学院院长；赫伯特·帕特南，国会图书馆馆长；以及前面提到的弗雷德里克·斯吉夫，芝加哥菲尔德哥伦比亚博物馆馆长，有经验的展览策划者。[9]

毕生都在致力于促进德美关系的弗雷德里克·霍尔斯，[10] 与德裔美国人胡戈·明斯特伯格进行了接触，请他对此事做出评估。明斯特伯格，一位来自弗莱堡的新康德主义者，实验心理学家，由威廉·詹姆斯引荐到哈佛接替詹姆斯任心理学实验室主任。他迅速完成了大会及其科学组织的规划。他做这一切更多地是因为他有一种近乎救世主般的意识，要充当伟大的德美文化媒介。[11]明斯特伯格的抱负漫无边际，但在一定程度上却受到了新英格兰知识精英以及杜威、斯莫尔这样的美国思想家的妨碍，他们不顾德国的发展，试图左右学术事业，这在明斯特伯格看来几乎是不可思议的。因此，这次大会为确定明斯特伯格认为自己应有的地位提供了一个比较适当的场合，尽管他毫不妥协的观点很快导致了策划者中间以及同美国科学界的大量冲突。[12]后来，大概是对明斯特伯格的飞扬跋扈做出的反应，人们可以看到——据认为是根据哈珀的建议——芝加哥社会学家阿尔比恩·斯莫尔在大会问题上与他的这位哈佛同行产生了严重的意见分歧。

明斯特伯格建议举办一次科学大会，目的是在"这个蔓延着专业化工作的时代"，"为感知世界的活动注入已被严重忽视的真理统一性观念"。[13]在为他的新唯心主义科学分类进行理论证明时，明斯特伯格接过费希特的衣钵并试图超越一切实证主义和心理分析的百科全书，根据各门科学与世界的唯意志论关系对其进行分类。[14]结果，科学被分成了4个部类：规范的、历史的、物质的与精神的。[15]此外还有这样一些科学，它们不仅是对理论科学的应用，而且可以合理地解释"经验世界与我们的实践目标的关系"。它们就是"功利性科学、社会控制科学、社会文化科学"。[16]

关于实际的组织工作，按照明斯特伯格的方案，要求分7个"综合部"讨论专业的统一性问题，分24个处讨论"基本概念与方法，以及上个世纪取得的进步"；最后是128个小组，它们的议题是"每个特定的分支同其他分支的关系，以及那些最重要的现实问题，这对于深化特定专业的原则都是至关重要的"。[17]

另外，美国的社会学奠基人之一，阿尔比恩·斯莫尔，[18]则希望大会能够更加突出整个博览会的主调——进步的观念。注重实际的斯莫尔并不反对这样分类，但他认为明斯特伯格的科学进步观是基于一种科学百科全书的进步观，深受逻辑归纳法之害，不可能用以认识人类在总体上的进步。[19]在斯莫尔看来，从"人们并不关心对世界进行逻辑分类"这一前提出发，才能"展示人类作为一个整体的进步，而只有把这个整体看作是各局部活动的密切合作，才能理解它的真正的统一性。如果按照一套抽象的方法论对它进行分类，那就是一种枯燥的不统一"。[20]

两人同意艺术与科学大会完全应当是一次专家的集会。明斯特伯格认为，在这个场合应当向科学界最杰出的代表们展示美国的科学已经达到了高度的专业水平，而且并不比欧洲落后。曾在柏林师从阿道夫·瓦格纳与古斯塔夫·施默勒，并在魏玛娶了一位普鲁士将军的女儿瓦勒丽娅·冯·玛索芙为妻的斯莫尔，却根本没有明斯特伯格的补偿意识，他认为这次大会是美国学术独立的象征，这本身就最好地表达了进步的话题。1903年2月11日他在致明斯特伯格的信中说：

在我最为敬重的导师中，曾经而且至今仍包括一些德国学者；但是我可以肯定，我非常了解我的同胞，完全能够说清楚他们在看待旧世界时的感情。我们已经取得了长足的进步，不至于再斤斤计较按照旧世界的观点对我们做出的评价。同时，我们也有足够的自信，不会害怕旧世界学者对我们的嘲笑，就像我们不会害怕通常用来吓唬孩子的怪物和黑暗一样。有些事情我们完全可以信赖我们自己的判断，尽管与旧世界背道而驰。[21]

斯莫尔对形势的估计并非自言自语。回避这次大会的威廉·詹姆斯就从明斯特伯格的规划中看出了一种"人为的官僚化与威权主义"倾向。[22]他的弟弟，小说家亨利·詹姆斯，在哈佛时就对明斯特伯格的影响深感忧虑，不由自主地就在作品中谈到了他："看看那个阴险而预兆不祥的明斯特伯格所带来的前景——可以说那就是将来外国人入主后的情形。"[23]

如果看一下所引起的反应及其广泛的社会基础，显然，我们要处理的就不仅是反常的学术恐外症，还有科学上的取舍与自知之明。这种反应表达了一定的宗教偏见，如中西部（芝加哥）反对东部（哈佛），但还不足以在思想问题上造成混乱。对明斯特伯格的大会规划做出激烈反应的是斯莫尔在芝加哥的同事，约翰·杜威，他两次在《科学》杂志上提出批评。[24]杜威认为确定一个综合议题是恰当的，但是明斯特伯格的分类是生拉硬扯出来的，依据的是一种逻辑上的假设，而不是事实本身。他认为这种轻率的分割领域绝对"不合民主原则"，将会导致目前学科间的对话与协同陷入一种牵强附会的大一统状态，与现代科学生活的基本特点、"它的民主原则、它的互通有无、它的互相宽容的特点"完全背道而驰。[25]

明斯特伯格面临的另一个抉择是由西蒙·纽科姆提出的：大会应当是著名作家及知名人士的大会，由他们来讨论国际关系以及如何才能不断实现"民族团结与进步"的问题。这个建议的模糊性大概应当归因于它的不分青红皂白的拒斥。[26]明斯特伯格的规划最终占了上风，这并不是它在理论上有什么优势。它打动人们的是它为大会的组织工作提出的具体建议贯穿着一种统筹兼顾的观念，这在策划者们看来切实可行。此外，它也支持这样的信念：一次强调科学方法与统一性的大会，最适合于打消，至少也会削弱欧洲人的偏见，即美国学术界的水平低人一等并且片面注重实用。

1903 年 2 月，明斯特伯格的规划终于获得通过，尽管后来的纽科姆报告给人留下的印象是两个规划的长处得到了兼顾。[27]对演讲人的选择也听从了明斯特伯格的建议：只向那些最重要的学者发出个人邀请，把他们吸引到这个炎热而湿润的密西西比城市来。博览会的经理们同意为外国客人提供 500 美元的旅费及适当的酬谢金，并委托纽科姆和他的两位"副主席"明斯特伯格与斯莫尔在 1903 年夏天赴欧洲，与那里的科学界讨论大会事宜并邀请有关学者。美国国务院向驻欧洲的外交机构热情介绍了这些文化使者。德国与法国的展览会主管官员也积极支持这项活动。这次世界博览会的行政管理层则善意地宣称，说西奥多·罗斯福总统与德国皇帝都对大会表示了"热情的关注"。[28]

纽科姆、明斯特伯格与斯莫尔像军事战略家一样分赴欧洲各地，确信他们的使命定会大获成功：纽科姆去法国，负责与数学、物理、天文、生物及工艺学界联络；明斯特伯格去德国、奥地利和瑞士，负责联络哲学、语言、艺术、教育、心理及医学界人士；斯莫尔则周游英、俄、意及哈布斯堡王朝统治的其他地区，特别负责联系政治、法律、经济、神学、社会学及宗教界人士。[29]在那个夏季，这三位文化司仪只是按照计划在慕尼黑碰过一次头。他们各自独立工作，到 9 月份便自豪地宣布在 150 位受邀者中已有 117 人给予了肯定的答复。在柏林，明斯特伯格与阿尔特霍夫大臣进行了磋商，并且得到了——如果可以相信明斯特伯格的女儿玛格丽特提供的情况的话——他的老朋友、"主管教育事务"的弗雷德里希·施密特的全力支持。[30]这位德美文化的使徒访问了德国与瑞士所有重要的大学城，大概是在海德堡向特勒尔奇和韦伯发出了个人邀请，尽管特勒尔奇只提到过他是在 11 月 16 日接到明斯特伯格的书面邀请的。[31] 特勒尔奇在 1903 年秋天正式接受了邀请：经过反复考虑，他打消了犹豫，同意赴美。他说："我为能去看一看那个伟大的国家而感到喜悦，也很有兴趣能在圣路易斯代表德国学术界，这使我无法拒绝荣幸的邀请。"[32]

然而，计划受到了威胁，因为学术界传开了一个流言，说德国脑力劳动者的报酬不如其他国家的学者待遇好。特勒尔奇曾在 6 月 23 日致信阿道夫·冯·哈纳克说，明斯特伯格写给他的信中提到酬金定为 500 美元，"因为这符合一般德国教授的生活方式"。即使阿尔特霍夫大臣也认为这份酬金够用了。然而，按照一般德国教授的生活方式对待受到邀请的名人是个很糟糕的标准，这在 24 位德国学者，其中包括特勒尔奇和韦伯的海德堡同事文德尔班、耶利内克退出后就看得很明显了，"因为（用特勒尔奇的话说）现金补贴太少"。特勒尔奇和韦伯没有退出，但他们的与会"要取决于是否能够得到平等待遇"。特勒尔奇担心，一旦受到什么歧视，韦伯"可能会把这个问题捅给新闻界，从而引起很不愉快的争吵"[33]。

明斯特伯格尤为痛惜的是经济学家施莫勒和三位重要的德国学者克卢格（弗莱堡）、保罗（慕尼黑）与蒙克尔（慕尼黑）的退出，[34] 以及德国报章对大会的冷嘲热讽，它们说这是一场科学界的巴纳姆马戏演出。[35] 尽管如此，年底时经理们仍然得到保证，已经请到了可观的外国学者，现在可以向美国的知名学者发出邀请了，他们有的要主持分组讨论，有的则是临时出席大会。[36]

另外，明斯特伯格还计划在德国逗留期间把工作做到最细微处，甚至包括印出一个小册子，向旧世界介绍新世界的社会特色及清规戒律。[37]
这个文件是一个在社会上拼命向上爬的德裔美国人发出的醒目的文化晴
雨表，而且完全证实了阿尔比恩·斯莫尔所担心的欧洲对美国，以及美国
东部对中西部和西部的沙文主义态度。明斯特伯格像是把贝德克尔与格
洛丽娅·范德比尔特①集于了一身，他在小册子中告诉人们如何旅行，如
何衣着得体，让这些轻信而严谨的德国人做好准备，不要使贫穷的新世
界想到他们在旧世界所享有的阶级特权。如此一来，他又提出了社会补
偿和取舍的问题，比如建议"想要观察美国生活大潮的人不应忘记到
沃尔多夫-阿斯托利亚去住一住"。这位哈佛教授最坚定的决心就是劝阻
他的同行不要接受从前学生的邀请去学院或大学演讲，因为"美语'大
学'和德语'大学'毫无相同之处"，它"是天差地别的 600 所学校的集
体名称……其中水准最高的相当于德国的大学，最低的……相当于德国
的六年制文科中学（sekunda）。这种不足挂齿的'大学'——以前的学
生……可能就在里面教书——往往地处偏远，到那种地方只能乘市郊列
车，而所谓的大学生不过是些小学生（schuljungen），不值得对他们发表
演讲"。[38]

这些建议和韦伯一行对美国南方与西部的考察感受简直不啻云泥。但
是两位海德堡学者就是带着这样的先入之见在 8 月底渡过大西洋的。

正如玛丽安娜·韦伯所说，大西洋上的旅行是在一种轻松愉快的气氛中
度过的，旅客们"都成了一个个的破折号，一张白纸上的破折号，或者一
只水母，浑身上下只有消化器官"。没有一个人晕船，尽管特勒尔奇表现出

---

① 贝德克尔（1801—1859），德国出版商，以出版导游书册而闻名。范德尔比特（1908—1974），美国新闻工
作者和作家，著有《范德比尔特礼节大全》。——译者注

"一种禁欲主义的倾向"，但是与韦伯相比，那并不足以使他丧失令人愉快的幽默感。[39]

8 月 31 日星期一夜晚，轮船抵达纽约附近，特勒尔奇说，他们看到：

> 美国海岸线上一片灯火辉煌的大城市环绕着纽约港。前面遥遥在望的是长岛，一个大乐园，那里的建筑看上去无不通体灿烂，像是一个燃烧的城市，人们仿佛进入了一个拜火教的国家。[40]

次日早晨，旅客们进入了"这个令人称奇的海港，它的周围环绕着山峦、森林和庞大的城市，数不清的船只在港内往来穿行，在一个岛上耸立着巨大的自由女神像"。等了 4 个小时之后，一艘渡船才把这些已经不耐烦的来美考察者载到了终点。[41]

> （特勒尔奇写道）真是壮观，到处是人与车的喧嚣！迎面矗立着一片像各种灯塔般的摩天大厦，巨大的商厦有 20 层楼高，这种资本主义的要塞和筑城，聚集着大批银行及股票交易所，又像是庞大的中世纪城堡，里面的金钱、银行、资本统治着无数的臣民。[42]

玛丽安娜·韦伯在初次看到曼哈顿时也产生了同样的体会，"带着惊人活力的高楼大厦鳞次栉比，'资本主义精神'创造了它最为生动的象征之一"[43]。天气令人愉快，特勒尔奇和韦伯隐没在熙熙攘攘的巨型都会中。

> （特勒尔奇写道）城市扩张得近乎巨人，交通工具都是真正的庞然

大物，电车无休无止地轰轰然奔忙着，有的在马路上，有的在地下。从不间断的轰鸣与呼啸声使两耳变得完全麻木了。有时感到就像喝醉了酒。不过人流量倒没有柏林那么大，除了布鲁克林桥以外，那里的情形有时真令人难以置信。数百万的纽约人都缩短了睡眠和在家的时间，早晨6点站在布鲁克林桥上向海港与城市望去，脚下巨大的人流的确令人感到势不可当。[44]

与特勒尔奇一起站在同一座桥上的马克斯·韦伯，也对这个大都会的规模深有感触。他也说到曼哈顿是"资本主义的坚固堡垒"。[45]

韦伯完全被这个城市迷住了，并且把那些摩天大厦看作是"这里正在发生的事情"的最恰如其分的"象征"。但是特勒尔奇的评价就不那么积极，尽管我们不应把他归入受到韦伯鄙视的满腹怨气的德国人行列。[46]虽然韦伯把这个大都会与波洛尼亚和佛罗伦萨进行了比较，但特勒尔奇想到的却是他到过的其他城市：布加勒斯特、索非亚以及更为奢华的城市，柏林。

总的来看，这个城市极为粗俗、粗陋、粗野，蹩脚的街灯，肮脏的街道，房子排列得毫无章法，也不讲究式样，到处都弥漫着马粪般的臭气。在一些优雅的、砌着路面的城区能看到漂亮的住宅，很像柏林的蒂尔加滕大街，有上等的浴室和四轮大马车，但这是世界通例。一切都是崭新的。教堂很多，但是都很小，夹在高楼大厦之间，很不起眼。这个城市的景象并非以教堂的尖顶为特征。它使我想起了某些正在发展中的城市，比如布加勒斯特与索非亚，只是这里的一切都更宏大、铺张和排场。人们个个都很美，这构成了优雅的城市风光，但是没有人独具一格。人们的主要事务就是围着摩天大厦里的股票交易转，庞大的商业生活就从这个中心涌进涌出。[47]

特勒尔奇有海德堡的朋友持续相伴，这对特勒尔奇来说大有益处。韦伯大病初愈，他的妻子说，他感到"生病以来身体从没有这样好过，特别健谈"[48]。特勒尔奇同样如此认为，他写道：

韦伯神采奕奕。他总是9点半以后才睡觉，谈得很多，以极有趣的方式几乎不间断地对我进行教诲。在他看来，了解这个商业国家大有裨益。他不断从对事物的观察中产生心得，并试图加以融会贯通。但是由于他在这样做的时候是在出声地思考，这使我受益匪浅。[49]

住下三天之后，游客们就再也不打算形成什么最终结论了，对此玛丽安娜·韦伯写道：

当然，对于应当如何评论这块土地，我们没有得出任何结论，至少我没有。这里拥挤着500万人口，巨大、壮观，或者说粗鄙、野蛮。最有兴致的是马克斯。多亏他的禀赋，大概还有他的博学及科学志趣，基本上凡事他都能发现美好之处，凡事都比国内高出一筹。批评只是后来的事。[50]

在玛丽安娜·韦伯看来，纽约归根结底还是透出了对她那种关于个人价值及永恒性的自由主义信念的严重威胁。她说：

> 人的成就是那么伟大，但是人本身又是那么渺小。傍晚时分，看着难以置信的人潮从商业中心涌向大桥，一个人会被这样的惊恐所震撼：个人灵魂的无限价值以及对永恒的信念，全都变得荒诞不经。[51]

特勒尔奇也注意到了玛丽安娜·韦伯的沮丧情绪：

> 他的妻子不太高兴。她在纽约已经筋疲力尽，希望赶快离开。黄金和钞票实行着奴隶制一样的统治，股票交易所（我们昨天已访问过）与布鲁克林大桥上，成千上万疲于奔命的人们高声尖叫着拥来拥去，这使她对人类的爱和她的人类理想受到了威胁。当她看到数百万人如此受到黄金的鞭策，看到人只是成为如此一群，她对她的人道主义理想、对永恒产生了怀疑。[52]

9月4日，特勒尔奇和韦伯沿着哈得孙河的森林植被带游览了尼亚加拉大瀑布。他们再次为巨大的景观所动："可爱的并不是色彩斑斓的浪花在传奇般的深山峡谷里飞溅，而是俨如一个大洋从牢笼里挣脱出来勇敢地纵身跳进了深渊。"[53]特勒尔奇在游览瀑布时遇见了多年的密友保罗·亨塞尔，一位德国学者，哲学家门德尔松的后代。两位老友非常喜欢尼亚加拉大瀑布，在韦伯动身去芝加哥以后，他们又到那个"壮丽景观"逗留了一天。[54]

在尼亚加拉瀑布逗留期间，韦伯与特勒尔奇拜访了北托纳万达本堂牧师汉斯·豪普特，他负责一座德国新教徒移民的教堂。豪普特是保守的路德宗神学家埃里希·豪普特与妻子格蕾特之子，格蕾特是个很有天赋的音乐家，哈雷经济学家、普鲁士法典总编辑约翰内斯·康拉德的女儿，康拉德也是圣路易斯大会的发言者。[55] 凡是与康拉德及豪普特家有交情的德国人，赴美旅行总是把这里当作中途停留地，其中包括冯·吉尔克、爱德华·迈埃尔、施泰因布吕克教授以及马丁·拉德等学者。汉斯·豪普特的少年和青年时代是在与苛严暴戾的父亲的不断冲突中度过的，后来为了当牧师而到巴塞尔神学院研习神学。加入德国"国内布道团"不久即感到理想破灭，然后便移民美国艾奥瓦州，在那里，他的自由主义神学观点又使他与教会当局发生了冲突。经过了很长时间，在先后担任了其他几个牧师职务并在北托纳万达待了很长一段之后，豪普特才在俄亥俄州辛辛那提独立的德国圣彼得教堂找到了一块更自由的活动天地。玛丽安娜·韦伯在传记中曾提到他的儿子（现在已经90多岁，20世纪80年代偶尔还去那里布道）。豪普特牧师的伦理观和神学观都深受弗雷德里希·瑙曼和《基督教世界》自由主义的影响。在文学方面，豪普特还写过一些有关德国侨民生活的小品文，以及关于美国教会多元化的两本书。他还是德国《基督教世界编年史》的美国通讯员。[56]

特勒尔奇和韦伯拜访豪普特的特殊意图，就是因为这位牧师是个美国教会通。豪普特后来告诉威廉·波克，两位海德堡学者请他"尽可能多地搜集美国教派及其道德信仰和态度的材料，尤其是与经济活动有关的材料"[57]。豪普特对来访者有点失望，他尽心尽力为他们搜集了所要求的材料，但在他看来，他们却根本不在乎他本人对这个问题的看法。用波克的话说："豪普特的感觉是，即使没有这些有价值的经验证据，教授们也会了解他们所了解的一切。"[58] 但是就豪普特搜集的统计资料而言，这种说法并不正确，因为它们出现在韦伯1906年的论文《北美的教会与教派》中，那里面提到了北托纳万达的工人教堂，尽管韦伯没有向他鸣谢。对于韦伯宗教社会学的发展以及他对美国的看法来说，这篇论文有着重要的方法论意义，科林·洛德尔与杰夫里·亚历山大已经揭示了这一点。[59]他们指出，韦伯的思想在这里出现了三个重要因素，但在修订版中却没有：（1）"欧洲化"概念；（2）把美国的教派看作一种联合体；（3）教派与美国民主制度的关系。

特勒尔奇从尼亚加拉瀑布乘上火车，14个小时后抵达芝加哥，[60]一个一开始就让他感到厌恶的城市：

> 芝加哥是我见过的最令人作呕、最丑陋不堪的城市。它整个平卧在一个大湖沿岸一块绝对讨人厌的地方，那里的大风抑制了任何植被生长。另外，它也是我所见过的煤烟最大、最为肮脏的城市。15分钟之内一个人就能从头黑到脚，难怪这里的工人都穿黑衬衫。[61]

但是最令他不安的是这个人种坩埚里人的问题：

> 这里的一切都不太讲究斯文，更多的是赤裸裸地为了生存和商业成就而斗争。个人的完全独立和大批新移民的狂放不羁，显然给公共生活带来了不安全因素。每晚都有几起抢劫案。哪几个街区发生了车祸或纵火案，第二天的报纸上就会有大量报道。另外，一些牲畜饲养场举行了罢工，引起了殴斗和冲突。每天都会发生革命。……
>
> 然而，最让人不可思议的是这里聚集着各种各样的人。希腊人、波兰人、意大利人、犹太人、瑞士人、丹麦人、西班牙人，全都挤在专门

的聚居区。这种大杂烩简直难以名状，而这种混杂的结果是极为可疑的，它对美国的未来有着决定性的意义。在这里可以看到旧欧洲最大胆、最强壮、最富冒险精神以及最不幸、最贫困的儿女曾经如何建设，并且仍在继续建设新世界，还可以看到这个大杂烩迄今为止是如何在英国"精神"的支配下形成的。[62]

特勒尔奇也近距离地观察了种族问题，但是并未摆脱那个时代的种族主义偏见（"黑人的确完全是另类"）。尽管这个城市让他得出了许多否定性的价值判断，尽管对市政问题进行更贴近的研究需要有警察的保护，他仍然认为芝加哥"极令人感兴趣"。[63]

韦伯也认为芝加哥是"最不可思议的城市之一"——排外性与工人居住区的混合物；既有奢华侈靡，又有肮脏的街道；牲畜饲养场的罢工；就在他们住的饭店附近光天化日下的凶杀；妓女在橱窗里明码标价；意第绪语的戏剧；人种坩埚；以及给他留下深刻印象的理性劳动的范例——牲畜饲养场，韦伯在向导的陪同下参观了一头生猪从屠宰到进入马口铁罐头盒的全过程。[64] 无怪乎在经历了这种过度兴奋之后，这位敏感而体质羸弱的学者旧病复发，以致——按照特勒尔奇的说法——好几天不能活动。[65] 即使对于卡尔·兰普雷希特①那样的历史学家来说，芝加哥也成为一个与个人有关的问题。他对相同的历史经验几乎从不缺乏适当的分类类型，在去圣路易斯的途中，他也在芝加哥逗留了一下。后来他写道，这里的个人"就像一堆烂泥汤中的微粒，被一场无情的风暴从最遥远的死水中吹集到了一

---

① 兰普雷希特（Karl Gottfried Lamprecht, 1856—1915），德国历史学家，最早开展历史心理因素系统理论研究的学者之一，其 12 卷《德意志史》对德意志文明史学派的发展做出了重大贡献。——译者注

起"[66]。然而，这种强烈的体验似乎并没有削弱韦伯对这个新兴国家的热情。特勒尔奇写道：

> 韦伯沉浸在对这个伟大民族的钦美之中，那是一个自由、勤奋、前程无量的民族。一切不如人意的事情都只是由于年轻和有待完善，他认为那些最不寻常的事情之所以会产生，都是这种爆发力的结果。他所为之争辩和信奉的个人价值在这里完全得到了实现。[67]

韦伯对新世界过于肯定的态度，导致了与特勒尔奇的激烈争论，尽管他们有着友好的交往（弗雷德里希·威廉·格拉夫说这是一种"权威间的友谊"[68]）。特勒尔奇远更坚定地瞄上了这个社会的矛盾、问题以及潜在的危险，因而与玛丽安娜·韦伯一样对它持有异议。[69]

> （特勒尔奇写道）实际上，我们相处得非常和睦，但是我们在理论上发生了许多争论。因为我不可能无条件地分享这种钦美，也不认为那种伟大的未来一定就那么确凿无疑。在我看来，这种生活自有其问题和危险，未来将会如何也根本不确定。如果他们成功地消化了人种混杂问题，深化思想与道德更新，那么世界的未来也许确实要指望这里。如果他们做不到，那么美国仍将是一个乌合之众的国家，一个为了金钱而残酷竞争的国家，这在任何一个古老、成熟文明的成员看来都是怪诞的，也是令人讨厌的。[70]

在玛丽安娜·韦伯看来，这些旅游者似乎"只是到了这里才从梦幻般的半睡眠状态中清醒过来：'看！这就是现代现实的样子'"。与这里的个人生存斗争形成强烈对比的是"芝加哥天使"简·亚当斯的活动，她和许多支持者一起"在这个怪物面前"创造了"一块美丽，快乐，使人精神升华、自然发展并且乐于助人的天地"[71]。特勒尔奇也写道，他朋友的妻子被惊呆了，因为她发现这里竟能"为她的人道主义关怀提供一片广阔的天地，并且能够找到许多同道"。尽管对这种新事物感到入迷，但是男女平等主义者玛丽安娜·韦伯"既对民主制度和女权法规抱着由衷的钦羡，又对现代生活的野蛮、坚硬、对立以及生命受到的威胁而惊恐不已"[72]。

我们不妨暂停片刻，先来看一下这三位访客对城市美国的个人反应。这幅画面会证实弗雷德里希·威廉·格拉夫在他进行的出色比较中所展示的特勒尔奇和韦伯的差别。[73]

身在美国的马克斯·韦伯，会使人想到有点像加缪的没有上帝的圣徒，尽管不像圣徒那样极度亢奋。在美国的生活使得韦伯重新焕发了活力，兴之所至，酣畅淋漓，几乎痴迷于美国人那种生气勃勃的劳动与勤奋，不过他也意识到，富有创造力的个人背后是自由。由于他并没有被特勒尔奇的建设性神学主张所压倒，也由于他甚至反对在社会需要和个人自由之间进行妥协，那么在特勒尔奇看来整个个人化社会中那些令人生疑的深刻矛盾，在韦伯看来就只是对生命与自我的充分肯定，也许不太完善，但却有着巨大的未来发展潜力。这种未来的景象与韦伯所舍弃的那种景象形成了强烈对比：停滞不前的威廉二世社会，没有能力作为——用哈维·戈德曼的说法——"有权能的自我"去创造和行动。

他的妻子则被自己的见闻所震惊，不知道如何应付才好。她也珍视个人的自我肯定，但对摆脱欧洲社会的他律束缚、个人在这个过程中只是为了一种更加残酷的制度而牺牲的矛盾现象却感到大惑不解。由于她的自由主义人道情怀，她不可能像韦伯那样把个人视为向卡理斯玛献祭的臣民。当在纽约从梦幻般的半睡眠状态中醒来、面对"现代现实的样子"时，她对实现个人独立的固有信仰产生了深刻的动摇。

富有批判精神的自由主义者特勒尔奇，既不像韦伯那样把美国看得满眼生机，也没有像玛丽安娜那样感到彻底幻灭，而是提出了一大堆问题。他的意图是弥合个人自由与操纵他人的缝隙，而美国则对他走这种哲学与神学钢丝构成了严重威胁。事实上，人们可以看到，特勒尔奇就像一个在美国的摩天大厦之间走钢丝的欧洲人，他头一次经历了脚下就是深渊的滋味，在期待着走向对面的时候有点膝盖发软。他从芝加哥给玛塔·特勒尔奇写信说：

> 我的视野在不断扩大。我在用自己的双眼看到这个巨人般的国家之后，欧洲世界在我看来真是大相径庭，的确，这个世界变得更加巨大！有那么多的人，有那么多的斗争和劳动，有那么多对未来的焦虑！人类将会变成什么？进步？或者只是进进退退？

特勒尔奇一丝不苟地断言，宗教对于现代社会的形成以及保障个人自由发挥着建设性作用，而他在美国看到的个人主义伦理观的强烈表现和蔓延，使他调节并改变社会基础的整个设想全都发生了问题。他从美国返回德国之后给明斯特伯格写信说：

> 我认为，问题在于文明人类的未来是否会按照这种（个人主义）道

德规范继续发展，或者说，欧洲历史与社会道德规范的本质特征在这种
发展过程中是否不可替代。[74]

归根结底，美国既没有使特勒尔奇改弦易辙，也没有使他彻底幻灭。
相反，它促使他"对我们的欧洲文化进行了许多严肃的思考"。

与明斯特伯格完全不同，来访者们把美国的大学视为这种充满混乱、
完全是理性化商业取向进程中的"绿洲"。这里"举凡亲切、美好、深刻的
事物……都被注入了美国年轻人的灵魂"。韦伯写道："能使人焕发青春的
全部魔力唯有来自这个时代。那么多令人愉快的社交方式，其结果就是毫
无限制的思想激励和经久不渝的友谊。这里的年轻人所受的熏陶，使他们
远比我们的年轻人更习惯于劳动。"[75]而且，大学也是宗教——在许多情况
下都是清教各教派——精神的组织力量所留下的产物。

伊利诺伊州埃文斯顿的西北大学就是这样一个教育机构，韦伯与特勒
尔奇9月14日从芝加哥出发到那里进行了访问。这是"一座极富魅力的大
学，坐落在湖边的老橡树林中……不同的建筑和学生宿舍散落在一个赏心
悦目的地方……周围环绕着乡间住宅"[76]。保罗·亨塞尔及宗教哲学家奥
托·普弗雷德勒也访问了这个大学，大概是由德语文学学者詹姆斯·塔夫
特·哈特菲尔德介绍的，他"领着（他的外国客人）参观了校园及各种建
筑"，后来他和其他6位大学同行一起向圣路易斯大会提交了一份发言。[77]
特勒尔奇在这里感受到，"有教养的美国人的确很有魅力"，他们"极有尊
严地"欢迎了这些德国学者。[78]

当这些外国来访者返回密歇根湖畔那个城市的喧嚣中后，得到了明斯
特伯格的对头、芝加哥大学艺术与文学研究生院院长阿尔比恩·斯莫尔及

50 位当地名流的款待。特勒尔奇——大概也有韦伯——参加了一次城市观光活动和一个由哈珀校长举行的盛宴。[79] 这些款待并不能掩盖特勒尔奇写给妻子的那封长信中所显示的人的问题。特勒尔奇认为他所得到的这种新观点对他个人的学识有着持久的助益，并且有助于他从一个不同的角度审视欧洲。[80]

大会于 9 月 19 日开幕，先是管风琴奏乐，然后是一系列开幕致辞，其中有的比较平和，例如德国代表威廉·瓦尔戴尔教授以持重的语言评估了新世纪之初的科学发展；有的则发出了（启示论式的）千禧年欢呼，例如斯吉夫就把这次大会看作学者们普遍建立兄弟关系的开端。[81] 背景音乐发出了大炮的轰鸣，随之英国人演出了粗鲁的对台戏[82]，这可能会使某些德国学者想起评论明斯特伯格的科学马戏的那些报纸文章[83]。不过《圣路易斯密苏里共和报》还是非常严肃地对待大会的，这是圣路易斯中产阶级的报纸，它用以下标题报道了各国科学家的到达：

> 世界最伟大的思想家、哲学家和不懈探讨人类进步规划的大师……[84]

工人的报纸《圣路易斯邮报》则大开这次集会的玩笑，用以下措辞向它的读者宣布了这一文化事件：

> WISE MEN① 云集世界博览会

---

① 英文，兼有"哲人"与"魔术师"之意。——译者注

所罗门和苏格拉底来了也会大长见识……

接待者将会得到满茶杯的智慧[85]

　　只是在随后几天中，圣路易斯的民众才开始认真注意这次大会，那是因为出现了一个社会事件，即为了把应邀与会的学者介绍给当地名流，在蒂罗尔阿尔卑斯大厅举行了一次有 8 道菜的宴会。报纸还报道了一些有关时事或者触及要害的讲话，比如哥伦比亚大学政治科学家威廉·邓宁的高谈阔论，他在大会第二天发出预言说，假如美国继续走向独裁与贵族统治、背离"民治的道路"，就会重蹈希腊、罗马的覆辙。[86]

　　特勒尔奇有着充足的机会去观察博览会，因为他是独身在外，住在华盛顿大学的学生宿舍，而韦伯与普弗雷德勒两对夫妇则是寄宿在上流社会的德裔美国人家中。[87]韦伯、特勒尔奇和普弗雷德勒 9 月 21 日发表了演讲，几位宗教哲学家在会议大厅面对的是那天最大规模之一的听众。[88]韦伯在不太大的学生宿舍大厅向少数几个人谈了"乡村共同体与其他社会科学分支的关系"。[89]普弗雷德勒讲的是"宗教哲学与其他科学的关系"，第二天就上了《圣路易斯密苏里共和报》的显要位置，他的著作已有英译本，美国神学界都很熟悉，[90]但特勒尔奇的方法论话题当时还极少译介，不可能迅速吸引读者。

　　托马斯·霍尔主持的会议，尤其是特勒尔奇的演讲，本应引起从事宗教研究的美国学者的关注，因为它试图大力推动宗教与神学哲学研究，这也是威廉·詹姆斯宗教心理学的工作，但实际上几乎没有得到听众的共鸣。这篇演讲 1905 年和大会的其他文件一起发表，因为不懂这个领域的专业语汇，英文译文很是蹩脚，[91]同一年又以《宗教学中的心理学与认识论》为题出版了扩容后的德文单行本。[92]

特勒尔奇认为，依靠威廉·詹姆斯开创的现代宗教心理学研究宗教现象，要比运用过时的康德心理学和人类学更加富有成效。现代心理学也更加胜任，因为它从现象学角度把宗教看作是一种独立的意识功能，而不是把它简化为形而上学、伦理学或者美学的体验及其不同范畴。不过，詹姆斯以及经验主义的宗教心理学完全使用范式语言把宗教确定为生活的一个维度，这使特勒尔奇对它的真实性和现实性提出了疑问。特勒尔奇重新使用"宗教先验性"，把宗教意识的自主性和真实性因素联系在一起，这种联系的根据就是要证明宗教观念的必然性。在大会上的这次演讲，成了特勒尔奇基本神学理论的重要方法论入门。此后，总的来说，美国式的经验主义心理学在他看来便成了正确认识宗教的方法论要件。

特勒尔奇和韦伯是否会见了埃德温·斯塔布克，现在已不可考，也无法知道有什么影响了他们后来研究工作的特别交流与谈话。斯塔布克当时是支持宗教心理学的经验主义学派的，他也出席了那次大会。[93]然而，特勒尔奇忘不了美国人对宗教研究中的方法论和认识论问题所表示的怀疑态度。他的学生、诗人和小说家格特鲁德·冯·勒·福特写道："特勒尔奇说，美国人有点惊讶地看着他。最后有个人对他说，'我知道，在欧洲走路都要穿高筒靴'。他答道，我们不太可能像经验主义者横渡大洋那样赤脚走路。"[94]

令人遗憾的是，特勒尔奇在圣路易斯写的信似乎没有保存下来，而且，除了玛丽安娜·韦伯写的传记提供的信件以外，我也得不到韦伯夫妇其他的书信，[95]就是说，他们在圣路易斯时的情况，现在能知道的也只是那些一般的交往。不过众所周知的是，特勒尔奇同美国哲学家、时任教育专员的威廉·哈里斯交流了教育思想，哈里斯的大会开幕演讲"社会文化"一节论述了当代文化中教会与宗教的关系问题。[96]

还可以肯定，在这种民族间的竞争成了思想博览会目标的气氛中，德国学者，即使是特勒尔奇和韦伯——从德文《密西西比报》上的出席者名单来看——显然对参加德国专员莱瓦尔德博士的盛大接待活动不感兴趣。哈纳克与普弗雷德勒倒是非常喜欢这种场合，他们代表神学界和哲学界去了那里。人们很严肃地认为，韦伯对举行欢迎活动的环境感到不快，那是一个彻头彻尾的夏洛滕堡宫——德国皇帝的寝宫——缩影，矗立着一座比真人还大的"猎手般的皇帝"胸像，象征着在后来的历史上也仍然完好无损的民族自豪感。[97]

在圣路易斯，特勒尔奇与韦伯夫妇分别上了路。韦伯夫妇继续在美国西南部旅行，特勒尔奇则由于家中有人亡故而缩短了行程，未能按照计划到英格兰拜访罗马天主教现代主义教徒巴龙·弗雷德里希·冯·西格尔便返回了德国。[98]不过他参加了在新英格兰的观光活动，访问了华盛顿、波士顿和坎布里奇。在华盛顿，特勒尔奇和其他学者得到了罗斯福总统的热情接见，并被当地的政治与知识精英视为上宾。[99]

韦伯夫妇在俄克拉何马发现了美国开疆拓土的全部活力。他们在这里直接观察到了白人文明对原住民文明的取而代之，玛丽安娜·韦伯认为这是"更富智慧的'上等'种族对'下等'种族的非暴力压迫与同化"，是"印第安部落与私有制的变革"。[100]玛丽安娜没有提到的是一个奇特的偶发事件，它表明了韦伯作为真理狂信者的角色。这个事件以如下标题出现在从东部到西部的美国报纸上：

"交火"吓坏了学者

编辑们为武器发生口角

德国学者随即离开俄克拉何马城

韦伯应邀去格斯里会见《俄克拉何马州议会》报编辑弗兰克·格里尔，一到那里就发现格里尔用一支枪威胁《俄克拉何马纪事报》编辑约翰·戈洛比。报上把这位来访者叫作"冯·韦伯教授"，他原打算在格斯里待一小段时间以考察一下美国的经济状况，结果是"立即吩咐把他的行李重新打包，赶头一班火车离去"。[101] 韦伯在他的北卡罗来纳亲戚中出现时也同样引起了关注，仍然在世的目击者可以证明这一点。[102] 在西部和南方的某些亲身经历，后来都被韦伯用作了宗教社会学研究、关于北美教会与教派的著名重头文章中的实例。[103] 而且，在访问了 B.T. 华盛顿创办的著名的塔斯基吉学院并且拜访了纽约的社会主义者弗洛伦斯·凯莉之后，种族与性问题也不断出现在韦伯的脑际。[104] 在纽约的见闻也使犹太人对美国这个种族大熔炉做出的贡献给他留下了极为深刻的印象。[105]

现在回到圣路易斯和大会的话题。要在今天评价这次学者大会的重要意义，指望闭幕演讲、文件以及表示友好情谊的社论是不够的，它们全都夸大其词地盛赞它的圆满成功。按照明斯特伯格的期望，大会应当大大推动或者证明科学的统一，但是它在这方面几乎一事无成。对此，那些怀疑明斯特伯格的新唯心主义科学分类的批评家们是正确的。他们指出，这种办法不足以恰当对待特定学科的内在要求。他们根本不在乎明斯特伯格百科全书式的哲学关切，只是处理他们那个领域的专业所提出的问题。解剖学家瓦尔戴尔则期待这次大会能够在世纪之交产生一个艺术国家或者一系列科学国家，这大概已被证明还比较现实。卷帙浩繁的大会记录今天几乎已不为人知，而能够找到的与会学者（修订过的）个人记录，则证明了一种被操纵的实用史学（wirkungsgeschichte）毫无价值。即使对进步时代抱着满腔热忱，也不可能牵强附会出一种大一统来。随后的实用主义反应使这一点变得毫无希望。乔治·海恩斯与弗雷德里克·杰克逊尖锐地指出：

> 正在获得动力的各种哲学——实用主义、新现实主义、批判自然主义以及辩证唯物主义——至少都在要求修改其含义。这些哲学都在以不同于19世纪末的理想主义者的方式研究统一性问题。这种新趋势更多地强调了所有知识形态的相互关系，以及在科学、政治、经济、社会等等特定问题上的经验的相互关系，而不是强调什么"内在的统一性"。新的着重点是基于功能性单元而不是结构性单元。……可以肯定的是，圣路易斯大会并未提供证据证明业已存在一种内在的统一性，也没有给未来的这种追求提供任何依据。从这个意义上说，大会是失败的，也是在这个意义上说，它是"理想主义反动"时期的典型事例。[106]

大会对来宾的个人影响似乎比较重大。来自相互争斗的民族的学者们产生了一些兄弟情谊（有点夸张的解释），这可能突出了对业已存在的科学普遍性的意识。但是，这种姿态根本就无助于影响大众情感，也根本无助于消除民族偏见，这有事实为证：仅仅10年之后，同一群学者中的许多人便纷纷发表声明，支持各自民族的战争目标。

可能发生了变化的是欧洲人对美国学术界状况与水准的看法，但是这种态度上的变化却难以衡量，其中的复杂性还因为这一事实：那些抱有最大偏见的学者压根儿就没有到会。

总的来说，这次大会留下了一个进步时代的产儿，它不可能否认自己的父母——人们对科学与工业的和谐所抱的浅显而过分融洽的补偿意识。明斯特伯格向博览会策划者们提供的是一种既实现国际主义理想，同时又在欧洲人中间给美国的科学与学术界赢得赞誉的具体前景。

特勒尔奇对整个大会都抱着将信将疑和一定程度的幽默态度，这是毫无幽默感的明斯特伯格完全不能接受的，特勒尔奇曾就这次远行和大会向明斯特伯格致歉就证明了这一点。[107]特勒尔奇写道：

> 我理解您对此事的估价，也相信您已经为大会竭尽了全力，把一种壮丽的形式安排得像百科全书一样井井有条。我在圣路易斯同各位先生的交谈使我了解到，对一项事业精心组织，报酬却又微不足道，真是一种非常高尚的理想主义。然而，我并没有忽略无数的美国人需要得到承认，而且我大体上已经充分表达了这层意思。这次活动有着真正的科学价值，通常会把种子播在最肥沃的美国土壤中，这实质上都是您的成就。但是您也应当允许一个有着强烈个人主义倾向的欧洲学者就大会表现出大量的幽默感，至少对我来说它是与这次学术博览会相通的。[108]

对大会的真正贡献来自与会学者们的反思。像托克维尔一样，特勒尔奇和韦伯也在这里得到了就近观察美国及其社会、经济、政治与道德动力的机会，并且反省了它们对欧洲的影响。很快，1905年1月20日，他们就找到了一个论坛去交流这次旅行感想，在神学家阿道夫·戴斯曼的主持下，"民族社会联盟"在海德堡一家饭店里举行了一场"美国晚会"，玛丽安娜·韦伯的发言题目是"美国能给妇女带来什么"。[109]马克斯·韦伯没有列入发言者名单，但他即席讲了整整一个小时，"向听众介绍了美国民主制度的性质和意义，它的种族政治、选举制度，美国人对权威不屑，形形色色的教派，议会两院的构成及其与人民的关系，等等，并且（按照当地报纸的说法）赢得了热烈的掌声"[110]。后来在 1916 年和 1918 年，韦伯又发表了关于"美国生活中的民主与专制"的演讲，也是得自他的亲身经历，并且希望德国进一步实现民主化。不过，在这篇演讲中，最初他对美国生活许多方面所产生的全盘肯定的印象，已经完全变成了批判性的看法，尤其是对美国的日益"欧洲化"及社会生活中的精英主义理想的批判。[111] 特勒尔奇在 1905 年的演讲中

> 以简洁生动的语句描述了一艘巨轮的航程。……它的中层甲板是大批移民的旅馆，也不得不提供头等舱旅客所享有的舒适。他描绘了人们走进纽约时所得到的宏大观感，那种全力以赴的商业生活，那种特别是上下班时的巨大人流，城市富翁私人住宅区那种田园般的宁静，一切都那么如诗如画、令人兴奋，而且妙趣横生。接着他又谈到了对芝加哥的看法，它那杂乱无章的城市景观与熙熙攘攘的纽约相比则是另一番风貌，但也同样富有商业生活的动力。他描述的大概完全是他亲眼所见。……[112]

然而，在追溯既往时，最使特勒尔奇感到神奇的事情，"可能不是直接看到的东西，而是那个唯一产生了生活与忙乱的根源——富有劳动智慧的民族"[113]。

注 释

绪论

[1] 另见我的 "Deutsche Ambivalen zen gegenüber den Vereinigten Staaten", Ch. 6 of *Politische Herrschaft und Persönliche Freiheit* (Frankfurt: Suhrkamp. 1987), 尤见第 175—200 页。那里谈到了马克斯·韦伯对美国的强烈兴趣，他曾计划和朋友保罗·格尔一同参加 1893 年的芝加哥世界博览会，但是他急于和玛丽安娜·施尼特格尔订婚又阻碍了这个计划。刺激了他对美国的浓厚兴趣的，看来是他的一位世交，自由主义者弗雷德里希·卡普（1824—1884），帝国国会议员，1849—1870 年在美国生活，曾是纽约政界的显要人物。

[2] 见 Talcott Parsons, "The Circumstances of My Encounter with Max Weber" in Robert Merton and M. W. Riley,eds.,*Sociological Traditions from Generation to Generation*(Norwood, N. J. Ablex,1980),39.《新教伦理与资本主义精神》的引文均出自帕森斯的译本（New York: Charles Scribner's Sons, 1958）。

[3] 只是到了最近，这种正统认识才在美国社会学内部受到了批评审视，见 David Zaret, "Religion and the Rise of Liberal Democratic: Ideology in Seventeenth-Century England", *American Sociological Review*, 54(1989):163—179。

[4] 见 William H. McNeill, *Mythistory and Other Essays* (Chicago: University of Chicago Press, 1986)。

[5] Weber, "Anticritical Last Word on the Spirit of Capitalism", *American Journal of Sociology*, 83 (1978); 另见 1920 年修订版《新教伦理与资本主义精神》187 页第一个脚注。

[6] Wolfgang Schluchter, *Max Webers Studie über das antike Judentum* (1981), *Max Webers über Konfuzianismus und Taoismus* (1983), *Max Weber Studie über Hinduismus und Buddhismus* (1984), *Max Weber Sicht des antiken Christentums* (1985), *Max Weber Sicht des Islams* (1987), and *Max Weber Sicht des okzidentalen Christentums* (1988), (Frankfurt: Suhrkamp), 从当代知识的角度论述了《世界诸宗教的经济伦理》的长处和不足。施卢赫特的导论重印在他的 *Religion und Lebensführung* (Frankfurt: Suhrkamp, 1988) 第二卷中。这篇导论的英文文本见 Schluchter, *Rationalism, Religion, and Domination. A Weberian Perspective*, Neil Solomon, trans. (Berkeley: University of California Press, 1989), 85—248。

[7] 见 Georg Jellinek, *Die Erklärung der Menschen-und Bürgerrechte* (Leipzig: Duncker & Humblot, 1895)。第二次增订版，1904。Max Frarand 的权威英译本为 *The Declaration of the Rights of Man and of Citizens* (New York: Holt, 1901)。Lujo Brentano, *Die Anfänge des modernen Kapitalismus* (Munich: Akademie der Wissenschaften, 1916)。Eduard Baumgarten, *Benjamin Franklin. Der Lehrmeister der amerikanischen Revolution* (Frankfurt: Klostermann, 1936), 这是 *Die geistigen Grundlagen des amerikanischen Gemeinwesens* 的第一卷，第二卷为 *Der Pragmatismus: R. W. Emerson, W.*

James, J. Dewey（1938）。鲍姆加滕是 1932 年 11 月在哥廷根的一次演讲"Benjamin Franklin und die Psychologie des amefikanischen Alltags"中做出这一解释的。该演讲发表于 1933 年，在鲍姆加滕的 *Gewissen und Macht*, ed. Michael Sukale,（Meisenheim: Hain, 1971）中重印，65—86；关于对韦伯的评论，尤见 68、76。

在论及韦伯的文献中，鲍姆加滕的著作也像约翰·克劳斯（Johann Baptist Kraus）可贵的经验研究 *Scholastik, Puritanismus und Kapitalismus. Eine vergleichende dogmengeschichtliche Uebergangsstudie*（Munich: Duncher & Humblot, 1930）一样被严重忽略了。作为 R. H. 托尼的学生，克劳斯对于 17 世纪的英国原始资料极为熟稔。作为一个德国人，他对德国的学术文献也了如指掌，其地位接近于布伦塔诺。作为东京的耶稣会教授，他几乎没有什么天主教偏见。

[8] 布伦塔诺，131。

[9] 同上，148。

[10] Ferdinand Kürnberger, *Der Amerikamüde, Amerikanisches Kulturbild*（Leipzig: Reclam, 1889），32。这部小说是以奥地利诗人尼古劳斯·莱瑙（Nikolaus Lenau, 1802—1850）对美国的失望情绪为依据的。初版于 1855 年，作于反动时期达到高潮时"1848 年人"大批移民美国期间。具有讽刺意味的是，屈恩伯格看上去要比富兰克林更加功利，他认为，唯一能够宽恕富兰克林剥削行为的理由，就是他发明了避雷针。按照维也纳作家 V.K.申贝拉在这部小说 1889 年版序言中的描绘，屈恩伯格是一个"具有钢铁般意志的"清教徒和一部"没有灵魂的"机器混血儿；"他的主要性格特征就是钢铁般的可靠性。……他的头脑简直就像一部机器，运转起来能够精确到千分之一毫米。……他憎恨一切不真实、不清晰的东西。"申贝拉使我们了解到，韦伯的著名比喻 stahlharte Gehäuse（一般译作"铁笼"）和"钢铁般的"清教徒商人，是从技术进步借用来的当代术语。

[11] 我认为，韦伯为富兰克林所做的辩护，反映了弗雷德里希·卡普的热情洋溢的观点：富兰克林的勤奋和认真根本不同于对万能的金钱的卑鄙追逐，尽管德国人有时鄙夷地把他称作"金钱的使徒"。要想使梦想最终具有牢固的现实基础，我们德国人就不应进行这种毫无道理的指责，最好是接受劝告、向他学习。富兰克林的榜样可以使我们知道一些社会进步和政治自由的前提。我们对于挣钱和物质手段在实现精神与道德目的时的固有作用的评价，落在了物质上比较发达的民族后面，尤其是落在了美国人的后面。

卡普称赞道，富兰克林"对于朝气蓬勃的年轻人来说，是一个认真劳动、诚实履行义务并乐于从事公益事业的光辉榜样。每一个德国的父亲都应当把富兰克林的传记送给儿子当教科书"。见 Friedrich Kapp, "Benjamin Franklin", in *Aus und über Amerika. Tatsachen und Erlebnisse*（Berlin: Springer, 1876）。我认为，考虑到卡普与青年韦伯的私交，马克斯已经理解了他对富兰克林的诠释。早在 1879 年他就用功研读了美国历史，见 10 月 1 日他给弗里茨·鲍姆加滕的信（*Jugendbriefe*, 28f）韦伯 16 岁时就独自造访了卡普在西里西亚的庄园，见 1880 年 7 月 15 日他写给父亲的信（*Jugendbriefe*, 33）。

[12] 与此同时，赫伯特·吕蒂也提醒人们注意被广为传诵的天主教作家雅克·萨瓦里所谓"完美的商人"，他比富兰克林早 100 年向天主教徒和新教徒提出了同样的忠告。见 Herbert Lüthy, *From Calvin to Rousseau*（New York: Basic Books, 1970），11。

[13] Baumgarten, *Franklin*, 99.

[14] 见 Edmund Leites, *The Puritan Conscience and Modern Sexuality*（New Haven, Conn.: Yale University Press, 986）。

[15] 见《波利·贝克小姐的演讲》，载 B．Franklin，*Writings*（New York：Library of America，1987），305—308。

[16] 见 Baumgarten，*Benjamin Franklin*，112。

[17] 同上。

[18] 同上，119。

[19] 富兰克林语，同上，139。

[20] *Archiv für Sozialwissenschaft*, vol. 21（1905），43.

[21] 同上，韦伯这里谈到了天主教中央党提出宽容法草案之后引起的全国性争论。1900 年 11 月，中央党提交了《帝国宗教自由法草案》，主要动机是解除对耶稣会的活动所施加的限制——诉诸 1848 年帝国宪法和 1848 与 1850 年普鲁士宪法中的自由主义遗产。草案的主要作者阿道夫·格罗贝尔是在天主教会的压力下继承这份遗产的，以宗教宽容（宗教宽容法案）的口号这种策略性办法加强了对自由主义者的控制。韦伯指出，"天主教会并没有接受（把宽容当作一项宗教原则），因为它作为上帝的工具有义务把人们从异端邪说的必然后果——罚入地狱——中拯救出来"（同上，43）。可以把这种说法与当时新教的观点联系起来看：1864 年教皇的《事项举要》是为新教国家的天主教徒要求权利，因为那里的新教徒拒绝天主教的原则。实际上，1900 年 12 月，天主教议员厄恩斯特·利贝尔表示，在要求"社会宽容"的同时，又让他不支持"教义宽容"，这在他看来是根本不可能的。尽管对耶稣会的限制最终被撤销，法案也没有获得通过，但在韦伯写作此文前后，争论仍在继续。见 Karl Bachem，*Das Zentrum in Berlin in den Jahren 1898 bis 1906*，载 *Vorgeschichte*，*Geschichte und Politik der deutschen Zentrumspartei*（Cologne：Bachem，1929）第六卷，101—123，228—235。

几年以后，韦伯在比较教会与教派时将"文化斗争"作为例证："（赫尔曼·冯·）马林克罗特在国会里说，天主教徒的'良心自由就在于唯教皇是从'，这意味着全凭他的良心行事。然而，尽管它们非常强烈，但是承认别人良心自由的既不是天主教会，也不是（旧时的）路德教会，而是加尔文宗和浸礼会的教会。……（只有）那种坚持不懈的教派才能提出统治者不可剥夺的反对权力的个人权利，无论那是政治的、僧侣的还是父权的权力。耶利内克令人信服地证明了，这种良心自由乃是最悠久的人权；总之，它是最基本的人权，因为它是由全部受道德约束的行为构成的，并且为免于强制特别是免于国家权力的强制提供了保证。"见 Max Weber，*Economy and Society*，Guenther Roth and Claus Wittich，eds.（Totowa：Bedminster Press，1968），1209；参见 563，576。

[22] 耶利内克，77，89。

[23] 见 Otto Vossler，"Studien zur Erkläirung der Menschenrechte"（1930），载 *Geist und Geschichte*．*Gesammelte Aufsätze*（Munich：Piper，1964），111；另见我的 "Geist des Kapitalismus und kapitalistische Weltwirtschaft"，载 *Kölner Zeitschrift für Soziologie*，33（1981），736ff。

[24] Rhys Isaac，*The Transformation of Virginia 1740—1790*（Chapel Hill：University of North Carolina Press，1982）．

[25] 同上，284。

[26] 耶利内克，57。

[27] 这是玛丽安娜·韦伯的《马克斯·韦伯传》谈到耶利内克时的说法，该书由哈里·佐恩英译，我作的新序《玛丽安娜·韦伯和她的圈子》（Marianne Weber，*Max Weber: A Biography*，tr. Harry Zohn，[New

Brunswick, N. J. : Transaction Books, 1988], 476)。

[28] 休伯特·特雷伯使我注意到了这一事实：耶利内克早在 1874 年就接受了从人文科学到社会科学的转变。见耶利内克的 "Moralstatistik und Todesstrafe", 载 *Ausgewählte Schriften und Reden* (Aalen Scientia, 1970), Vol. 1, 69—75。

01 德国的神学渊源和新教的教会政治

[1] Max Weber, "Kritische Beiträge zu den vorstehenden 'Kritischen Beiträgen'", in Johannes Winckelmann, ed., *Die protestantische Ethik II*, 5th ed. (Gütersloh, 1987), 27—37, 31.

[2] 同上，36。

[3] 同上，283—345。

[4] 关于奥托·鲍姆加滕的更详尽情况，见 Hasko von Bassi, *Otto Baumgarten. Ein"moderner Theologe" im Kaiserreich und in der Weimarer Republik* (Frankfurt, 1988) 及 Wolfgang Steck, ed., *Otto Baumgarten. Studien zu Leben und Werk* (Kiel, 1986)。

[5] 1908 年致费迪南德·滕尼斯的信，载 Eduard Baumgarten,ed., *Max Weber. Werk und Person* (Tübingen, 1964) 398 f., 另见 670, note 1。

[6] Otto Baumgarten, "Das Dennoch des Glaubens. Ein Briefwechsel", *Schleswig-Holsteinisches Kirchenblatt*, 22 (1926), 225—228.

[7] Rita Aldenhoff, "Max Weber and the Evangelical-Social-Congress", in Wolfgang J. Mommsen and Jürgen Osterhammel, eds., *Max Weber and His Contemporaries* (London, 1987), 193—202.

[8] 见 Friedrich Wilhelm Graf, "Max Weber e la teologia protestante des suo tempo," in Marita Losito and Pierangelo Schiera, eds., *Max Weber e le scienze sociali del suo tempo* (Bologna, 1988), 279—320。

[9] Max Weber, "'Kirchen' und 'Sekten' in Nordamerika. Eine kirchen-und sozialpolitische Skizze", *Die christliche Welt. Evangelisches Gemeindeblatt für Gebildete aller. stände* 20 (1906), 558—562, 577—583.

[10] Harry Liebersohn, *Fate and Utopia in German Sociology*, *1870—1923* (Cambridge, Mass., 1988).

[11] 韦伯 1906 年 2 月 5 日致阿道夫·冯·哈纳克的信就是突出的一例："路德比所有的人都高大，但是我不能否认，在我看来，作为一个历史有机体的路德主义却带来了最骇人听闻的恐怖。即使在能使你对未来抱有希望的理想形式下，就其对我们德国人的影响而言，我担心它也缺乏足够的改革能力去塑造生活。令人难堪的悲剧在于，我们连一个教派成员、一个贵格会信徒、一个浸礼会教徒都没有。人人都应承认兼办慈善事业的教会在非伦理、非宗教（例如文化）方面的优越性。教派的时代明显已经结束。但是我们这个民族从未经历过无论什么形式的严格的禁欲主义熏陶，这一事实就是使我对这个民族的一切（包括对我自己）深恶痛绝的根源。真是无可奈何，在宗教问题上，即使普通的美国教派成员也比我们乐善好施的基督徒强得多，正如路德的宗教人格比加尔文、福克斯等人强得多一样。"见 Weber, *Briefe 1906—1908*, *Max Weber Gesamtausgabe*, Abteilung II, Vol. 5 (Tübingen, 1990), 32—33。 另 见 Wolfgang J.

Mommsen, *Max Weber and German Politics 1890—1920*, trans. by M. Steinberg（Chicago, 1984）, 94。

［12］ Max Weber, "Die protestantische Ethik und der Geist des Kapitalismus II: Die Berufsidee des asketischen Protestantismus," *Archiv für. Sozialwissenschaften und Sozialpolitik* 21（1905）, 1—110, 3.

［13］《新教伦理与资本主义精神》第一篇发表于 1905 年的《社会科学与社会政治文献》第二十卷，包括以下诸节：1. 教派与社会分层；2. 资本主义"精神"；3. 路德的职业观。研究所引用的晚近文献约有四分之一（因此不包括像路德著作那样的原始资料）出自 19 世纪和 20 世纪初的新教神学家。从方法论角度来说更为重要的第二篇，发表于《社会科学与社会政治文献》第二十一卷，包括 1. 世俗禁欲主义的宗教基础，2. 禁欲主义和资本主义，引用的同一时期神学家的文献则占了几乎一半。

［14］ Friedrich Wilhelm Graf, "Rettung der Persönlichkeit. Protestarntische Theologie als Kulturwissenschaft des Christenturns", in Rüdiger vom Bruch, Friedrich Wilhelm Graf, and G. Hübinger, eds., *Kultur und Kulturwissenschaft um 1900. Krise der Moderne und Glaube an die Wissenschaft*（Stuttgart, 1989）, 103—131.

［15］《新教伦理与资本主义精神》, II, 25。

［16］ 可以看一下特勒尔奇对韦伯所说禁欲主义概念的概括："韦伯是就这一术语特定的加尔文主义表现来解释它的转化的，即从一种严格的来世思维方式转向一种宗教与心理学意义上的经济—资本主义活动"，见 E. Troeltsch, "Die Kulturbedeutung des Kalvinisimus", 载 Winckelmann, "Die protestantischen Ethik", 188—215, 197。

［17］ 参见 Gianfranco Poggi, *Calvinism and the Capitalist Spirit. Max Weber's Protestant Ethic*（London, 1983）; Gordon Marshall, *In Search of the Spirit of Capitalism: An Essay on Max Weber's Protestant Ethic Thesis*（London, 1982）, 19 ff.

［18］ 格奥尔格·耶利内克《人权与公民权宣言》德文版最早出版于 1895 年（Georg Jellinek, *Die Erklärung der Menschen-und Bürgerrechte* [Leipzig: Duncker & Humblot]）, 马克斯·弗兰德的英译本出版于 1901 年（Max Farrand, trans, *The Declaration of the Rights of Man and of Citizens* [New York]）。另见 Reinhard Bendix and Guenther Roth, *Scholarship and Partisanship: Essays on Max Weber*（Berkeley, 1971）, 308—310。见本书罗特的文章。

［19］ Sombart, *Der moderne Kapitalismus*, Vol 1（Leipzig, 1902）. 见 Hartmut Lehmann, "Asketischer Protestantismus und ökonomischer Rationalismus: Die Weber-These nach zwei Generationen", in Wolfgang Schluchter, ed., *Max Webers Sicht des okzidentalen Christentums. Interpretation und Kritik*（Frankfurt, 1988）, 529—553。

［20］ E. Troeltsch, "Protestantisches Christentum und Kirche in der Neuzeit", 载 Paul Hinneberg, ed., *Die Kultur der Gegenwart. Ihre Entwicklung und ihre Ziele*. Teil I, Abt. IV / I: Geschichte der christlichen Religion（Berlin, 1906）, 253—458.

［21］ 初版于 1906 年，增订后发表于 1911 年《历史杂志》（*Historische Zeitschrift*）的《历史丛书》（*Historische Bibliothek*）第 24 卷，由奥尔登伯格在慕尼黑与柏林出版。

［22］ Max Weber, "Antikritisches Schlusswort zum 'Geist' des Kapitalismus", in Winckelmann, *Die protestantischen Ethik*, 149—187, 150.

［23］ 引文见 Wilhelm Hennis，*Max Webers Fragestellung. Studien Zur Biographie des Werks*（Tübingen，1987），118，note 5。

［24］ 见 F. W.Graf，"Friendship Between Experts：Notes on Weber and Troeltsch"，in Mommsen and Osterhammel，eds.，*Max Weber and His Contemporaries*，215—233。

［25］ *Die protestantischen Ethik* II，4.

［26］ 见 Ernst Troeltsch，"Art，Moralisten，Englische," in *Realencyclopädie fur protestantische Theologie und Kirche*，3 rd ed.，Vol. 13，436—461。稍加扩充后被收入 E. Troeltsch，*Aufsüätze zur Geistesgeschichte und Religionssoziologie*，ed. by Hans Baron（Tübingen，1925），391。

［27］ 同上，605。

［28］ Troeltsch，*Die Soziallehren der christlichen Kirchen und Gruppen*（Tübingen，1912），950 f.，note 510。

［29］ Matthias Schneckenburger，*Vergleichende Darstellung des lutherischen und reformirten Lehrbegriffs*（Stuttgart，1855）.

［30］ *Die protestarltischen Ethik* II，21.

［31］ 见 Schneckenburger，"Die neueren Verhandlungen betreffend das Princip des reformierten Lehrbegriffs"，载 *Baur's und Zellers Theol.Jahrbuch*. 1848；引自：Karl Bernhard Hundeshagen，Beiträge zur Kirchenverfassungsgeschichte und Kirchenpolitik insbesondere des. Protestantismus。Ernster Band（Wiesbaden，1864；Frankfurt，1963）；韦伯在 *Die protestantischen Ethik* II，17 引用了洪德沙根的这部著作。

［32］ 关于施奈肯伯格的生平，见 E. T. Gelpke，*Gedächtnisrede auf den Doktor und Professor der Theologie Matthias Schneckenburger，gehalten bei seiner Leichenfeier in der Aula der Hochschule zu Bern den 16. Juni 1848. Nebst der Grabrede von C. Wyss*（Bern，1848）。Karl Bernhard Hundeshagen，Art. "Schneckenburger" in *Realencyclopädie für protestantischen Theologie und Kirche*，2d ed.，Vol. 13（Leipzig，1884），602—608.

［33］ 同上，605。

［34］ 同上，606。

［35］ 关于施奈肯伯格与统一的问题，见 Eduard Güder，"Vorwort des Herausgebers"，载 Schneckenburger，*Vergleichende Darstellung*，III-XLIII，VIIIff.。

［36］ 同上，52。

［37］ 同上，V。

［38］ 洪德沙根有如下说明："施奈肯伯格孜孜不倦地研究了正统加尔文神学及其各个流派，这使他确信，加尔文主义信仰的活力，更多地不是来自信条，而是来自教理问答、宗教指南、布道书、祈祷书以及其他教诲书，尽管这些读物枯燥乏味，他也总是手不释卷，不管是哪里的书店，只要他知道了，都会锲而不舍地去发掘。"见《实用百科全书》（*Realencyclopadie*），606。

［39］ Schneckenburger，*Vergleichende Darstellung*，159.

［40］ 同上。

［41］ 同上，XXXVI。

［42］ 同上，158。

[43]　同上。

[44]　同上，159。

[45]　"如果没有韦伯，我肯定想不出'禁欲主义新教'这种表达得如此清楚的术语，尽管它已被施奈肯伯格和里敕尔所阐明。顺便说一下，只要仔细研究这两位十分敏锐而博学的学者的著作，这个概念就会呼之欲出。"特勒尔奇：《基督教教会与教派社会学》，950 f.，注 510。见注 27。

[46]　关于韦伯对路德教，特别是对它的政治后果的评价，见 *Die protestantischen Ethik* II，36f，注 74。

[47]　韦伯写道："因此，（循道宗）信仰的情感特性，并未导致德国虔信派那样感情化的基督教信仰。施奈肯伯格已经证明，这……与罪恶感不那么发达有关，而这是评论循道宗时一个基本的观点。"见 *Die protestantischen Ethik* II，60。韦伯在注 120a 中说："与虔信派比较温和的情感主义相对照而言，循道宗的情感往往带有明显的病态性质……这可能会使禁欲主义更强有力地渗透进循道宗所能传播到的那些生活领域。"

[48]　关于韦伯对循道宗的看法，见 *Die protestantischen Ethik* II，57 f，60 及上引注 120a。

[49]　M. Schneckenburger, *Vorlesungen über*, die *Lehrbegriffe der kleineren protestantischen Kirchenparteien*, ed. by K. B. Hundeshagen(Frankfurt, 1863), chap. IV。在《新教伦理与资本主义精神》中，施奈肯伯格的名字被错误地说成了 "J. Schneckenburger"（见 *Die protestantischen Ethik* II，59，注 115），但在提到他的《路德宗与归正宗的教义之比较》时又改正为 "M. Schneckenburger"。

[50]　*Die protestantiischen Ethik* II，60.

[51]　Albrecht Ritschl, *Geschichte des Pietismus*, 3 vols.（Bonn, 1880—1886; reprint ed., Berlin, 1960）.

[52]　*Die protestantischen Ethik* II，49，注 92。

[53]　*Gesämmelte Aufsätze von Albrecht Ritschl*, ed. by Otto Ritschl（Freiburg im Br., 1893）.

[54]　*Die protestantischen Ethk* II，5，40，注 76。

[55]　见 *Die protestantischen Ethik* II，5，9，21，31，40，46，47，49，50，52，61，62，63，89，91。韦伯在这方面受到了特勒尔奇多大程度的影响，这在韦伯的文本中并不是清晰可见的。特勒尔奇在 1886—1888 年间对里敕尔进行了研究，19 世纪 90 年代以来，他越来越多地以评论那位哥廷根教授的方式阐述他对德国路德教历史的批判观点。就这种基本方式而言，特勒尔奇和韦伯对里敕尔的批判是相当一致的。

[56]　同上，5，40。

[57]　同上，6。

[58]　同上，62，注 123。

[59]　关于里敕尔著作的政治意义，见 Manuel Zelger, "Natlonalliberale Theologie: Albrecht Ritschl", 载 Friedrich Wilhelm Graf, ed., *Profile des neuzeitlichen Protestantismus*, Vol 2（Gütersloh, 1991）。

[60]　见 Lehmann, "Asketischer Protestantismus"。

[61]　见 M. Rainer Lepsius, "Interessen und Ideen. Die Zurechnungsproblematik bei Max WebeF," 载 Friedhelm Neidhardt, M. Rainer. Lepsius, and J. Weiss, eds., *Kultur und Gesellschaft*, Sonderheft 27，*Kölner Zeitschrift für Soziologie und Sozialpsychologie*（1986），20—31。

02 韦伯之前的命题：追根溯源

[1] 最初发表于 *Archiv für Sozialwissenschaft und Sozialpolitik* 20/21（1905）。重印于 Max Weber, *Die protestantische Ethik I.Eine Aufsatzsammlung*, 3rd ed., by Johannes Winckelmann（Munich, 1973）。

[2] 见 Max Weber, *Die protestantische Ethik II. Kritiken und Antikritiken*, 2d ed., by J. Winckelmann（Munich, 1972）。

[3] 见 *Telos* 1988, 1989; *British Journal of Sociology*, 1988; *Sociology*, 1989。

[4] 见 Ephraim Fischoff, "Die protestantische Ethik. und der Geist des Kapitalismus. Die Geschichte einer Kontroverse", 载 Weber, *Die protestantische Ethik II.*, 2d ed., by J. Winckelmann; 另见 P. Münch, "Welcher. Zusammenhang Besteht zwischell Konfession und ökonomischem Verhalten? Max Webers These im Lichte der historischen Forschung", 载 Hans-Georg Wehling, ed., *Konfession--eine Nebensache? Politische, soziale und kulturelle Ausprägungen religiöser Unterschiede in Deutschland* (Stuttgart, 1984), 58—74。

[5] "进行一般性概括的诱惑力常常证明是怀疑精神所难以抗拒的，而怀疑精神只能防止历史学家堕入他自己必定会有的想象力所挖掘的陷阱。在面对漫长而复杂的争论时，悲哀是唯一妥当的情感：为那么多误入歧途的努力而悲哀，为历史学家那么心甘情愿地崇拜由社会学家树立的雕像而悲哀。" Geoffrey Elton, *Reformation Europe, 1517—1559* (New York, 1963), 318。

[6] 不过，请参见 Hartmut Lehmann, *Das Zeitalter. des Absolutismus. Gottesgnadentum und Kriegsnot* (stuttgart, 1980), 尤见 144—152; H. Lehmann, "Pietismus und Wirtschaft in Calw am Anfang des 18. Jahrhunderts", *Zeitschrift für württembergische Landesgeschichte* 31（1972）, 249—277。

[7] 见 Münch, "Welcher Zusammenhang", 67。

[8] 见 Robert K. Merton, *On the Shoulders of Giants—Auf den Schultern von Riesen* (Frankfurt, 1980)。

[9] 也出现过一些迹象，见 Wilhelm Schwer, "Der Kapitalismus und das Wirtschaftliche Schicksal der deutschen Katholiken", 载 Wilhelm Schwer and Franz Müller, eds., *Des deutsche Katholizismus im Zeitalter des Kapitalismus* (Augsburg, 1932), 7—74 and 209—215; Reinhard Bendix, "The Protestant Ethic-Revisited", in idem and Guenther Roth, eds., *Scholarship and Partisanship* (Berkeley, 1971), 299—307。另见 *Religious Thought and Economic Society: Four Chapters of an Unfinished Work by Jacob Viner*, ed., Jaques Melitz and Donald Winch (Durham, N. C., 1978), chaper four, 尤见 159 ff。

[10] 见 Pico della Mirandola, *On the Dignity of Man* (Indianapolis, 1982), 这是一个突出范例。

[11] 例见，"Aber doch also/das keiner so nerriseh sey/der darumb dcncke nwollte/das yhn seine geschigligkeit/vleis vnd arbeit neere ond reich mache/Denn solches gar ein Heidnischer/glaubloser/ia gantz vnd gar ein gotloser vnd abgöttischer yrthum ist, Denn gleich wie Gott gepeut/das man arbeiten/vnd durch arbeit narung suchen sol/also verpeut er auch/das auff seine arbeitniemand vertrawen/noch sich darauff veflassen/auch davon nichts rhumen sol/als were es seine hand/die yhn ernerete/Sondem Sol wissen/wie das Evangelion sagt/es sey Gottes benedeyung vnd segen vom hymel herab/davon wir emeret werden/wie Christus vnser herr leret Matthei. 6." Justus Menius, *An die hochgeboerne Furstin/fraw Sibflle Hertzogin zu*

Sachsen/Oeconomia Christiana/das ist/von Christlicher haushaltung. *Mit einer schonen Vorrede D. Martini Luther* (1529), quoted by Paul Münch, ed., *Ordnung, Fleiss und Sparsamkeit. Texte und Dokumente zur Entstehung der "burgerlichen Tugenden"* (Munich, 1984), 48。

[12] 原文为 "Moet nu the Satan ons in plaets van Godt gewin toesturen?", 载 *Een schoon tractaet, des godtgeleerden Theodori Bezae, van de straffe, welcke de weFeltlycke Overichkey over de ketters behoort te oeffenen...Overgheset...door de Dienaers des G. Woorts binnen Sneeck* (Franeker, 1601), 引自 Erich Hassinger, "Wirtschaftliche Motive und Argumente fur religiöse Duldsamkeit im 16. und 17. Jahrhundert", 载 Ernst Walter Zeeden, ed., *Gegenreformation* (Darmstadt, 1973), 333;另见 Wiebe Bergsma, "Calvinismus in Friesland um 1600 am Beispiel der Stadt Sneek", *Archiv für Reformationsgeschichte* 80 (1989): 275—276。

[13] 见 "Feste und Feiertage" 一文, 载 *Theologische Realenzyklopädie* (Berlin and New York, 1983), 11, 尤见 124—132; 另见 Paul Münch, "Volkskultur und Calvinismus. Zu Theorie und Praxis der 'reformatio vitae' wäfihrend der 'Zweiten Reformation'", 载 Heinz Schilling, ed., *Die reformierte Konfessionalisierung in Deutschland. Das Problem der "Zweiten Reformation"* (Gütersloh, 1986), 291—307。

[14] 引自 Christopher Hill, *Puritanism and Revolution. Studies in Interpretation of the English Revolution of the 17th Century* (London, 1965), 226。

[15] 同上, 43。

[16] 见 A. Brittinger, *Die bayerische Verwaltung und das volks fromme Brauchtum im Zeitalter der Aufklärung* (Munich, 1938); Barbara Goy, *Aufklärung und Volksfrömmigkeit in den Bistümern Würzburg und Bamberg* (Würzburg, 1969); Christoph Dipper, "Volksreligiosität und Obrigkeit im 18. Jahrhundert", 载 Wolfgang Schieder, ed., *Volksreligiosität in der modernen Sozialgeschichte* (Göttingen, 1986), 73—96。

[17] 见后面 63 页以下的讨论。(此处指原书页码, 见本书 44 页。——编者注)

[18] "Diese aktive bürgerliche Toleranz verstand die Konfessionen als konkurrierende Religionsvereine, denen auch die Nichtmitglieder in der jeweiligen Stadt zu ihren Stiftungsfesten die Ehre gaben." Johannes Burkhardt, "Reformations- und Lutherfeiern. Die Verbürgerlichung der reformatorischen Jubiläumskultur," in Dieter Düding, Peter Friedemann, and Paul Münch, eds., *Öffentliche Festkultur. Politische Feste in Deutschland von der Aufklärung bis zum Ersten Weltkrieg* (Reinbek, 1988), 221—222。另见 222 页: "Den Höhepunkt aufgeklärter Urbanität bezeichnet der nach der Volksbewegung nachgeholte Leipziger Festzug zum Konfessionsjubiläum von 1830: 'Der feierliche Zug durch die Stadt wurde eröffnet durch den Rabbiner mit der Thore, dem die Patres der katholischen und der Archimandrit der griechischen Kirche folgten; danach schritten die Geistlichen der lutherischen Kirche und die Pastoren der reformierten Kirche, und aus dem Auge so mancher Guten floss eine Thräne der himmlischen Freude, als die würidigen Diener des Vaters im Himmel so vereint, als von gleichen Gesinnungen beseelt, dahin walleten'."

[19] 见后面 69 页以下的讨论。(此处指原书页码, 见本书 47 页。——编者注)

[20] 可参见当时的著述, 尤其是 Friedrich Karl Freiherr von Moser, *Uber die Regierung der geistlichen Staaten*

in Deutschland (Frankfurt and Leipzig, 1787); Joseph Edler von Sartori, "Gekrönte statistische Abhandlungen über die Mängel in der Regierungsverfassung der geistlichen Wahlstaaten, und von den Mitteln, solchen abzuhelfen", 载 *Journal von und für Deutschland* 4 (1787), 2. u. 4. Stück and 6. u. 7. Stück; 关于当时的著述，还可参见 Schwer, "Der Kapitalismus", 209; 另见本文注 54。

[21] Johann Ludwig Ewald, *Über Volksaufklärung; ihre Gränzen und Vortheile* […] (Berlin, 1790).

[22] 例如 Thomas Nipperdey, *Deutsche Geschichte 1800—1866. Bürgerwelt und starker Staat* (Munich, 1983), 410—413。

[23] 例见 Heribert Raab, "Auswirkungen der Säkularistion auf Bildungswesen, Geistesleben und kunst im kath-olischen Deutschland," in idem., Reich und Kirche in der frühen Neuzeit (Freiburg and Schweiz, 1989), 401—433; 另见 idem., "Geistige Entwicklungen und historische Ereignisse im Vorfeld der Säkularisierung in," ibid., 367—399。

[24] 见 Lutz Winkler, *Martin Luther als Bürger und Patriot. Das Reformationsjubiläum von 1817 und der politische Protestantismus des Wartburgfestes* (Lübeck and Hamburg, 1969)。

[25] 见 Burkhardt, "Reformations- und Lutherfeiern." 225; 另 见 Hartmut Lehmann, "Martin Luther als deutscher Nationalheld." Luther 55 (1984): 53—65。

[26] 见 Heribert Raab, "Kirchengeschichte im Schlagwort," in idem., Reich und Kirche, 459—529; 最重要的是 Christel Köhle-Herzinger, *Evangelisch-katholisch. Untersuchungen zu konfessionellem Vorurteil und Konflikt im 19. und 20. Jahrhundert vornehmlich am Beispiel Württembergs* (Tübingen, 1976)。

[27] 见 Burkhardt, "Reformations- und Lutherfeiern", 226。

[28] 尤 见 Paul Tschackert, *Evangelische Polemik gegen die römische Kirche* (Gotha, 1885); Ludwig von Hammerstein, *Konfession und Sittlichkeit. Replik auf die Broschüre: "Konfessionelle Bilanz oder: wie urtheilt der Jesuitenpater von Hammerstein über die Unsittlichkeit (selbstmord, uneheliche Geburten, Prostitution) unter den Konfessionen. Von einem Deutschen"* (Trier, 1893); (匿名), *Die Protestanten - doch unsittlicher!? Vom Verfasser der Konfessionellen Bilanz. Resultat einer Kontroverse mit Jesuitenpater v. Hammerstein* (Marburg, 1893); Ludwig von Hammerstein, *Katholizismus und Protestantismus* (Trier, 1894); Franz Xaver Brors, *Moderne A. B. C. fuer Katholiken aller Stände. Kurze Antworten auf die modernen Angriffe, gegen die Katholische Kirche* (Kevelaer, 1902), 特别是 J. Burg, *Kontrovers-Lexikon. Die konfessionellen Streitfragen zwischen Katholiken und Protestanten. Eine Antwort auf protestantische Angriffe* (Essen, 1904) 中的美国主义、劳动、贫困、苦行、托钵修会、进步、贱民、天主教等词条。

[29] Hans Maier, *Die ältere deutsche Staats- und Verwaltungslehre. Ein Beitrag zur politischen Wissenschaft in Deutschland*, 2d ed. (Munich, 1980); Peter Preu, *Polizeibegriff und Staatszwecklehre. Die Entwicklung des Polizeibegriffs durch die Rechts- und Staatswissenschaft des 18. Jahrhunderts* (Göttingen, 1983)。

[30] 见 Thomas Fischer, *Städtische Armut und Armenfürsorge im 15. und 16. Jahrhundert. Sozialgeschi-chtliche Untersuchungen am Beispiel der Städte Basel, Freiburg i. Br. und Strassburg* (Göttingen, 1979).

[31] 见 Christophe Sachsse and Florian Tennstedt, *Geschichte der Armenfürsorge in Deutschland. Vom Spät-mittelalter bis zum 1. Weltkrieg* (Stuttgart, 1980), 113—125, 342—346; Adalbert Nagel, *Armut im Barock* (Weingarten, 1986); Bernhard Stier, *Fürsorge und Disziplinierung im Zeitalter des Absolutismus* (Sigmaringen, 1988)。

[32] 见 Joseph Lecler, *Histoire de la tolérance au siécle de la Réforme* (Paris, 1955); Henry Kamen, *The Rise of Toleration* (London, 1967); Heinrich Lutz, ed., *Zur Geschichte der Toleranz und Religionsfreiheit* (Darmstadt, 1977); Hans R. Guggisberg, *Religiöse Toleranz. Dokumente zur Geschichte einer Forderung* (Stuttgart, 1987)。

[33] 见 Klaus Schreiner, "Rechtgläubigkeit als 'Band der Gesellschaft' und 'Grundlage des Staates'", 载 Martin Brecht and Reinhard Schwarz, eds, *Bekenntnis und Einheit der Kirche. Studien zum Konkordienbuch* (Stuttgart, 1980), 351—379。

[34] 关于以下讨论，参见 Hassinger, "Wirtschaftliche Motive"。

[35] Heinrich Bott, *Gründung und Anfänge der Neustadt Hanau 1596—1620* (Marburg, 1970).

[36] 见 Ernst Walter Zeeden, "Ein landesherrliches Toleranzedikt aus dem 17. Jahrhundert. Der Gnadenbrief Philipps von Schönborn für die Stadt Kitzingen (1650)", *Historisches Jahrbuch* 103 (1983), 158—159; 另见 Walter Grossmann. "Städtisches Wachstum und religiöse Toleranzpolitik am Beispiel Neuwied", *Archiv für Kulturgeschichte* 62—63 (1980—1981), 207—232。

[37] 见 Heinz Duchhardt, ed., *Der Exodus der Hugenotten. Die Aufhebung des Edikts von Nantes 1685 als europäisches Ereignis* (Cologne and Vienna, 1985); Rudolf von Thadden, ed., *Die Hugenotten*: *1685—1985* (Munich, 1985), *300 Jahre Hugenotten in Hessen. Herkunft und Flucht, Aufnahme und Assimilation, Wirkung und Ausstrahlung* (Kassel, 1985); Willi Stubenvoll, *Die deutschen Hugenottenstädte* (Frankfurt, 1990)。

[38] 奥尔良的伊丽莎白·夏洛特女公爵 1699 年 9 月 23 日写信给汉诺威的索菲亚姑母，谈到胡格诺教徒时说："科尔伯特阁下表示，既然国王们的大量臣民以及足可用来封侯拜爵的财富蜂拥而入，因此不妨多多益善，既能大量增加条顿选帝侯的新臣民，又能得到可观的财富。"见 *Briefe der Lieselotte von der Pfalz*, ed. and introduced by Helmuth Kiesel (Frankfurt, 1981), 127; 另见 Hans R. Guggisberg, *Religiöse Toleranz*. 194, 注 2。1801 年，启蒙运动作家 Garlieb Merkel 描述了汉堡从 16 世纪开始接收来自尼德兰、西班牙和葡萄牙的宗教难民而获得的种种好处。他在谈到胡格诺教徒时写道："路易十四时期，大批新教徒涌到汉堡附近这个今天叫作乔治广场的地方，那时还是一片荒地，他们会自愿建造房子，如果你不反对，他们还会建造教堂。传道引起了激烈反对，当时城内频有骚乱，而市政当局对此却无能为力，声称有效的办法就是息事宁人。但这些外乡人拒不答应迁走，由此使得勃兰登堡变成了富庶之地。他们带来了产业，此外还带来了税收，所以这也许应该归功于教会的教化。"见 *Freimütiges aus den Schriften Garlieb Mekels*, ed., Horst Adameck (East Berlin, 1959), 270—271。

[39] Hassinger, "Wirtschaftliche Motive", 337, 344—345. 另 见 Guggisberg, "Wandel der, Argumente für religiöse Toleranz und Religionsfreiheit im 16.und 17. Jahrhundert", 载 Lutz, *Zur Geschichte*, 469—470。

[40] Hassinger, "Wirtschaftliche Motive", 345, 349; 另见本文注 12 所引诸文。

［41］ *Interest van Holland ofte Gronden van Hollands-Welwaren*, *angewezen door V. D. H.*（?1662）； 见 Hassinger，"Wirtschaftliche. Motive，" 346—352。

［42］ 见 Helmuth Kiesel，"Problem und Begründung der Toleranz im 18. Jahrhundert"， 载 Horst Rabe，Hansgeorg Molitor，and Hans-Christoph Rublack，eds.，*Festgabe für Ernst Walter Zeeden*（Münster and Westfalen，1976），370—385；Joachim Whaley，"Pouvoir sauver les apparences：The Theory and Practices of Tolerance in Eighteenth Century Germany，" 载 Heimo Reinitzer and Walter Sparn，eds.，*Verspätete Orthodoxie. Über D. Johann Melchior Goeze*，*1717—1786*（Wolfenbüttel，1989），9—26。

［43］ "我也像路德与加尔文——或者像伊丽莎白女王本人——那样反对天主教，但我由衷地相信，在使那些拥抱天主教的王国或国家比其他国家变得更加富足方面，宗教改革并没有比带圈环和软衬的裙子这种愚蠢又任性的发明做出过更大的贡献。然而，尽管据此大可以说我敌视教权，但我至少会肯定，除了那些争夺俗众欢心的大人物之外，教权从一开始到如今，从来就没有像我说的女用奢侈品那样在取得可恶的进步的短短几年间雇到那么多人手，即忠诚勤奋的劳动者。宗教是一回事，贸易则是另一回事。有人给数以千计的邻居造成了极大的麻烦，发明出这种极费工夫的产品，那无论对错，他都是最伟大的社会之友。" 见 Bernard Mandeville，*The Fable of the Bees*，*or*，*Private Vices*，*Publick Benefits*，first volume（London，1957），356。毫无疑问，曼德维尔是最早提出这一观念——资本主义发端于妇女的奢侈品消费——的作者之一。后来，这个命题在维尔纳·松巴特那里得到了发展。见 Werner Sombart，*Luxus und Kapitalismus*，1913，reprinted as *Liebe*，*Luxus und Kapitalismus. Uber die Entstehung der modernen Welt aus dem Geist der Verschwendung*（Berlin，1983）。

［44］ 见 G. Borchardt，ed.，*Aus den Randbemerkungen*（Potsdam，n. d.），Bd. 1：70—71。

［45］ 见 Johannes Heckel，*Cura religionis. Ius in sacra. Ius circa sacra*，2d ed.（Darmstadt，1962）。

［46］ 例见 Johann Heinrich Gottlob von Justi, Die Grundfeste zu der Macht und Glückseligkeit der Staaten[…]，Bd. 2（Königsberg and Leipzig，1761），27ff.（"Von der Religions-Policy"）；Policy- und Cameral-Magazin[…]，Bd.5，ed.，Johann Heinrich Ludwig Bergius(Frankfurt a. M.，1770)，Art.("Kirchenpolizei")，283 ff.；另见 Dipper，"Volksreligiosität und Obrigkeit"，76 ff.。

［47］ 见 Justi，*Die Grundfest*，7。

［48］ 同上，20。

［49］ Joseph von Sonnenfels，*Grundzüge der Polizey-Handlung- und Finanzwissenschaft*（Vienna，1970），d：118.

［50］ Johann Kaspar Riesbeck，*Briefe eines reisenden Franzosen über Deutschland*，ed. Jochen Golz（Berlin，1976），236.

［51］ Johann Heinrich Gottlob von Justi，*Grundsätze der Policeywissenschaft* […]，3rd ed.（Göttingen，1782），235 ff.

［52］ 见 von Justi，*Die Grundfeste*，37。

［53］ Philipp Peter Gordon，*Polizey der Industrie oder Abhandlung von den Mitteln*，*den Fleiss der Einwohner zu ermuntern* […]（Braunschweig，1768），170；部分内容收入了 Münch，ed.，*Ordnung*，*Fleiss und Sparsamkeit*，167—177：另见 Münch，"Fêtes pour le peuple，rien par le peuple. Öffentliche' Feste im Programm der Aufklärung，" 载 Dieter Düding，Peter Friedemann，and Paul Münch，eds.，

Öffentliche Festkultur. Politische Feste in Deutschland von der Aufklärung bis zum Ersten Weltkrieg (Reinbeck, 1988), 30。

［54］ *Christian Friedrich Menschenfreunds Untersuchung der Frage. Warum ist der Wohlstand der protestantischen Länder so gar viel grösser als der katholischen* (Salzburg and Freisingen, 1772)；后 K. Walcker 在 "Flugschriften des evangelischen Bundes" (No.181—183) 中重印，题为 Des Reichsfreiherrn Wirkl. Geh. Rats Prof. Dr. jur. J. A. v. Ickstatt katholische Lobschrift auf den Protestantismus；在 Münch, Ordnung, Fleiss und Sparsamkeit, 178—182 中部分重印。Jacob Viner 将 Adam Müller 误认为作者，见 *Religious Thought and Economic Society*, 161, note 24。

［55］ J.F.Mayer, *Lehrbuch Kür die Land- und Hausswirthe in der pragmatischen Geschichte der gesamten Land-und Hausswirtschaft des Hohenlohe Schillingsfürstlichen Amtes Kupferzell* (Nuremberg, 1773) (reprinted ed., Schwäbisch Hall, 1980), 267.

［56］ (Joh. Friedrich von Pfeiffer), *Natürliche aus dem Endzweck der Gesellschaft entstehnde Allgemeine Policeiwissenschaft*, 1. Teil (Frankfurt a. M., 1779), 412—413.

［57］ 见 Münch, "Fètes pour le peuple", 29 ff.

［58］ "在那些粮食生产水平低下的国家，很快就能观察到，它们的人民缺乏天赋和勤奋。虽然他们缺乏能力去理解天才们的微言大义，但他们更加缺乏集激情和勤奋于一身的能力，这是依靠迅速反应和持久训练而出类拔萃的能力。从某种程度上来说，几乎所有的人都处于浑浑噩噩不可终日之态。人们做决定往往顺从于最初养成的习惯——比如对食物及其加工方式的选择。因此，他们并不在意食物质量的好坏，令人发育不全或使人基因优良的加工方式都无关紧要，满足基本生理需求就够了，因而没有人去研究新型健康技术以加工食品。这是西班牙、葡萄牙、波兰及一些北欧国家的现状，也是德国大部分信奉天主教的州处于粮食匮乏状态的背后原因。" von Justi, *Die Grundfeste*, 1: 687—688。

［59］ 见本文注 33。

［60］ "勤勉，源自拉丁语 Industria 和法语 Industrie。一般情况下，人们都是翻译成勤勉这个词，后来则有了孜孜不倦的意思，再后来是勤奋、辛劳、勤恳、刻苦、创造性努力等等。在金融术语中，没有一个德语词汇的含义可以完全对应法国人特为勤勉而量身打造的词义，可见这个词极有创意，它有目的地把炉火纯青的技巧和自由钻研的优势都展示了出来，以期由此达到一个满足所有需求的平衡。当人们提及财政金融制度和国民经济的时候，在德语中通常使用一些色彩强烈的词汇，会使人想起那些快乐的工匠及商人的辛苦忙碌，包括所谓的文质彬彬和在有利条件下发挥最大优势的技巧。" 见 Münch, *Ordnung, Fleiss und Sparsamkeit*, 284—285。关于这个问题，另见 Focko Eulen, *Vom Gewerbefleiss zur Industrie. Ein Beitrag zur Wirtschaftsgeschichte des 18. Jahrhunderts* (Berlin, 1967)；Johannes Burkhardt, "Das Verhaltensleitbild 'Produktivität' und seine historisch-anthropologische Voraussetzung", 载 *Speculum* 21 (1974): 277—289; Hubert Treiber and Heinz Steinert, *Die Fabrikation des zuverlässigen Menschen. Über die "Wahlverwandtschaft" von Kloster- und Fabrikdisziplin* (Munich, 1980)；Wolfgang Dressen, *Die pädagogische Maschine. Zur Geschichte des industrialisierten Bewusstseins in Preussen/Deutschland* (Frankfurt, 1982)；Rudolf Schenda, "Fleissige Deutsche, fleissige Schweizer. Bemerkungen zur Produktion eines Tugendsyndroms seit der Aufklärung", 载 Hans-Jürg Braun, ed., *Ethische Perspektiven: "Wandel der Tugenden"* (Zurich, 1989), 189—209。

[61] 另见尤斯蒂，他只是说"绝大多数天主教国家"，而且还认为北方（即新教）各国也缺乏天赋（本文注58）。

[62] Johann Heinrich Zedler, "Naturell der Völcker", in *Grosses Vollständiges Universal-Lexikon*, Bd. 25 (Leipzig and Halle, 1740), Sp. 1246—1251.

[63] 这在重商主义著作中有许多例证。

[64] 见 Syed Hussein Alatas, *The Myth of the Lazy Native: A Study of the Image of the Malays, Filipinos and Javanese from the 16th to the 20th Century and Its Function in the Ideology of Colonial Capitalism* (London, 1977)。

[65] 参见 Müncth, Ordnung, *Fleiss und Sparsamkeit*。

[66] 见 Peter J. Brenner, ed., *Der Reisebericht. Die. Entwicklung einer Gattung in der deutschen Literatur* (Frankfurt, 1989), 524—531。

[67] 见 Jörn Garber, "Von der Menschheitsgeschichte zur Kulturgeschichte. Zum geschichtstheoretischen Kulturbegriff der deutschen Spätaufklärung," 载 *Kultur zwischen Bürgertum und Volk* (Berlin, 1983), 76—97。

[68] Anselmus Rabiosus, *Reise durch Ober-Deutschland* (Salzburg and Leipzig, 1778), 93; 另见本文注 21 (Ewald)。

[69] *Briefe eines reisenden Franzosen*, 13ff., 61 ff., 414f., 517, 539—543.

[70] Friedrich Nicolai, *Beschreibung einer Reise durch Deutschland und die Schweiz im Jahre 1781, nebst Bemerkungen über Gelehrsamkeit, Industrie. Religion und Sitten*, 12 vols. (Berlin and Stettin, 1783—1796) .

[71] 见 Wolfgang Martens, "Ein Bürger auf Reisen", 载 Bernhard Fabian, ed., *Friedrich Nicolai 1733—1811. Essays zum 250. Geburtstag* (Berlin, 1983), 99—123.

[72] 见本文注 28、54 所引诸文。

[73] 见 Friedrich Hummel, *Was gibt der evangelische Protestantismus den ihm zugehörigen Völkern bis heute vor den römisch-katholischen Völkern voraus? Vortrag, gehalten bei der VII. General-Versammlung des Evangelischen Bundes zur Wahrung der deutsch-protestantischen Interessen in Bochum. 9. August 1894* (Leipzig, 1895)。

[74] "人类文明的进程已然证实，罗马天主教教义并非如其所愿那样切实有效。当时天主教会为了加强对信仰领地的控制，对新教徒进行了全面的文化管控，但由于在财富领域对教义的遵从，却无意间大力发展了新教徒在慈善方面的思想。至今新教仍然教导它的信徒从教义出发，以充满活力的积极方式去处理与文化、政治、社会的关系，以期提升到一个更高更醒目的境界。这当然是文明向前迈进一大步的关键，新教也是在向世人展示，这一历史任务只有在新教的教义和教育中才可能得以实现。"同上，12。

[75] 这是胡梅尔引用的 James Johnston, *A Century of Christian Progress and Its Lessons* (London, 1888) 中的话，见 Hummel, *Was gibt der evangelische Protestantismus*, 3。

[76] "我们需要的不是进一步扩大国家之间的生态比较，而是应该停下来仔细想想，迄今我们究竟都做了些什么——这自然会涉及新教带来的利益。他们已然证实了这个真理：不从发展的内部和独有属性出发，是解释不清种族问题和气候情况的。对于绝大多数人来说，应以启示录的说法为基础，这是从一开始就确定的。

然后就涉及生活实质的最深层原因，同样也是一个教派或教会的发展史，即它们在教徒的精神世界里占据
重要地位这一过程。但这还需进一步挖掘，福音派新教在不同的更高精神和物质文化领域针对种族问题和
气候因素能再做出怎样合乎科学的诠释。" Hummel, *Was gibt der Protestantismus*, 18—19.

[77]　胡梅尔已经勾勒了一种一以贯之的新教伦理，它开始于自由而负责任的人格以及对职业责任的身体力行
（见 *Was gibt der evangelische Protestantismus* 74，75）。但他显然是用这种新教伦理去抵消现代唯物主
义的自然与文化激情（76，另见 113—114），而且并没有把得救预定论教义作为它的基础。

04　准英国人韦伯：亲英情感与家族史

[1]　"我们所说的 Herrenvolk 并不是指某些人描绘的一个暴发户的丑恶嘴脸，这些人抱着（畸形的）民族自
尊感，居然让那个英国的叛徒斯图亚特·张伯伦先生来告诉他们德意志是个什么样的民族"（《马克斯·韦
伯全集》，I/15，594）。Herrenvolk 听上去是个不祥之兆，即使翻译成"优等种族"和"优等民族"也
特别棘手，正如翻译任何与 herr 搭配的德文词一样。但是韦伯悄悄给这个由于社会达尔文主义和种族主
义而贬值的通俗说法赋予了一种寻常的含义：Herrenvolk 就是享有政治权利、参与决定民族命运的全体
公民。因此，他所要求的民主化就是德国能够作为一个自由而成熟的民族"加入到 Herrenvolk 的行列"
（《马克斯·韦伯全集》，I/15，727）。关键的问题在于，"只有 Herrenvolk 才有权从事世界政治"。见 H.
Baler. M. R. Lepsius, W. J. Mommsen, W. Schluchter, and J. Winckelmann, eds., *Max Weber
Gevomtausgabe* (Tübingen: Mohr, 1984), I/15, 396。

[2]　关于辉格党对它的解释以及后来的修正，见 Peter. Wende, *Probleme der Englischen. Revolution*
(Darmstadt: Wissenschaftliche Buchgesellschaft, 1980). 41ff。对这个老概念的新辩解，见 Christopher
Hill, "The Place of the Seventeenth-Century Revolution in English History" (1988)，载他的 *A Nation of
Change and Novelty* (London: 1990), 6—23。

　　韦伯很清楚奥利弗·克伦威尔对自由主义的重新解释。见 Samuel Rawson Gardiner, *Oliver
Cromwell* (London, 1899; German ed., 1903)。最早为克伦威尔恢复名誉的是卡莱尔，他把克伦威
尔说成是"19 世纪不从国教的立体式英雄，是维多利亚时代大众自由主义的精神先驱（但具有讽刺意
味的是，卡莱尔是个死硬的反自由主义者）。由于和他们相距太远，我们很难理解 17 世纪那些事件所产
生的极为深刻而直接的政治激情对 19 世纪的重大意义。……在曼彻斯特这个工业自由主义的发祥地，
1875 年竖起英格兰第一座克伦威尔塑像时引起的政治轰动几乎不足称道"。Blair Worden, "Rugged
Outcast"，*New York Review of Books*. Nov.15, 1974, 24。

　　关于德国人对卡莱尔和辉格党的关切，尤见韦伯在弗莱堡时的同事 Gerhart von Schulze-Gaevernitz,
Zum sozialen Frieden. Eine Darstellung der sozialpolitischen Erziehung des englischen Volkes(Leipzig:
Duncker & Humblot, 1890)；关于卡莱尔，见 77—290；另见 Schulze-Gaevernitz, *Carlyles Stellung
zu Christentum und Revolution* (Leipzig: Marquardt, 1891)。Schulze-Gaevernitz 后来在 1930 年的
斯沃思莫尔演讲 *Democracy and Religion: A study of Quakerism* (London, 1930) 中又重申了他最偏
爱的这个话题。

[3]　见 "The Protestant Sects and the Spirit of Capitalism"，载 H. H. Gerth and C. Wright Mills, eds.,

From Max Weber: Essays in Sociology（New York: Oxford University, 1946），321。

［4］ 1911 年 6 月 21 日 的 信， 载 Eduard Baumgarten, ed., *Max Weber. Werk und Person*（Tübingen: Mohr, 1964），429。

［5］ 1905 年 1 月 12 日的信，引自 Wolfgang J. Mommsen, *Max Weber and German Politics 1890-1920*, trans. by M. Steinberg（Chicago, 1984），94。

［6］ Marianne Weber, *Ehefrau und Mutter in der Rechtsentwicklung*（1907, reprinted. Aalen: Scientia, 1971），290.

［7］ Baumgarten, ed., *Max Weber: Werk und Person*。保罗·霍尼希斯海姆记得韦伯曾大声说道："一个从未把自己的君主斩首示众的民族，绝不是个文明民族（Kulturvolk）"；请注意，韦伯这里说的并不是 Herrenvolk， 而 是 Kulturvolk。 见 Honigsheim, *On Max Weber*, trans. Joan Rytina（New York: Free Press, 1968），13（translated）。在德意志帝国崩溃之时，韦伯缓和了他的说法："在不同时期否定合法权力，这对每个民族的自尊都是大有神益的，即使那些权力后来又得到了人民的宽恕，就像英国发生的那种情形。"（*Max Weber Gesamtausgabe*, I/16, 107）1918 年 11 月初威廉二世逃离柏林到他的比利时驻军司令部寻求避难（最终隐居荷兰之前）时，韦伯立即想起了詹姆斯二世，想起了许多国会成员的机会主义。见 Karl Loewenstein, "Persönliche Erinnerungen an Max Weber"， 载 René König and J. Winckelmann, eds., *Max Weber zum Gedächtnis*（Cologne: Westdeutscher Verlag, 1963），51。

［8］ 见 1908 年 8 月 16 日致罗伯特·米凯尔斯的信，*Briefe 1906—1908*, M. Rainer Lepsius and W. J. Mommsen, eds., With Birgit Rudhard and Manfred Schön, *Max Weber. Gesamtausgabe*, II/5, 641 ff.

［9］ Georg Gottfried Gervinus, *Einleitung in die Geschichte des neunzehnten Jahrhunderts*, Walter Boehlich, ed.（Frankfurt: Insel, 1967），162, 165。另 见 Gangolf Hübinger, *G. G. Gervinus. Historisches Urteil und politische Kritik*（Göttingen: Vandenhoeck & Ruprecht, 1984）。

［10］ 见 Reinhard Lamer., *Der englische Parlamentarismus in der deutschen politischen Theorie im Zeitalter Bismarcks*, *1857—1890*（Lübeck: Matthiesen, 1963），5。

［11］ 1894 年，鲍姆加滕去世一年之后，右翼历史学家埃里希·马尔克斯尝试着总结了他的这位异端老师的政治与宗教气质："他的精神气质是新教主义的，得到了莱辛与赫尔德的滋养，即从历史的角度理解基督教，并把历史看作神启的组成部分。那种新教气质，在反对路德教正统，特别是在反对天主教的斗争中表现得极为鲜明。在这方面，鲍姆加滕始终情绪激昂。他认为，这种斗争对于德国的生存至关重要。在他看来，整个现代思想史就是奠基于自由、自决人格这一新教理念之上。至高无上的责任就是保护并扩大这种自由。他对同时代人的告诫以及他的历史同情——支持加尔文主义和政治新教，反对北德意志的路德教——关系到内在生命通过行动、通过政治精神所产生的成果。这种挑战就是要把新教的独特内在与世界列强融合在一起。……就此而论，达尔曼与邓克尔——必须承认，还有格维纽斯——的影响都发挥了重大的作用：伦理因素在鲍姆加滕的全部论说、在他的整个历史研究中都占有支配地位。"见埃里希·马尔克斯为鲍姆加滕写的传记性导论，*Historiche und politische Aufsätze und Reden*（Strasbourg: Truebner, 1894）。

　　韦伯的姨父阿道夫·豪斯拉特（Adolf Hausrath, 1837—1909）——他娶了亨丽埃特·法伦斯坦——也是一位教会史学家，与他的外甥 H. 鲍姆加滕一样同情加尔文主义，并坚信阿尔萨斯定会再次名副其实地成为德国的一部分。关于他对加尔文主义的看法，见他描写 16 世纪海德堡的历史小说《克里提亚》（*Klytia*），是用英文笔名乔治·泰勒（George Taylor [Leipzig:Hirzel, 1883; 6th ed., 1894]）发表的；在美国两次以德文发表（1884，1929），并出版了两个英译本（1883，1884）；关于阿尔萨斯问题，见"Die oberrheinische Bevölkerung in der deutschen Geschichte"，载 *Kleine Schriften religionsgeschichtlichen Inhalts*（Leipzig: Hirzel，1883）301—328。

［12］Baumgarten, "Römische Triumphe", 504f.

［13］同上，515f。

［14］同上，507。

［15］同上，517f；另见 "Ignatius von Loyola"，498ff。

［16］1887 年 4 月 25 日的信，见 Weber, *Jugendbriefe*（Tübingen: Mohr, 1936），234。

［17］关于这方面的综述，见 Charles E. McClelland, *The German Historians and England*（Cambridge: Cambridge University Press, 1971）。

［18］Schulze-Gaevernitz, *Zum sozialen Frieden*（Leipzig: Drackert Humblot, 1890）.

［19］见 Kurt Zielenziger, *Gerhart von Schulze-Gaevernitz*（Berlin: Prager, 1926），7f。

［20］*Britischer Imperialismus und englischer Freihandel zu Beginn des zwanzigsten Jahrhunderts*（Leipzig: Duncker & Humblot, 1906）.

［21］*Max Weber Gesamtausgabe*，II/5，236。令人惋惜的是，此信在这个问题上戛然而止。不过很清楚，韦伯主要是反对他的言过其实，而不是他的基本立场，阿尔弗莱看上去倒是抱有更大的疑问。在 1920 年版的《新教伦理与资本主义精神》中，韦伯提到了舒尔策–加弗尔尼茨的"佳作"，这是他常用的形容词，表示既赞赏又有所保留的态度。另一个评论见 "Antikritisches Schlusswort"（1910），载 J. Winckelmann, ed., *Die Protestantische Ethik II. Kritiken und Antikritiken*（Gütersloh: Siebenstern. 1978），327。

　　在给韦伯写的悼文中，舒尔策–加弗尔尼茨继续坚持了他自己的独特看法。他颂扬了韦伯对于肤浅而枯燥的功利主义所抱持的批判态度，因为它使宗教性的世俗禁欲主义遭到了削弱。在他看来，韦伯无疑会越来越坚持这种批判态度，因为"盎格鲁—撒克逊式的矜持（Gehaltenheit）和他的暴躁天性格格不入。在英国的土壤上，他只能被理解为带有浓重的凯尔特人血统"。令舒尔策–加弗尔尼茨痛惜的是，"韦伯对盎格鲁—撒克逊灵魂的卓越理解，无论在战前还是战争期间，都没能发挥政治上的作用。韦伯对它的理解和我们正相反—宗教养育了自由理念，英国就是榜样，美国更是如此。……在他的天才光芒面前，昏聩的德国政府却形同瞎子"。见 Schulze-Gaevernitz, "Max Weber als Nationalökonom"，载 König and Winckelmann, eds., Max Weber zum Gedächtnis，56f。另见 Willy Schenk, Die deutsch-englische Rivalität vor dem Ersten Weltkrieg in der Sicht deutscher Historiker（Aarau: Keller, 1967），esp. 136ff。

［22］例如，在韦伯支持 1898 年海军扩军计划的公开表态中就能看到这种说法，见 *Gesammelte politische Schriften*，3rd ed.，Joh. Winckelmann, ed.（Tübingen: Mohr, 1971）。关于韦伯提出的"必须对历史负责"这一口号在当时的意义以及在今天看来已经过时等问题，见我的文章 "Max Weber's Ethics and the Peace Movement Today"，*Theory and Society*，13（1984）491—511。

［23］奥托·鲍姆加滕（1858—1934）也是由于个人婚姻关系而成为亲英派的。他在 19 世纪 80 年代初娶了他的表妹埃米莉·法伦斯坦，她是伊达同父异母弟弟奥托·法伦斯坦的女儿，奥托·法伦斯坦娶了一个英国女子为妻。埃米莉是在英国和奥地利成长起来的。奥托·鲍姆加滕在他短暂的婚姻之前和期间就学会了流利的英语会话并游历了英格兰；埃米莉和她的儿子一起死在产床上。奥托·鲍姆加滕对于英德关系的恶化深感忧虑，曾写了《卡莱尔与歌德》（*Carlyle and Goethe*, Tübingen: Mohr, 1906）"以加强这两个民族的精

神联系，尽管它们的关系日益紧张"。他在 1908 和 1922 年两次肩负教会的"和平使命"出访英国。另见奥托·鲍姆加滕自传 *Meine Lebensgeschichte*（Tübingen: Mohr, 1929），57, 123, 240f., 45lff。

[24] 阿道夫·豪斯拉特在他的小说 *Elfriede.A Romance of the Rhineland*（London: Swan Sonnenschein, 1888）59, 251）中讽刺了他的妻妹海伦妮和伊达，特别是那些家庭教师以钱宁为准臧否人物的做法。

[25] Weber, "Die protestantische Ethik und der 'Geist' des Kapitalismus,", *Archiv für Sozialwissenschaft und Sozialpolitik 21*（1905）: 43.

[26] 关于代表大会，见 Harry Liebersohn, *Religion and Industrial Society: The Protestant Social Congress in Wilhelmine Germany. Transactions of the American Philosophical Society*. Vol. 76, Par 6（1986）。伊达·鲍姆加滕和海伦妮·韦伯（卡尔·科内尔留斯的孙女）曾以她们继承的财产资助了瑙曼在帝国国会的竞选活动。

[27] 他在 15 岁时到汉堡探望他的伯父奥托·韦伯，其间第一次见到了交易所和港口，然后有些少年老成地向表兄弗里茨·鲍姆加滕说起了这事："这样一个海港的生活对于普通人来说有着独特的魅力。你会看到成千上万的人为了同一个目的在劳动。我还在交易所大厅观察了人们处理业务的情形，因此对商界有了点了解。"见 1879 年 10 月 1 日的信，载 *Jugendbriefe*, 28。多年以后韦伯夫妇访问美国期间还参观了纽约股票交易所。见本书罗尔曼的文章所引特勒尔奇 1904 年 9 月 3 日的信。

[28] 见 1891 年 1 月 3 日的信，*Jugendbriefe*, 326。

[29] 见 Levin Goldschmidt, *Handbuch des Handelsrechts*, Vol. I: 1, *Universalges chichte des Handelsrechts*（Erlangen: Enke, 1864）; Vol. 1: 2, *Die Lehre von der Ware*（1868）。第二本读起来就像苏卡家族的活动指南，涉及有价证券、外汇、留置权、抵押权、土地和动产的转卖抵押、仓单、货票等等。和威廉·本内克一样（见本文注 45），戈德施密特也是一个海事保险专家。见 Levin Goldschmidt, *System des Handelsrechts, mit Einschluss des Wechsel-, See - und Versicherungsrechts*, 2d ed.（Stuttgart: Enke, 1889）。

[30] 1896 年 10 月 7 日的信，见 Baumgarten, ed., *Max Weber*, 330。

[31] Weber, "Die Börse"（1894-1896），重印于 *Gesammelte Aufsätze zur Soziologie und Sozialpolitik*（Tübingen: Mohr, 1924），321。

[32] 见 Harry Liebersohn, *Fate and Utopia in German Sociology.1870—1923*（Cambridge, Mass.: 1988），83; Arthur Mitzman, *The Iron Cage. A Historical Interpretation of Max Weber*（New York: Knopf, 1970），18。毫无疑问，女人一直比男人更虔诚，男人往往会把个人信仰同商业伦理分而论之。不过我认为，海伦妮·韦伯与伊达·鲍姆加滕那一代人，不仅保持了胡格诺/归正宗传统的连续性，而且她们的道德严格主义也达到了高潮。这是我从奥托·鲍姆加滕对他母亲伊达晚年宗教生活的记录中得出的看法。作为一个神学家，鲍姆加滕的自传开篇就写了《胡格诺教的影响》一节，认为他的母亲以及韦伯的外祖母埃米莉继承了"旧时苏卡家族的宗教传统"。尽管他承认达维德·弗里德里希·施特劳斯的激进理性主义在法伦斯坦家族内部所产生的宗教影响，但是对于苏卡家族的商业表现却保持了沉默，而且只字不提埃米莉的父亲，一位世界主义的资本家。因此，鲍姆加滕可能是推断出了一种坚实的宗教传统，而实际存在过的传统却并不完全如此。

[33] Marianne Weber, *Max Weber*, 25.

[34] 同上，172。韦伯这样描述他伯父的优秀企业家品质："只有超乎寻常的坚强性格才能使这样一个新型企业家

不致丧失适度的自我控制，才能使他免遭道德上与经济上的毁灭。……但是这些伦理品质却根本不同于适应以往传统主义的那些伦理品质。"（《新教伦理与资本主义精神》，69）。另见韦伯在他伯父去世时写的唁函，1907 年 7 月 21 日，in *Briefe*, *Max Weber Gesamtausgabe*, II/5, 335f。

[35]　Peter Lundgreen, "Ferdinand Kaselowsky," in Jürgen Kocka and Reinhard Vogelsang, eds., *Bielefeldel Unternehmer. des 18. bis 20. Jahrhunderts' Rheinisch-Westfälische Wirtschaftsbiographien 14* (Münster: Aschendorff, 1990) 163—187.

[36]　1842 年，普鲁士商务部长皮特·博特——他促成了许多对外交流并为卡塞洛夫斯基提供了资助——给 19 世纪 30 年代比勒费尔德岁入最丰的古斯塔夫·德利乌斯写信说："就比勒费尔德而言，我经常对您坦诚相告，那里的绅士们多是满足于既得利益和钱袋的商人，而不是制造商。"因此，对于博特来说，问题在于如何把这些故步自封的商人改造成不断进行技术创新的工厂主，以及如何把商业精神转化为产业精神。见 1842 年 1 月 10 日的信，引自 Martin Schumacher, *Auslandsreisen deutscher Unternehmer 1750—1851* (Cologne: Rheinisch-Westfälisches Wirtschaftsarchiv, 1968), 218。　另　见 Karl Ditt, *Industrialisierung, Arbeiterschaft und Arbeiterbewegung in Bielefeld 1850—1914* (Dortmund: Westfälisches Wirtschaftsarchiv, 1982) 16 页关于所引博特 1836 年时的评论；关于德利乌斯，见 33f。Ditt 详细描述了那些贵族式亚麻商——包括韦伯家族——的情况，以及虽然受到抵制但最终大功告成的机械化所带来的压力。

[37]　在比勒费尔德，当时的年青一代自 1850 年以后终于决定冒险一试。1852 年，第一家机器纺织厂的确是由暴发户、匈牙利籍的博兹兄弟创办的，由于是外来户，他们备尝资金短缺之苦。但是两年以后，年轻的赫尔曼·德利乌斯从利兹把已是出类拔萃的亚麻工业专家之一的卡塞洛夫斯基吸引了回来，让他担任了技术总监并成为大获成功的拉文斯伯格纺织厂的合伙人，该厂直到 1902 年使用的都是英国机器。鞋匠之子卡塞洛夫斯基成了富翁，并且建起了被认为是比勒费尔德最赏心悦目的豪宅，在那里过着上流社会的日子。他在 1877 年当选为普鲁士议会议员，但就职之前去世。卡塞洛夫斯基属于韦伯所痛斥的那种散发着"封建"气息的暴发户之一吗？

[38]　他的三个弟弟全都离开了家乡另谋高就。奥托（1829—1889）成了汉堡的商人和证券经纪人（见本文注 28），莱奥波德（1833—1876）成了曼彻斯特的富商。他最小的弟弟——韦伯的父亲（生于 1836 年）——没有涉足商界，而是当了一名律师、高级文职人员及国会议员。由于伯父莱奥波德的关系，马克斯·韦伯有了仅比他稍微年长的三个英国堂兄。见爱德蒙·施特鲁兹编《德国资产阶级望族的起源》(Edmund Strutz, ed., *Deutsches Geschlechterbuch. Quellen deutscher bürgerlicher Geschlechter* (Limburg: Starke, 1962) 中的"韦伯"词条。

[39]　Marianne Weber, *Lebenserinnerungen* (Bremen: Storm, 1948), 11.

[40]　见 *Die verhandlungen des achten Evangelisch-sozialen Kongresses* (Göttingen: Vandenhoeck, 1879), 113。

[41]　"Die Handelshochschulen" (1911), in Edward Shils, ed., and trans., *Max Weber on Universities* (Chicago: University of Chicago Press, 1973), 39。

[42]　由于玛丽安娜·韦伯并不积极参与管理企业的活动，因此，她的角色更像是一个资本主义的食利者，一种经常遭到马克斯·韦伯强烈谴责的人物。对于韦伯来说，拥有部分产权还是可以接受的，因为这使他 1903 年因健康原因辞去教职以后受到影响的家庭财政状况得到了改善。见 1907 年 9 月 3 日自奥灵豪森致玛丽

安娜的信，*Max Weber Gesamtausgabe*，II/5，385ff。

[43] 虽然是由阿尔弗雷德管着海伦妮的钱，但是马克斯是真正的户主，他可以在征得海伦妮同意后决定其用项。见 *Max Weber Gesamtausgabe*，II/5，36，52f.，263，270，277，282 f.，304，338，385f.，404，420，526，682，686。

[44] 见 Alexander Dietz，*Frankfurter Handelsgeschichte*，Vol. 4（1925，repr. Glashütten：Auvermann，1973），331。迪茨收录了从 1556 到 1812 年的富商大贾，但是把后来的苏卡家族也列了进去，因为它的财产规模确实太大了，总计高达 30 万英镑，即使按照英国的标准也是非常庞大的。关于苏卡家族的贸易活动，见韦伯的海德堡研究生班的一项研究成果，Hugo Kanter，*Die Entwicklung des Handels mit gebrauchsfertigen Waren von der Mitte des 18. Jahrhunderts bis1866 zu Frankfurt a.M.*（Tübingen：Mohr 1902）；另见 Veit Valentin 的博士论文 *Politisches, geistiges und wirtschaftliches Leben in Frankfurt am Main Vor dem Beginn der Revolution Von 1848/49*（Stuttgart：Deutsche Verlagsanstalt，1907）。关于法兰克福的重要地位，见 Werner Sombart，*Die deutsche Volkswirtschaftim Neunzehnten Jahrhundert*（Berlin：Bondi，1903）的生动记述。关于国际资本市场的兴起以及资本逃离法国大革命，从而给英国的工业革命提供资金支持的情况，见 Larry Neal，*The Rise of Financial Capitalism: International Capital Markets in the Age of Reason*（Cambridge：Cambridge University Press，1990）。关于世界主义资产阶级的一般作用，见 Charles A. Jones，*International Business in the Nineteenth Century.The Rise and Fall of a Cosmopolitan Bourgeoisie*（New York，1987）。

[45] 他女儿亨丽埃特未来的公公威廉·本内克是海事保险与风险投机的国际权威，在大陆封锁期间对这个家族起了决定性的作用。见 Wilhelm Benecke，*System des Assekuranz- und Bodmereiwesens*，4 vols.（Hamburg：Selbstverlag，1805—1810）；关于大陆封锁的影响，见后来增补的第五卷（1821），158ff。

[46] 见 Stanley Chapman，*Merchant Enterprise in Britain from the Industrial Revolution to World War I*（Cambridge：Cambridge UniVerslty Press，1992）。关于苏卡、舒恩克、本内克及有关家族的各种合作关系，一个重要的资料来源是诺丁汉大学图书馆馆藏的 1829 到 1934 年的贸易通函，共 45 卷。非常感谢查普曼博士的指点，使我得到了这些以及其他一些资料。

[47] 与韦伯不同，布伦塔诺和英国有着密切的学术联系，而且还支持他的学生格哈德·冯·舒尔策-加弗尔尼茨长期留在不列颠博物馆工作。布伦塔诺十几岁时就被保守而正统的母亲送到了爱尔兰，这大概是个失误，因为他的表兄皮特·雷诺夫（Peter Le Page Renouf，1822—1897）是英国知名的自由主义天主教徒之一。1871 年德国统一后，布伦塔诺甚至想过移民英国。见布伦塔诺的自传 *Mein Leben im Kampf um die soziale Entwicklung Deutschlands*（Jena：Fischer，1931），41；另见 James J. Sheehan，*The Career of Lujo Brentano*（Chicago：University of Chicago Press，1966），10，24。

[48] 见布伦塔诺 *Die Anfänge des Kapitalismus*（Munich：Akademie der Wissenschaften，1916），122，附录二。

[49] 同上。

[50] Dietz，*Frankfurter Handelsgeschichte*，240。布伦塔诺在自传（4ff）中有些恼怒地对迪茨所谓布伦塔诺家族出身低下的说法做出了反应，但他勉强承认其贵族血统的某些证据可能是伪造的，至于其他，他宣称自己并不怎么在乎。

[51] Dietz，*Frankfurter Handelsgeschichte*，240。市政当局驱逐意大利人的努力彻底失败了，但是在许多年间都拒不执行 1706 年一项要求做出经济与政治让步的帝国法令。布伦塔诺家族以拒不理睬法规与法庭裁决的

方式并诉诸诸合法手段进行了反抗。主要办法是把企业全部挂靠在一位获得了居留许可——"绿卡"——的头人那里，就是说，隐蔽的合伙人成员事实上是在不断变化的。利润的分配则视家族的父系家长的意志而定。到皮特·安东·布伦塔诺时局面有了突破，他生于 1735 年，1762 年由于婚姻关系而获得法兰克福公民身份，并在 1771 年创办了自己的企业，到 1785 年他已非常富有，于是把企业交给儿子弗兰兹，然后担任了特利尔选帝侯的财政顾问和税务官。1800 年他去世时已有 100 多万弗罗林财产。家族"功成名就"。继承了他遗产的 13 个子女中，有两个日后成了德国文学史的著名人物：贝蒂娜·布伦塔诺和克莱门斯·布伦塔诺。

　　他的一个妹妹库尼贡德嫁给了著名法学家、后来的普鲁士司法部长弗里德里希·冯·萨维尼，弟弟克里斯蒂安就是卢卓·布伦塔诺的父亲。克里斯蒂安成了克拉布·罗宾逊的密友和同窗，见本文注 55。布伦塔诺在批评《新教伦理与资本主义精神》时指出，由于韦伯利用他的企业家祖先进行研究，"我大概也应当获准做同样的事情"（133）。正如韦伯描绘了伯父卡尔·达维德一样，布伦塔诺也赞颂了自己的伯父弗兰兹，见布伦塔诺 Die Anfänge des Kapitalismus，134。

[52]　见 Jürgen Kocka，"Familie, Unternehmer und Kapitalismus. An Beispielen aus der frühen deutschen Industrialisierung"，*Zeitschrift für Unternehmensge schichte* 24（1979）。科卡提到了许多家族，但没有论及苏卡家族和比勒费尔德的韦伯家族，以下情况是对科卡所做大规模分析的补充。

[53]　埃德加·雅菲的家族也在曼彻斯特置下了家产（而且他出资给韦伯买下了《社会科学与社会政治文献》，并在海德堡给妻子李希特霍芬建了一座别墅）。1900 年时，他认为德国商人与兰开夏纺织工业之间关系的历史发展构成了"英国的棉纺织工业和对外贸易组织"，*Schmollers Jahrbuch für Gesetzgebung* 24（1900）：193—217，尤见 200。特别是与法国、希腊、美国、丹麦、荷兰等国相比，德国企业总是独占鳌头。雅菲指出，从规模与数量上说，德国家族总是名列前茅，但是必须强调，尽管他们有着德国血统，尽管有些人甚至出生在德国，但他们绝大多数几乎不认为自己是德国人。由于脾性和公民身份的原因，他们大都变成了英国人，在这方面他们确实比其他国家的人有过之而无不及。因此，德国企业与纺织品出口的繁荣有着最密切的关系。19 世纪初期兴办的企业发挥了极为突出的作用，它们的巨大财富基础应当归功于大陆封锁期间谋取的利润：如果 5 艘船中有 1 艘通过了赫尔戈兰封锁线，船主就会非常满足，因为那一艘船带来的利润超过了其他船只的损失（P.200）。

　　虽然雅菲这里不是指的苏卡，但却非常接近他的情况。在拿破仑时期，英国商品只要一被查获，立刻就被廉价出售或拍卖，因此，封锁迫使许多生产商和贸易商以低于成本的价格抛售产品，有的干脆就彻底破产。即使在封锁时期（1806—1813），曼彻斯特也仍然留下了大约 20 家德国公司，1820 年增至 28 家，1840 年增至 84 家，1861 年达到 118 家。见 Otto-Ernst Krawehl, Hamburgs schiffs- und Warenverkehr mit England und den englischen Kolonien 1814—1860（Cologne: Böhlau, 1977），258f，495。Krawehl 谈到了舒恩克—苏卡公司（495）。

　　尽管埃德加·雅菲的海德堡博士论文 Das englische Bankwesen（Leipzig: Duncker & Humblot, 1904）是最早对商业银行家的重要论述，但只是在近些年，对纺织品出口商和商业银行家的历史研究才有了重大进展。见 Stanley Chapman, The Rise of Merchant Banking（London: Allen and Unwin, 1984）；关于苏卡公司，见 11, 13, 139f., 151；另见 Stanley Chapman, The Cotton Industry in the Industrial Revolution（London, 1972）。

[54]　见 Emilie Fallenstein（anonymous），*Erinnerungsblätter an meine Kindheit und Jugend. Für meine Kinder aufgezeichnet in den winterabenden 1872—1875*（Stuttgart Guttenberg, 1882），Henriette

Benecke（anonymous），*Alte Geschichten*（Heidelberg: Avenarius, n. d.），写于 1865 年；2d ed.，*Denmark Hill*（London, 1872）。除了这两部回忆录以外，另见 Otto Döhner, *Das Hugenottengeschlecht Souchay de la Duboissière und seine Nachkommen*, Vol 19, *Deutsches Familienarchiv*（Neustadt: Degener, 1961）。埃米莉和亨丽埃特的一个弟弟约翰·苏卡写过"家族纪事"，但是我没找到。两姐妹都是在丧亲之后不久就写出了回忆录：亨丽埃特是在丈夫去世后，埃米莉是在三个弟弟相继去世后。

[55] 见《罗宾逊日记、回忆和通信》（*Diary, Reminiscences and Correspondence of Henry Crabb Robinson*, 3 Vols, Thomas Sadler, ed.［Boston: Fields, 1869］）；爱迪斯·莫利编：《罗宾逊在德国》（Edith Morley, ed., *Crabb Robinson in Germany 1800—1805. Extracts from His Correspondence*［London: Oxford University Press, 1929］）；赫尔塔·马尔夸特编：《罗宾逊与德国》（Hertha Marquardt, ed., *Henry Crabb Robinson und seine deutschen Freunde. Brücke zwischen England und Deutschland im Zeitalter der Romantik. Nach Briefen, Tagebüchern und anderen Aufzeichnungen*, 2 vols.［Göttingen: Vandenhoeck, 1964 and 1967］）。

1866 年 6 月 30 日，91 岁高龄的罗宾逊在读了亨丽埃特的回忆录之后给南妮·米利乌斯写信说："这是个独一无二的环境，我的生活虽然一直微不足道，我的各项品质也完全赶不上苏卡-米利乌斯家族的成员，然而有时却对家族事务有着重要影响。我很高兴地了解到，这种影响是有益而令人愉快的。我想，总有一天我要写写我在的德国生活，这首先会涉及威廉·本内克夫人所述的内容，我已经饶有兴致地拜读过了。大概更多的是因为威廉·本内克夫人的故事使我联想到，我作为当事人所了解的事实，可能会改变一些推论。"*Diary, Reminiscences*, 496f。罗宾逊不久后去世。一个世纪之后赫尔塔·马尔夸特再现了罗宾逊提到的有关家族的历史。

[56] Marianne Weber, *Max Weber*, 8.

[57] Benecke, *Alte Geschichten*, 53.

[58] 同上，54；Marianne Weber, *Max Weber*, 8.

[59] Benecke, *Alte Geschichten*, 129；Fallenstein, *Erinnerungsblätter*, 3.

[60] Fallenstein, *Erinnerungsblätter*, 15.

[61] 同上，29f。

[62] Benecke, *Alte Geschichten*, 46f；Marianne Weber, *Max Weber*, 8。玛丽安娜很古怪地评论说，海伦妮·舒恩克有着"地道的德国血统"，因此"马克斯·韦伯母亲的风度与华美……更多的是德国人而不是法国人的遗传"。这里面透出了一些民族主义情感。她为什么要在乎这个呢？

[63] *Reminiscences*（Ms. I, 148），引自 Marquardt, *Henry Crabb Robinson*, 27。罗宾逊的最初评价，使他对海伦妮逐渐衰老和最后十三年与相当严重的中风进行搏斗的叙说，令人更加痛心。

[64] Marquardt, *Henry Crabb Robinson*, 88。苏卡家族的许多函件现存伦敦著名的跨教派图书馆 "Dr. Williams's Trust" 罗宾逊藏品。

[65] 继未公开的宗教哲学沉思录之后，威廉·本内克发表了自己的评论 *Der Brief Pauli an die Römer*（Heidelberg: Winter, 1831），后由其子弗雷德里希·威廉·本内克译为英文本 *An Exposition of St. Paul's Epistle to the Romans*（London: Longman, 1854）。［我未能看到的是 *Grundzüge der Wahrheit*（Berlin: Nicolai, 1838）。］在海因里希·舒恩克的伦敦家中，少女埃米莉·苏卡是被排除在与威廉·本内克的日常讨论之外的，因为她被认为"太年轻，理解不了这种不拘宗教教条和形式的做法"。见 Fallenstein,

Erinnerungsblätter, 14。另见威廉 · 本内克 *Lebensskizze und Briefe als Ms. Gedruckt*, 2 vols.（Dresden, 1850）。

[66] Fallenstein, *Erinnerungsblätter*, 32, Benecke, *Alte Geschichten*, 54.

[67] Benecke, *Alte Geschichten*, 49。当然，作为一个富裕牧师的唯一的儿子，卡尔 · 科内利乌斯并不是个真正"白手起家的人"。他从母亲莉莉 · 鲍姆豪尔那里继承或者说得到了靠近美因河的大片房产。

[68] Fallenstein, *Erinnerungsblätter*, 124.

[69] Benecke, *Alte Geschichten*, 92.

[70] Fallenstein, *Erinnerungsblätter*, 102。埃米莉 · 法伦斯坦后来在 19 世纪 70 年代表达了自己的亲英观念，主要是着重于道德方面："时间过得越长，我越是确信不疑：英国民族在向善过程中表现出来的责任感、忠诚感和自我牺牲精神，比其他任何民族——普鲁士人也不例外——都高出一筹。"（110）

[71] Morley, ed., *Crabb Robinson in Germany*, 126.

[72] Marquardt, *Henry Crabb Robinson*, II: 20.

[73] 同上，II: 43ff。结果，多年以后，海因里希和南妮 · 米利乌斯姐弟的弟弟约纳斯 · 米利乌斯也有了一个他想给予合法身份的情妇和几个孩子。

[74] Marquardt, *Henry Crabb Robinson*, I: 74.

[75] 除了这个姻亲网络以外，苏卡与老海因里希 · 米利乌斯的米拉诺公司也有着密切的合作关系，后者 19 岁开始当推销员，去世时已是个富有的银行家。在英国，苏卡是约翰 · 雅各布 · 米利乌斯之子、小海因里希 · 米利乌斯（1792—1862）的合伙人。小海因里希作为伦敦家族的首脑成为归化公民，据说退休时因此得到了 16 万英镑。他的弟弟、在阿尔德伯特家长大的卡尔，也是苏卡的合伙人，但是他们的弟弟格奥尔格 · 梅尔希奥（1795—1857）加入了米兰的恩里科-米利乌斯公司。他去世时留下了 40 万英镑财产，后来逐渐落入小海因里希 · 米利乌斯之手。这里提供的某些数字来自罗宾逊，而罗宾逊的信息大都来自苏卡的女婿弗雷德里希 · 威廉 · 本内克。另一个重要来源是各种遗嘱，为此我查阅了伦敦的萨默塞特家族委托登记簿。

[76] 见 Robert H. Kargon, *Science in Victorian Manchester. Enterprise and Expertise*（Baltimore: Johns Hopkins University Press, 1977），95—101。爱德华 · 舒恩克在 1903 年留下了 15 万英镑遗产。

[77] 见 Eduard Franz Souchay, *Geschichte der deutschen Monarchie von ihrer Erhebung bis zu ihrem Verfall*（Frankfurt: Sauerländer, 1861—1862）。见古斯塔夫 · 弗莱塔格的评论 *Vermischte Aufsätze aus den Jahren 1848 bis 1894*（Leipzig: Hirzel, 1903）; 137ff。

[78] 关于爱德华 · 苏卡的情况以及法兰克福的衰退，见 Richard Schwemer, *Geschichte der Freien Stadt Frankfurt*（1814—1866），3 vols.（Frankfurt: Baer, 1910—1918），Helmut Böhme, *Frankfurt und Hamburg. Des Deutschen Reiches Silber- und Goldloch und die allerenglischste Stadt des Kontinents*（Frankfurt: Europäische Verlagsanstalt, 1968）; Franz Lerner, *Bürgersinn und Bürgertat. Geschichte der Frankfurter Polytechnischen Gesellschaft 1816—1966*（Frankfurt: Kramer, 1966）。其中也收入了关于苏卡的许多资料。关于法兰克福贵族的溃退，见 1868 年 10 月 19 日卡尔 · 门德尔松 · 巴托尔迪致柏林亚历山大 · 冯 · 伯努斯的信，载 Felix Gilbert, ed., *Bankiers, Künstler und Gelehrte. Unveröffentlichte Briefe der Familie Mendelssohn*（Tübingen: Mohr, 1975），199ff。关于实业家们向英国移民的情况，见 Chapman, *The Rise of Merchant Banking*, 136。

[79] 意大利的恩里科-米利乌斯公司也保持了兴旺。它的大部财产都返回了法兰克福以支持家族的文化地位。著

名的辛肯堡博物馆就是用海因里希·米利乌斯的遗产资助的，海因里希在他唯一的儿子死后便丧失了牟利的动力。该博物馆是由卡尔·米利乌斯之子、建筑师卡尔·约纳斯·米利乌斯（1839—1883）建造的。

[80] 塞西莉娅的妹妹朱丽叶 1839 年在莱比锡嫁给舒恩克时，著名的《婚礼进行曲》据说是首次演奏。见 Sebastian Hensel, *Die Familie Mendelssohn 1727 bis 1847 Nach Briefen und Tagebüchern*（Berlin: de Gruyter, 1921）。

[81] 1867 年 1 月 30 日的信，载 Eduard Tempeltey, ed., *Gustav Freytag und Herzog Ernst von Coburg im Briefwechsel 1853 bis 1893*（Leipzig: Hirzel, 1904），215。如果这里说的货币单位是普鲁士塔勒，我认为这个数字是被夸大了。当时的情况是弗莱塔格战胜卢修斯获得了自由党的北德意志新议会提名。

[82] 见 Freiherr Lucius von Ballhausen, *Bismarck-Erinnerungen*（Stuttgart: Cotta, 1921）。

[83] Weber, *Jugendbriefe*, 292.

[84] 相比之下，卢修斯·冯·施托德腾的英国亲戚伊达·本内克（1851—1934），则是个男女平等主义者和社会主义者。

[85] 引自 Katharina Trutz, "Sebastian Lucius", *Mitteldeutsche Lebensbilder*, Vol. 3, n. d.（before 1938），368，365。

[86] 见 *Selbstbiographie des Staatsministers Freiherrn Lucius von Ballhausen*（privately printed in 1922）。这个简要的自传显然是与 *Bismark-Erinnwerungen* 一起写的。副本现存莱比锡的德意志图书馆。

[87] 见非公开发表的家族史 *Die Erfurter Familie Sebastian Lucius*（Berlin, 1894）。关于卢修斯家族在爱尔福特的支配地位以及在帝国时期普鲁士的政治影响，见 Willibald Gutsche, "Die Veränderungen in der Wirtschaftsstruktur und der Differenzierungsprozess innerhalb des Bürgertums der Stadt Erfurt in den ersten Jahren der Herrschaft des Imperialismus", *Jahrbuch für Geschichte 10*（Berlin: Akademie-Verlag, 1974），362ff。感谢休伯特与乌尔里克从爱尔福特搜集来这些资料。

[88] 在玛丽亚与维克多·本内克的伦敦家中，音乐家、作家、演员和画家可谓云集辐辏。见银行家弗兰兹·门德尔松 1883 年 7 月 2 日的一封信中所做的生动描述，载 Gilbert, ed., *Bankiers, Künstler und Gelehrte*, 229ff。玛丽亚的弟弟保罗·门德尔松·巴托尔迪，1857 到 1859 年曾在莱比锡的舒思克公司见习，后来成为苯胺染料股份公司——即今天闻名于世的赫希斯特公司——的创始人和第一任董事长（1925 年两家化工企业合并为 IG 染料公司）。

[89] Chapman, *The Rise of Merchant Banking*, 151.

[90] 只是在详尽描述 1895 年 8 月到 9 月的第二次旅行时，玛丽安娜才提了一句，"夫妻两人乘着精美的双轮'出租马车'在伦敦的柏油路上飞驰，以便向他们第一次共同旅行时加深了相互了解的那个旧址匆匆致意"。见 Marianne Weber, *Max Weber*, 207。

[91] 同上。

[92] 同上，495。

[93] Marquardt, *Henry Crabb Robinson*, II: 479.

[94] "Die ländliche Arbeitsverfassung," reprinted in *Gesammelte Aufsätze zur Sozial- und Wirtschaftsgeschichte*（Tübingen: Mohr, 1924），468.

05　韦伯关于民族认同的历史观

[1]　我在为本书结集之前的会议准备这篇谈及民族认同的文章时，柏林墙仍然牢牢竖在那里，德国人的民族认
　　　同问题也还没有成为中心议题。那时我的兴趣是产生于德国的文化定义所引起的广泛研究，我的动机则
　　　是在这个背景下理解韦伯的民族认同观。对我的研究产生了影响的是前几年两项对于习见的民族与文化
　　　概念的批评，即 Richard Handler, *Nationalism and the Politics of Culture in Quebec*（Madison, Wis.,
　　　1988），和 Daniel Segal, "Nationalism, Comparatively Speaking", 载 *Journal of Historical Sociology*
　　　1（1988），300—321。

[2]　Max Weber, *The Protestant Ethic and the Spirit of Capitalism*, trans. Talcott Parsons（New York,
　　　1958）88—89.

[3]　晚近对于 19 世纪语言学的两种评价，见 Jonathan Culler, *Ferdinand de Saussure*（New York, 1977），
　　　和 Hans Aarsleff 为 Wilhelm von Humboldt, *On Language: The Diversity of Human Language-Structure
　　　and Its Influence on the Mental Development of Mankind*（Cambridge and New York, 1988）所写的导论。

[4]　Weber, *The Protestant Ethic and the Spirit of Capitalism*, 79.

[5]　同上，29—30。

[6]　一项最近的研究出色地完成了这个人种志课题：James L. Peacock and Ruel W. Tyson, Jr., *Pilgrims of
　　　Paradox: Calvinism and Experience Among the Primitive Baptists of the Blue Ridge*（Washington, D. C.,
　　　and London, 1989）。Peacock 和 Tyson 记叙了一群继续严格遵守《威斯敏斯特信纲》的加尔文主义者（其
　　　中包括韦伯访问美国时探望过的那些亲戚的后裔）。虽然，Peacock 和 Tyson 的人种志非常适于说明 "韦
　　　伯命题"，但重要的是它发现了早期浸礼会信徒的日常实践就是一种对得救焦虑的 "韦伯式" 验证。

[7]　Weber, *The Protestant Ethic and the Spirit of Capitalism*, 30.

[8]　同上。

[9]　见 Robert Proctor, "From *Anthropologie* to *Rassenkunde* in the German Anthropological Tradition,"
　　　载 George Stocking, ed., *History of Anthropology*, Vol. 5: *Bones, Bodies, Behavior: Essays on
　　　Biological Anthropology*（Madison, Wis., 1988），138—179。

[10]　Weber, *The Protestant Ethic and the Spirit of Capitalism*, 216—217.

[11]　同上，127—128。

[12]　同上，183。

[13]　*Verhandlungen des deutschen Soziologentages* I（19—22 October, 1910）（Frankfurt am Main,
　　　1969），152，154。在批评了普勒茨文章的第二天，韦伯便强调了自己对种族研究的兴趣。一些报纸报道
　　　说，在韦伯看来，社会学并不关注种族问题。韦伯回答说，这绝不是他的观点："我的看法很明确，非常明
　　　确，就是说，我所认为的种族概念，很可能不会使我们的研究因此而大为受益，假如我们能看到这种研究
　　　的话。" 他强调要在这个机构中建立一个社会生态学分支。同前，215。

　　　　韦伯曾给学会秘书赫尔曼·贝克写信议论过计划中的设立分支机构一事："关于组建人类学分支的想法，
　　　恐怕将会束之高阁，因为普勒茨博士实际上非常有力地提出了，它的双重性在我们这个学会乃至他所主导
　　　的学会里都是不可能发挥作用的，除非这种竞争在两个学会中都能成立。我们是否存在竞争的需求，这一
　　　点不得而知。社会学学会必须顾及现实中一系列生物领域的问题，但只有在总体框架内才是可能的。这个

分支要想如愿以偿运转起来，就绝对会陷入困境——假如它还有生命力的话，那也不可能解决面临的问题。但是你不需要处理这个问题。其他人也是如此。学会的开放性应当是无条件的，这样才能吸引更多自然科学领域的成员来参加这个试验，而这是普勒茨博士根本预见不到的'竞争'。"1910 年 10 月 4 日韦伯致贝克的信，收于德国社会学学会文件集，Ferdinand-Toennies-Nachlass, Schleswig-Holsteinische Landesbibliothek, Kiel, Cb54. 61: 1.1。

[14] *Verhandlungen des deutschen Soziologentages* I, 159.

[15] *Verhandlungen des deutschen Soziologentages* II（10—22 October 1912）（Frankfurt am Main, 1969）, 188, 190.

[16] 见《法兰克福报》的报道（*Frankfurter Zeitung* 3. Morgenblatt, Nr, 293, 2—3）。

[17] 见 Max Weber, *Economy and Society*, ed. Guenther Roth and Claus Wittich（Berkeley, Los Angeles, and London）, 395—398。

06 尼采的自由精神修会和韦伯的教派

[1] 本文注释中的缩写字母分别代表以下著作：尼采：KGB: *Kritische Gesamtausgabe. Briefwechsel*（《评注版全集·通信集》）（Berlin and New York, 1975—1987）。KSA: *Kritische Studienausgabe*（《评注版著作集》）（Munich, Berlin, New York, 1980）, vol.1—15。KSA, letters: *Kriffsche Studienausgabe. Sämtliche Briefe Nietzsches*（《评注版著作集·尼采通信全集》）（Munich, Berlin, New York, 1986）, vol. 1—8。韦伯：GARS I: *Geeammelte Aufsätzezur Religionssoziologie*（《宗教社会学文集》）（Tübingen, 1920; 6th ed., 1972）, vol. I。WL: *Gesammelte Aufsätzezur Wissenschaftslehre*, （《科学理论论文集》）4th ed.（Tübingen, 1973）.

　　Robert Eden, *Political Leadership and Nihilism: A Study of Weber and Nietzsche*（Tampa, 1984）；Harvey Goldman, *Max Weber and Thomas Mann. Calling and the Shaping of the Self*（Berkeley, Calif., 1988）；Wilhelm Hennis, *Max Weber. Essays in Reconstruction*, Keith Tribe, tr.（London, 1988）；Lawrence A. Scaff, *Fleeing the Iron Cage. Culture, Politics and Modernity in the Thought of Max Weber*（Berkeley, Calif., 1989）；Wolfgang Schluchter, *Religion und Lebensführung* vol. 1, *Studien zu Max Webers Kultur- und Werttheorie*（Frankfurt, 1988）；*Rationalism, Religion and Domination. A Weberian Perspective*, Neil Solomon, Tr.（Berkeley, Calif., 1989）.

[2] 哈维·戈德曼在本书的文章中谈到了"有权能的自我"，在这一点上我们互有补充。不过我在一个重要方面与戈德曼不同。就禁欲主义的意义而言，我认为尼采更接近于韦伯。这是因为我援引的尼采文字全部出自尼采去世后才发表的断章残篇。这些断章残篇给人留下一种多少有所不同的印象，它们在一定程度上也不同于《道德的谱系》第三节《禁欲主义理想意味着什么？》，参见 Goldman, "The Problem of the Person in Weberian Social Theory", 载 Murray Milgate and Cheryl B. Welch, eds., *Critical Issues in Social Thought*（New York: Academic Press, 1989）, 59—73。

[3] Mazzino Montinari, *Nietzsche lesen*（Berlin, 1982）, 6.

[4] KGB, 第二部分, II, 280; KSA, letters, III, 165f。

[5] 这本小册子的标题是《友人有关合理行为的建议》，1869 年出版于莱比锡。《精确哲学杂志》（*Zeitschrift für exacte Philosophie*）第 9 期（1871）曾对它做过讨论。关于斯皮尔，见 Hubert Treiber，"Nietzsche's 'Kloster für freiere Geister'，Nietzsche und Weber als Erzieher," in Peter Antes and D. Pahnke, eds., *Die Religion von Oberschichten*（Marburg, 1989），117—161，121。我不清楚尼采是不是从一个称为"自由精神兄弟姊妹会"的中世纪教派那儿得到这一名称的。

[6] 尼采在送给奥弗贝克的一本《不合时宜的思考》上写有如下献词：

来自一个家庭的孪生兄弟，

勇敢地走进这个世界，

要屠杀世俗之龙。

一项两个父亲的工作！它堪称一个奇迹。

这孪生兄弟的母亲

名字就叫"友谊"。

见 Karl Pestalozzi，"Overbecks 'Schriftchen' 'Uber die Christlichkeit unserer heutigen Theologie' und Nietzsches 'Erste unzeitgemässe Betrachtung...," 载 Rudolf Brändle and Ekkehard W. Stegemann, eds., *Franz Overbecks unerledigte Anfragen an das Christentum*（Munich, 1988），91—107，92；KSA VII, 410: 17（10）。

[7] Pestalozzi，"Overbecks 'Schriftchen'," 91-107, 93：

"绘在一只盘子上的画留下了谁属于这个团体的视觉记录。由卡·冯·格斯多夫以罗马的圭里奥风格绘制的这幅题为 '*monumentulum amicitiae*' 的画，是在 1876 年奥弗贝克结婚时送给他的。盘子上除了首字母和象征性画面外，有奥弗贝克和他的新娘，还有尼采和格斯多夫本人、古代语文学家罗德的形象，后者曾为尼采《悲剧的诞生》做过宣传，并向维拉莫维兹的批评进行过反击。此外画上还有海因里希·罗蒙特，他……在 1872 年夏天也住在鲍曼绍尔。"

理查德·瓦格纳和海因里希·特赖奇克自大学时代就是奥弗贝克的朋友，他们两人也被画在盘子上。瓦格纳被画成一个长有翅膀的头，代表天才，而特赖奇克则成了一只象征日耳曼帝国的鹰。这幅盘画不是十分恰当，因为罗蒙特在 1875 年已离开巴塞尔，不过他与鲍曼绍尔的旧友仍保持密切的交往。另一方面，特赖奇克自 1873 后也开始疏远奥弗贝克。

[8] 在弗里德里希·赫尔德林及其朋友培养出的友谊崇拜，与尼采所培养或信奉的友谊团体之间有着惊人的相似之处。休伯特·坎齐克曾对前者做过描述，见 Hubert Cancik，"'Freundschaftskult' - Religionsgeschichtliche Bemerkungen zu Mythos, Kult und Theologie der Freundschaft bei Friedrich Hölderlin," 载 Christoph Elsas and Hans G. Kippenberg, eds., *Loyalitätskonflikte in der Religionsgeschichte. Festschrift Carsten Colpe*（Würzburg, forthcoming）。关于尼采，见 Werner Ross 的尼采传第三章，"Freundschaft in der Wüste"。Werner Ross, *Der ängstliche Adler: Friedrich Nietzsche sLeben*（Munich, 1984），212ff。以教育朋友为目的的"教育家学校"，它的一个突出特征是强烈的教育欲望，可以被解释为对心灵的净化，即汉斯·凯尔森所说的"柏拉图式的爱"，见 Ernst Topitsch, ed., *Aufsätze zur Ideologiekritik*（Neuwied and Berlin, 1964），114—197。在此感谢 Hubert Cancik 为我提供了他论赫尔德林的文章手稿。

[9] Pestalozzi，"overbecks 'Schriftchen'," 93；KSA VII, 512 19（300, 301, 302, 317）。

［10］ "我买了一本，并被它深深打动了"，见 Ferdinand Tönnies, "Ferdinand Tönnies"，载 Raymund Schmidt, ed., *Die Deutsche Philosophie der Gegenwart in Selbstdarstellungen* (Leipzig, 1922), 199—234, 204。

［11］ KSA, letters, III, 165f.

［12］ Pestalozzi, "Overbecks 'Schriftchen'," 95.

［13］ 拉加德的著作 1873 年在哥廷根出版。它的出现使奥弗贝克产生了一种印象，他在 1873 年 2 月 1 日给拉加德的一封言过其实的信中有所描述。见 Fritz Stern, *The Politics of Cultural Despair: A Study in the Rise of the Germanic Ideology* (Berkeley, Calif., 1961), 400。奥弗贝克把拉加德的书推荐给尼采，尼采又把它分别推荐给罗德（1873 年 1 月 31 日）和瓦格纳（1873 年 4 月 8 日）。尼采后来（1877 年）把拉加德称为 "一个虚夸而情绪化的暴脾气"。

马克斯·韦伯在 1882 年 5 月读过施特劳斯的《旧信仰和新信仰》(*Der alte und der neue Glaube*,［Leipzig, 1872］），对它多少有些失望。见 Max Weber, *Jugendbriefe*, (Tübingen, 1936), 44; Marianne Weber, *Max Weber. Ein Lebensbild Mit einem Essay von Günther Roth* (Munich, 1989), 71。 他过去曾把施特劳斯的《耶稣传》称为一个 "巨大的成功"，见 *Jugendbriefe*, 205。关于大卫·施特劳斯，见 Friedrich Wilhelm Graf, *Kritik und Pseudo-Spekulation. David Friedrich Strauss als Dogmatiker im Kontext der positionellen*（!）*Theologie seiner Zeit* (Munich, 1982)。

［14］ 见 Georg Simmel, "Tendencies in German Life and Thought Since 1870", *The International Monthly* 5 (1902): 93—111, 166—184, 172ff.; Thomas Nipperdey, *Religion im Umbruch. Deutschland 1870—1918* (Munich, 1988), 124ff.

［15］ Pestalozzi, "Overbecks 'Schriftchen,'" 107.

［16］ Rainer Polley, ed., "Ferdinand Tönnies - Lebenserinnerungen aus dem Jahre 1935 and Kindheit, Schulzeit, Studium und erste Dozententätigkeit (1855—1894)", Zeitschrift der Gesellschaft für Schleswig-Holsteinische Geschichte 105 (1980): 187—227, 213; Olaf Klose, Eduard Georg Jacoby, and Irma Fischer, eds., *Ferdinand Tonnies - Friedrich Paulsen. Briefwechsel 1876—1908* (Kiel, 1961), 95。

［17］ 见 *Gemeinschaft und Gesellschaft. Kommunismus und Socialismus als empirische Kulturformen* (Leipzig, 1887; reprinted., Darmstadt 1979) 第 13 页论述友谊的一段："另一方面，精神友谊形成一个无形的场所，一个神秘的城镇和团体，它通过艺术的直觉和创造性意志而进入生活。"

［18］ Klose etal., eds., *Tönnies-Friedrich Paulsen Briefwechsel*, 95, October 1880.

［19］ 同上，75。

［20］ 同上，120。

［21］ *Friedrich Nietzsche. Von den verborgenen Anfängen seines Philosophierens* (Stuttgart-Bad Cannstatt, 1962), esp. 60ff.

［22］ 另见 Cornelius Bickel, "Ferdinand Tönnies' Weg in die Soziologie", 载 Otthein Rammstedt, ed., *Simmel und die frühen Soziologen. Nähe und Distanz zu Durkheim, Tönnies und Max Weber* (Frankfurt, 1988), 86—162, 97。

［23］ George Henry Lewes, *Geschichte der Philosophie von Thales bis Comte* (Berlin, 1871)。 对 该 书

的评论见 *Das Ausland*（1879），957。有关英国的自然主义一元论传统，另见 Werner Sombart，"Die Anfänge der Soziologie，"载 Melchior Palyi，ed.，*Hauptprobleme der Soziologie. Erinnerungsgabe für Max Weber*（Munich，1923），I：5—19。

[24] Paul Rée，Der. *Ursprung der moralischen Empfindungen*（Chemnitz，1877）的前言。

[25] 最后一句话是在重复马克斯·缪勒的话，虽然文中没有提到他。缪勒的用语为这一主题的各种不同观点提供了不断的刺激。见 Paul Rée, Die Entstehung des Gewissens（Berlin，1885），32。

[26] William Whewell，*The Philosophy of the Inductive Sciences*，*Founded upon Their History*（London，1840，1847），I：638.

[27] 见 Karl Heinz Ciz，*Robert Hartmann（1831—1893）：Mitbegründer der deutschen Ethnologie*（Gelsenkirchen，1984）。

[28] 今天哈特曼已被人遗忘，几乎没有人记得他在 1867 年和巴斯蒂安一起创办了《人种学杂志》。在科宾所著详细论述巴斯蒂安的专著（Klaus-Peter Koepping，*Adolf Bastian and the Psychic Unity of Mankind. The Foundations of Anthroplogy in Nineteenth Century Germany*（St. Lucia，London，and New York，1983）中甚至没有提到哈特曼的名字。哈特曼在柏林人类学、人种学与古代史学会发挥着领导作用，他也是地理学会中一位熠熠生辉的人物。

[29] August W. von Holmann，*Einleitung in die Modeme Chemie*，Braunschweig，1866；first ed. London，1865.

[30] Rudolph von Jhering, Geist des romischen Rechts auf den verschiedenen Stufen seiner Entwicklung, Leipzig, 1852（vol. I），1854（vol. II. 1），1858（vol. II. 2），1865（vol. III.1）；这里的引文出自 "Geist"，Zweiter Theil，Zweite Abt. 1923 6—7，335；"Geist"，Erster Theil，1924 7—8，25ff.，esp. 25—27，48ff。

[31] KSA II，24；另见 KSA X，257f.：7（48）。雷听过 Karl Bogislaus Reichert 讲授大脑解剖学的实验课和讲座。Reichert 作为缪勒的继承者之一，是 von Baer 的学生，也是 19 世纪最杰出的解剖学家之一。雷也听过哲学家 Friedrich Adolf Trendelenburg（1802—1872）的课，后者最后开课是在 1871 年至 1872 年冬季学期。关于 Trendelenburg 的重要影响，见 Klaus Christian Köhnke 的杰作，*Entstehung und Aufstieg des Neukantianismus. Die deutsche Universitätsphilosophie zwischen Idealismus und Positivismus*（Frankfurt，1986），23ff。Trendelenburg's *Logische Untersuchungen*，3rd ed.，2 vols.（Leipzig，1870）也对 von Jhering 的 *Der Zweck im Recht* 产生了很大影响。雷在柏林听过其课程的那些学者的成就，见 Ernst Mayr，*Die Entwicklung der biologischen Gedankenwelt Vielfalt*，*Evolution und Vererbung*（Berlin，1984），尤见 104。

[32] Georg Curtius，"Philologie und Sprachwissenschaft，"载 Hans Helmut Christmann，ed.，*Sprachwissenschaft des 19. Jahrhunderts*（Darmstadt，1977），67—84，80。

[33] Olga Amsterdamska，"Institutions and School of Thought：The Neogrammarians"，*American Journal of Sociology* 91（1985）：332-358，335f。

[34] Kurt R. Jankowsky Hock，*The Neogrammarians. A Re-Evaluation of Their Place in the Development of Linguistic Science*（The Hague and Paris，1972），尤见 93ff.，124ff.，190ff.；Han Helmut Christmann，ed.，*Sprachwissenschaft des 19. Jahrhunderts*（Darmstadt，1977）；T. Craig Christy，*Uniformitarianism*

in Linguistics（Amsterdam and Philadelphia，1983）。

[35] Part 1（Leipzig，1858）。

[36] Hans Henrich Hock，*Principles of Historical Linguistics*（Berlin，New York，and Amsterdam，1988），2，34ff.，629ff.

[37] Friedrich Albert Lange，*Geschichte des Materialismus und Kritik seiner Bedeutung in der Gegenwart*，3rd ed.（Iserlohn，1877），vol. II，446f.

[38] 尼采、滕尼斯和韦伯读到兰格的《唯物主义史》后的反应，详见以下文字。尼采（1866）："兰格的《唯物主义史》无疑是近十几年来出现的最重要的哲学著作，对于它，我可以写下一页纸的赞美之辞。康德、叔本华和兰格的这本书——除此之外我再不需要别的东西。"见 KSA，letters，II，184；另见 159f. 和 257f.。滕尼斯（1878）："我最近买了一本兰格的《唯物主义史》（第 3 版），饶有兴致地读完了它；这显然是一本诚实而严肃的著作。在阅读兰格时，每每想到这个能够为哲学教授恢复名望的了不起的家伙，当空气中仍然回荡着他的同事们用不朽的灵魂发出的呼喊时，他就这样早地放弃了工作，不免让我心生悲哀。"见科劳斯等编：《滕尼斯和鲍尔森通信集》，16。韦伯（1882）："我们愤怒地扔掉了洛兹的《微观宇宙》，因为它缺少科学热情，并且愚蠢地追求'诗意'和心灵哲学。我们开始转向兰格的《唯物主义史》。在洛兹引起的混乱之后，兰格所采取的杰出的方法论路线就像是一剂真正的补药。"见马克斯·韦伯：《青年书简》，52，75。兰格的书目也出现在韦伯 1882 年圣诞节书目上。同上，65。

[39] Friedrich Paulsen，*Aus meinem Leben. Jugenderinnerungen*（Jena，1909），147。

[40] Lazarus Geige，*Der Ursprung der Sprache*（Stuttgart，1869）。

[41] *Das Ausland*（1870），121f. *Das Ausland* 这份杂志自 1865 年后一直有个副名：*überschau der neuesten Forschungen auf dem Gebiete der Natur-，Erd- und Völkerkunde*。它经常对时代提出一些令人着迷的见解。就我的判断能力所及，这一出色的文献资源至今仍然受到忽视。1877 年 12 月 31 日为该刊创立 50 周年而发行的第 53 期"纪念专刊"，对该刊做了全面的介绍。*Das Ausland* 自 1852 至 1853 年后每周出版一期。Oscar Ferdinand Peschel 于 1854 年底担任主编后，杂志主要刊登自然科学尤其是地质学的文章，因此为赖尔的著作提供了大量篇幅。纪念专刊曾自豪地说明，它在 Peschel 的主持下，于 1860 年曾对达尔文的《物种起源》做了深入的讨论。

如想确定雷和尼采的同代人对当时在人种学、地质学、哲学、宗教、语言研究以及一般的自然科学领域中的哪些题目或出版物感兴趣，最好的办法莫过于看看 *Das Ausland* 的内容。

[42] 如想有更多了解，见 Lange，*Geschichte des Materialismus*，3rd ed.（Leipzig，1877），II：390f.。

[43] 这方面的一个例子是莱比锡法学家 Emil Kuntze，*Der Wendepunkt der Rechtswissenschaft: Ein Beitrag zur Orientierung über den gegenwärtigen Stand-und Zielpunkt derselben*（Leipzig，1856）。当时，它率先吸收了比较解剖学这门领导学科，并采用了"有机体"这一概念，见该书 69。另见 Hartmut Schmidt，*Die lebendige Sprache. Zur entstehung des Organismuskonzepts*（Berlin，1986）。

[44] Charles Lyell，*Principles of Geology*，3 vols.（London，1830—1833）.

[45] 见 Wolf von Engelhardt and Jörg Zimmermann，*Theorie der Geowissenschaft*（Paderbom，Munich，Vienna，and Zurich，1982），350ff.

[46]（1870），260ff.

[47] Max Miiller，*Geological Evidence of the Antiquity of Man*（London，1863）。 见 Joachim Gessinger，

Charles Lyells（*nicht-*）*evolutionistische Theory der Sprachevolution*（MS Hannover, Homburg, 1989），1—23。

[48] 见 Friedrich Nietzsche, *Jenseits von Gut und Böse. Vorspiel einer Philosophie der Zukunft*（Leipzig, 1886）和 *Zur Genealogie der Moral. Eine Streitschrift*（Leipzig, 1887）。

[49] 后来发表于 *Der Zweck im Recht*, vol. 2（Leipzig, 1883）。引文出自第四版，1905, vol. II, 74ff.

[50] Rudolph von Jhering, "Die geschichtlich-gesellschaftlichen Grundlagen der Ethik," *Schmollers Jahrbuch Gesetzgebung, Verwaltung und Volkswirtschaft* 6（1882）：1—21, 17.

[51] Ree, *Die Entstehung des Gewissens*（Berlin, 1885）.

[52] 关于韦伯对这些文献的熟悉情况，见 Gottfried Kuenzlen, "Unbekannte Quellen der Religionssoziologie Max Webers," *Zeitschrift für Soziologie* 7（1978）：215—227。

[53] Max Müller, *Einleitung in die vergleichende Religionswissenschaft*（Strassburg, 1876）.

[54] *Nach einer Vorlesungsrnitschrift von Lou von Salome*（Zurich 1880—1881）.

[55] 关于比德曼和宗教学的起源，见 Kurt Rudolph, *Die Religionsgeschichte an der Leipziger Universität und die Entwicklung der Religionswissenschaft. Ein Beitrag zur Wissenschaftsgeschichte und zum Problem der Religionswissenschaft*（Berlin, 1962），尤见 9—66。Dorothee Pfeiffer 女士（哥廷根大学）慨允我利用萨洛梅的档案文献，在此向她表示衷心感谢。

[56] 在此向 Curt Paul Janz（穆滕兹大学）致以由衷的感谢，在我一再请求下，他查阅了巴塞尔大学图书馆的借书记录，并热情编制了一份雷和罗蒙特的借书目录。例如，罗蒙特借过布赫纳、达尔文、费希纳、赫尔姆霍兹、拉马克、勒维斯、赖尔、穆尔绍特、廷德尔、维维尔和温特等人的著作。

[57] 见 Schlechta and Anders, *Friedrich Nietzsche*, 尤见 60ff., 80ff.

[58] Physiologische Optik, Bd.9 der Allgemeinen Encyclopadie der Physik, Ed. by G. Karsten（Leipzig, 1867）.

[59] *Albert Ladeilburg, Vortrage uber die Entwicklungsgeschichtc der Chemie in den letzten 100. Jahren*（Braunschweig, 1869）.

[60] Mathias C. S. Pouillet, *Elements de Physique experimentale et de Meteorolologie*, 6th ed., 2 vols.（Paris, 1853）.

[61] KSA, letters, II, 360.

[62] 尼采 1872 年在巴塞尔大学借过古斯塔夫·格贝尔的《作为艺术的语言》（Gustav Gerber's, *Die Sprache als Kunst*［Bromberg, 1871］）。梅耶斯的《格贝尔和尼采》（载 *Nietzsche-Studien*, 17, 1988, 369—390）及马丁·斯廷格林的《尼采作为诗学方法思考的文字游戏》（载 *Nietzsche-Studien*, 17, 1988, 336-349），都认为尼采受到了格贝尔的直接影响，而克劳蒂亚·格罗福特的《尼采语言理论的起源》（*The Beginnings of Nietzsche's Theory of Language*, Berlin and New York, 1988, 尤见第14章, 199ff.）则认为，格贝尔只对尼采有间接的影响。齐美尔在《德国文学报》上评论过格贝尔的《作为艺术的语言》一书。同年 2 月，在同一份杂志上，齐美尔又对格贝尔的《语言与认识》给予了许多好评。如欲更进一步的了解，见 Klaus Christian Köhnke, "Von der Völkerpsychologie zur Sociologie", 载 Heinz Jürgen Dahme and Otthein Rammstedt, eds., *Georg Simmel und die Moderne. Neue Interpretationen und Materialien*（Frankfurt, 1984），388—429, 391f.不过他忽视了格贝尔对于尼采的重要性。另见 Paul Honigsheim, "A

Note on Simmel's Anthropological Interests," 载 Kurst H. Wolff, ed., *Georg Simmel, 1858—1918. A Collection of Essays, with Translations and a Bibliography*（Columbus, 1959）, 175—179。

［63］ 尤见论文 *Ueber Wahrheit und lüge im aussermoralischen Sinne*, 载 KSA I, 875ff。

［64］ Wilhelm Scherer, *Zur Geschichte der deutschen Sprache*（Berlin, 1867）.

［65］ Hermamnn Paul, *Principien der Sprachgeschichte*（Halle, 1880）.

［66］ KSA XI, 336: 29（2）—1884—1885.

［67］ KSA, letters, VII, 88f. 1885 秋。

［68］ 尼采过去的同事弗兰兹·米斯特利〔巴塞尔大学〕在《民族心理学和语言学》杂志（1882, 376ff.）上曾对保罗有所评论。尼采阅读舍勒尔时所写的一篇简短笔记，清楚地表明他也十分熟悉新语法学派对发音规律的讨论："发音习惯中的规律性证实了逻辑的强大威力，还是没有……？" KSA VII, 249f: 8（72）。

［69］ KSA X, 334: 8（13）。

［70］ 见 Hans-Jürgen Hildebrandt, "Nietzsche als Ethnolog. Ein Beitrag zur Klärung der Quellenfrage," *Anthropos. Internationale Zeitschrift für Völker- und Sprachenkunde* 83（1988）: 565—571, 570。

［71］ Albert Hermann Post, *Untersuchungen uber den Zusammenhang chfistlicher Glaubenslehre mit dem antiken Religionswesen nach der Methode vergleichender Religionswissenschaft*（Bremen, 1869）。

［72］ 其实正是雷让尼采注意到了波斯特。《良知的形成》（1885）一书提到过波斯特发表的三部著作，即 *Die Geschlechtsgenossenschaft der Urzeit und die Entstehung der Ehe. Ein Beitrag zu einer allgemeinen vergleichenden Staats- und Rechtswissenschaft*（Oldenburg, 1875）, *Die Anfänge des Staats- und Rechtslebens. Ein Beitrag zu einer allgemeinen vergleichenden staats- und Rechtsgeschichte*（Oldenburg, 1878）, and *Bausteine für eine allgemeinen Rechtswissenschaft auf vergleichend-ethnologischer Basis*, 2 vols.（Oldenburg, 1881—1882）。后两本书也在 *Das Ausland* 上被人做过一些讨论（1878, 24lff; 1880, 951ff.）。如想找出学术圈外阅读最多的作者, Ferdinand Tönnies, "Entwicklung der Soziologie in Deutschland im 19. Jahrhundert"（ 载 *Soziologische Studien und Kritiken. Zweite Sammlung*, Jena, 1926, 63—168）一文大有帮助。雷和滕尼斯 1883 年夏是在瑞士（Flims 和 Schuls）度过的；当雷完成《良知的形成》一书手稿时，滕尼斯和他的关系尚称密切。见科劳斯编：《滕尼斯和鲍尔森通信集》, 191；另见 Hubert Treiber, "Gruppenbilder mit einer Dame", Forum 35（1988）, 40—54。

　　1879 年 4 月，雷告诉尼采他要写一本有关良知的史论著作："这本书的主要内容是有关惩罚的，但它并不是来自世仇，而是来自对世仇的反抗。" 见 Ernst Pfeiffer. ed., *Friedrich Nietzsche, Paul Rée, Lou von salomé. Die Dokumente ihrer Begegnung*(Frankfurt, 1970), 57。波斯特也出现在尼采的《道德的谱系》里，尼采称他"窥探"到了条顿人惩罚的军械库。见 KSA X, 326: 8（5）；另见 Mazinno Montinari, "Nachricht zur siebenten Abteilung. Erster Halbband: Nachgelassene Fragmente. Juli 1882-Winter 1883, 1884", 载 Giorgio Colli and Mazzino Montinari, eds., *Nietzsche Werke. Kritische Gesamtausgabe. Siebente Abteilung, Vierter Band, unter Mitarbeit von Marie-Luise Haase*（Berlin and New York, 1984）, 180—195。韦伯也了解波斯特。韦伯夫人曾在她的 *Ehefrau und Mutter in der Rechtsentwicklung. Eine Einführung*（Tübingen, 1907）一书中推荐过波斯特的两本书，即他的 *Geschlechtsgenossenschaft der Urzeit*（1875）和 *Afrikanische Jurisprudenz. Ethnologisch-juristische Beiträge zur Kenntnis der einheirmischen Rechte*

Afrikas（Oldenburg, 1887）。霍尼希斯海姆（Honigsheim）在《马克斯·韦伯在海德堡》（见 René König and Johannes Winckelmann, eds., *Max Weber zum Gedächtnis*, *Sonderheft 7 der Kölner Zeitschrift für Soziologie und Sozialpsychologie* [Cologne, 1963, 161—271, 216]）一文中说，"马克斯·韦伯与人种学没有直接接触"。但是在 *Economy and Society*（Berkeley, Calif., 1978）论述城市的一章中，韦伯提到过波斯特。

[73] John Lubbock, *Prehistoric Times as Illustrated by Ancient Remains and Customs of Modern Savages*（London, 1869）.

[74] *Das Ausland*（1870）, 222.

[75] Klose et al., eds., *Tönnies-Paulsen Briefwechsel*, 120.

[76] 此文 1882 年发表于 *Zeitschrift für Völkerpsychologie und Sprachwissenschaft*, 261—305。

[77] 尼采似乎也熟悉达尔文这个观点。见 KSA VII, 267: 8（119）。关于拉扎鲁斯和斯坦泰尔的观点，见他们所编《民族心理学和语言学》杂志这份期刊的第一期（1860）,1—73。历史学派的"民族精神"这一概念，现在被交给"正确的"学科来"处理"，并且以"民族心理学"的面貌出现。

[78] 进一步的了解见 *Das Ausland*（1871）的不同文章，尤其是 389ff。

[79] Michael Landmann, "Bausteine zur Biographie". in Kurt Gassen and Michael Landmann, eds., *Buch des Dankes an Georg Simmel. Briefe, Erinnerungen, Bibliographie*（Berlin, 1958）, 11—33, 16f.

[80] Hermann von Helmholtz, "Ueber das Verhältniss der Naturwissenschaften zur Gesamtheit der Wissenschaft," Akademische Festrede, gehalten zu Heidelberg am 22 November 1862, republished in H. v. Helmholtz, *Das Denken in der Naturwissenschaft*（Darmstadt, 1968）, 3—29, 16.

[81] "在文德尔班那里，'规律'和'事件'是作为我们的世界观中没有共同标准的不同维度而并存的。"这里需要记住，文德尔班是在对历史学家的成就和艺术中的创造性成就进行比较。

[82] 同注（80）, 17。

[83] 滕尼斯当时的"文献库"也列出了一份书目，但它并不符合大学所赞成的选书标准。他们所选的一部分书也出现在雷的目录里，如 William Edward Hearn（1826—1888）, *The Aryan Household, Its Structure and Its Development; an Introduction to Comparative Jurisprudence*（London and Melbourne, 1879）。滕尼斯列入了 Alfred Lyall, *Asiatic Studies, Religious and Social*（London, 1882）, 而韦伯也提到了这本书。见 Hermann Kulke, "Orthodoxe Restauration und hinduistische Sektenreligiosität im Werk Max Webers," in Wolfgang Schluchter, ed., *Max Weber Studie über Hinduismus und Buddhismus. Interpretation und Kritik*（Frankfurt, 1984）, 293—332, 332, note 49; 另见 *Max Weber Gesamtausgabe*（MWG I/19）, Max Weber, *Die Wirtschaftsethik der Weltreligion. Konfuzianismus und Taoismus. Schriften 1915—1920.* ed. by Helwig Schmidt – Glintzer with the collaboration of Petra Kolonko. *Max Weber Gesamtausgabe*, Vol. 19（Tübingen, 1989）, 131。

[84] 参见 Werner Sombart, "Die Anfänge der Soziologie", 载 Melchior Palyi, ed., *Hauptprobleme der Soziologe. Erinnerungsgabe für Max Weber*（Munich and Leipzig, 1923）, I: 5—19, 12f.

[85] Wolfgang Schluchter, *Religion und Lebensführung. Vol.I: Studien zu Max Webers Kultur - und Werttheorie*（Frankfurt, 1988）, 53ff.

[86] KSA XII, 426: 9（153）.1887 年秋。

［87］ Erving Goffman, *Asylums. Essays on the Social Situation of Mental Patients and Other Inmates* (Harmondsworth, 1968), 22.

［88］ Martin Pernet, *Das Christentum im Leben des jungen Friedrich Nietzsche* (Opladen, 1989), 67ff.

［89］ KSA XIII, 346; KSA VIII, 315f.: 18 (11).

［90］ KSA, letters, I, 37; KSA XIII, 346: 14 (161).

［91］ KSA IX, 453; KSA XII, 460.

［92］ KSA XII, 425.

［93］ Pernet, *Das Christentum im Leben des jungen Friedrich Nietzsche*, 52ff。

［94］ 在舒尔普福塔当学生时的尼采和当士官生时的利奥波德·冯·维塞，都表现出了同样的内省倾向。关于尼采的情况，见 Curt Paul Janz, *Friedrich Nietzsches Biographie* (Munich, 1981), I: 72f.; 关于维塞，见 Leopold von Wiese, *Kindheit - Erinnerungen aus meinen Kadettenjahren* (Hannover, 1924; reprint ed., Ebenhausen, 1978), 24。另见 Leopold von Wiese, "Ueber Militärische Erziehung," in idem., *Spätlese* (Cologne and Opladen, 1954), 39—50。

［95］ KSA XII, 552 f. 1887 年秋。

［96］ Friedrich Nietzsche, "Die Kirchlichen Zustände der Deutschen in Nordamerika," in Hans Joachim Mette and Karl Schlechta, eds., *Historisch-Kritische Gesamtausgabe der Werke* (*HKGW*). *Schriften der Studenten - und Militärzeit 1864—68* (Munich, 1935), III: 84—97.

［97］ Philipp Schaff, *Die politischen, socialen und KircMich-relisiosen Zustände der vereinigten Staaten yon Nordamerika mit besonderer Rucksicht auf die Deutschen* (Berlin, 1854).

［98］ 同上，10。

［99］ 同上，17; 8, 72。

［100］同上，79f。

［101］Nietzsche, "Die Kirchlichen Zustände der Deutschen in Nordamerika," 86f.

［102］参见 Schaff, Amerika 一书（86 页）对卫理公会派和虔信派的比较：

"卫理公会派完全缺乏德国虔信派特有的那种热情，缺乏它那种对神秘和沉思之事的敏感，它的热烈而深刻、充满思想的神学。但是另一方面，它在精力上却大大超过虔信派，它是外向的和征服性的。"尼采也读过托克维尔。见 KSA, letters, VIII, 28。在他刻画"最后的人"时，托克维尔便是典型形象。后来，在 1887 年，尼采又开始较为深入地思考"禁欲主义和文化"的关系（KSA, letters, VIII, 28），尽管他只着眼于一元论的禁欲主义和文化。另见 Franz Overbeck, "Pessimismus, Buddhismus, Askese," in idem., *Christentum und Kultur, Gedanken und Anmerkungen zur modernen Theologie*, aus dem Nachlass herausgegeben von Carl A. Benoulli (Darmstadt, 1963), 29—34。就像韦伯一样，尼采也认为清教的基础是"对平常人的'天性'的一种高度悲观主义的观点"。见 Marianne Weber, *Max Weber*, 382; 关于尼采，见 KSA XI, 218: 26 (261)。

［103］Brendan Donnellan, *Nietzsche and the French Moralists* (Bonn, 1982).

［104］Alois Hahn, "Zur Soziologie der Beichte und anderer Formen institutionalisierter Bekenntnisse: Selbstthematisierung und Zivilisationsprozess," *Kölner Zeitschrift für Soziologie und Sozialpsychologie* 34 (1982): 407—434, 426.

[105]"我的朋友和手挽手的兄弟"这种套话，在这里有着重要意义。见 KSA，letters，IV，142，1873 年 4 月；
　　　 KSA XI，195：26（173）。

[106]KSA，Letters，II，356ff. 友谊是一个几乎支配着尼采 19 世纪 70 年代全部著作的主题。对尼采十分重要
　　　 的友谊颂歌，其产生和兴起的过程也发生在这个时期。在高度个人化的关系中，音乐是最重要的表达手段。

[107]Friedrich H．Tenbruck，"Freundschaft．Ein Beitrag zu einer．Soziologie der persönlichen
　　　 Beziehungen，" *Kölner Zeitschrift für Soziologie und Sozialpsychologie* 16（1964）：431—456，441.

[108]KSA XII，425：9（153）.

[109]Werner Bergmann，"Das frühe Mönchtum als soziale Bewegung，" *Kölner Zeitschrift für Soziologie
　　　 und Sozialpsychologie* 37（1985）：30—59，37.

[110]KSA XII，552f：10（165）.

[111]KSA XII，424f.

[112]KSA VIII，48：5（30）.

[113]KSA X，30：1（74）。

[114]Max Weber，"'Churches' and 'Sects' in North America"，tr．Colin Loader，*Sociological Theory* 3
　　　（1985）：7—13。另见 "The Protestant Sects and the Spirit of Capitalism"，载 H．Gerth and C．Wright
　　　 Mills，*From Max Weber*（New York：OXford University．Press，1946），esp．320ff。

[115]*The Protestant Ethic and the Spirit of Capitalism*，119.

[116]M．Rainer Lepsius，"Interessen und Ideen．Die zurechnungsproblematik bei Max Weber，" *Kölner
　　　 Zeitschrift für Soziologie und Sozialpsychologie*，Sonderheft 27：*Kultur und Gesellschaft*（Cologne，
　　　 1988），20—31，23；reprinted in idem.，*Interessen．Ideen und Institutionen*（Opladen，1990），35.

[117]Stephen D．Berger，"The Sects and the Breakthrough into the Modern World：On the Centrality of the
　　　 Sects in Weber's Protestant Ethic Thesis，" *Sociological Quarterly* 12（1971）：486—499.

[118]Lepsius，"Interesssen und Ideen"，24.

[119]Max Weber，*Briefe 1906—1908*，ed．by M．Rainer Lepsius and Wolfgang J．Mommsen，with Birgit
　　　 Rudhard and Manfred Schön，MWGA，II/5（Tübingen，1990），33.

[120]在韦伯读过的施宾格勒《西方的没落》中，除了写有许多大加挞伐的边注以外，还有一些意味深长的正面
　　　 评注。韦伯认为以下文字"大体上"是正确的："尼采注意到了达尔文主义者的超人观需要培育，但是他并
　　　 没有超越那些华而不实的言辞。萧伯纳更进一步，要求把社会改造成一个种马场。这仅仅是查拉图斯特拉
　　　 式的坚韧，尼采并不具备做到这一点的勇气，甚至趣味低下的勇气也没有。假如培育是指把婚姻变成一种
　　　 有利于社会和生理学计划的制度，那么它就是一个高度物欲的和功利主义的概念。在这种情况下，对谁进
　　　 行培育、谁来进行培育以及在哪儿和如何培育的问题，人们就理应提供答案。然而，尼采对得出极为平凡
　　　 的社会结论抱有一种浪漫主义的厌恶，他害怕让诗意的乌托邦面对任何现实的检验，因此他面对这样一个
　　　 事实沉默不语：他的源于达尔文主义的全部积极的方案，要以社会主义以及社会主义者的独裁为前提。"见
　　　 Der Untergang des Abendlandes，vol．1（Munich，1919），520。

[121]Ann Swidler，"The Concept of Rationality in the Work of Max Weber，" *Sociological Inquiry* 43（1973），
　　　 35—42，39.

[122]Kurt Beiersdörfer，*Max Weber und Georg Lukacs．Uber die Beziehung von Verstehender Soziologie*

und Westlichem Marxismus（Frankfurt and New York, 1986）, 80.

［123］Paul Honigsheim, "Max Weber: His Religious and Ethical Backgound and Development," *Church History* 19（1950）:219—239.

［124］Harry Liebersohn, *Fate and Utopia in German Sociology, 1870—1923*（Cambridge, Mass., 1988）, 104.

［125］Franz Overbeck, *Christentum und Kultur. Gedanken und Anmerkungen zur modernen Theologie*. Aus dem Nachlass herausgegeben von D. A. Bernoulli（Basel, 1919; reprint ed., Darmstadt, 1963）, 286.

［126］Karl Löwith "Die Entzauberung der Welt durch Wissenschaft. Zu Max Webers 100. Geburtstag," *Merkur*18（1964）:501—519, 513.

［127］见 Gerhard Wagner and Heinz Zipprian, "Methodologie und Ontologie. Zum Problem kausaler Erklärung bei Max Weber," *Zeitschrift für Soziologie* 14（1985）:115—130.

［128］Franz Overbeck, *Christentum und Kultur. Gedanken und Anmerkungen zur modernen Theologie*. Aus dem Nachlass herausgegeben von D.A.Bernouli（Darmstadt, 1963）, 183.

［129］这种怀疑可能也促使施鲁赫特对亨尼斯拉近韦伯和尼采的距离的做法持尖锐批评态度。见 Wolfgang Schluchter, *Religion und Lebensführung*, vol. I: *Studien zu Max Webers Kultur - und Werttheorie*（Frankfurt, 1988）, esp. 191。

［130］Friedrich Nietzsche, *Werke IV. Aus dem Nachlaß der Achtzigerjahre*, ed. by Karl Schlechta（Frankfurt, Berlin, and Vienna, 1979）, 400（Ⅲ）, 808.

07　韦伯的自我禁欲主义实践

［1］　见 Wolfgang Schluchter, *The Rise of Western Rationalism. Max Weber's Developmental History*（Berkeley and Los Angeles: University of California Press, 1981）, 京特·罗特作序。

［2］　这有些类似于杰夫里·亚历山大的观点：韦伯的著作可以被认为是"个人与统治的辩证法"，见亚历山大，"The Dialectic of Individuation and Domination: Weber's Rationalization Theory and Beyond," 载 Sam Whimster and Scott Lash, eds., *Max Weber, Rationality and Modernity*（London: Allen & Unwin, 1987）, 185—206。

［3］　Norbert Elias, *The Civilizing Process: The Development of Manners*, trans. Edmund Jephcott（New York: Urizen Books, 1978）, 27.

［4］　Karl Löwith, "Karl Marx und Max Weber", 载 *Gesammelte Abhandlungen*（Stuttgart: W. Kohlhammer Verlag, 1960）,1—67

［5］　见 Weber, *Wirtschaft und Gesellschaft*, 5th ed., J. Winckelmann（Tübingen: J. C. B. Mohr, 1976）《卡理斯玛支配及其变形》一节。

［6］　Nietzsche, *The Gay Science*, in Nietzsche, *Kritische Studienausgabe*（下文缩写为 KSA）, ed. Giorgio Colli and Mazzino Montinari（Munich: Deutscher Taschenbuch Verlag; Berlin: Walter de Gruyter,

1988）, vol. 3, 583。

[7] 尼采:《道德的谱系》, 见 Nietzsche, KSA, Vol. 5, Essay I, section 13, 279; Essay II, section 12, 314; and Essay III, section 7, 350。

[8] 尼采:《善恶之彼岸》, 见 Nietzsche, KSA, section 13, 27。

[9] 韦伯:《社会学基本概念》, 见 *Wirtschaft und Gesellschaft*, 28—29。

[10] Michel Foucault, "Technologies of the Self," in Luther H. Martin, Huck Gutman, and Patrick H . Hutton, eds.,*Technologies of the Self. A Seminar with Michel Foucault*（Amherst: University of Massachusetts Press, 1988）, 17.

[11] Weber, *Wirtschaftsgeschichte*, ed. by S. Hellmann and M. Palyi（Munich and Leipzig: Duncker & Humblot, 1924）, 314.

[12] 按 照 Friedrich H. Tenbruck, "Max Weber and the Sociology of Science: A Case Reopened", *Zeitschrift für Soziologie* 3（1974）, 318 的说法, "毫无疑问,《以学术为业》是《新教伦理与资本主义精神》的真正产物, 这篇文章向我们展示了什么是《新教伦理与资本主义精神》所说的真正的清教徒"。另见 Paul Honigsheim, *On Max Weber*（New York: Free Press, 1968）, 114; "Max Weber: His Religious and Ethical Background and Development", *Church History* 18—19（1949—1950）, 235—237。

[13] 韦伯:《支配的类型》, 见 *Wirtschaft und Gesellschaft*, 142。Luciano Cavalli 认为, "卡理斯玛构成了一种具有强烈含义的'天职'"。见 Cavalli, "Charismatic Domination, Totalitarian Dictatorship, and Plebiscitary Democracy in the Twentieth Century", 载 Carl F. Graumann and Serge Moscovici, eds, *Changing Conceptions of Leadership*（New York: Springer-Verlag, 1986）, 67—81, 引语见 61。

[14] 关于这个问题, 见 Harvey Goldman, *Max Weber and Thomas Mann*: *Calling and the Shaping of the Self*（Berkeley: University of California Press, 1988）。

[15] 见 Mommsen, "Personal Conduct and Societal Change", 载 Whimster and Lash, eds., *Max Webe, Rationality and Modernity*, 40.

[16] 韦伯:《社会与经济科学"价值无涉"的含义》, 载 Weber, *Wissenschaftslehre*, 5th ed., by J. Winckelmann（Tübingen, 1982）, 494。

[17] 韦伯:《宗教社会学》, 见 *Wirtschaft und Gesellschaft*, 361。

[18] 韦伯:《新教伦理与资本主义精神》, 见 *Gesammelte Aufsätze zur Religionssoziologie*（下文缩写为 GRS）, vol. I（Tübingen, 1920）, 117。

[19] 韦伯:《宗教社会学》, 见 *Wirtschaft und Gessellschaft*, 339—340,《儒教与道教》, 见 GRS, I, 521, 518,《印度教与佛教》, 见 GRS, II, 371。

[20] Weber, *Wissenschaftslehre*, 494。另见 Ernst Troeltsch, *Christian Thought. Its History and Application*（University of London Press, 1923）, 51: "由于本能的生活总是处于变动不居和混乱之中, 因此必须首先创造并获得人格的统一和稳定。……没有人会生来便具备一种人格; 每个人都要通过服从另一种导向统一性和同质性的本能而形成一种人格。"另见 71、79、80。

[21] 韦伯,《政治支配与僧侣政治支配》, WG, 709, 另见 710。

[22] 韦伯,《宗教社会学》, WG, 362。

[23] 韦伯,《新教伦理与资本主义精神》, GRS, I, 178。

[24] Weber, *Gesammelte Aufsätze zur Soziologie und Sozialpolitik*（下文缩写为 GSS），2d ed., Marianne Weber（Tübingen, 1988; 1924），414;"Bureaucratic Domination"*Wirtschaft und Gesellschaft*, 560。

[25] GSS,414。另见 *Gesammelte Politische Schriften*（下文缩写为 GPS），3d ed., J. Winckelmann（Tübingen, 1971），335。

[26] 韦伯，《官僚制支配》，*Wirtschaft und Gesellschaft*, 570, 553, 558。

[27] GSS, 414。

[28] R. K. Merton, "Bureaucratic Structure and Personality," in Merton, *Social Theory and Social Structure*, rev. and enlarged ed.（New York, 1957; 1949），195—206.

[29] Weber, "Diskussionsreden auf der Tagung des Vereins" GSS, 414.

[30] 韦伯，《德国的资本主义与乡村社会》，载 H. H. Gerth and C. Wright Mills, eds., *From Max Weber: Essays in Sociology*（New York, 1946），369, 373。

[31] 韦伯：《民族国家与经济政策》，见 GPS, 19。

[32] 韦伯，《新教伦理与资本主义精神》，GRS, I, 81。

[33] 引自 Wolfgang Mommsen, *Max Weber und die deutsche Politik, 1890—1920*, 2d ed.（Tübingen, 1974），100。

[34] 见 David Riesman, with Nathan Glazer and Reuel Denny, *The Lonely Crowd* 节略版，带有新写的前言（New Haven, Conn.: Yale University Press, 1961;1950），chap. I; D. Riesman, in collaboration with N. Glazer, *Faces in the Crowd*（New Haven, Conn.: Yale University Press, 1952），Chap. I。

[35] 韦伯，《宗教社会学》，WG, 298—299;《政治共同体》，WG, 536;《世界诸宗教的经济伦理》绪论, GRS, I, 248。

[36] 韦伯，《以政治为业》，GPS, 547。

[37] 韦伯，《新教伦理与资本主义精神》，GRS, I, 203。

[38] 冯·洪堡语，引自 Rudolf Vierhaus, "Bildung"，载 Otto Brunner, Werner Conze, Reinhart Koselleck, eds. *Geschichtliche Grundbegriffe*（Stuttgart, 1972），Vol I, 520。

[39] 韦伯，《官僚制》，WG, 578。

[40] 韦伯，《儒教与道教》，GRS, I, 52l。

08 新教伦理与"新伦理"

[1] 见 Weber, *The Methodology of the Social Sciences*, trans. and ed. by Edward A. Shils and Henry A. Finch（New York, 1949），esp. 72—112.

[2] 见 Simmel, *The Problems of the Philosophy of History. An Epistemological Essay*, trans. and ed. by Guy Oakes（New York, 1977），56ff. 关于对齐美尔这一解释理论的综合讨论，见 Guy Oakes 为齐美尔 *Essays on Interpretation in Social Science*, trans. and ed. by Guy Oakes（Manchester, 1980）3—94 写的导论。

［3］　见 *Soziologie: Untersuchungen über die Formen der Vergesellschaftung*，5th ed.（Berlin，1968），24—25。

［4］　齐美尔认为，经济交换本身的基础是放弃个人对某种实物的直接消费。因此齐美尔使用了"牺牲式交换"概念来概括现代货币经济的特性。见 G. Simmel，*The Philosophy of Money*，trans. by Tom Bottomore and David Frisby（London，1990），79ff.；第二版增订本由 David Frisby 编辑并写了新的导论。

［5］　Arthur Mitzman，*The Iron Cage: A Historical Interpretation of Max Weber*（New York，1970）　和 Nicolaus Sombart，*Nachdenken über Deutschland: Vom Historismus zur Psychoanalyse*（Munich，1987），22—51 采用了这种解释方法。

［6］　见 Weber，*Gesammelte Politische Schriften*，4th ed.，J. Winckelmann（Tübingen，1980），1—25。

［7］　关于韦伯"这一代人的反叛"以及韦伯对威廉二世德国政治领导人的批判，见 Christoph Stedin，*Politik und Wissenschaft bei Max Weber*（Breslau，1932）；Reinhard Bendix and Guenther Roth，*Scholarship and Partisanship: Essays on Max Weber*（Berkeley，1971），6—33；Wolfgang J. Mommsen，*Max Weber and German Politics，1890—1920*trans. by M. Steinberg（Chicago，1984）。

［8］　关于韦伯本人的精神抑郁，见 Arthur Mitzman，*The Iron Cage*（148—163），和 Sombart，*Nachdenken über Deutschland*，27—42。

［9］　见 Wolfgang Drost，ed.，*Fortschrittsglaube und Dekadenzbewusstsein im Europa des 19. Jahrhunderts*（Heidelberg，1986）；Jens Malte Fischer，*Fin de siècle: Kommentar zu einer Epoche*（Munich，1978），11—93；Wolfdietrich Rasch，*Die literarische Décadence um 1900*（Munich，1986）；Andreas Steiner，'*Das nervöse Zeitalter': Der Begriff der Nervosität bei Laien und Ärzten in Deutschland und österreich um 1900*（Zurich，1964）；Regina Schaps，*Hysterie und weiblichkeit: Wissenschaftsmythen über die Frau*（Frankfurt and New York，1982）。

［10］　见 Karl Lamprecht，*Deutsche Geschichte Erster Ergänzungsband: Zur Jüngsten deutschen Vergangenheit，Erster Band: Tonkunst - Dichtung - Weltanschauung*（Leipzig，1901，VII f，53—66，379—389，464—471。

［11］　Simmel，*Philosophie des Geldes*，519—552；"Tendencies in German Life and Thought Since 1870," *International Monthly 5*（1902）:93—111，166—184；Simmel，"The Metropolis and Mental Life"（1903），in Donald Levine，ed.，*Georg Simmel on Individuality and Social Forms*（Chicago，1971），20—*339*。

［12］　见 Willy Hellpach，*Nervosität und Kultur*（Berlin，1902），127—158；另见 Hellpach，*Grundlinien einer Psychologie der Hysterie*（Leipzig，1904），469—494。韦伯在《新教伦理与资本主义精神》第一版中已经提到了这些研究。见 "Die protestantische Ethik und der 'Geist' des Kapitalismus II: Die Berufsidee des asketischen Protestantismus," *Archiv für Sozialwissenschaft und Sozialpolitik* 21（1905）: 1—110,45,61。另见韦伯致黑尔帕赫的信，载 *Briefe 1906—1908*，MWGA，I / 10。对于这个话题的清晰解释，见 Manfred Schneider，"Hysterie als Gesamtkunstwerk: Aufstieg und Verfall einer Semiotik der Weiblichkeit," *Merkur* 39（1985）: 879-895。

［13］　见 Otto Weininger，*Geschlecht und Charakter: Eine prinzipielle Untersuchung*（Vienna，1903）；Jacques Le Rider，"Modernisme - féminisme/modernité - virilité: Otto Weininger et la modernité viennoise," *L'Infini* 4（1983）: 5—20；Jacques Le Rider and Norbert Leser，*Otto Weininger: Werk und Wirkung*（Vienna, 1984）。

［14］ Gertrud Bämer, *Die Frau in der Kulturbewegung der Gegenwart*（Wiesbaden, 1904）, 5f.

［15］ 同上，20。

［16］ 关于弗兰西丝卡，见 M. Weber, *Die Frauen und die Liebe*（Königstein and Leipzig, 1935）, 180—195; Johannes Székely, *Franziska Gräfin zu Reventlow*: *Leben und Werk*（Bonn, 1979）; Helmut Fritz, *Die erotische Rebellion*: *Das Leben der Franziska Gräfin zu Reventlow*（Frankfurt a.M., 1980）; Regina Schaps, "Tragik und Erotik - Kultur der Geschlechter: Franziska Gräfin zu Reventlows 'modernes Hetärentum'," 载 Wolfgang Lipp, ed., *Kulturtypen*, *Kulturcharaktere*: *Träger*, *Mittler und Stifter von Kultur*（Berlin, 1987）, 79—96。

［17］ 见 Arthur Mitzman, "Anarchism, Expressionism and Psychoanalysis", *New German Critique* 10（1977）:77—104; Josef Dvorak, "Kokain und Mutterrecht: Die Wiederentdeckung von Otto Gross," *Neues Forum* 295—296（1978）:52—61; Emanuel Hurwitz, *Otto Gross: "Paradies" -Sucher zwischen Freud und Jung*（Zurich and Frankfurt a.M., 1979）。

［18］ 见 Richard J. Evans, *The Feminist Movement in Germany 1894—1933*（London, 1976）, 115—143; Amy Hackett, "Helene Stöcker: Left Wing Intellectual and Sex Reformer", 载 Renate Bridenthal, Atina Grossmann, and Marion Kaplan, eds., *When Biology Became Destiny*: *Women in Weimar and Nazi Germany*（New York, 1984）, 109—130; Ilse Kokula, "Der linke Flügel der Frauenbewegung als Plattform des Befreiungskampfes homosexueller Frauen und Männer", 载 Jutta Dalhoff, Uschi Frey, and Ingrid Schöll, cds., *Frauenmacht in der Geschichte*（Düsseldorf, 1986）, 46—64。

［19］ Gertrud Bäumer, "Die neue Ethik vor hundert Jahren," 载 Gertrud Bäumer et al., *Frauenbewegung und Sexualethik*: *Beiträge zur modernen Ehekritik*（Heilbronn, 1909）, 54—77; 另见 Helene Stöcker, "Neue Ethik in der Kunst". *Mutterschutz*: *Zeitschrift zur Reform der sexuellen Ethik* 1（1905）: 301—306, and Heinrich Meyer-Benfey, "Lucinde," *Mutterschutz*: *Zeitschrift zur Reform der sexuellen Ethik* 2（1906）: 173—192。

［20］ 对这场争论更为详尽的讨论，以及韦伯夫妇与性运动的纠葛，见 Marianne Weber, *Max Weber*: *A Biography*, trans. and ed. by Harry Zohn（New Brunswick, N. J., 1988）, 371—390 和 Guenther Roth 为这个译本写的导言; Mitzman, *The Iron Cage*, 256—296; Martin Green, *The von Richthofen Sisters: The Triumphant and the Tragic Modes of Love*（New York, 1974）; Sombart, *Nachdenken über Deutschland*, 22—52; Wolfgang Schwentker, "Passion as a Mode of Life: Max Weber, the Otto Gross Circle and Eroticism," in Wolfgang J. Mommsen and Jürgen Osterhammel, eds., *Max Weber and his Contemporaries*（London, 1987）, 483—498; Ingrid Gilcher-Holtey, "Max Weber und die Frauen," in Christian Gneuss and Jürgen Kocka, eds., *Max Weber*: *Ein Symposium*（Munich, 1988）, 142—154。

［21］ 见 Marianne Weber, *Max Weber*, 371—390。"直到白头偕老" 这一短语是责任伦理的顶点，恰好出现在 Marianne Weber, *Ehefrau und Mutter in der Rechtsent wicklung*（Tübingen, 1907）的结尾处（572 页），并以 "Reliogious Rejections of the World and Their Directions" 为题发表在《思考中》最后一期（1920），载 H. H. Gerth and C. Wright Mills, eds., *From Max Weber: Essays in Sociology*（New York, 1946）, 350; 它也出现在 Marianne Weber, *Gesaammelte Aufsàtze zur Religionssoziologie*（Tübingen,

1920）第一卷的献词中。

[22] Marianne Weber, *Max Weber*, 371, 374.

[23] M. Weber, *Lebenserinnerungen* (Bremen: Storm, 1948), 124.

[24] "妇女的解放"这一短语是 1920 年版插入的。关于对清教徒性道德的类似讨论，见 Marianne Weber, *Ehefrau und Mutter*，"正如良心自由是'the Rights of Man'（通译'人权'，但也含有'男权'之意——译者注）之母一样，它也是女权的摇篮"（290）。

[25] Marianne Weber, *Max Weber*, 371。

[26] 同上，376。关于韦伯与弗洛伊德的关系，见 Tracy B. Strong, "Weber and Freud: Vocation and Self-Acknowledgement"，载 *Max Weber and His Contemporaries*, 468—482。

[27] 1913 年 3 月 10 日韦伯致卢卡奇的信，载 Eva Karádi and Eva Fekete, eds., *G. Lukács: Briefwechsel 1902—1917* (Stuttgart, 1982), 320。*Heidelberger Philosophie der Kunst* 是作为卢卡奇全集第十五卷发表的。

[28] 关于这三种文本在韦伯全部作品中的重要地位，见 Wolfgang Schluchter, *Rationalism, Religion, and Domination: A Weberian Perspective*, trans. by Neil Solomon (Berkeley, Los Angeles, and London, 1989), Chap. 12。

[29] *From Max Weber: Essays in Sociology*, 355.

[30] 见 Weber, *Economy and Society*，591f.。

[31] 同上，601。

[32] *From Max Weber: Essays in Sociology*, 348.

[33] 同上，345f.。Roslyn Wallach Bologh, "Max Weber on Erotic Love: A Feminist Inquiry" 透彻地分析了韦伯的性爱理论及其对当代女权主义理论可能具有的重要意义，载 Scott Lash and Sam Whimster, eds., *Max Weber: Rationality and Modernity* (London, 1987), 242—258。另见 Roslyn Wallach Bologh, *Love or Greatness: Max Weber and Masculine Thinking – A Feminist Inquiry* (London, 1990)。

[34] 韦伯本人也承认科学中的价值自由这一先决条件和审美中的自发性这一先决条件之间的选择性亲和，并在这方面提到了波德莱尔和尼采。见 "Science as a Vocation" in *From Max Weber: Essays in Sociology*, 148。

[35] 关于"浪漫主义的现代主义"，见 Hans Sedlmayer, "Ästhetischer Anarchismus in Romantik und Moderne," 载 *Scheidewege* 8 (1978):174—196; Hauke Brunkhorst, "Romantik und Kulturkritik: Zerstörung der dialektischen Vernunft?" *Merkur* 39 (1985):484—496; Karl Heinz Bohrer, *Die Kritik der Romantik* (Frankfurt a.M., 1989)。

[36] 这个短语说的是对任何基于犹太教–基督教传统的历史以及对与此相关的任何历史哲学的现代主义否定。见 Theodor. W. Adorno, *Ästhetische Theorie*, ed. by Gretel Ädorno and Rolf Tiedemann (Frankfurt a.M., 1970), 4lf.; 另见 wolfgang J. Mommsen, "Rationalization and Myth in Weber's Thought," 载 *The Political and Social Theory of Max Weber: Collected Essays* (Chicago, 1989)。133—144。

[37] 见 Daniel Bell, *The Cultural Contradictions of Capitalism* (New York, 1976) 和 "Beyond Modernism, Beyond Self"，载 Quentin Anderson et al., eds., *Art, Politics and Will: Essays in Honor of Lionel Trilling* (New York, 1977), 213—253。

[38] 见 W. Sombart, *Liebe, Luxus und Kapitalismus* (Munich, 1967); 该书最早出版于 1913 年，题为《奢

侈与资本主义》。

[39] 见 Werner Stark, "Die kalvinistische Ethik und der Geist der Kunst", 载 Justin Stagl, ed., *Aspekte der Kultursoziologie: Aufsätze zur Soziologie, Philosophie, Anthropologie und Geschichte der Kultur* (Berlin, 1982), 87—96, 95。

[40] 见 Ingrid Gilcher-Holtey, "Max Weber und die Frauen," 载 Christian Grleuss and Juurgen Kocka, eds., *Max Weber: Ein Symposium* (Munich, 1988)。

[41] 见 Jacques Le Rider "Das Werk des weiblichen in der (Post-) Moderne", 载 Jacques Le Rider and Gérard Raulet, eds., *Verabschiedung der (Post-) Moderne？Eine interdisziplinäre Debatte* (Tübingen, 1987), 133—147。

[42] 见 Max Weber, "G. Simmel as Sociologist," *Social Research* 39 (1972) :155—163。

[43] 见 W. Benjamin, "Goethes Wahlverwandtschaften", 载 *Gesammelte Schriften I* (Frankfurt, 1974), 123—201。本雅明也提到过 "神话皮影戏"（*mythisches Schattenspiel*, 140）。

[44] 见 Werner Sombart, *Der. moderne Kapitalismus I: Die Genese des Kapitalismus* (Leipzig, 1902), 385—388。

[45] 关于帕森斯与齐美尔的关系，见 Donald N. Levine, *Simmel and Parsons: Two Approaches to the Study of Society* (New York, 1980)。

09 资本主义的崛起：韦伯与松巴特

[1] 见 1990 年 2 月 22 日《华盛顿邮报》，A28。

[2] W. Sombart, *Modern Capitalism* (Leipzig, 1902).

[3] E. Gothein, *Economic History of the Black Forest* (Strassburg, 1892).

[4] 《现代资本主义》第一卷，380—381。

[5] B. vom Brocke, ed., *Sombart's 'Moderner Kapitalismus.' Materialien zur Kritik und Rezeption* (Munich, 1987), 36.

[6] H. Lehmann, "Ascetic Protestantism and Economic Rationalism: Max Weber Revisited After Two Generations", *Harvard Theological Review* 80 (1987): 307—320.

[7] E. Jaffé, "Der treibende Faktor in der kapitalistichen Wirtschaftsordnung," *Archiv für Sozialwissenschaft und Sozialpolitik* 40 (1915): 4.

[8] W. Sombart, "Der kapitalistische Unternehmer," *Archiv für Sozialwissenschaft und Sozialpolitik* 29 (1909), 754—755.

[9] *Die Juden und das Wirtschaftsleben* (Leipzig, 1911), vi, 15.

[10] 同上，31, 44, 281.

[11] 同上，292, 293.

[12] 同上，294.

[13] 同上，329.

［14］ *Studien zur Entwicklungsgeschichte des modernen Kapitalismus*, Vols. 1 and 2（Munich and Leipzig, 1913）.

［15］ 这是《奢侈与资本主义》第五章的标题。

［16］ *Händler und Helen Patriotische Besinnungen*（Munich and Leipzig, 1915）, 121.

［17］ Jeffrey Herf, *Reactionary, Modernism: Technology, Culture, and Politics in Weimar and the Third Reich*（Cambridge, 1984）, 130—151,chap. 5: "Werner Sombart. Technology and the Jewish Question."

［18］ Max Weber, *Die protestantische Ethik II. Kritiken und Antikritiken*, ed. by Johannes Winckelmann（Munich and Hamburg, 1968）, 28, 55—56, 170, 184.

［19］ Max Weber, *Briefe* 1906—1908, ed. by M. Rainer Lepsius and W. J. Mommsen（Tübingen, 1990）, 173 MWGA II/5）.

［20］ MWGA II/5, 233.

［21］ 同上，605。

［22］ *Wirtschaft und Gesellschaft*,ed. by J. Winckelmann.（5th rev. ed. Tübingen,1976）,370—374。另见 S, Z. Klausner, *Introduction to Werner Sombart*, *The Jews and Modern Capitalism*（New Brunswick, N. J., 1982）, Hans Liebeschütz, *Das Judentum im deutschen Geschichtsbild von Hegel bis Max Weber*（Tübingen, 1967）, 310—315; Paul Mendes-Flohr, "Werner Sombart's. The Jews and Modern Capitalism", *Leo Baeck Yearbook* 20（1976）: 87—107。

［23］ *Wirtschaft und Gesselschaft*, 717—719.

［24］ Lawrence Scff, *Fleeing the Iron Cage. Culture, Politics, and Modernity in the Thought of Max Weber*（Berkeley, Los Angeles, and London, 1989）, 202.

［25］ 见 Scaff, *Fleeing the Iron Cage*, 203.

［26］ *The Protestant Ethic and the Spirit of Capitalism*,trans. by Talcott Parsons,ed. by Anthony Giddens（New York, 1976）, 191.

［27］ 同上，193。

［28］ 同上，194—198。

［29］ 同上，201。

［30］ 同上，217。

［31］ 同上，259。

［32］ 同上，271。另见 Max Weber, *Wirtschaftsgeschichte. Abriss der universalen Sozial- und Wirtschaftsges-chichte*（Munich, 1932）, 307。

［33］ *The Protestant Ethic and the Spirit of Capitalism*, 198.

［34］ Vom Brocke, *Sombarts 'Moderner Kapitalismus*, '49.

［35］ Lujo Brentano, *Die Anfänge des modernen Kapitalismus*（[1913]）（Munich: Akademie der wissenschaften, 1916）, 78—199.

［36］ *The Protestant Ethic and the Spirit of Capitalism*, 187, 190, 192—193, 198, 205, 209—210, 217,259, 283。

[37] 同上，185。

10 命题长在：对批评家的批评

[1] M. H. MacKinnon, "Part I: Calvinism and the Infallible Assurance of Grace," *British Journal of Sociology* 39 (1988): 143—177; "Part II: Weber's Exploration of Calvinism," 同上，178—210。

[2] 最早把这种见解纳入韦伯因果论的，应推 N. M. Hanson, "The Protestant Ethic as a General Precondition for Economic Development," *Canadian Journal of Economics and Political Science* 29 (1963): 462—474。

[3] M. Weber, *The Protestant Ethic and the Spirit of Capitalism* (New York, 1958), 99, 102, 226.

[4] M. Weber, *Economy and Society* (Los Angeles, 1978), 541—544, 548.

[5] Weber, *The Protestant Ethic and the Spirit of Capitalism*, 103, 105.

[6] Weber, *Economy and Society*, 575.

[7] Weber, *The Protestant Ethic and the Spirit of Capitalism*, 103.

[8] 同上，223。

[9] 同上，110, 114, 232。

[10] 同上，113—114。

[11] 同上，228。

[12] 同上，115。

[13] 同上，112。

[14] 同上，158。

[15] 同上，166。

[16] 同上，163。

[17] 同上，163。

[18] 同上，259。

[19] Weber, *Economy and Society*, 1200.

[20] Weber, *The Protestant Ethic and the Spirit of Capitalism*, 157.

[21] 同上，90。

[22] 同上，89。

[23] 同上，109—110。

[24] 同上，110, 229。

[25] Weber, *The Protestant Ethic and the Spirit of Capitalism*, 113.

[26] 同上，84, 160, 215。

[27] Weber, *The Protestant Ethic and the Spirit of Capitalism*, 115—116.

[28] 同上，211。

[29] 同上，80, 121。

［30］ J. Calvin, *Institutes of Christian Religion*（Philadelphia, 1960）, 763.

［31］ 同上, 264, 286, 288—289。

［32］ 同上, 537—542。

［33］ 同上, 559。

［34］ 同上, 746, 749, 759, 765—766, 786—787。

［35］ 同上, 280, 542—543, 580—581。

［36］ Weber, *The Protestant Ethic and the Spirit of Capitalism*, 100—101.

［37］ *The Westminster Confession of Faith*（Greenwood, S. C., 1981）, 8.

［38］ 同上, 25。

［39］ 同上, 10。

［40］ 同上, 25。

［41］ 同上, 25。

［42］ 同上, 28。

［43］ R. Baxter, *A Christian Directory*（London, 1678）, 21—30, 107.

［44］ 同上, 255—261。

［45］ 同上, 3。

［46］ W. Perkins, *William Perkins, 1558—1602: English Puritanist*（The Hague, 1966）, 44.

［47］ *The Westminster Confession of Faith*, 25.

［48］ Weber, *The Protestant Ethic and the Spirit of Capitalism*, 150, 257—258.

［49］ Baxter, *Directory*, 110.

［50］ 同上, 110。

［51］ 同上, 110。

［52］ R. Baxter, *The Autobiography of Richard Baxter*（London, 1931）, 82.

［53］ Baxter, *Directory*, 218—219.

［54］ 同上, 13。

［55］ 同上, 111。

［56］ F.Rachfahl, "Kalvinismus und Kapitalismus," "Nochmals Kalvinismus und Kapitalismus," in Winckelmann, *Protestant Ethik* II（Hamburg, 1972）, 57—148; 216—282.

［57］ M. Weber, "Anticritical Last Word on the Spirit of Capitalism," *American Journal of Sociology*, 83(1978): 1112.

［58］ 同上, 1115。

［59］ 同上, 1122—1124。

［60］ 同上, 1124。

［61］ 同上, 1124—1125。

［62］ 同上, 1125。

［63］ 同上, 1128。

［64］ 同上, 1129。

[65] 韦伯说得很对。特勒尔奇确实赞赏韦伯的命题，但是他的理由却与韦伯在职业观问题上的思路并不一致。托尼在这个问题上也同意韦伯的观点，但是他的理由可能会使韦伯感到相当奇怪。而且，托尼是韦伯著作的批评者。见 M. H. Mackinnon, "Part II: Weber's Exploration of Calvinism: The Undiscovered Provenance of Capitalism," *British Journal of Sociology* 29（1989）：200—204。正如批评者们一样，韦伯的支持者们也误解了他的著作。他们的支持乃是出于一些与该命题的前提并不协调的理由。同样，要想批评韦伯的辩护者们延长该命题的寿命，恐怕也是不恰当的。

[66] Weber, "Anticritical Last Word on the Spirit of Capitalism," 1127.

[67] L. Brentano, *Die Anfänge des modernen Kapitalismus* (Leipzig, 1916), 134, 136.

[68] Weber, *The Protestant Ethic and the Spirit of Capitalism*, 51—52.

[69] 同上，192—193。

[70] W. Sombart, *The Quintessence of Capitalism* (New York, 1967), 105.

[71] 同上，108。

[72] 同上，122—123。

[73] 同上，106。

[74] Weber, *The Protestant Ethic and the Spirit of Capitalism*, 194, 196.

[75] 同上，196, 197。

[76] 同上，198。

[77] 同上，17—21。

[78] 同上，185。

[79] Sombart, *The Quintessence of Capitalism*, 259.

[80] 同上，252—253。

[81] Weber, *The Protestant Ethic and the Spirit of Capitalism*, 97—98.

[82] 同上，217。

[83] Sombart, *The Quintessence of Capitalism*, 237, 239.

[84] 同上，248。

[85] Weber, *The Protestant Ethic and the Spirit of Capitalism*, 269.

[86] 同上，201。

[87] 同上，202。

[88] 同上，269。

[89] M. Weber, *The Sociology of Religion* (Boston, 1969), 220.

[90] M. Weber, *General Economic History* (New York 1961), 262.

[91] 同上，262；Weber, *The Protestant Ethic and the Spirit of Capitalism*, 73。

[92] Weber, *The Protestant Ethic and the Spirit of Capitalism*, 203.

[93] W. Sombart, *The Jews and Modern Capitalism* (New York, 1962), 188.

[94] 同上，200— 204。

[95] 同上，37, 118— 121。

[96] 同上，188—189, 276, 344, 346。

[97] M. Weber, *Ancient Judaism* (Glencoe, III, 1952), 406; Weber, *Economy*, 417.

[98] Weber, *Ancient Judaism*, 345; *General Economic History*, 264; *The Protestant Ethic and the Spirit of Capitalism*, 271.

[99] Weber, *Sociology of Religion*, 250; *The Protestant Ethic and the Spirit of Capitalism*, 271.

[100] *Ancient Judaism*, 333—334; *Sociology of Religion*, 252.

[101]

[102] Sombart, *The Quintessence of Capitalism*, 316.

[103] Weber, *General Economic History*, 259; *The Protestant Ethic and the Spirit of Capitalism*, 185.

[104] Weber, *Economy and Society*, 85.

[105] Weber, *General Economic History*, 188.

[106] 同上, 59; M. Weber, *The Theory of Social and Economic Organization* (New York, 1969), 218。

[107] Weber, *General Economic History*, 259.

[108] H. M. Robertson, *Aspects of the Rise of Economic Individualism* (以下简称 *Econonic Individualism* New York, 1959), 10—11。

[109] 同上, 4。

[110] *The Protestant Ethic and the Spirit of Capitalism*, 84—85, 159.

[111] K. Samuelson, *Religion and Economic Action* (Stockholm, 1961), 43。

[112] 同上, 44。

[113] 同上, 45。

[114] 同上, 47。

[115] A. Hyma, *Christianity, Capitalism and Communism* (Ann Arbor, Mich., 1937), 223; Robertson, *Economic Individualism*, 16; Samuelson, *Economic Action*, 37.

[116] Samuelson, *Economic Action*, 63—64, 65—66.

[117] 同上, 65; Robertson, *Economic Individualism*, XII-XIII; H. R. Trevor-Roper, *Religion, Reformation and Social Change* (London, 1972), 21.

[118] W. F. Graham, *The Constructive Revolutionary* (Richmond, Va., 1971), 192.

[119] A. Hyma, *Renaissance to Reformation* (Grand Rapids, Mich., 1951), 501; Robertson, *Economic Individualism*, 2; Samuelson, *Economic Action*, 46.

[120] H. Pirenne, *Medieval Cities* (New York, 1956), 82—83.

[121] R. de Roover, *The Rise and Decline of the Medici Bank, 1397—1494* (New York, 1966), 7.

[122] H. Lüthy, "Once Again: Calvinism and Capitalism", in R. W. Green, ed., *The Weber, Thesis Controversy* (Toronto, 1973), 98—99.

[123] A. Fanfani, *Catholicism, Protestantism and Capitalism* (New York, 1955), 183, 201.

[124] Robertson, *Economic Individualism*, 34, 40—41.

[125] R. H. Tawney, *Religion and the Rise of Capitalism* (Gloucester, Mass., 1962), 26.

[126] 同上, 316; 托尼为韦伯《新教伦理与资本主义精神》写的前言, 7。

[127] Trevor-Roper, *Religion, Reformation*, 21, 23.

[128] Lüthy, "Once Again", 95, 98.

[129] R. Collins, *Weberian Sociological Theory* (Cambridge, 1986), 56.

[130] Hyma, *Renaissance*, 501.

[131] Hyma, *Christianity*, 139.

[132] Hyma, *Renaissance*, 503.

[133] Samuelson, *Economic Action*, 51, Robertson, *Economic Individualism*, 88.

[134] Hyma, *Christianity*, 139; *Renaissance*, 503.

[135] Trevor-Roper, *Religion*, *Reformation*, 18.

[136] Samuelson, *Economic Action*, 9.

[137] J. Appleby, *Capitalism and a New Social Order* (New York, 1984), 9.

[138] Weber, *The Protestant Ethic and the Spirit of Capitalism*, 43, 190.

[139] 托尼为《新教伦理与资本主义精神》写的前言，7。

[140] 同上，8; Tawney, *Religion*, *Capitalism*, 316。

[141] Robertson, *Economic Individualism*, 159—160.

[142] Hyma, *Christianity*, 152.

[143] H. E. Seé, *Modern Capitalism* (New York, 1928), 41.

[144] Robertson, *Economic Individualism*, 179.

[145] Seé, *Modern Capitalism*, 50—51.

[146] S. B. Clough, *European Economic History* (Toronto, 1968), 153.

[147] 同上，154。

[148] Robertson, *Economic Individualism*, 193.

[149] 同上，181—182。

[150] Tawney, *Religion*, *Capitalism*, 139.

[151] 同上，136—137。

[152] Weber, *General Economic History*, 230—231.

[153] Weber, *Economy*, 115—116.

[154] 同上，115-116; Weber, *General Economic History*, 230—231。

[155] Weber, *General Economic History*, 86.

[156] 同上，83。

[157] Fanfani, *Catholicism*, 200.

[158] R. H. Tawney, *Religion and the Rise of Capitalism* (London, 1948), 269.

[159] Graham, *Constructive Revolutionary*, 196.

[160] Hyma, *Renaissance*, 422.

[161] Weber, *The Protestant Ethic and the Spirit of Capitalism*, 45.

[162] 同上，166—167。

[163] H. H. Gerth and C. W. Mills, *From Max Weber* (New York, 1967), 316; Weber, *Economy*, 1205.

[164] Gerth and Mills, *From Max Weber*, 316—317; Weber, *Economy*, 1208.

[165] J. Cohen, "Rational Capitalism in Renaissance Italy", *American Journal of Sociology* 85（1980）:1342.

[166] 同上，1342—1350。

[167] 同上，1351。

[168] R. J. Holton, "Max Weber, 'Rational Capitalism' and Renaissance Italy," *American Journal of Sociology* 89（1983）:168.

[169] G. Mueller, "Rationality in the Work of Max Weber," *European Journal of Sociology* 20（1979）:155.

[170] G.Marshall, *Presbyteries and Probits*（Oxford, 1980）.

[171] MacKinnon, "Part II," 204—206.

[172] G. Marshall, *In Search of the Spirit of Capitalism*（New York, 1982）, 45.

[173] 同上，112—113。

[174] P. Honigsheim, *On Max Weber*（New York, 1968）, 87。霍尼希斯海姆告诉我们，这是韦伯在一次私人谈话中所说。

[175] Weber, *General Economic History*, 40.

11　对文本资料的利用和滥用

[1]　京特·罗特（Guenther Roth）为韦伯《经济与社会》（Berkeley, 1978）写的导论，lxxvi; M. Weber, *The Protestant Ethic and the Spirit of Capitalism*（New York, 1958）, 187, 194—198, 217; Johannes Winckelmann,（ed.）, *Max Weber: Die Protestantische Ethik, II. Kritiken und Antikritiken*（Hamburg, 1972）。

[2]　罗特的导论，lxxvi。

[3]　M. Weber, "Anticritical Last Word on the Spirit of Capitalism," *American Journal of Sociology* 83（1978）:1111; *The Protestant Ethic*, 217.

[4]　见 Julien Freund, *The Sociology of Max Weber*（New York, 1969）, 205; David Little, *Religion, Order and Law*（Oxford, 1970）, 228; Gordon Marshall, *In Search of the Spirit of Capitalism*（London, 1982）, 75。

[5]　M. H. MacKinnon, "Part I: Calvinism and the Infallible Assurance of Grace: The Weber Thesis Reconsidered" 和 "Part II: Weber's Exploration of Calvinism: The Undiscovered Provenance of Capitalism," *British Journal of Sociology* 29, nos. 1 and 2（1989）.

[6]　同上，178, 179, 180, 181; 另见 145, 150, 189。

[7]　同上，143。

[8]　同上，195。

[9]　同上，151。这个错误是佩里·米勒在半个多世纪之前传播开来的，麦金农几乎完全没有引用纠正了这一错误的关于誓约神学的现代解释。关于对前现代欧洲大陆清教誓约神学的论述，见 Everett H. Emerson, "Calvin and Covenant Theology," *Church History* 25（1956）; Richard Greaves, "The Origins and Early Development of English Covenant Thought," *The Historian* 31（1968）; Greaves, "John Bunyan

and Covenant Thought in the Seventeenth Century," *Church History* 36（1967）；E. Brooks Holifield, *The Covenant Sealed*（New Haven, Conn., 1974）；George Marsden, "Perry Miller's Rehabilitation of the Puritans," *Church History* 39（1970）；Michael McGiffert, "Grace and Works: The Rise and Division of Covenant Divinity in Elizabethan Puritanism," *Harvard Theological Review* 75(1982)；Jens G. Møller, "The Beginnings of Puritan Covenant Theology," *Journal of Ecclesiastical History* 14（1963）；John von Rohr, *The Covenant of Grace in Puritan Thought*, *American Academy of Religion: Studies in Religion*, No. 45（1986）。麦金农根本就没有引用这些文献。

［10］ MacKinnon, "Part I", 152.

［11］ 见本文注 5。麦金农主要是依靠 R. T. Kendall, *Calvin and English Calvinism to 1649*（Oxford, 1979），多少也依靠一点本文注 71 所说 William Stoever 的研究。不去参考其他的誓约神学文献有个令人恼火的原因——这种著作都在不同程度上与 Kendall 针锋相对。最新的这种综合论述文献，von Rohr, "*Covenant of Grace*"，就对 Kendall 进行了批判，见 17—32。

［12］ MacKinnon, "Part I", 144, 149.

［13］ 同上，152："加尔文的神学明确弃绝劳动……只有上帝才能使人得救。这一重点乃是加尔文得救预定论的核心。……后来加尔文主义者把劳动添加了进去，实质上是修改了人与上帝的关系，把它变成了一件互惠的事情。他们由此而一笔勾销了加尔文得救预定论的决定论。"

［14］ 同上，155，及 MacKinnon, "Part II," 179；另见 "Part I", 143, "Part II", 206。

［15］ Paul Seaver, *Wallington's World: A Puritan Artisan in Seventeenth-Century London*（Stamford, Conn., 1985）.

［16］ Jean Delumeau, "Prescription and Reality" in Edmund Leites, (ed.), *Conscience and Casuistry in Early Modern Europe*（Cambridge, 1988），148.

［17］ Richard L. Greaves, *Society and Religion in Elizabethan England*（Minneapolis, 1981），8；Margaret Sampson, "Laxity and Liberty in Seventeenth-Century English Political Thought," 载 Leites, *Conscience and Casuistry*, 99。另见 William Haller, *The Rise of Puritanism*（New York, 1975）；Michael Walzer, *The Revolution of the Saints*（Cambridge, 1965）。

［18］ 见 Patrick Collinson, *The Elizabethan Puritan Movement*（London, 1967），291—355；Christopher Hill, *Society and Puritanism*（New York, 1967），219—258；Keith Thomas, "The Puritans and Adultery", 载 Donald Pennington and Keith Thomas, (eds.), *Puritans and Revolutionaries*（Oxford, 1978）；Keith Wrightson and David Levine, *Poverty and Piety in an English Village*（New York, 1979）。

［19］ 见 Paul Christianson, *Reformers and Babylon: English Apocalyptic Visions from the Reformation to the Eve of the Civil War*（Toronto, 1978）；Katharine Firth, *The Apocalyptic Tradition in Reformation Britain, 1530—1645*（Oxford, 1979）；Christopher Hill, *Antichrist in Seventeenth-Century England*（Oxford, 1971）；and William Lamont, *Godly Rule*（London, 1969）。

［20］ 见 Michael Finlayson, *Historians, Puritanism, and the English Revolution*（Toronto, 1983）；Carol Wiener, "The Beleaguered Isle: A Study of Elizabethan and Jacobean Anti-Catholicism," *Past and Present* 51（1971）。

［21］ MacKinnon, "Part I", 149, "Part II," 195.

[22] Christopher Hili, *Puritanism and Revolution* (New York, 1946), 258; 尤见第七章。

[23] William Perkins, *Workes* (Cambridge, 1608—1609), I: 727; H: 20.

[24] John Angier, *An Helpe To Better Hearts* (London, 1647), 279; John Ball, *A Treatise of Faith* (London, 1632), 390—391; Richard Greenham, *Workes* (London, 1611), 147; John Preston, *The Breast-Plate of Faith And Love* (London, 1632), II: 77; Jeremiah Burroughs, *The Rare Jewel of Christian Contentment* (London, 1648; reprinted London, 1964), 198.

[25] MacKinnon, "Part I," 162, "Part II," 181.

[26] T. M. Parker, "Arminianism and Laudianism in Seventeenth-Century England," *Studies in Church History* 1 (1964): 29—30.

[27] 无名氏: *A parte of a register, contayninge sundrie memorable matters* (n. p., 1593), 393—394; 不列颠图书馆: *Landsdowne Manuscripts* 33, f. 201', 109, f. 27'; Claire Cross, *The Puritan Earl:The Life of Henry Hastings* (New York, 1966), 36—37; Parker, "Arminianism and Laudianism," 26—28。

[28] Kenneth Fincham, "Prelacy and Politics: Archbishop Abbot's Defense of Protestant Orthodoxy," *Historical Research* 61 (1988): 38。另见 Peter Lake, "Calvinism and the English Church, 1570—1635," *Past and Present* 114 (1987)。关于这个问题的相似观点，见 Sheila Lambert, "Richard Montagu, Arminianism and Censorship," *Past and Present* 124 (1989); Peter White, "The Rise of Arminianism Reconsidered," *Past and Present* 101 (1983)。

[29] Nicholas Tyacke, *Anti-Calvinsits.The Rise of English Arminianism C. 1590—1640* (Oxford, 1987).

[30] 见 Peter Lake, "Serving God and the Times: The Calvinist Conformity of Robert Sanderson," *Journal of British Studies* 27 (1988), 84—85; Humphrey Sydenham, *Jacob and Esau: Election Reprobation* (London, 1626), 6—7, 20—21.

[31] 见 Richard Montagu, *A Gagg for the New Gospell?* (London, 1624), 110; White, "Rise of Arminianism Reconsidered," 36, 46。

[32] William Prynne, *Anti-Arminianisme* (London, 1628), Sig. A2r, 51—54, 74。另见 Francis Rous, *The Truth of Three Things* (London, 1633), 10.

[33] Samuel Gardiner, (ed.), "Debates in the House of Commons in 1625," *Camden Society* n. s. VI (1873), 181—183; Mary Keeler et al. (eds.), *Commons Debates 1628* (New Haven, Conn., 1978) IV: 239—240); Conrad Russell, *Parliaments and English Politics 1621—29* (Oxford, 1979), 29—32, 404—414; Finlayson, *Historians, Puritanism and the English Revolution*, 94—104, 其中他指出，"令下院议员特别忧虑的是，阿米尼乌斯教派对教会神学基础的怀疑，竟然到了天主教徒都完全不可能达到的程度"（100）。

[34] Lambert Larking (ed.), "Proceedings, Principally in the County of Kent," CS 80 (1862) 118, 123; Clive Holmes, "The Suffolk Committees for Scandalous Ministers 1644—46," *Suffolk Records Society* XIII (1970), 39, 43; Wallace Notestein (ed.), *The Journal of Sir Simonds D' Ewes* (New Haven, Conn., 1923), 139; John White, *The First Century of Scandalous, Malignant Priests* (London, 1643), 3, 8, 9, 13, 37—38, 43.

[35] Holmes, "Suffolk Committees," 19.

［36］ Edward Dering, *A Collection of Speeches*（London, 1642）, 9—12; Larking, "Proceedings, Principally in the County of Kent," 30—31.

［37］ MacKinnon, "Part 11", 207.

［38］ MacKinnon, "Part I", 144; 另见 149。

［39］ 同上，152："加尔文的神学明确弃绝劳动……只有上帝才能使人得救。这一重点乃是加尔文得救预定论的核心。……后来加尔文主义者把劳动添加了进去，实质上是修改了人与上帝的关系，把它变成了一件互惠的事情。他们由此一笔勾销了加尔文得救预定论的决定论。"另见同上 154, 170。

［40］ Von Rohr, *Covenant of Grace*, 3, 另见 195—196.

［41］ John Calvin, *Institutes*（London, 1962）, II: 97（3, 15, 8）。另见 Perkins, *Workes*, III: 338; Richard Sibbes, *Works*（Edinburgh, 1862）.

［42］ Calvin, *Institutes*, II : 74, 98（3, 14, 1 及 3, 16, 1）.

［43］ MacKinnon, "Part I", 152—154.

［44］ 同上，152。

［45］ Calvin, *Institutes* I: 364—366（2, 9, 1; 2, 9, 2; 2, 9, 4）。关于清教徒的相应言论，见 John Preston, *The New Covenant*（London, 1632）, 326—327; Daniel Rogers, *A Practical Catechism*（London, 1633）, 9; John Stoughton, *XV Choice Sermons*（London, 1640）, 48; R. Sibbes, *Works*, VI: 4。

［46］ MacKinnon, "Part I," 146, 154.

［47］ Calvin, *Institutes*, II : 243（3, 24, 4）.

［48］ MacKinnon, "Part II," 206："按照加尔文的绝对恩宠说，那就根本不可能谈论什么证据，因为它意味着堕落之人在上帝面前是应遭唾弃的，这就是'唯一的信仰'。"麦金农在这里把两种劳动观混为一谈：一种是称义的原因，一种是称义的证据。

［49］ MacKinnon, "Part I," 143, 160—161, 170; "Part II," 206; 另见 "Part I," 149, 156。在其他地方，例如"Part I," 153，麦金农认为誓约神学继续把"恩宠与得救预定论和称义联系在一起，但却把劳动作为确保个人得救的必要条件"。这一论点抵消了麦金农关于决定论被"一笔勾销"以及彻底唯意志论教义的说法，正合加尔文之意，正中韦伯下怀。

［50］ MacKinnon, "Part I," 162.

［51］ Sibbes, *Works*, VI: 19, 350。另有一些例子，见 David Zaret, *The Heavenly Contract: Ideology and Organization in Pre-Revolutionary Puritanism*（Chicago, 1985）, 155—156。

［52］ Perkins, *Workes*, I: 715; III: 334.

［53］ Thomas Fuller, *Holy State*（Cambridge, 1642）, 90, 引自 Sampson, "Laxity and Liberty," 100.

［54］ 比德尔图书馆: *Tanner Mss.* 72, f. 240ʳ. 在旅居意大利期间，比德尔曾散发过加尔文和珀金斯的著作（*Tanner Mss.* 75, f. 20ᵛ）。

［55］ 这一段是概括的 Zaret, *Heavenly Contract* 第五章。

［56］ Robert Harris, *A Treatise of The New Covenant*（London, 1632）, 48; 另见 Preston, *The New Covenant*, 389。更多的事例见 Zaret, *Heavenly Contract*, 153—158。

［57］ Zaret, *Heavenly Contract*, 133—140.

［58］ John Randall, *Three and Twentie Sermons*（London, 1630）, I: 113—114.

[59] Sibbes, *Works* V: 342；另见 V: 18，VI: 542；John Ball, *A Treatise of The Covenant of Grace*（London, 1645），196；Elnathan Parr, *Works*（London, 1632），12—13；关于平信徒的观点，见 Edward Finch, *The Sacred Doctrine of Divine*（London, 1613），I: 12；II: 14；Edward Leigh, *A Treatise of The Divine Promises*（London, 1633），69。

[60] William Ames, *The Marrow of Sacred Divinity*（London, 1642），114；MacKinnon, "Part I", 156.

[61] 引自 Christopher Hill, *A Tinker and a Poor Man: John Bunyan and His Church, 1628—1688*（New York, 1989），171。

[62] MacKinnon, "Part I", 167—169.

[63] Ball, *Treatise of Faith*, 93；罗伯特·詹尼森的话引自 Rohr, *Covenant of Grace*, 131；另见 Ball, *Covenant of Grace*, 250；Rogers, *Practical Catechism*, II: 7。

[64] MacKinnon, "Part I", 144，155，157；另见 143，156，158。

[65] Kendall, *English Calvinism*, 57.

[66] MacKinnon, "Part I", 170.

[67] Perkins, *Workes*, I: 290；Preston, *The New Covenant*, 391；Sibbs, *Works*, I: 220。另见 John Brinsley, *The True Watch*（London, 1619），Sigs. A5—A6；Nathaniel Cole, *The Godly Mans Assurance*（London, 1617），6—13，18；Preston, *Breast-Plate*, II: 16—19, III: 16—18.

[68] Ball, *Treatise of Faith*, 96；Brinsley, *True Watch*, 159—160, 171—172；Perkins, *Workes*, I: 632；Sibbes, *Works*, III: 61 另见 John Downame, *Treatise of Securitie*（London, 1622），92；William Gough, *A Guide To Goe To God*（London, 1626），132—133；Preston, *Breast-Plate*, II: 68—69.

[69] Ball, *Treatise of Faith*, 85。见 Cole, *Assurance*, 118.

[70] MacKinnon, "Part I," 159, 163, "Part II," 191.

[71] William Stoever, '*A Faire and Easie Way to Heaven*': *Covenant Theology and Antinomianism in Early Massachusetts*（Middletown, Conn., 1978），49—52, 73—74.

[72] John Cotton, *Sermon Preached at Salem*（1636），reprinted in Larzer Ziff, (ed.), *John Cotton on the Churches of New England*（Cambridge, Mass., 1968），53, 56.

[73] Cotton, *Sermon at Salem*, 63；关于清教徒与分离主义者的争论，见 Zaret, *Heavenly Contract*, 137—140。麦金农的说法是重复了前引 Kendall, *English Cavinism*（168—183）的观点，不加任何解释和限定，例如，认为科顿的学说"反律法主义是很成问题的"（同上，169）。

[74] MacKinnon, "Par I", 159.

[75] Larzer Ziff, *Puritanism in America*（New York, 1973），65；另见 Stoever, *Faire and Easie Way to Heaven*, 64—65。关于温思洛普，见 James Hosmer, (ed.), *Winthrop's Journal "History of New England"*（New York, 1959），217。

[76] Perry Miller, *The New England Mind: The 17th Century*（Cambridge, Mass., 1954），389—391；Larzer Ziff, *The Career of John Cotton*（Princeton, N. J., 1962），71—148.

[77] MacKinnon, "Part I," 159；*Winthrop's Journal*, 196.

[78] Richard Baxter, *The Right Method for a Settled Peace*（London, 1653），33, 49, 74—78, 214—218。关于他对反律法主义的敌视态度，见 Lamont, *Baxter*, 125—128；von Rohr, *Covenant of Grace*, 98。

［79］ Richard Baxter, *The Saints Everlasting Rest*（London, 1677）, 15—17, 74.

［80］ MacKinnon, "Part I," 163—164.

［81］ 同上，163。

［82］ Richard Baxter, *The Arrogancy of Reason Against Divine Revelations*（London, 1655）, 53; 另见 John Morgan, *Godly Learning: Puritan Attitudes Towards Reason, Learning and Education*（Cambridge, 1986）。

［83］ Lamont, *Baxter*, 137—138; 另见 Rohr, *Covenant of Grace*, 98。

［84］ MacKinnon, "Part I," op. cit., 145, 153, 164—165.

［85］ MacKinnon, "Part II," 207.

12 关于得救预定论、誓约及特别天命的自传证据

［1］ M. H. MacKinnon, "Calvinism and the Infallible Assurance of Grace…," *British Journal of Sociology* 39（1989）: 143—210.

［2］ 例见 Leopold Damrosch, *God's Plot and Man's Stories: Studies in the Fictional Imagination from Milton to Fielding*（Chicago, 1985）, 56."在巴克斯特看来，清教主义的和平是由于得到了文艺复兴人文主义的滋润，为一个比较宽容的时代做了准备。这种人文主义因素非常重要。巴克斯特的新虔诚……靠的是一种理性信仰，它更多地应该归因于自然宗教而不是直接启示。"另见 Charles Lloyd Cohen, *God's Caress: The Psychology of Puritan Religious Experience*（Oxford: Oxford University Press, 1986）, 115: "关于清教徒看重条理化地从事自己的职业，韦伯的证据主要是得自巴克斯特……他的神学并不符合韦伯关于清教教义在一个关键问题上的理想类型。1647 年的《威斯敏斯特信纲》——其'权威语言'为韦伯的论题提供了资源——有时很珍视所说的'双重得救预定论'，意为蒙召与驳回都要视上帝的旨意而定。巴克斯特承认前者，但否定了后者。"

［3］ Matthew Sylvester, ed., *Reliquiae Baxterrianae, or Mr. Richard Baxters Narrative of The Most Remarkable Passage of His Life and Times*（London, 1696）, Book I, 74—78。另见 Michael Watts, *The Dissenters: From the Reformation to the French Revolution*（Oxford, 1978）, 179—186.

［4］ 虽然沃茨认为"内勒的失败不是由于教义古怪，而是由于他的个性怪诞"（*The Dissenters*, 209），但完全正确地指出了早期贵格会所表现出的特征总的来说是一种强烈的唯灵论，而不是反律法主义。另见 Barry Reay, *The Quakers and the English Revolution*（London, 1985）, 54—55。

［5］ MacKinnon, "Calvinism and the Infallible Assurance of Grace," 159.

［6］ 引自 Perry Miller, "The Marrow of Puritan Divinity", in idem., *Errand into the Wilderness*（Cambridge, Mass., 1956）, 48—98, 67.

［7］ 例见 Dewey D. Wallace, Jr., *Puritans and Predestination: Grace in English Protestant Theology, 1525—1695*（Chapel Hill, N. C., 1982）, 10, 以及 Cohen, *God's Caress*, 281—281。

［8］ 就我所知，韦伯《新教伦理与资本主义精神》中论及这个问题的唯一段落，是第二部分中的一个详细的长注，它针对的是卡尔·伯恩哈德·洪德沙根的这一观点：得救预定论是神学家而不是普通人的信条。韦

伯否定了这一观点。他特别强调说，得救预定论教义在实践中减弱了强度，例如理查德·巴克斯特（"die Abschwächung der Lehre, welche die Praxis-z. B. Baxter -brachte"）就没有从根本上触动它，只要不去怀疑与"具体"个人有关的上帝旨意的教义以及个人对这一教义的证明（"Erprobung"）就行。英译本对这一段的处理并不十分准确。见塔尔科特·帕森斯译《新教伦理与资本主义精神》（New York, 1958），226—227，注 36。

[9]　Stefan Breuer, "Sozialdisziplinierung. Probleme und Problemverlagerungen eines Konzepts bei Max Weber, Gerhard Oestreich und Michel Foucault", 载 Christoph Sachsse and Florian Tennstedt, eds., *Soziale Sicherheit und soziale Disziplinierung* (Frankfurt, 1986), 45—69; Winfried Schulze, "Gerhard Oestreichs Begriff 'Sozialdiszplinierung in der frühen Neuzeit,'" *Zeitschrift für historische Forschung* 14（1987）: 265—302。

[10]　关于这一点及以下情况，见 Kaspar von Greyerz, *Vorsehungsglaube und Kosmologie: Studien zu englischen Selbstzeugnissen des 17. Jahrhunderts*. Veröffentlichungen des Deutschen Historischen Instituts London, Vol. 25（Göttingen and Zurich, 1990），那里做出了更为详尽的说明。

[11]　M. M. Knappen, ed., *Two Elizabethan Puritan Diaries by Richard Rogers and Samuel Ward*（Chicago, 1933）, 59（Sept, 12, 1587）.

[12]　同上，103—123。

[13]　*Some Remarkable Passages in the Holy Life and Death of Gervase Disney, Esq*…（London, 1692, 126）.

[14]　*The Diary of Sir Simonds D'Ewes*, ed. by Elisabeth Bourcier, Publications de la Sorbonne, Littérature, Vol. 5（Paris, 1974）, 122.

[15]　亚当·埃尔:《1646（实为 1647）年 1 月 1 日以来我的所有活动与开支的日记或目录》，载 *Yorkshire Diaries and Autobiographies*…, ed. by C. Jackson, Surtees Society Publications, Vols, 65 and 77, s. l, 1877—1886, Vol.1（65）, 1—118。

[16]　*The Diary of Roger Lowe of Ashton-in-Makerfield, Lancashire, 1663—74*, ed. by William L. Sachse（London, 1938）.

[17]　*Reliquiae Baxterianae*; *The Rev. Oliver Heywood, B. A., 1630—1702: His Autobiography, Diaries, Anecdote and Event Books*, ed. by J. Horsfall Turner, 4 vols.（Brighouse, 1881—1882; Bingley, 1883—1885）; *The Autobiography of Henry Newcome*, ed. by Richard Parkinson, 2 vols., *Chetham Society Remains*, Vol. 26（Manchester, 1852）; *The Life of the Reverend George Trosse, written by himself*…, ed. by A. W. Bring（Montreal and London, 1974）; *The Holy Life and Deathe of Gervase Disney*; Elias Pledger, "Autobiography and Diary", ms., Dr. Williams's Library, London, Ms. 28. 4; Anonymous, "Diary of a Woman born 1654（supposedly 'Oliver Cromwell's Cousin's Diary'）," ms., British Library, Add. Ms. 5858, fol. 213—221.

[18]　*The Autobiography of Mrs. Alice Thornton of East Newton, Co. York*, ed. by C. Jackson, Surtees Society Publications, Vol. 62（London, 1875）; *The Meditations of Lady Elizabeth Delaval, written between 1662 and 1671*, ed. by Douglas G. Greene, Surtees Society Publications, Vol. 190（Gateshead, 1978）.

[19]　*Diary of Lady Margaret Hoby, 1599—1605*, ed. by Dorothy M. Meads（London, 1930）, 91（Dec. 22, 1599）.

[20] R. J. van der Molen, "Providence as Mystery, Providence as Revelation: Puritan and Anglican Modifications of John Calvin's Doctrine of Providence," *Church History* 47（1978）:27—47.

[21] John Bunyan, "Grace Abounding to the Chief of Sinners…," in idem., *Grace Abounding and the Life and Death of Mr. Badman*, Everyman edition, ed. by G. B. Harrison（London, 1928）, 47—48.

[22] 17 世纪晚期的贵格会自传作者不在此列，在他们那里，皈依事件仍然有着绝对核心的作用。见 Owen C. Watkins, *The Puritan Experience*（London, 1972）, 160—207。

[23] *Reliquiae Baxterianae*, Book I, 6; 奥利弗·海伍德很快就把巴克斯特视为楷模，见 *The Rev. Oliver Heywood, B. A., 1630—1702: His Autobiography*, Vol. 1, 80 and 155。

[24] Dyonisia Fitzherbert, Autobiographical notes, ms., Bodleian Library, Oxford, Ms. e. Musaeo 169, fol. 6 recto (author's italics).

[25] Paul S. Seaver, *Wallington's World: A Puritan Artisan in Seventeenth-Century London*（London, 1985）, 103—104。另见 *Diary of Lady Margaret Hoby*, 131。类似的记录还有 *Yorkshire Diaries and Autobiographies…*, 86, 以及 *Autobiography of Mary Countess of Warwick*, ed. by T. Crofton Croker, Percy Society Publications, Nr. 76（London, 1848）, 21。

[26] Weber, *The Protestant Ethic and the Spirit of Capitalism*, 105.

[27] Keith Thomas, *Religion and the Decline of Magic*（New York, 1971）, 94—95.

[28] 蒙上帝选召的人受制于誓约，这无论如何都只是一种刻板的加尔文主义者的观点。见 R. L. Greaves, "John Bunyan and Covenant Thought in the Seventeenth Century," *Church History* 36（1967）: 151—169, 尤见 161。然而，我认为，华莱士《清教徒与得救预定论》中的看法就太过正统，他认为，誓约神学"后来只是在英格兰的得救预定论神学家中间大行其道"。迈克尔·麦吉弗特言之凿凿的看法无疑更加符合实际情况，见 "From Moses to Adam: The Making of the Covenant of Works", *Sixteenth Century Journal* 19（1988）:131—155, 153。在我所看到的自传文献中，我并未发现多少像戈登·马歇尔博士指出的在当时的苏格兰自传文献中订立个人誓约的情况。见 Dr. Gordon Marshall, *Presbyterians and Profits: Calvinism and the Development of Capitalism in Scotland, 1560—1707*（Oxford, 1980）, 221—262, von Greyerz, *Vorsehungsglaube*, 111—119。对于誓约神学在 17 世纪英格兰的传播与普及进行评估还有一些明显的难题，幸赖戴维·札雷特努力对此做出了说明，但是我认为我们还远远没有解决这些难题。见 David Zaret, *The Heavenly Contract. Ideology and Organization in Pre-Revolutionary Puritanism*（Chicago and London, 1985）。

[29] Increase Mather, "Essay for the Recording of Illustrious Providences," Witchcraft *Magic, and Religion in Seventeenth-Century Massachusetts*（Amherst, Mass., 1984）, 31.

[30] Anonymous, "Diary of a woman born 1654," fol. 217 recto。另见 David Kubrin, "Newton and the Cyclical Cosmos: Providence and the Mechanical Philosophy," *Journal of the History of Ideas* 27（1967）:325—346。

13 不朽的话题：驳难录

[1] 例如请看一下这种反对意见：由于路德抨击了贪欲，或者说加尔文谴责了野心与贪婪，那么新教伦理就不可

能被用于对资本主义精神的阐释；韦伯的阐释是无效的，因为挪威和苏格兰的宗教传统并没有导致资本主义的经济气质。最近提出这些反对意见的是卢西亚诺·佩里卡尼，见 Luciano Pellicani, see his *Saggio sulla genesi del capitalismo. Alle origini della Modernita*（Milan，1988）和"Weber and the Myth of Calvinism"，*Telos* 75（1988）：57—85。

[2]　M. H. MacKinnon，"Part I: Calvinism and the Infallible Assurance of Grace" and "Part II: Weber's Exploration of Calvinism，" in *British Journal of Sociology* 39（1988）:143—210。

[3]　"Die protestantische Ethik und der 'Geist' des Kapitalismus, I" *Archiv für Sozialwissenschaft und Sozialpolitik* 20（1904）:1—54 and "Die protestantische Ethik und der 'Geist' des Kapitalismus，II" *Archiv für Sozialwissenschaft und Sozialpolitik* 21（1905）:1—110。韦伯这两篇论文在修订、增补新注之后汇成《宗教社会学论文集》第一部出版（Tübingen，1920）。英译本《新教伦理与资本主义精神》由塔尔科特·帕森斯翻译（New York，1958［1930］），用的是 1920 年的文本。

[4]　"'Kirchen' und 'Sekten' I，" 载《法兰克福报》1906 年 4 月 13 日；"'Kirchen' und 'Sekten' II" 载《法兰克福报》1906 年 4 月 14 日。此文稍长一点的版本题为 "'Kirchen' und 'Sekten' in Nordamerika，" 载《基督教世界》杂志 20（1906）:558—562，577—583。做了比较全面的修订和重要增补的版本题为 "Die Protestantischen Sekten und der Geist des Kapitalismus"，见韦伯《宗教社会学论文集》第一部。《教会与教派》中的《基督教世界》文本由科林·洛德（Colin Loader）英译，载《社会学理论》（*Sociological Theory* 3，1985）:7—13. "The Protestant Sects and the Spirit of Capitalism" 的英译见 H. H. Gerth and C. Wright Mills，eds.，*From Max Weber: Essays in Sociology*（New York，1958），302—322。

[5]　这一段取自我的 "Four Questions Concerning *The Protestant Ethic*，" *Telos* 81（1989）:77—86。

[6]　Weber，*The Protestant Ethic and the Spirit of Capitalism*，104.

[7]　同上，117。

[8]　同上，118。

[9]　Weber，"The Protestant Sects and the Spirit of Capitalism，" 314.

[10]　同上，316。

[11]　同上，316。

[12]　同上，320。

[13]　同上，321。

[14]　这是韦伯本人的看法，见 *The Protestant Ethic and the Spirit of Capitalism*，128，153，258n，192。

[15]　同上，267n. 42。另见韦伯对费利克斯·拉什法尔一篇较早批评《新教伦理与资本主义精神》的文章的最后答复："Antikritisches Schlusswort Zum 'Geist des Kapitalismus'，" in Johannes Winckelmann，ed.，*Die protestantische Ethik II: Kritiken und Antikritiken*（Gutersloh，1978），305—307。

[16]　例见 Peter N. Stearns，with Carol Z. Stearns："Emotionology: Clarifying the History of Emotions and Emotional Standards，" *American Historical Review* 90（1985）:813—836; Carol Z. Stearns and Peter N. Stearns，*Anger: The Struggle for Emotional Control in America's History*（Chicago，1986）; Carol Z. Stearns and Peter N. Stearns，eds.，*Emotion and Social Change*（New York，1988）; Andrew E. Barnes and Peter N. Stearns，eds.，*Social History and Issues in Human Consciousness*（New York，1989）; and Peter N. Stearns，*Jealousy: The Evolution of an Emotion in American History*（New York，1989）。

[17] David Zaret, *The Heavenly Contract: Ideology and Organization in Pre-Revolutionary Puritanism* (Chicago, 1985), 该书向这方面迈出了一步。札雷特试图通过考察针对这类听众的布道书和通俗宗教出版物，展示有关普通清教精神气质的证据，尤见 22，36—38。

[18] 见 Max Weber, *Economy and Society*, Guenther Roth and Claus Wittich, eds. (Berkeley, 1968), 479—480, 481—484.

[19] Weber, "Antikritisches Schlusswort," 306.

14 历史学效用、社会学意义和个人判断

[1] Barrington Moore, Jr., *Injustice. The Social Bases of Obedience and Revolt* (White Plains, N. Y.: M. E. Sharpe, 1978), 466, n. 7.

[2] Reinhard Bendix, *Max Weber: An Intellectual Portrait* (Berkeley, Calif.: University of California Press, 1960), 269, n. 21.

[3] Lawrence Scaff, *Fleeing the Iron Cage. Culture, Politics and Modernity in the Thought of Max Weber* (Berkeley, Calif.: University of California Press, 1989).

[4] Goethe, *Faust* (New York, 1954), 355.

15 欧洲大陆的加尔文主义史学著述

[1] A. A. van Schelven, *Het calvinisme gedurende zijn bloeitijd in de 16e en 17e eeuw; zijn uitbreiding en cultuurhistorische beteekenis.* I *Genève-Frankrijk* (Amsterdam, 1943); II *Schotland-Engeland-Noord-Amerika* (Amsterdam, 1951); III *Polen-Bohemen-Hongarije-Zevenburgen* (Amsterdam, 1965).

[2] *Biographisch Lexicon voor de Geschiedenis van het Nederlandse Protestantisme* (Kampen, 1983), II, pp. 387—389.

[3] A. A. van Schelven, *Historisch Onderzoek naar het levensstijl van het Calvinisme* (Amsterdam, 1925).

[4] *Het calvinisme gedurende zijn bloeitijd*, I, 30—37, 62—68, 263—271; II, 82—86, 276—281; III, 52—53, 123.

[5] John T. McNeill, *The History and Character of Calvinism* (New York, 1954), 222—223, 418—421.

[6] Menna Prestwich, *International Calvinism 1541—1715* (Oxford, 1985), esp. 9—10, 269, 369—390.

[7] David Stevenson, "Scottish Church History, 1600—1660: A Select Critical Bibliography," *Records of the Scottish Church History Society*, XXI (1982), 209—220, 尤见 220.

[8] 对法国新教历史著述之背景的出色讨论，当属 David Nicholls, "The Social History of the French Reformation: Ideology, Confession, and Culture," *Social History*, IX (1984), 25—43。

[9] H. O. Evennett, *The Spirit of the Counter-Reformation, ed. John Bossy* (Cambridge, 1968); John

Bossy, *Christianity in the West 1400—1700*（Oxford, 1985）; Jean Delumeau, *Le Catholicisme entre Luther et Voltaire*（Paris, 1971）.

[10] Hartmut Lehmann, *Das Zeitalter des Absolutismus: Gottesgnadentum und Kriegsnot*（Stuttgart, 1980）, 145; idem, "Ascetic Protestantism and Economic Rationalism: Max Weber Revisited after Two Generations," *Harvard Theological Review*, LXXX（1987）, 312; Herman Roodenburg, "Protestantse et katholieke askese. Gedragsvoorschriften bij contrareformatorische moralisten in de Republiek, +1580—+1650," *Amsterdams Sociologisch Tijdschrift*, VIII（1981—1982）, 613.

[11] Emile Doumergue, *Jean Calvin, les hommes et les choses de son temps*, 7 vols.（Lausanne, 1899—1927）, V, 624—665.

[12] Jean Bauberot, "La vision de la Réforme chez les publicistes antiprotestants（fin XIXe-début XXe）" in Philippe Joutard ed., *Historiographie de la Réforme*（Neuchâtel, 1977）, 219, 226—227, 237n。关于杜梅格的更多传记资料，可见 *Dictionaire de biographie francaise*（Paris, 1933—）, XI, 686-687。

[13] 由于同样的神学原因，20世纪初期荷兰的加尔文主义传统同样拒绝了韦伯的观念，亚伯拉罕·克伊波（Abraham Kuyper）根据自己对加尔文主义的理解，组织了一个强有力的宗教派别，他把加尔文主义看作是一种包罗万象的伦理学，是取代自由资本主义和唯物社会主义这两种罪恶的唯一选择。Albert Hyma 的著作 *Christianity, Capitalism and Communism*（Ann Arbor, Mich., 1937）及论文 "Calvinism and Capitalism in the Netherlands, 1555—1700", *Journal of Modern History*, X（1938）, 321—343, 根据这一传统对韦伯提出了最强烈的批评。海玛是个荷兰移民，当时在密歇根大学任教，除了研究中世纪晚期以及现代之初荷兰的许多历史问题以外，他还试图运用反革命运动的观点解释美国的问题。紧随杜梅格后尘，海玛也对韦伯的观念吹毛求疵，认为它们曲解了真正的加尔文主义，曲解了它的得救预定论教义对信徒的影响。他还具体针对荷兰的背景提出了某些批评，认为加尔文主义在尼德兰产生了最强大影响的地区是最北部的各个省份，它们并未经历资本主义在17世纪的荷兰那样的巨大发展；而在荷兰的各个城市，能够找到更多热诚的加尔文主义信徒的地方，是在工人而不是商业精英中间。海玛对于把韦伯的命题用于低地国家的做法所进行的批评，得到了（红衣主教）de Jong 的 *Handboek der Kerkgeschiedenis*, III, *De Nieuwere Tijd（1517—1789）*（Utrecht, 1948, 78） 和 H.R.Trevor-Roper 的 "Religion, the Reformation, and Social Change", in his *The European Witch-Craze of the Sixteenth and Seventeenth Centuries and Other Essays*（New York, 1969, 7）的响应。

[14] Alice Wemyss, "Calvinisme et capitalisme," *Bulletin de la Société de l'Histoire du Protestantisme Francais*, CII（1956）, 33—36; Herbert Lüthy, *La Banque Protestante en France*, 2 vols.（Paris, 1959—1961, I, 1—33）; idem, *Le Passé présent. Combats d'idées de Calvin à Rousseau*（Monaco, 1965）, 13—118; Samuel Mours, *Le Protestantisme en France au XVIIe siècle*（Paris, 1967）, 129; Emile G. Léonard, *Le Protestant francais*（Paris, 1955）, 55ff. 在 Janine Garrisson-Estèbe, *L'homme protestant*（Paris, 1980, 63）中可以看到同样的论点。尤见 Léonard, *Histoire générale du Protestantisme*, 3 vois.（Paris, 1961—1964）, I, 308—309。

[15] Charles Weiss, *Histoire des réfugiés protestants de France*, 2 vols.（Paris, 1853）, I, 30.

[16] Henri Hauser, "Les idées économiques de Calvin," orig. pub. in *Les débuts du capitalisme*（Paris, 1931）, repr. in *La Modernité du XVIe siècle*（Paris, 1963）, 105—133, esp. 133.

[17] Lucien Febvre, "Capitalisme et réforme", repr. in *Pour une histoire à part entière* (Paris, 1962).

[18] Emmanuel Le Roy Ladurie, *Les Paysans de Languedoc* (Paris, 1969), 190—193; Robert Mandrou, "Capitalisme et proestantisme: La science et le mythe," *Revue Historique*, 235 (1966), 101—106, esp. 106.

[19] Pierre Chaunu 在 *Retrohistoire* (Paris, 1985, 38) 中谈到了他的宗教信仰的演变。*Le Temps des Réformes* (Paris, 1975) 一书的护封上标明，他除了在巴黎大学教授历史以外，还在埃克斯昂普罗旺斯教授神学。

[20] Pierre Chaunu, *Le Temps des Réformes*, p. 476; "Le destin de la Réforme" in Chaunu et al., *L'Aventure de la Réforme. Le Monde de Jean Calvin* (Paris, 1986).

[21] T. C. Smout, *A History of the Scottish People, 1560—1830* (London, 1969), ch. 3, esp. 96—100. 这段引语在 98 页。著名教会史学家 G. D. 亨德森对韦伯的观念提出了更多批评性的评价，见 G. D. Henderson, "Religion and Democracy in Scottish History," in *The Burning Bush: Studies in Scottish Church History* (Edinburgh, 1957), 136, 这里更进一步反映了宗教改革神学研究圈子对他的观念表现出的冷漠态度。

[22] Gordon Marshall, *Presbyteries and Profits: Calvinism and the Development of Capitalism in Scotland, 1560—1707* (Oxford, 1980).

[23] Jelle C. Riemersma, *Religious Factors in Early Dutch Capitalism 1550—1650* (The Hague, 1967); J. H. van Stuijvenberg, "The Weber Thesis: An Attempt at Interpretation", *Acta Historiae Neerlandicae*, VIII (1975), 50—66.

[24] 我对托尼生平与思想的了解特别得益于 Ross Terrill, *R. H. Tawney and His Times: Socialism as Fellowship* (Cambridge, Mass, 1973)。

[25] R. H. Tawney, *Religion and the Rise of Capitalism* (13th printing, New York, 1954), 76—77.

[26] 同上，166。

[27] 以下只列出有关这一问题的主要著作。Christopher Hill, *Society and Puritanism in Pre-Revolutionary England* (London, 1964); Keith Wrightson and David Levine, *Poverty and Piety in an English Village: Terling 1525—1700* (New York, 1979); Nicholas Tyacke, "Popular Puritan Mentality in Late Elizabethan England," in Peter Clark, A. G. R. Smith, and Nicholas Tyacke, eds., *The English Commonwealth 1547—1640* (Leicester, 1979); Paul Seaver, "The Puritan Work Ethic Revisited," *Journal of British Studies* 19 (1979—1980) :35—53 Patrick Collinson, "Cranbrook and the Fletchers," in P. N. Brooks, ed., *Reformation Principle and Practice: Essays Presented to A. G. Dickens* (London, 1980), 173—202; P. N. Brooks, ed., *The Religion of Protestants: The Church in English Society 1559—1625* (Oxford, 1982), 239—241; David Underdown, *Revel, Riot and Rebellion: Popular Politics and Culture in England, 1603—1660* (Oxford, 1985)。

[28] Robert K. Merton, "Science, Technology and Society in Seventeenth-Century England", *Osiris*, IV (1938), 360—632; Michael Walzer, *The Revolution of the Saints: A Study in the Origin of Radical Politics* (Cambridge, Mass., 1965); David Little, *Religion, Order, and Law: A Study in Pre-Revolutionary England* (New York, 1969); David Zaret, *The Heavenly Contract: Ideology and*

Organization in Pre-Revolutionary Puritanism (Chicago, 1985).

[29] Christopher Hill, *Society and Puritanism in Pre-Revolutionary England*; Charles H. and Katherine George, *The Protestant Mind of the English Reformation, 1570—1640* (Princeton, N. J., 1961); T. H. Breen, "The Non-Existent Controversy: Puritan and Anglican Attitudes on Work and Wealth, 1600—1640", *Church History*, XXXV (1966), 273—287; J. Sears McGee, *The Godly Man in Stuart England: Anglicans, Puritans, and the Two Tables 1620—1670* (New Haven, Conn., 1976).

[30] 最重要的是 Doumergue, *Calvin*, V, 647—651; Hauser, "Idées économiques de Calvin"; 以及 André Biéler, *La pensée économique et sociale de Calvin* (Geneva, 1959)。

[31] Ernst Beins, "Die Wirtschaftsethik der Calvinistischen Kirche der Niederlande 1565—1650," *Archief voor Kerkgeschiedenis*, XXIV (1931), 82—156; Hartmut Kretzer, "Die Calvinismus-Kapitalismus-These Max Webers vor dem Hintergrund Französischer Quellen des 17. Jahrhunderts," *Zeitschrift für Historische Forschung*, V (1978), 415—427。另见 Simon Schama, *The Embarrassment of Riches: An Interpretation of Dutch Culture in the Golden Age* (New York, 1987), 尤见 326—334。

[32] Alice C. Carter, *The English Reformed Church in Amsterdam in the Seventeenth Century* (Amsterdam, 1964), 157—158; T. C. Smout, *History of the Scottish People*, 79—87; E. William Monter, "The Consistory of Geneva, 1559—1569," *Bibliothèque d'Humanisme et Renaissance*, XXXVIII (1976), 477, 484; Janine Garrisson-Estèbe and Bernard Vogler, "La genèse d'une socièté protestante. Etude comparée de quelques registres consistoriaux languedociens et palatins vers 1600," *Annales: E. S. C.*, XXXI (1976), 362—378; Heinz Schilling, "Reformierte Kirchenzucht als Sozialdisziplinierung? Die Tätigkeit des Emder Presbyteriums in den Jahren 1557—1562 (Mit vergleichenden Betrachtungen über die Kirchenräte in Groningen und Leiden sowie mit einem Ausblick ins 17. Jahrhundert)," in Schilling and W. Ehbrecht, eds., *Niederlande und Nordwestdeutschland: Studien zur Regional- und Stadtgeschichte Nordwestkontinentaleuropas im Mittelater und in der Neuzeit* (Cologne, 1983), 261—327; Matthieu Gerardus Spiertz, "Die Ausübung der Zucht in der Kurpfalz," *Rheinische Vierteljahrsblätter*, IX (1985), 139—172, esp. 153; Raymond A. Mentzer, "Disciplina nervus ecclesiae: The Calvinist Reform of Morals at Nîmes," *The Sixteenth Century Journal*, XVIII (1987), 89—115; Jeffrey R. Watt, "The Reception of the Reformation in Valangin, Switzerland, 1547—1588", *ibid.*, XX (1989), 94; Herman Roodenburg, *Onder Censuur: De kerkelijke tucht in de gereformeerde gemeente van Amsterdam, 1578—1700* (Hilversum, 1990)。

[33] Doumergue, *Calvin*, V, 647.

[34] M. M. Knappen, ed., *Two Elizabethan Puritan Diaries* (Chicago, 1933), 10—16; *Tudor Puritanism: A Chapter in the History of Idealism* (Chicago, 1939), ch. 17, esp. 348; Perry Miller, *The New England Mind: The Seventeenth Century* (New York, 1939), esp. chs. 1—2, and *The New England Mind: From Colony to Province* (Cambridge, Mass., 1953), esp. ch. 3.

[35] 近期关于新老英格兰的神学与宗教虔信研究的最重要著作包括: H. C. Porter, *Reformation and Reaction in Tudor Cambridge* (Cambridge, 1958); Edmund S. Morgan, *Visible Saints: The History of a Puritan Idea* (New York, 1963); C. F. Allison, *The Rise of Moralism: The Proclamation of the Gospel from*

Hooker to Baxter（New York, 1966）; Owen C. Watkins, *The Puritan Experience: Studies in Spiritual Autobiography*（New York, 1972）; C. J. Sommerville, *Popular Religion in Restoration England*（Gainesville, Fla., 1977）; William K. B. Stoever, '*A Faire and Easie Way to Heaven*': *Covenant Theology and Antinomianism in Early Massachusetts*（Middletown, Conn., 1978）; Michael Watts, *The Dissenters: From the Reformation to the French Revolution*（Oxford, 1978）; McGee, *The Godly Man*; R. T. Kendall, *Calvin and English Calvinism to 1649*（Oxford, 1979）; Dewey D. Wallace, Jr., *Puritans and Predestination: Grace in English Protestant Theology, 1525—1695*（Chapel Hill, N. C., 1982）; Patrick Collinson, *The Religion of Protestants: The Church in English Society 1559—1625*（Oxford, 1982）, 尤见 ch. 6; Peter Lake, *Moderate Puritans and the Elizabethan Church*（Cambridge, 1982）; Charles E. Hambrick-Stowe, *The Practice of Piety: Puritan Devotional Disciplines in Seventeenth-Century New England*（Chapel Hill, N. C., 1982）; Paul Seaver, *Wallington's World: A Puritan Artisan in Seventeenth-Century London*（Stanford, Calif, 1985）; Charles Lloyd Cohen, *God's Caress: The Psychology of Puritan Religious Experience*（Oxford, 1986）。 在 Watts, *The Dissenters*（361—362）与 Cohen, *God's Caress*（112—119）中可以看到对韦伯观念的明确评论。

［36］ 这里我特别想到了 Hambrick-Stowe 与 Collinson 的著作。

［37］ William Haller, *The Rise of Puritanism*（New York, 1938）; Porter, *Reformation and Reaction*; Basil Hall, "Calvin Against the Calvinism," in *John Calvin*（Appleford, Berks., 1966）, 19—37; Patrick Collinson, *The Elizabethan Puritan Movement*（London, 1967）, 432—437; Kendall, *Calvin and English Calvinism*; Watkins, *The Puritan Experience*.

［38］ Alison, *Rise of Moralism*; Sommerville, *Popular Religion*, esp. 89.

［39］ Cohen, *God's Caress*, pp. 117—118, 这里对此说得特别清楚。

［40］ 我现在的研究多是描绘加尔文宗虔信方式的传布情况，至此可以看到某些线索了: Wilhelm Goeters, *Die Vorbereitung des Pietismus in der Reformierten Kirche der Niederlande bis zur Labadistischen Krisis 1670*（Leipzig, 1911）; W. J. op't Hof, *Engelse pietistische geschriften in het Nederlands. 1598—1622*（Rotterdam, 1987）; Henri Vuilleumier, *Histoire de l'Eglise réformee du pays de Vaud sous le régime bernois*, 4 vols（Lausanne, 1927—）, II, ch.4; Benedict, "Bibliothèques protestantes et catholiques à Metz au XVIIe siècle," *Annales: E. S. C.*（1985）, 343—370 及 "La pratique religieuse huguenote: quelques apercus messins et comparatifs" in Francois-Y ves Le Moigne and Gérard Michaux, eds., *Protestants messins et mosellans, XVIe—XXe siècles*（Metz, 1988）, 93—105。

［41］ 参见 Collinson, *The Godly People: Essays in English Protestantism and Puritanism*（London, 1983）, 539, 这里的观察很有启发性; Zaret, *Heavenly Contract*, 尤见第四、五两章。

［42］ 请参见 Lehmann, *Zeitalter des Absolutismus*, 第三章第五节。

16　新教伦理与美洲殖民地的资本主义现实

［1］　Frederick B. Tolles, *Meeting House and Counting House: The Quaker Merchants of Colonial*

Philadelphia, *1682—1763*（1948; reprint ed., New York, 1963), 56.

[2] 同上，90, 146, 154, 166。

[3] Bernard Bailyn, *The New England Merchants in the Seventeenth Century*（1955; reprint ed., New York, 1964), 122—123.

[4] 见韦伯《新教伦理与资本主义精神》，塔尔科特·帕森斯译（London, 1930), 153。韦伯的结论是，"这种在现世之中，但又是为了来世的行为的理性化，正是禁欲主义新教职业观引起的结果"（154）。另见 80—81, 120—121。

[5] Frederick B. Tolles, *Quakers and the Atlantic Culture*（New York, 1960), 61; Perry Miller, *The New England Mind; From Colony to Province*（Boston, 1953), 41; Stephen Foster, *Their Solitary Way: The Puritan Social Ethic in the First Century of Settlement in New England*（New Haven, Conn., 1971), 104; Tolles, *Meeting House and Counting House*, 55.

[6] Foster, *Their Solitary Way* 干净利落地说明了清教经济学的这一"裂痕"（120), Miller, *From Colony to Province* 则概括了赫尔的解决办法（42—43）。

[7] Bailyn, *New England Merchants*, 41—42; Miller, *From Colony to Province*, 45。

[8] Foster, *Their Solitary Way*, 166。David Grayson Allen, *In English Ways: The Movement of Societies and the Transferral of English Local Law and Custom to Massachusetts Bay in the Seventeenth Century*（Chapel Hill, N. C., 1981) chap. 2 和 165—167 讲述了罗利居民与这位牧师在旧世界的来龙去脉。

[9] Bailyn, *New England Merchants*, 42。另见 Bailyn 对凯恩的遗愿和遗嘱所做的评注："The Apologia of Robert Keayne", 载 *William and Mary Quarterly*, 3d ser., 7（1950）: 568—587，以及 Bailyn 编辑的 *The Apologia of Robert Keayne: The Self Portrait of a Puritan Merchant*（New York, 1965）中的完整档案。

[10] Tolles, *Meeting House and Counting House*, 49, 61.

[11] Weber, *Protestant Ethic*, 55—56.

[12] 同上，50, 180, 192—198; Tolles, *Meeting House and Counting House*, 166。例如，贵格会商人艾萨克·诺里斯曾在 1719 年劝告儿子从第一次伦敦商务之旅"返回平原"，"这会给你带来好名声，并把你引荐到最出色、最明智的人们那里"。富兰克林大概从另一位费城的贵格会信徒托马斯·德纳姆那里也接受了类似的观念。他在辞去德纳姆那里的工作后写道："为了确保我作为一个商人的信誉和品德，我不仅要留意事实上的勤勉与节俭，还要在外观上避免一切相反的表现。我的穿着很简单。"同上，63。

[13] H. H. Gerth and C. Wright Mills, *From Max Weber: Essays in Sociology*（New York, 1946), 312, 321 及各处。韦伯在这里重申并修订了他早些时候的解释，他指出："这不是某种宗教的道德学说，而是说，重要的是得到奖赏的道德行为方式。""我的批评家犯下的根本错误就是没有看到这一事实。"（321, 459n）。另见 Benton Johnson, "Max Weber and American Protestantism", *The Sociological Quarterly* 12（1971）: 473—485。

[14] Stephen Nissenbaum, "John Winthrop, 'A Model of Christian Charity,'" in David Nasaw, ed., *The Course of United States History*（Chicago, 1987), 35.

[15] 同上，35—36, 50。

[16] Emery Battis, *Saints and Sectaries*（Chapel Hill, N. C., 1962）.

[17] Larzer Ziff, *Puritanism in America: New Culture in a New World*（New York, 1973), 79—80; Bailyn,

New England Merchants, 49—50.

[18] Nissenbaum, "Christian Charity," 44; Bailyn, *New England Merchants*, 63—64, 69.

[19] Rex A. Lucas, "A Specification of the Weber Thesis: Plymouth Colony," *History and Theory* 10 (1971):330。卢卡斯在文章结束时说："出现新教伦理的地方……都是公理会控制的孤立的小社会，这种伦理鼓励坚持不懈地艰苦劳动，但是个人的努力在很大程度上都被用来维护对社会的控制（和）……所有社会集团内部互相监督，严格限制个人行为。"（344）。

[20] Bailyn, *New England Merchants*, 103—104, 38—39, 107.

[21] 同上，109。

[22] Bailyn, *New England Merchants*, 140。关于希金森家族后来的行迹，见本文结尾。

[23] Foster, *Their Solitary Way*, 120.

[24] Miller, *From Colony to Province*, 45; Bailyn, *New England Merchants*, 175, 191.

[25] Mather, *A Christian at His Calling...in Puritanism and the American Experience*, Michael McGiffert, ed. (Reading, Mass., 1969), 122—126; Bailyn, *New England Merchants*, 21—22; Foster, *Their Solitary Way*, 112—113。科顿经济伦理观的精妙之处表现在他对价格的讨论中。他把价格分为两种：一是平时，"这时一个人不会超出市价叫卖"；一是"商品短缺"的时候，这时卖方就会要高价，"因为上帝之手而不是人的手放在了商品上"。（Bailyn, *New England Merchants*, 21）。

[26] Bailyn, *New England Merchants*, 98, 99.

[27] Foster, *Their Solitary Way*, 119.

[28] Christopher M. Jedrey, *The World of John Cleaveland: Family and Community in Eighteenth–Century New England* (New York, 1979), xii-xiii.

[29] John J. McCusker and Russell R. Menard, *The Economy of British North America, 1607—1789* (Chapel Hill, N.C., 1985), table 3.3.

[30] Bettye Hobbs Pruitt, "Self-Sufficiency and the Agricultural Economy of Eighteenth–Century Massachusetts," *William and Mary Quarterly*, 3d ser., 41 (1984):338—340. 另见 Robert A. Gross, *The Minutemen and Their World* (New York, 1976), chap. 4; Jedrey, *The World of John Cleaveland*, chap. 3; James A. Henretta and Gregory H. Nobles, *Evolution and Revolution: American Society, 1600—1820* (Lexington, Mass., 1987), chaps. 1—5.

[31] Michael Zuckerman, "The Social Context of Democracy in Massachusetts," *William and Mary Quarterly*, 3d ser., 25 (1968):542. 另见 Zuckerman's, *Peaceable Kingdoms: Massachusetts Towns in the Eighteenth Century* (New York, 1970).

[32] Daniel Vickers, "Competency and Competition: Economic Culture in Early America," *William and Mary Quarterly*, 3d ser., 47 (1990), 4—12.

[33] Weber, *The Protestant Ethic and the Spirit of Capitalism*, 60—61; Reinhard Bendix, *Max Weber: An Intellectual Portrait* (New York, 1960), 52—54。正如乔伊斯·阿普尔比指出的，韦伯否定了"自由主义理论所说的那种普遍的经济动力，（即）认为人天生就有追逐利润的强烈欲望"。因此他"使社会变革成为一种应当根据其自身条件加以理解的真实的历史现象"。("Value and Society", 载 *Colonial British America: Essays in the New History of the Early Modern Era* ed. by Jack P. Greene and J. R. Pole

［Baltimore，1984］，291）。

[34] Gary Nash, "Social Development," in Greene and Pole, *Colonial British America*, 237, 236.

[35] Vickers, "Competency and Competition," 9—10.

[36] Miller, *From Colony to Province*, 27。关于清教徒对仪式的运用，见 David H. Hall, "Religion and Society: Problems and Reconsiderations" 一文的描述，载 Greene and Pole, *Colonial British America*, 336 及各处。

[37] Tolles, *Quakers and the Atlantic Culture*, 100, 105—106.

[38] Daniel Walker Howe, "The Decline of Calvinism: An Approach to Its Study," *Comparative Studies in Society and History*, 14（1972:317; Tolles, *Meeting House and Counting House*, 84, 80—84。

[39] J. E. Crowley, *This Sheba Self: The Conceptualization of Economic Life in Eighteenth-Century America* （Baltimore，1974），74, 112.

[40] Crowley, *Conceptualization of Economic Life*, 67; Bushman, *From Puritan to Yankee: Character and the Social Order in Connecticut, 1690—1765*（New York，1970），192—193.

[41] Howe, "Decline of Calvinism," 321, 323; 卫斯理的话引自韦伯《新教伦理与资本主义精神》，175。

[42] Bruce H. Mann, "Rationality, Legal Change, and Community in Connecticut, 1690—1740," *Law and Society Review*, 14（1980）:196—198.

[43] 同上，另见 Bruce H. Mann, *Neighbors and strangers: Law and Community in Early Connecticut*（Chapel Hill, N.C., 1987），9—22。

[44] 同上，35, 75—76。

[45] 同上，130—136。

[46] Bailyn, *New England Merchants*, 140。关于希金森，见 Peter Dobkin Hall, *The Organization of American Culture, 1700—1900: Private Institutions, Elites, and the Origins of American Nationality*（New York，1984），66—68, 71 及各处; Robert F. Dalzell, Jr., *Enterprising Elite: The Boston Associates and the World They Made*（Cambridge, Mass., 1987）的附录。

17　世界诸宗教的经济伦理

[1] 对这部专著的早期争论，Johannes Winckelmann, ed., *Max Weber. Die protestantische Ethik II. Kritiken und Antikritiken*, 2d ed.（Hamburg，1972）提供了翔实的记录。

[2] Ephraim Fischoff, "The Protestant Ethic and the Spirit of Capitalism—the History of a Controversy," *Social Research* 11（1944）: 53—77。瓦尔特·施普隆德尔翻译的德文译文已被收入温克尔曼的《批评与反批评》。

[3] 见 *Kölner Zeitschrift für Soziologie und Sozialpsychologie* 27（1975）。英译本题为 "The Problem of Thematic Unity in the Works of Max Weber," 载 *British Journal of Sociology* 31（1980）:313—351。

[4] 见 Wilhelm Hennis, *Max Webers Fragestellung*（Tübingen，1987），基思·特里布的英译本题为 *Max Weber: Essays in Reconstruction*, trans. by Keith Tribe（London，1988）。

［5］ Wolfgang Schluchter, *Rationalism, Religion, and Domination*, trans. by Neil Solomon（Berkeley, Calif., 1989）, ch. 12.

［6］ Talcott Parsons, trans. *Max Weber, The protestant Ethic and the Spirit of Capitalism*（New York, 1958）, 187。见 M. Weber, *Gesammelte Aufsätze zur Religionssoziologie*, Vol. 1（Tübingen, 1920）, 18.

［7］ Hennis, *Max Webers Fragestellung*, 12, note.

［8］ Benjamin Nelson, "Max Weber's 'Author's Introduction'（1920）, A Master Clue to His Main Aim," *Sociological Inquiry* 44（1974）:268—277,271.

［9］ *The protestant Ethic and the Spirit of Capitalism*, 284; Weber, *Gesammelte Aufsätze*, I: 206.

［10］ *The protestant Ethic and the Spirit of Capitalism*, 24; Weber, *Gesammelte Aufsätze*, I: 10.

［11］ *The protestant Ethic and the Spirit of Capitalism*, 26; Weber, *Gesammelte Aufsätze*, I: 11.

［12］ *The protestant Ethic and the Spirit of Capitalism*, 78。原文为 "ein historischer Begriff, der eine Welt von Gegensätzen in sich schliesst", 见 Max Weber, *Archivfassung*, 35.

［13］ Max Weber, *The protestant Ethic and the Spirit of Capitalism*, 77; *Gesammelte Aufsätze*, I: 61; *Archivfassung*, 34。另见 Wolfgang Schuchter, *Religion und Lebensführung*（Frankfurt, 1988）, 91。

［14］ Nelson, "Weber's 'Author's Introduction,'" 272.

［15］ 我在为《马克斯·韦伯全集》的《世界诸宗教的经济伦理》第一卷所做绪论中对此已有详述，这里从简。

［16］ Adolf Harnack, *Die Aufgabe der theologischen Fakultäten und die allgemeine Religionsgeschichte*（Giessen 1901）; 关于这一点，另见 *Religion in Geschichte und Gegenwart*, Vol. 4（1913）, col. 2183ff。

［17］ Harnack, *Die Aufgabe der theologischen Fakultäten*, 14.

［18］ *Kritiken und Antikritiken*, 322.

［19］ 这种比较观点的一个早期代表人物是维尔纳·松巴特，1902 年时他就在《现代资本主义》第一卷（397）中写道："只要看一下中国、印度或者古代美洲等地的文明就足以证明，认为现代资本主义的起源可以从人类经济的'普遍发展规律'得到解释的观点是多么缺乏根据。"见 Roth and Claus Wittich, eds., *Economy and Society*（Berkeley, Calif., 1978）, 罗特写的导论。

［20］ Weber, *Wirtschaft und Gesellschaft*, 293; 另见 *Gesammelte Aufsätze*, I: 239—240。

［21］ Max Weber, *Gesammelte Aufsätze*. I: 238; 英译见 H. H. Gerth and C. Wright Mills, eds., *From Max Weber: Essays in Sociology*（London, 1948）, 267。

［22］ Max Weber, *Gesammelte Aufsätze*, I: 239; Gerth and Mills, eds., *From Max Weber*, 268.

［23］ Max Weber, *Gesammelte Aufsätze*, I: 239; Gerth and Mills, eds., *From Max Weber*, 268.

［24］ Hennis, *Max Webers Fragestellung*, 29.

［25］ Marianne Weber, *Max Weber, Ein Lebensbild*, 3rd ed.（Tübingen, 1984）, 349.

［26］ *The Protestant Ethic and the Spirit of Capitalism*, 27。另见 *Gesammelte Aufsätze*, I: 12f。在他的论文中，韦伯不仅要"尝试考察一下若干最重要的宗教与经济生活的关系，以及它们与各自所处环境的社会分层之间的关系"，同时还"必须探究这两种因果关系，以便找出与西方的发展进行比较的要点"。

［27］ Max Weber, *Gesammelte Aufsätze*, I: 238.

［28］ 见《马克斯·韦伯全集》（MWGA）提要 I/16, 77ff。

［29］ Nelson, "Weber's 'Author's Introduction,'" 270.

[30]　Johannes Winckelmann, *Max Webers hinterlassenes Hauptwerk*（Tübingen，1986），42.

[31]　见 Wolfgang Schluchter, ed., *Max Webers Sicht des frühen Islams,*" *Interpretation und Kritik*（Frankfurt am Main，1987），22f。

[32]　致保罗·西贝克的信是 1917 年 5 月 24 日，见 VA Mohr/Siebeck, Deponat BSB München, Ana 446。

[33]　见 1919 年 6 月 29 日致西贝克的信。这一说法也得到了玛丽安娜·韦伯的证实，她引用了马克斯·韦伯的一封信，其中写道："我正在准备出版《新教伦理与资本主义精神》，然后就着手《世界诸宗教的经济伦理》。然后是社会学……我还在继续缓慢地处理《新教伦理与资本主义精神》及其他文章的出版事宜，很快就会完成。"见 *Lebensbild*，676f。

[34]　VA Mohr/Siebeck, Deponat BSB München, Ana 446.

[35]　同上。

[36]　W. Schluchter, *Rekonstrucktion*，557，536；另见 527ff。

[37]　亨尼斯认为，这只是一个 "unmotivierte Anfügung"（"动机不明的增补"），因为当时韦伯试图抢在特勒尔奇前面先声夺人。这表明亨尼斯完全无视了《世界诸宗教的经济伦理》和《经济与社会》的相互关系。

[38]　Neslon, "Weber's 'Author's Introduction,'" 271。另见 B. Nelson, "On Orient and Occident in Max Weber," *Social Research* 43（1976）：114—129.

18　"相会圣路易斯"：特勒尔奇与韦伯的美国之行

[1]　著名影片《和我相会圣路易斯》（1944）插曲，当时极为流行。克里·米尔斯作词，安德鲁·斯特林作曲。见 Jack Burton, *The Blue Book of Hollywood Musicals*（Watkins Glen, N. Y.，1953），197；感谢纽芬兰圣约翰的 Duane Starcher 教授为我提供了这个信息。

[2]　Robert W. Rydell, *All the World's a Fair: Visions of Empire at American International Expositions, 1876—1916*（Chicago and London，1984）谈到了策划者们的保守主义意识形态以及文化人类学"附属活动"的作用。英国维多利亚时代的作家与批评家威廉·萨克雷为它们创造了"世界博览会"一词。

[3]　见 Howard J. Rogers, "The History of the Congress," *Congress of Arts and Science: Universal Exposition, St. Louis, 1904*, Vol. 1（Boston and New York，1905），2。

[4]　同上。

[5]　同上，5。另见明斯特伯格、斯莫尔及纽科姆的通信，尤见 1902 年 10 月 20 日明斯特伯格致 F.W. 霍尔斯的信。对大会的研究，见 George Haines IV and Frederick H. Jackson "A Neglected Landmark in the History of Ideas," *Mississippi Valley Historical Review*, 34（1947—1948），201—220, A. W. Coates, "American Scholarship Comes of Age: The Louisiana Purchase Exposition 1904," *Journal of the History of Ideas*, 22（1961），404—417。

[6]　Haines and Jackson, "A Neglected Landmark in the History of Ideas," 201—207.

[7]　Rogers, "The History of the Congress"，5，31—32。

[8]　同上，28。

[9]　除了官方的大会史以外，还可以参阅以下书信与文献：（1）1902 年 10 月 20 日明斯特伯格致 F.W. 霍尔斯，

马萨诸塞坎布里奇；（2）路易斯安那世界博览会关于世界艺术与科学大会的规划与范围的委员会报告（摘要），纽约曼哈顿大饭店，1903 年 1 月 10 日；（3）1903 年 1 月 17 日 A.A. 致纽科姆；（4）委员会致默里·巴特勒校长：1903 年 1 月 10 日的报告（附有未具名者的评注），纽约，1903 年 1 月 19 日；（5）明斯特伯格致阿尔比恩·斯莫尔，马萨诸塞坎布里奇，1902 年 2 月 11 日；（6）阿尔比恩·斯莫尔的备忘录，无地点日期；（7）阿尔比恩·斯莫尔致明斯特伯格，1903 年 2 月 11 日；（8）阿尔比恩·斯莫尔致默里·巴特勒，1903 年 2 月 17 日；（9）明斯特伯格致纽科姆，1904 年 2 月 8 日；（10）明斯特伯格致纽科姆，1904 年 3 月 21 日；（11）明斯特伯格致纽科姆，1904 年 4 月 2 日；（13）明斯特伯格致纽科姆，1904 年 4 月 25 日。

[10] Haines and Jackson, "A Neglected Landmark in the History of Ideas," 206—207; Hugo Münsterberg, "Friedrich Wilhelm Holls," in *Aus Deutsch-Amerika* (Berlin, 1909) 238—242.

[11] 有两部关于明斯特伯格的研究特别值得一提：Matthew Hale, *Human Science and the Social Order: Hugo Münsterberg and the Origins of Applied Psychology* (Philadelphia, 1979) 和 Phyllis Keller, *States of Belonging, German-American Intellectuals and the First World War* (Cambridge, Mass., 1979) 1-118, 265-290 (notes)。另见明斯特伯格的女儿 Margaret Münsterberg 写的传记 *Hugo Münsterberg: His Life and Work* (New York and London, 1922)。关于明斯特伯格在威廉二世时代"政治文化"中的作用，见 Guenther Roth, *Politische Herrschaft und persönliche Freiheit* (Frankfurt, 1987), 175—200。

[12] 例如明斯特伯格向霍尔斯做过以下这样的自我介绍："当然，一切都要依靠精心的规划，指望行政部门或者担任名誉董事的教师不可能成事；自亚里士多德、培根、康德与孔德以降，各知识分支的内部关系就是一个重要的逻辑学与哲学问题，只有专业哲学家才敢碰它，恰如只有专业建筑师才能设计大厦的方案。"明斯特伯格致霍尔斯，马萨诸塞坎布里奇，1902 年 10 月 20 日。

[13] 明斯特伯格致霍尔斯（纽科姆文件），马萨诸塞坎布里奇，1902 年 10 月 20 日。

[14] 关于明斯特伯格的百科全书式科学观，除了前面的档案资料以外，另见明斯特伯格 "The Scientific Plan of the Congress," 载 *Congress of Arts and Science Universal Exposition*, *St. Louis*, *1904*, Vol. 1: 85—134; "Der internationale Gelehrtenkongress", 载 *Aus Deutsch-Amerika*, (Berlin,1909)197—210。

[15] Münsterberg, "The Scientific Plan of the Congress", 108.

[16] 同上，121。

[17] 同上，94。

[18] George Christakes, *Albion W. Small*, Twayne's World Leaders Series, vol. 68, ed. by Arthur W. Brown and Thomas S. Knight (Boston, 1978)。

[19] 尤见本文注 9 第 6—8 项。

[20] 斯莫尔致巴特勒，1903 年 2 月 17 日。

[21] 斯莫尔致明斯特伯格，1903 年 2 月 11 日。

[22] Keller, *States of Belonging*, 38.

[23] 同上，41。

[24] 争论是由明斯特伯格在《大西洋月刊》发表的文章《圣路易斯艺术与科学大会》("The St. Louis Congress of Arts and Sciences" in *The Atlantic Monthly*, 91 [1903,671-684]) 引起的，这样，明斯特伯格的规划便公之于众，并且又在 1903 年 5 月 8 日第十七期《科学》上发表了一部分。杜威也以《圣路易斯艺术与科学大会》为题撰文做了回应 ("The St. Louis Congress of Arts and Sciences", *Science*, 18 [28

August 1903]，275-278）。明斯特伯格在 10 月 30 日《科学》上反驳了对他的批评，杜威 11 月 20 日也再次在《科学》作答。12 月 18 日，明斯特伯格在《科学》做了最后答辩（*Science*，18，18 December 1903），788。

[25] Dewey，"The St. Louis Congress of the Arts and Sciences"，278.

[26] Rogers，"The History of the Congress"，8.

[27] 同上，8—9。

[28] 同上，9—18。

[29] 同上，17—18。

[30] Margaret Münsterberg，*Hugo Münsterberg, His Life and Work*，105.

[31] 厄恩斯特·特勒尔奇致胡戈·明斯特伯格，1903 年 11 月 28 日（*Ernst Troeltsch to Hugo Münsterberg* [Boston Public Library: Münsterberg Papers，MSS Acc 2199]）。

[32] 同上。

[33] 1904 年 6 月 23 日特勒尔奇致阿道夫·冯·哈纳克（Harnack Papers，Berlin）。

[34] 1904 年 2 月 8 日明斯特伯格致纽科姆。

[35] 1904 年 3 月 21 日明斯特伯格致纽科姆。

[36] Rogers，"The History of the Congress"，19—20。

[37] 1904 年 5 月明斯特伯格致德国与会者的"通函"（Boston Public Library: Münsterberg Papers）。

[38] 明斯特伯格致德国与会者的"通函"，5—6。

[39] Marianne Weber，*Max Weber*（Heidelberg，1950），317.

[40] 1904 年 9 月 3 日厄恩斯特·特勒尔奇自纽约致玛塔·特勒尔奇（私人收藏）。

[41] 同上。

[42] 同上。

[43] Marianne Weber，*Max Weber*，318.

[44] 1904 年 9 月 3 日厄恩斯特·特勒尔奇致玛塔·特勒尔奇。

[45] Marianne Weber，*Max Weber*，320.

[46] 同上。

[47] 1904 年 9 月 3 日厄恩斯特·特勒尔奇致玛塔·特勒尔奇。

[48] Marianne Weber，*Max Weber*，319.

[49] 1904 年 9 月 3 日厄恩斯特·特勒尔奇致玛塔·特勒尔奇。

[50] Marianne Weber，*Max Weber*，319.

[51] 同上。

[52] 1904 年 9 月 3 日厄恩斯特·特勒尔奇致玛塔·特勒尔奇。

[53] Marianne Weber，*Max Weber*，322.

[54] 1904 年 9 月 14—16 日特勒尔奇自芝加哥致玛塔·特勒尔奇。

[55] 关于汉斯·豪普特的信息，引自他的儿子瓦尔特·豪普特尚未发表的传记。

[56] 尤　见 Hans Haupt，*Die Eigenart der amerikanischen Predigt*，Studien zur praktischen Theologie，Vol.I/3，ed. by Carl Clemen（Giessen，1907）　和 *Staat und Kirche in den Vereinigten Staaten von*

Nordamerika, Studien zur praktischen Theologie, Vol. 3/3, ed. by Carl Clemen（Giessen, 1909）。

[57] Wilhelm Parck, *Harnack and Troeltsch: Two Historical Theologians*（New York, 1968）, 72.

[58] 同上。

[59] Colin Loader and Jeffrey C. Alexander, "Max Weber on Churches and Sects in North America: An Alternative Path Toward Rationalization", *Sociological Theory* 3（Spring 1985）, No. 1, 1—13.

[60] 厄恩斯特·特勒尔奇 1904 年 9 月 14—16 日致玛塔·特勒尔奇的信。

[61] 同上。

[62] 同上。

[63] 同上。

[64] Marianne Weber, *Max Weber*, 324—325。

[65] 1904 年 9 月 14—16 日厄恩斯特·特勒尔奇致玛塔·特勒尔奇。

[66] Karl Lamprecht, *Amerikana. Reiseeindrücke*, *Betrachtungen*, *geschichtliche Gesamtsicht*（Freiburg, 1906）, 23.

[67] 1904 年 9 月 14—16 日厄恩斯特·特勒尔奇致玛塔·特勒尔奇。

[68] Friedrich Wilhelm Graf, "Friendship Between Experts: Notes on Weber and Troeltsch", in *Max Weber and His Contemporaries*, ed. by W. J. Mommsen and J. Osterhammel（London, 1988）, 215–233.

[69] 豪普特也提到韦伯与特勒尔奇在托纳万达逗留期间"总是争论不休"。（Pauck, *Harnack and Troeltsch*, 72）。

[70] 1904 年 9 月 14—16 日厄恩斯特·特勒尔奇致玛塔·特勒尔奇。

[71] Marianne Weber, *Max Weber*, 326.

[72] 1904 年 9 月 14—16 日厄恩斯特·特勒尔奇致玛塔·特勒尔奇。

[73] 见本文注 68。

[74] 1904 年 10 月 15 日厄恩斯特·特勒尔奇致明斯特伯格（Boston Public Library: Münsterberg Papers, MSS ACC 2199）。

[75] Marianne Weber, *Max Weber*, 326—327.

[76] 1904 年 9 月 14—16 日厄恩斯特·特勒尔奇致玛塔·特勒尔奇。

[77] 发言题为"German Savants Come: Many Distinguished European Scholars Entertained by Prof J. T. Hatfield," 载 *The Evanston Index*, 17 September 1904.亨塞尔于 9 月 11—12 日访问了那所大学，特勒尔奇和韦伯是 9 月 14 日，普弗雷德勒是 9 月 15 日。关于哈特菲尔德以及西北大学其他教授的与会情况，见"Professors Were on Program: Northwestern Was Prominent in Educational Congress at St. Louis", 载 *Northwestern*, 28 September 1904。感谢西北大学档案馆帕特里克·奎恩提供了这些资料。

[78] 1904 年 9 月 14—16 日厄恩斯特·特勒尔奇致玛塔·特勒尔奇。

[79] 同 上。 另 见 "Entertainment of Delegates to the International Congress of Arts and Science" 载 *University Record*, 9（October 1904）, 229—230。感谢芝加哥大学图书馆馆长助理、特藏部的理查德·波普提供了这些资料。

[80] 1904 年 9 月 14—16 日厄恩斯特·特勒尔奇致玛塔·特勒尔奇。

[81] Rogers, "History of the Congress", 28。瓦尔戴尔教授的发言可见于 *Westliche Post*, 20 September

1904, 4e-g, 8a-e。

[82] Münsterberg, "The Scientific Plan of the Congress", 127—128.

[83] 1904 年 3 月 21 日明斯特伯格致纽科姆。1904 年 3 月 21 日。

[84] 1904 年 9 月 18 日《圣路易斯密苏里共和报》（*St. Louis Mo. Republican*, Part 1, 10）。

[85] 1904 年 9 月 19 日《圣路易斯邮报》（*St. Louis Post-Dispatch*）。

[86] 1904 年 9 月 21 日《圣路易斯密苏里共和报》。

[87] Marianne Weber, *Max Weber*, 328—329; *Mississippi-Blätter*, Sonntagsbeilage der *Westliche* (*n*) *Post*, 25 September 1904, Par 1, 9; "Vertraulicher Rundbrief" of Münsterberg of March 1904 (Boston Public Library: Münsterberg Paper), 2; Rogers, "History of the Congress," 22—23。

[88] 1904 年 9 月 22 日《圣路易斯密苏里共和报》, 1d-e; 见 *Westliche Post*, 22 September 1904, 2。

[89] 同上。另见玛丽安娜《马克斯·韦伯传》, 329。

[90] 同上。

[91] No. C 1905/1, 载 *Ernst Troeltsch Bibliographie*, ed. by Friderich Wilhelm Graf and Hartmut Ruddies (Tübingen, 1982), 220。

[92] *Psychologie und Erkenntnistheorie in der Religionswissenschaft: EineUntersuchg uber die Bedeutung der Kantischen Religionslehre fur die heutige Religionwissenschaft*, 出处同上, 71。

[93] *Congress of Arts and Science*, Vol 8, 271, 294。

[94] 格特鲁德·冯·勒·福特保存的 1915—1916 年冬季学期听课笔记 "宗教哲学" 残篇（霍斯特·伦兹博士私人收藏）(Gertrude von le Fort, "Religionsphilosophie," Wintersemester 1915-1916 [Private Possession of Dr. Horst Renz]) 39。

[95] 拉尼尔·莱普修斯教授是马克斯·韦伯历史批评的合编者, 我这里保存了他的通信。其中他写到, 在玛丽安娜·韦伯所著韦伯传记中可以找到 "所有最重要的" 信息。但玛丽安娜和马克斯·韦伯的书信原件, 我从未得见。

[96] *Congress of Arts and Science*, Vol. 8, 1-16。另见 Troeltsch in *Die Trennung von Staat und Kriche*（见 *Ernst Troeltsch Bibliographie*, A 1907/2), 70 note, 4b。感谢弗雷德里希·威廉·格拉夫提供了这篇文献。

[97] 关于德国人参加博览会的情况, 见 *History of the Louisiana Purchase Exposition*, ed. by Mark B. ennitt and Frank Parker Stockbridge et al. (St. Louis, 1905), 251—264。

[98] 厄恩斯特·特勒尔奇 1904 年 9 月 23 日自圣路易斯致冯·西格尔的信, 见 *Briefe an Friedrich von Hügel 1901—1923*, ed. by Karl-Ernst Apfelbacher and Peter Neuner, *Konfessionskundliche Schriften des Johann-Adam-Möhler-Instituts*, Vol. 11 (Paderborn, 1974), 67—68。

[99] "Vertraulicher Rundbrief" of Münsterberg of March 1904, 3; 1904 年 9 月 24 日《圣路易斯密苏里共和报》, 3b-c, 1904 年 9 月 22 日, 1f; 1904 年 9 月 28 日《华盛顿邮报》, "Delegates at White House: Reception to Members of Congress of Arts and Sciences"。

[100] Marianne Weber, *Max Weber*, 329—334.

[101] 1904 年 9 月 24 日《圣路易斯邮报》。这段逸事的报道曾见诸许多报端。

[102] Larry G. Keeter, "Max Weber's Visit to North Carolina," *The Journal of the History of Sociology*, 3 (Spring-Summer 1981), No. 2, 108—114。感谢休伯特·特雷伯向我提供了这篇文章。另见玛丽安娜《马

克斯·韦伯传》，334—340。

[103] 此文最初发表于 1906 年 4 月 13 和 15 日的《法兰克福报》(Nos. 102，104)，1906 年第二十四、二十五期的自由派教会刊物 *Die Christliche Welt* 又重新发表。另见本文注 59。

[104] Marianne Weber, *Max Weber*, 334—336, 342—343.

[105] 同上，343—344。

[106] Haines and Jackson, "A Neglected Landmark in the History of Ideas", 218.

[107] 1904 年 10 月 15 日厄恩斯特·特勒尔奇致明斯特伯格。

[108] 同上。

[109] 见 1905 年 1 月 14 日《海德堡日报》的《美国晚会》启事及 21 日该报的报道。感谢霍尔斯特·伦茨博士向我提供了这些报纸的复印件。

[110] 见 1905 年 1 月 21 日《海德堡日报》。

[111] 见 Max Weber, *Zur Politik im Weltkrieg: Schriften und Reden 1914—1918*, ed. by Wolfgang J. Mommsen and Gangolf Hübinger, (Max Weber Gesamtausgabe), Part 1, Vol. 15, ed. by Horst Baier et al. (Tübingen, 1984—1992), 739—749, 777—778。

[112] 1905 年 1 月 21 日《海德堡日报》。

[113] 同上。